交通运输法概论

（第二版）

郑国华　主编

中南大学出版社
www.csupress.com.cn

·长沙·

内 容 简 介

　　本书以现行交通运输法律规范为依据，系统介绍了交通运输领域所涉及的重要法律问题和法律规定，内容涵盖国内运输和国际运输的相关法律问题。本书的编写既注重对交通运输法律规定的法理解释，又结合运输实践中的典型案例进行法理分析，具有较强的实用性。

　　全书共分八章，主要内容有：交通运输法概述；运输企业法律规范；运输纠纷的解决；运输合同；运输保险与保价运输；货物运输代理法律规范；多式联运法律规范；国际运输公约概述等。

　　本书具有理论性与应用性相结合的显著特点，既可以作为普通高等院校以及高等职业技术院校的交通运输专业、物流工程专业和物流管理专业的教科书，也适合作为从事交通运输业、物流业的管理人员、从业人员的学习参考用书。

高等院校交通运输类十四五规划教材

编 审 委 员 会

丛书主编

田红旗

编委会委员

（按姓氏笔画为序）

方晓平　邓连波　叶峻青　史　峰　冯芬玲

朱晓立　杨　岳　李明华　李夏苗　张云丽

肖龙文　罗意平　郑国华　姚加林　秦　进

夏伟怀　雷定猷

总序

　　交通运输业是国民经济体系的重要组成部分，也是促进国民经济发展的重要基础产业和推动社会发展的先决条件。最近 30 年来，我国交通运输业整体上取得了飞速发展，交通基础设施、现代化运输装备、客货运量总量和规模等都迅猛扩展，大量的新技术、新设备在铁路、公路、水运等交通运输方式中被投入应用。同时，大量的交通基础设施建设，特别是近年来我国高速铁路的不断投入使用，使我国的交通供需矛盾得到了一定的缓解，我国交通运输网络结构也得到了明显改善，颇具规模的现代化综合型交通运输网络已经初步形成。

　　我国交通运输业日新月异的发展，对专业人才需求提出了更高的要求，在人才完善中教材建设成为专业建设的重点和难点之一。为解决当前国内高校交通运输类专业教材内容落后于专业与学科科技发展实际的难题，中南大学出版社组织国内交通运输领域内的一批专家学者，协同编写了这套交通运输类"十四五"规划教材。参与规划和编写这套教材的人员都是长期从事交通运输专业的科研、教学和管理实践的一线专家学者，他们不仅拥有丰富的教学和科研经验，而且对我国交通运输相关科学技术的发展和变革也有深入的了解。这套教材比较全面、系统地介绍了目前国内交通运输领域尤其是高速铁路的客货运输管理、运营技术、车站设计、载运工具、交通信息与控制、道路与铁道工程等方面的内容，在编写时也注意吸收国内外业界最新的实践和理论成果，突出了实用性和操作性，能适应大中专院校交通运输类以及相关专业的培养目标和教学需求，是较为系统和完整的交通运输类教材。该套教材不仅可以作为普通高校交通运输专业课程的教材，而且还可以作为各类、各层次学历教育和短期培训的首选教材，也比较适合作广大交通运输从业人员的学习参考用书。

由于我们的水平和经验所限，这套教材的编写也有不尽如人意的地方，敬请读者朋友不吝赐教。编者在一段时间之后会根据读者意见以及学科发展和教学等的实际需要，再对教材进行认真的修订，以期保持这套教材的时代性和实用性。

最后衷心感谢参加这套教材编写的全体同仁，正是由于他们的辛勤劳动，编写工作才得以顺利完成。我们真诚感谢中南大学出版社的领导和编辑，正是由于他们的大力支持和认真督促，才使这套教材能够如期与读者见面。

中国工程院院士

再版前言

　　按照党中央、国务院的决策和部署，2050 年，我国将全面建成交通强国，实现"人享其行、物优其流"的美好远景。交通事业的快速发展，需要交通运输法律法规为其保驾护航，近年来，交通运输法制建设成就斐然，适应新时代发展要求的交通运输法规体系也在不断健全和完善。为了反映交通运输领域新的法律规范要求，适应我国本科专业实施通才教育和培养 21 世纪复合型、应用型人才的目标，我们根据交通行业及交通立法的发展，对本教材教学内容进行了充实和更新，以适应新时代交通运输事业发展对交通运输类专业人才培养的要求。

　　交通运输法律规范所涉及的内容非常广泛，本书以 2021 年 1 月 1 日施行的《中华人民共和国民法典》为主要依据，对运输企业主体责任、运输市场经营活动和运输管理体制机制等方面的重要法律规范进行了系统介绍，对一些不适应社会主义经济发展要求的法律规定进行了删减、修改和完善，并通过对运输领域的大量典型案例进行法理分析，来帮助读者掌握、理解一些重要的交通运输法律规定，提高读者运用法律手段分析和解决实际问题的能力。

　　本次再版在原 2011 版的基础上，进行了系统的修订。本书共分八章，其中第一章、第三章由曹靖负责修订；第二章、第七章由孙静负责修订；第四章、第五章由郑国华负责修订；第六章、第八章由郭永丽负责修订。全书由郑国华负责统稿。

　　本书再版得到了中南大学本科生院、中南大学出版社的大力支持，在此表示衷心的感谢。

　　在编写修订过程中，参考了许多专家学者的专著和研究成果，谨对本书所有参考文献的作者致以诚挚的谢意。

编　者

2022 年 5 月

目　录

第一章　交通运输法概述

第一节　交通运输概述

一、交通运输的内涵

交通是运输和邮电的总称。运输是人和物借助交通工具的载运，是在一定范围内产生的有目的的空间位移，包括水运、空运、铁路、公路、管道等；邮电则是邮政和电信的总称，包括邮递、电报、电话、传真、互联网等。有时候，交通仅指运输[①]。

交通运输是人类社会生产、经济、生活中一个不可缺少的重要环节，它在衔接生产、流通、分配和消费，以及保证人们在政治、经济、文化、军事等的联系交往方面起着重要的作用。概括而言，交通运输是国民经济中基础性、先导性、战略性产业和重要的服务性行业，是可持续发展的重要支撑。

交通运输系统由铁路、公路、水运、航空和管道五种基本运输方式组成。

(一) 交通运输系统的构成要素

1. 运输结构

运输结构是指由不同运输方式形成的运力结构。五种基本运输方式在运载工具、线路设备和运营方式等方面各不相同，且具有不同的技术经济特征，因而各种运输方式各有其不同的适用范围。

纵观交通运输发展史，从世界范围内交通运输发展的侧重点和起作用的角度考察，可将交通运输的发展历程划分为四个阶段：水运阶段，铁路阶段，铁路、公路、航空和管道运输阶段，综合运输发展阶段。在不同国家，由于地理环境、经济发达程度、科学技术水平和运输化发展程度不同，交通运输发展状况也是不一样的，而且随着这些因素的变化，交通运输的结构也会发生变化。

交通运输系统可分为客运系统和货运系统。在我国客运系统的构成中，铁路、公路运输是主要运输方式，特别是近年来，随着高速铁路、高速公路的快速发展，铁路运输和公路运输得到了快速而稳定的发展，铁路、公路客运在总体结构中的比重不断增加；水运由于受航线固定和速度缓慢等因素的制约，比重较小，呈逐年下降的趋势；民航客运呈现快速发展的趋势。我国客运系统的发展趋向：以道路运输为基础，高铁、民航为主要发展方向的出行服

---

① 本教材所称的交通运输不包括邮电。

务体系更加完善，客运结构持续优化，中长距离客流逐步从公路转向高铁和民航。

在我国货运系统的构成中，铁路、水运、公路为主要运输方式。铁路货运比重总体呈下降的趋势，公路货运比重呈上升趋势；水运中的远洋运输发展速度较快，所占比重也较大；管道运输起步较晚，但发展较快；民航在货运中所占比重较小，但随着人们对快捷化物流需求的增长，民航货运发展持续快速增长。

2. 现代运输系统的构成要素

现代运输系统主要由运输线路、运输工具、物主与运输参与者等要素组成。

（1）运输线路。运输线路是运输的基础设施，是构成运输系统最重要的要素。

近年来，我国交通运输网络结构逐步完善，各种运输方式的运输线路长度持续快速增长。截至 2020 年年底，全国铁路运营里程 14.6 万公里，其中高铁近 3.8 万公里；公路总里程 519.81 万公里，其中高速公路里程 16.1 万公里；内河航道通航里程 12.77 万公里，全国港口拥有万吨级及以上泊位 2592 个；颁证民用航空机场 241 个；邮政行业业务总量 21053.2 亿元，同比增长 29.7%。全国油气长输管道总里程达到 16.9 万公里，互联互通程度明显加强；邮路和快递服务网络总长度（单程）4085.9 万公里，实现乡乡设所、村村通邮。综合立体交通网络初步形成，有力支撑了经济社会持续快速健康发展。

（2）运输工具。运输工具是运输的主要手段，包括铁路机车车辆、公路机动车、船舶、飞机等。近年来，我国各类型的运输工具，特别是公路机动车的增长速度很快，为我国交通运输业的发展提供了重要的物质条件。

（3）物主与运输参与者。物主和运输参与者是运输活动的主体，运输活动必须由二者共同参与才能顺利进行，具体包括物主、承运人、政府、货运代理人、运输经纪人和公众等。

①物主。即货物的所有者，包括托运人和收货人。

②承运人。是指提供运输服务的当事人，即运输活动的承担者，包括运输企业以及从事运输服务的个人。

③政府。政府对运输活动和运输发展起着重要的影响作用。一般来说，政府总是期望创造一种稳定而有效的运输环境，以使经济能持续增长，因此，政府通常采用多种方式来干预和影响运输市场。

④货运代理人。是指根据用户的指示，并为用户的利益而揽取货物运输的人，其本人不是承运人。

⑤运输经纪人。是指替托运人、收货人和承运人协调运输事宜的中间商，协调的内容包括装运装载、费率谈判、结账和跟踪管理等。运输经纪人也属非作业中间商，在一定程度上，运输经纪人和货运代理人的功能和作用是相同的。

⑥公众。作为直接参与者的公众，关注运输的可行性、费用和效果，而没有直接参与的公众，也关心环境和安全问题。随着公众环保意识的增强，消费者不仅要求最大限度地降低成本，而且密切关注与环境和安全标准有关的交易代价，因为这些都和消费者的切身利益相关。

（二）交通运输方式概述

1. 公路运输

公路运输是指经公路将货物或旅客从一地运送到另一地，以完成旅客或货物位移的一种陆路运输。公路运输在第二次世界大战以后开始迅速发展,是一种机动灵活、方便直达的运输方式,但受地面条件影响大,风险也相对较大。

公路运输的主要优点是方便、灵活,可以实现门到门运输;货损差少,安全性不断提高;送达速度快;投资少、资金周转快、回收期短;主要缺点是运输成本较高、污染环境等。在市场需求水平逐步提高的情况下,公路运输正愈益扮演着重要的角色,不仅在中短途运输中居于主导地位,而且在长途运输中的地位也日趋重要。

根据不同的划分方法,公路运输主要有以下若干种类:

(1)以运输对象为依据,可分为公路货物运输和公路旅客运输。

(2)以其承担的交通量、任务及性质等为依据,可分为高速公路、一级公路、二级公路、三级公路和四级公路运输。

(3)以管理公路的主体或者行政等级为依据,可分为国家干线公路(以下简称国道),省(自治区、直辖市)干线公路(以下简称省道),县公路(以下简称县道),乡公路(以下简称乡道)和专用公路。

(4)以是否以营利为目的为依据,可以分为营业性运输和非营业性运输。其中,营业性运输,是指为社会公众服务、发生各种方式费用结算的公路运输,在西方国家也常被称作"公共运输"或"受雇(待雇)运输";非营业性运输,是指专为本单位内部生产、生活服务,不发生各种方式费用结算的公路运输,也被称为"自有运输"。

(5)以运输主体为依据,可以分为单位运输和个体(或联户)运输。也可以按从事经营性运输的运输业者,划分为由国家兴办或经营的"公营运输"和由私人兴办或经营的"私营运输"。

(6)以参加的运输方式多少为依据,可分为公路单式运输和公路多式联运。其中,公路单式运输是指仅有公路这一种运输方式的运输;公路多式联运是指公路与铁路、水路、航空等运输方式相结合的联合运输。

(7)以货物多少和载运方法为依据,可分为整车运输、零担运输和集装箱运输。这是货物运输基本的划分方法之一。

除上述划分外,还可以按其他方式对公路运输加以划分,如以是否为公众服务划分,可分为民用公路运输和军用公路运输等;以对车辆是否拥有所有权划分,可分为自有车辆运输和租赁车辆运输等。

2.铁路运输

铁路运输是利用铁路线路、机车、车辆等运输设施和运输设备,通过将火车车辆编组成列车,在铁路上载运旅客、货物的一种运输方式。它是陆路运输的方式之一。

铁路运输的优点是运行速度较快,运输能力大,很少受自然条件的限制,适宜各种货物的运输,运输的安全性和运输时间的准确性较高,远距离铁路运输的成本较低;缺点是受铁轨和站点的限制,受运行时刻、配车、编列、中途编组等因素的影响,不能适应用户的紧急需要,近距离的运输费用较高。

铁路运输可以根据不同的方法划分为若干种类,主要有:

(1)以运输对象为依据,可将铁路运输分为铁路旅客运输和铁路货物运输。

(2)以是否以营利为目的为依据,可将铁路运输分为铁路营业性运输和铁路非营业性运输。其中,营业性运输是指为社会服务、发生各种方式运输费用结算的运输;非营业性运输是指为本单位服务、不发生各种方式运输费用结算的运输，主要适用于专用铁路。

（3）以铁路的管理权限为依据，可将铁路运输分为国家铁路、地方铁路、专用铁路、铁路专用线、合资铁路、中外合资铁路运输及铁路联运。

（4）以运输方式多少为依据，铁路运输可分为铁路单一方式运输和铁路多式联运。其中，铁路多式联运包括国内铁路与国际公路、国际航空或国际海运相互间的联运。

（5）以是否民用为依据，铁路运输可分为铁路民用运输和铁路军事运输。

除上述划分外，还可以以其他方式对铁路运输进行划分，如以营运方式为依据，可分为班列运输和租车运输、单位自备车辆运输等。

3. 水路运输

水路运输，又称水上运输，有广义和狭义之分。我国的水路运输从广义上讲，是指一切可通航水域的水上运输，包括我国水域港口之间的国内水路运输、我国境内港口（含中国香港、中国澳门、中国台湾地区）与境外港口之间的国际海上运输。由于国内水路运输与国际海上运输不同，难以用统一的法律来调整。因此，我国目前仍把它们作为两种运输，用不同的法律规范来进行调整。本书所称水路运输，是指狭义上的国内水路运输，即在中华人民共和国沿海、江河、湖泊以及其他通航水域中一切营业性的水路货物运输，内河拖航视为水路货物运输。

水路运输可以依据不同标准，从不同角度进行划分，主要有以下几种：

（1）以水域为依据，主要可分为沿海运输、江河运输、湖泊运输、运河运输。

（2）以运输对象为依据，可分为水路货物运输和水路旅客运输。

（3）以是否以营利为目的为依据，可以分为水路营业性运输和水路非营业性运输。其中，根据《中华人民共和国水路运输管理条例》及其实施细则的规定，营业性运输，是指为社会服务、发生各种方式运费结算的旅客运输（含旅游运输和渡船运输）和货物运输，包括使用常规运输票据结算以及将运输费用计入货价内的运销结合、产运销结合、取送货制度等各种结算方式的运输业务；非营业性运输，是指为本单位或本身服务，不发生各种方式运费结算的运输，如企业运输自己的货物、运输本单位的职工等。

（4）以运输主体为依据，可分为单位运输和个人（或联户）运输。前者主要指专门的水路运输企业从事的运输和其他单位从事的水路运输；后者指个体船民（或联户）从事的水路运输。

（5）以参加的运输方式多少为依据，可分为水路单一方式运输和水路多式联运。其中，水路多式联运是指有多种运输方式参加，其中至少有一种是水路运输方式的运输。

（6）以营运方式为依据，可分为班轮运输和航次租船运输。班轮运输是指在特定的航线上按照预定的船期和挂靠港从事有规律的水上货物运输的运输形式，它是定期、定航线的运输，其航行日期、航线等事先已由承运人按照有关规定确立，不能由有关当事人自由协商，且班轮会运送众多人的货物或众多不相关的旅客。航次租船运输是指船舶出租人向承租人提供船舶的全部或者部分舱位，装运约定的货物，从一港（站、点）运至另一港（站、点）的运输形式，它是不定期、不定航线的运输，其航行期限、航线等由船舶出租人和承租人自由协商。

4. 海上运输

海上运输包括海上货物运输和海上旅客运输，它是指使用船舶经过海路或与海路相通的可航水域，将货物或旅客从一个港口运送到另一个港口的运输方式。根据《中华人民共和国海商法》(以下简称《海商法》)第二条第一款,《海商法》所称海上运输,包括海江之间、江海之间的直达运输。这里所说的"海",既包括我国沿海,也包括与海相通、可航行的内河水域,如大江、大河等。

所谓海江或江海之间的直达运输,是指从海所在的港口为起运港,以江所在的港口为目的港;或者以江所在的港口为起运港,以海所在的港口为目的港的直达运输。

海上运输以港口所在国为依据,可分为两类:

一是我国港口同国外港口之间的国际海上运输,包括国际海上货物运输和国际海上旅客运输。《海商法》中所称的海上货物运输即国际海上货物运输,是指我国港口与国外港口之间的海上货物运输。

二是我国港口之间的沿海运输。适用《海商法》的只是沿海旅客运输,不包括我国港口之间的海上货物运输,即《海商法》所调整的海上运输主要是国际间的,并且限于商业行为,我国港口之间的海上货物运输不由该法调整。

5. 航空运输

航空运输是指公共航空运输企业(即承运人)利用航空器(飞机)经空中将货物或旅客(含其行李)从一地运送到另一地的运输方式。作为一种现代化的运输方式,它利用天空通道航行的便利,受地面条件限制少,运输速度快,航行时间短,比较安全。它的不足之处在于一次运量少,且运费较高。

航空运输有民用航空运输和非民用航空运输两大类。本书所称航空运输主要指民用航空运输。

航空运输可以依不同的方法划分为若干种类,主要有:

(1)以运输对象为依据,可以分为航空旅客运输和航空货物运输。

(2)以营运方式为依据,可以分为航班运输(又称为班机运输)和不定期运输。其中,航班运输是定时、定点、定线的运输,可运送众多的旅客或众多人托运的货物;不定期运输主要指包机运输,其飞行时间、经停地点、航线均由双方当事人协商,运送的旅客或货物是特定的(即包机人或其货物)。

(3)以是否以营利为目的为依据,可分为航空经营性运输和航空非经营性运输。前者是指为社会公众服务、发生各种费用结算的航空运输,后者则主要是指拥有航空器的单位为自己服务、不发生运输费用结算的运输。

(4)以运输的出发地点、目的地点和经停地点是否在国内为依据,可分为国内航空运输和国际航空运输。根据《中华人民共和国民用航空法》(以下简称《民用航空法》)第一百零七条,前者是指运输的出发地点、约定的经停地点(即中途停留的地点)和目的地点均在我国境内的运输;后者是指无论运输有无间断或者有无转运,运输的出发地点、经停地点和目的地点之一不在我国境内的运输。

(5)以参加的运输方式多少为依据,可分为航空单式运输和航空多式联运。航空单式运输是指仅以航空这一种运输方式的运输,包括飞机与飞机之间(含国与国之间)的联合运输;多式联运是指航空与铁路、公路、水路等运输方式之间的联合运输。

(6)以飞机的大小为依据,可分为大型飞机运输、中型飞机运输和小型飞机运输。

(7)以对飞机是否拥有所有权为依据,可分为自有飞机运输和租赁飞机运输。前者是指以自己拥有所有权的飞机进行的运输,后者是指通过租赁使用他人飞机的运输。

除了上述划分外，还可以以其他方式将航空运输进行划分，如以管理主体为依据，可分为国家航空运输和地方航空运输等。

6. 管道运输

管道运输是利用管道输送气体、液体和粉状固体的一种运输方式，其运输形式是靠物体在管道内顺着压力方向循环移动实现的。

管道运输的特点：运输费用低、能耗少；运量大、劳动生产率高；投资省、占地少；受外界影响小、安全可靠。

管道运输分类：

(1) 输油管道。输油管道又分为等温输油管道和热油输油管道，它主要由两部分组成，一是输油站，沿管道干线为输送油品而建立的各种站场，包括首站、中间站、末站；二是管线，包括管道、沿线阀室、穿越设备、管道防腐保护措施、供电和通信设施等。

(2) 输气管道。输气管道由矿场集气管网、干线输气管道(网)、城市配气管网、相关站场等组成。

(3) 固体浆料管道。固体浆料管道系统分为三部分，一是固体浆料管道运输，将待运输的固体物质破碎成粉粒状，用适量的液体配制成可输送的浆液，通过长输管道输送浆液到目的地，再将固体和液体分离后送给用户；二是主要输送物，如煤、铁矿石、磷矿石、铜矿石、铝矾土、石灰石等；三是配制浆液，主要是水，还有少量的燃料油和甲醇等。

二、交通运输业的特点

交通运输业是指由各种运输方式所组成的专门从事运输业务的各类型企业的总称。它作为一个特殊的产业部门，在我国被列入第三产业的流通部门。它是国民经济的重要部门之一，在整个社会机制中起着纽带作用，发挥着重要的功能。

交通运输业的生产过程是以一定的生产关系联系起来的具有劳动技能的人们使用劳动工具(如交通线路、车、船和飞机等运载工具及其他主要技术装备)和劳动对象(货物和旅客)进行生产，并创造产品(客、货位移)的生产过程。运输业的产品，对旅客运输来说，是人的位移，并以运输的旅客人数(客运量)和人公里数(旅客周转量)为计量单位；对货物运输来说，是物的位移，并以运输的货物吨数(货运量)和货物吨公里数(货物周转量)为计量单位。

交通运输业在社会再生产中的地位、生产过程和产品属性与其他产业部门相比有比较大的区别，其主要特点有：

(1) 运输生产是在流通过程中进行的。运输活动是生产过程的组成部分，就整个社会生产过程而言，运输生产是在流通领域内继续进行的生产过程。

(2) 运输生产过程不会改变劳动对象的理化属性和形态，而只改变运输对象(旅客、货物)的空间位置。对旅客来说，其产品直接被人们所消费；对货物运输来说，它把价值追加到所运输的货物身上。

(3) 在运输生产过程中，劳动工具(运输工具)和劳动对象(客、货)是同时运动的，它创造的产品(客、货在空间上的位移)不具有物质实体，并在运输生产过程中被消费掉，因此，运输产品既不能储备，也不能调拨，只能在运输能力上保有后备，以满足运输量的波动和特殊的运输需要。

(4) 人和物的运输过程往往要由几种运输方式共同完成，旅客旅行的起讫点、货物的始发地和终到地遍及全国,因此,必须有一个干支相连、互相衔接的交通运输网与之相适应。同时,运输业的生产场所不是点,而是一个面或一条线,即生产场所分布在有运输联系的广阔的空间里。

(5)各种运输方式虽然使用不同的技术装备、具有不同的技术经济性能,但生产的是同一产品,它对社会具有同样的效用。而工农业生产部门工艺不同,其产品有很大差异,这是运输生产的又一特征。

三、交通运输业的地位与作用

运输的目的是实现旅客和货物空间位移,运输生产是社会再生产过程中的重要环节。

运输业的发展影响着社会生产、流通、分配和消费的各个环节,对人们生活、国家政治和国防建设都有着重要作用。

(1)运输业是社会生产的必要条件。运输网的拓展、运输条件的改善,必将有助于开发新的资源、发展落后地区的经济、扩大原材料供应范围和产品的销售市场,从而促进社会生产的发展。

(2)运输费用在生产费用中占有很大比重。在生产布局中,如何考虑运输因素,最大限度地节省运输成本,不断降低运输费用,是节省社会生产费用、提高社会劳动生产率的重要因素。

(3)运输业担负着社会产品和商品流通的任务。在流通领域,缩短流通时间可以减少社会产品和商品在流通过程中的数量,而缩短流通时间的重要手段就是发展运输业。我国目前国有工业企业流动资金周转时间较长,据测算,如果流动资金的周转时间缩短10%,就可以节省流动资金100多亿元。因此,加快运输业的发展,建设一个发达的交通运输体系,不仅可以满足国民经济发展和人民生活水平提高对运输的需要,也将促进生产发展和缩短流通时间,加速资金周转,最终促进社会劳动生产率的提高。

(4)运输业具有军民两用性质,平时为经济建设服务,战时为军事服务。在战争中,它是联系前方和后方、机动部队运送武器弹药和粮食等物资的保证。因此,交通运输业具有半军事管理性质,是国家战斗力的组成部分。

进入新发展阶段,交通运输的地位体现在"三个没有变",即交通运输作为基础性、先导性、战略性、服务性行业的地位没有变;交通运输"适度超前"发展的阶段性特征和要求没有变;交通运输在经济社会发展中"先行官"的职责和使命没有变。

新发展阶段下,交通运输的作用就是要做到"四个要当好",即要当好现代产业体系协调发展的坚实支撑;要当好内外经济循环相互促进的重要纽带;要当好产业链、供应链安全稳定的保障基石;要当好改善人民生活品质、促进共同富裕的开路先锋。

四、交通运输治理体系改革

中国是世界上最大的发展中国家,交通运输体量庞大、情况复杂且处于快速发展当中,交通治理难度大。中国立足本国国情,借鉴国际经验,大力推进交通治理现代化,通过改革创新释放技术和市场活力、提升治理效能,促进了交通高质量发展;同时,积极推进综合交通体制机制改革,不断完善法律法规,统一开放、竞争有序的交通运输市场基本形成,适应新时代国家发展的交通运输治理体系逐步健全。

1. 综合交通运输管理体制机制不断完善

以深化供给侧结构性改革为主线，以提升行业治理能力为重点，持续深化交通运输体制机制改革。2013年形成由交通运输部管理国家铁路局、中国民用航空局、国家邮政局的大部门管理体制架构，交通运输大部门制主体组织架构基本建立。

深入推进了中国铁路总公司、中国邮政集团公司的公司制改革工作，两家公司分别更名为中国国家铁路集团有限公司、中国邮政集团有限公司，建立健全了现代法人治理结构和中国特色现代国有企业制度。省级综合交通运输体制改革加快推进，大部分省份基本建立综合交通运输管理体制或运行协调机制。组建国家铁路局、中国国家铁路集团有限公司，实现铁路政企分开。民航体制机制改革持续深化，机场公安体制、运输价格、民航业投资准入机制、空管系统体制机制等改革有序推进。邮政体制改革有序推进，邮政改革配套措施不断完善。

交通运输综合行政执法改革稳步推进，整合执法队伍，理顺职能配置，减少执法层级，权责统一、权威高效、监管有力、服务优质的交通运输综合行政执法体制逐步形成。

综合交通运输发展规划协调机制初步建立，铁路、公路、水运、民航、邮政等专项规划之间的衔接平衡不断加强。通过改革，综合交通运输发展的体制机制进一步优化，各种运输方式进一步融合，交通运输发展内生动力进一步增强，行业现代化治理水平进一步提升。

2. 交通运输法治政府部门建设持续深化

贯彻落实习近平法治思想，以"法治政府部门"建设工程为载体，把法治贯穿交通运输规划、建设、运营、管理和安全生产全过程的各方面，为加快建设交通强国，提供坚实保障。依法行政制度基本确立，行业立法、执法监督、行政复议与应诉、法治宣传教育和普法等工作机制逐步健全。加快推进铁路、公路、水运、民航、邮政等行业立法，综合交通运输法规体系已基本建成。聚焦国家重大战略实施和行业发展改革领域，制定和修订铁路法、公路法、海上交通安全法、港口法、航道法、民用航空法、邮政法等行业龙头法。制定和修订水上、水下活动通航安全管理规定、交通运输标准化管理办法等行业急需的规章，稳步开展规章规范性文件清理。

3. 深化"放管服"改革，优化营商环境

坚持问题导向，加快转变政府职能，深化"放管服"改革，持续优化营商环境。逐步放宽市场准入门槛，持续清理交通运输领域各类不合理和非必要罚款及检查，建立涉企收费目录清单制度。深入落实交通运输领域各项减税降费政策，降低物流税费成本。强化事中事后监管，取消中介服务等行政审批事项，推进商事制度改革。

推行"双随机、一公开"①监管工作，运用大数据、云计算、物联网等信息技术，推动跨省大件运输等并联许可系统全国联网。加快构建以信用为核心的新型市场监管机制。

推进新业态协同监管，线上线下一体化监管模式进一步创新，市场环境更加公平有序。优化行政审批服务方式，推广交通运输政务服务"一网通办"、企业群众办事"只进一扇门""最多跑一次"服务，显著提升办事效率。

交通运输"放管服"改革，推动了优化营商环境向纵深发展，激发了交通发展活力，提高了政府服务效能，促进了交通运输行业健康发展。

---

① "双随机、一公开"是指随机抽取检查对象、随机选派执法检查人员，抽查情况及查处结果及时向社会公开。

五、交通运输业的发展趋势

铁路、公路、水路、航空和管道等运输是现代社会中交通运输的主要方式。随着社会经济的发展，信息、电子、材料、现代控制和环境工程等现代工程技术和高新技术又为交通运输的发展注入了新的活力，推动和促进了现代交通运输业的迅速发展。由多种运输形式共同组成的国内、国际多维运输网络，已成为现代经济和社会发展中不可缺少的组成部分。

1. 专门化

运输专门化是运输效率化的前提。进入 21 世纪以来，交通运输领域在运输专门化方面体现出两个方面的动向：一是运输工具专门化，二是运输方式专门化。运输工具专门化是以运输工具为主体的运输对象专门化，早期表现为由客货混载到客货分载，即旅客运输工具和货物运输工具的专门化，导致了专门运输货物的货轮、货机、货车和专门运输旅客的客轮、客机、客车的出现；近期表现为专用载货工具的发展，从而出现了专门运输某一类货物的运输工具，如集装箱船、集装箱拖车、集装箱平车、液化气船、散装水泥车、罐车、散货船等。

由混载到分运是以运输方式为主体的运输对象专门化。较为典型的是海运，海运几乎在世界范围内放弃了客运，而专门从事货运。铁路的发展也已到了客货越来越不兼容的年代，从世界范围看，经济发展到较高水平之后，铁路客运与铁路货运的兼容性越来越差。一般的趋势是国土辽阔的大陆性国家以铁路货运为己任，正在放弃铁路客运，如美国、加拿大、澳大利亚、俄罗斯等国；国土较小或多岛屿的国家的铁路则以客运为己任，逐渐放弃货运，如英国、日本等国。

2. 重型化

重型化是规模经济在交通运输业的具体体现。重型化即增加运输工具的载重量，重载铁路、重载汽车(运货卡车)、大型运输机等各种运输工具日趋重型化，同时，管道运输的发展趋势也是管道口径不断增大，运输能力大幅提高。铁路重载化发展比较好的国家是美国、俄罗斯、加拿大、澳大利亚、南非、中国等。1989 年，南非开行了一列装载 71600 t 矿石的载重列车，该车全长 7.3 km，列车前部使用了 5 个、中间使用了 4 个电力机车，尾部使用了 7 个内燃机车充当动力组。目前，世界上油轮的载重量最大达 56.4 万 t，矿石船的载重量最大达 40 万 t，液化气船的载重量最大达 27 万 m^3，集装箱船的载重量最大达 24000 标准箱(TEU)。此外，大型化在管道运输、公路运输和航空运输中也呈现出同样的发展趋势。

3. 高速化

随着时代发展和科技进步，交通高速化的趋势愈发显著。目前，正在发展的高速铁路有三种类型。一是轮轨高速铁路，运营时速在 270~350 km；2010 年 12 月，中国高铁在对京沪线进行试运营时，创造了每小时 302 英里(约合 486 km/h)的世界纪录。二是传统型普通铁路，即摇摆式高速铁路，商业速度为时速 200~250 km。三是磁悬浮铁路，运营时速在 500~600 km。2021 年 7 月 20 日，在我国山东青岛，时速 600 公里的高速磁浮交通系统正式下线，这是当前可实现的速度最快的地面交通工具，填补了高铁和航空运输之间的速度空白。此外，世界各国都在发展高速公路网络，航空运输向超音速、双音速飞机方向发展，水运向水翼船、汽垫船和飞翔船(时速可达 160 km)方向发展。

4. 集成化

为更好发挥综合交通运输的效率和效益，需要通过集成化使之成为高效率的系统。该系统由铁路、公路、水运、航空、管道等各种运输方式的线路、场站（网点）、设备（装备）及电网、信息、物流等服务网络构成。通过打造集成化的交通运输装备、交通运输装置运行监测管控设备、基本公共服务设施（场站），构建设施高效衔接、枢纽快速转运、信息互联共享、装备标准专业、服务一体对接的多式联运组织体系，形成覆盖区域广泛、结构布局完善、服务层次多样、点线协调配套的现代交通运输系统。

未来需着力推动基础设施联网优化，构建高品质的快速交通网、高效率的普通干线网、广覆盖的基础服务网和综合智能运输大通道，进而提升基础设施的通达性、衔接性、适应性、绿色性、先进性和均衡性，推动基础设施和交通运输装备实现高质量协同。在此基础上，加快提升综合运输通道的服务效能，优化通道内各种运输方式服务结构，推动各种运输方式运量的合理分担。在重点枢纽场站建设方面，致力于建设一批汇集高速铁路、高速公路、城际列车、城市地铁、公路客运、常规公交、城市候机楼等多种运输方式场站的大型交通枢纽综合体，逐步形成立体互联的综合交通网络化和交通场站枢纽等网络化格局。

5. 绿色化

绿色化是实现交通健康发展的内在要求，也是经济社会向循环经济、低碳经济、生态经济、知识经济发展的必然要求，更是交通运输与经济、社会和环境协调与可持续发展的关键所在。研发和推广替代燃料新技术，广泛利用风能、太阳能等清洁能源，发展低碳能源和可再生能源，优化能源结构是主要实现途径。未来将通过提高燃油效率，增加氢能源、燃料电池等替代能源，降低交通行业对石油等传统化石能源的依赖，减少交通系统的碳排放量。世界可持续发展工商理事会发布的《愿景2050：走向转型》报告称，低碳交通将有望于2050年之前普及。据估计，轻型车辆的使用能降低80%的能源消耗，船运或货运的能源使用也将降低50%。此外，太阳能将在全球能源结构中占较大比例，电动汽车等新能源汽车极具发展前景。

优化交通运输结构是构建节能低碳型综合交通运输体系的战略重点。大宗物品通过管道运输实现输送，其运输对象将由石油、天然气、化工产品等流体逐渐扩展到煤炭、矿石、成件货物、集装物料等非流体。今后将更加注重发挥铁路占地省、运量大、能耗少、排放低等比较优势以优化运输结构。公交优先发展是优化交通运输的重要导向，未来世界都市圈和大中城市将实现以轨道交通为骨干、新能源公交车和共享单车为主体的绿色综合交通系统。其中，基于互联网的共享单车充分体现绿色、生态、共享理念，成为解决末端交通的绿色范例。

绿色化将贯穿交通基础设施规划、建设、运营和养护的全过程，生态选线、环保设计，生态修复是题中之义。为此，需要统筹布局规划线路和交通枢纽场站设施，提高交通基础设施的土地、岸线利用效率。在工程建设中，要大力促进节能环保新材料、新技术的应用，鼓励标准化设计及工厂预制。在行业管理中，不仅要制订交通基础设施建设生态标准，保护交通基础设施周边生态环境，还要建立交通运输温室气体与大气污染物排放协同联控机制，严格落实重点水域污染排放控制。

6. 智慧化

世界已进入ABC时代（AI+Bigdata+Cloud，即人工智能+大数据+云计算）。在ABC时代，交通运输的智慧化势在必然。智慧交通则是在智能交通的基础上，融入了物联网、云计算、大数据、移动互联网、人工智能等新技术。通过高新技术汇集交通信息，对交通管理、交通运输、公众出行等交通领域全方面，以及交通建设管理全过程进行管控支撑，使交通系统在区域、城市甚至更大的时空范围具备感知、互联、分析、预测、控制等能力，以充分保障交通安全、发挥交通基础设施效能、提升交通系统运行效率和管理水平，为通畅的公众出行和可持续的经济发展服务。换言之，智慧化交通力求基础设施—交通运输—通信网络—公共资源的高效利用，通过大数据决策，使出行体验更好、货物流通更优、政府决策更准。

展望未来，通过充分利用现代高科技，交通运输将全面实现基础设施和载运工具的数字化网络化、运营的信息化智能化，以及运输系统整体的智慧化。

具体而言，在铁路领域，基于智能系统的集成整合运用，将全面运营无人驾驶、无人检测的智能铁路。智慧动车组将实现工作状态自感知、运行故障自诊断和导向安全自决策，运输服务将实现全面电子客票、全程刷脸畅通出行、站车5G覆盖和智能引导。在公路领域，人们出行将按照程序设置完全智能化，无人驾驶将得到全面普及，车路协同技术、汽车列车化技术将得到普遍应用。在航空领域，智能售票、智能安检、机器人等代替人工辅助乘客出行将实现常态化，飞机将实现无人驾驶且能自我修复，出航将实现最优算法，并真正与轨道交通、公路交通、城市交通无缝衔接。

六、我国交通运输相关政策取向

根据行业政策导向，"交通强国"建设任务将是近几年国内交通运输行业发展核心，重点围绕基础设施布局完善、立体互联；交通装备先进适用、完备可控；运输服务便捷舒适、经济高效；科技创新富有活力、智慧引领；安全保障完善可靠、反应快速；绿色发展节约集约、低碳环保；开放合作面向全球、互利共赢等方面深化落实，推动交通发展从追求速度和规模向更加注重质量和效益转变，由各种交通方式相对独立发展向综合交通发展转变，由依靠传统要素驱动向更加注重创新驱动转变。

为此，在新发展阶段，我国交通运输发展必须实现三个转变：①推动交通发展由追求速度规模向更加注重质量效益转变；②推动各种交通方式相对独立发展向更加注重一体化融合发展转变；③推动交通发展由依靠传统要素驱动向更加注重创新驱动转变。

同时，必须抓好"六个着力"：①着力优化综合立体交通网络，有效服务扩大内需战略实施；②着力发展现代物流，有效支撑现代流通体系建设；③着力提升服务供给质量，奋力建设人们满意交通；④着力优化营商环境，加快形成统一开放的交通运输市场；⑤着力促进高水平开放，开拓合作共赢新局面；⑥着力统筹发展和安全，有效防范化解重大风险。

重点做好以下十二个方面的工作：①深化交通运输供给侧结构性改革；②为国家重大战略实施当好先行；③全面做好加快建设交通强国具体工作；④扎实推进巩固拓展交通脱贫攻坚战成果同乡村振兴的有效衔接；⑤进一步深化交通运输改革；⑥加快建设交通运输法治政府部门；⑦加快推动智慧交通发展；⑧大力发展绿色交通；⑨进一步加强交通运输对外开放合作；⑩建设更高水平的平安交通；⑪毫不放松抓好常态化疫情防控；⑫加强党的全面领导和党的建设。

七、我国交通的未来展望

按照党中央、国务院的决策和部署，未来30年，我国将加快建设交通强国，其中，到2035年，基本建成"人民满意、保障有力、世界前列"的交通强国，到2050年全面建成交通强国，实现"人享其行、物优其流"的美好远景。

1. 交通高质量发展更加紧迫

中国决胜全面建成小康社会取得决定性成就。进入新发展阶段，贯彻新发展理念、构建新发展格局对交通发展提出了更高要求，也提供了更大空间。人民对美好生活的向往呈现出多样化、多层次、多方面的特点，对交通运输服务需求更加旺盛、更加多元。新一轮科技革命和产业变革加速推进，给交通运输带来革命性变化。同时，国际环境日趋复杂，不稳定性、不确定性明显增加，新冠肺炎疫情在全球传播推动了世界百年未有之大变局加速演进，单边主义、保护主义、霸权主义使国际产业链、供应链运转严重受阻，气候变化给生态系统安全及经济社会发展带来了现实和潜在威胁。

面对国际国内形势的发展变化，加快构建国家综合立体交通网，建设人民满意、保障有力、世界前列交通强国，既面临机遇，也面临挑战。适应新的生产生活方式变化，建设人民满意交通，全面提升综合交通运输网络效率和服务品质的要求更高；服务国土空间开发保护和城乡区域协调发展，全方位提升交通保障能力，保持交通基础设施适度超前发展、充分发挥交通先行作用的要求更高；服务经济高质量发展，转变交通发展方式，提高安全智慧绿色发展水平，提升安全防控、应急处置和救援保障能力，推进治理现代化的要求更高；支撑全方位对外开放，强化交通基础设施互联互通，完善面向全球的运输服务网络的要求更高。

2. 加快建设交通强国

进入新的发展阶段，中国交通坚持以人民为中心的发展思想，以高质量发展为主题，以供给侧结构性改革为主线，牢牢把握"先行官"定位，适度超前，推动交通发展由追求速度规模向更加注重质量效益转变，由各种交通方式相对独立发展向更加注重一体化融合发展转变，由依靠传统要素驱动向更加注重创新驱动转变，构建安全、便捷、高效、绿色、经济的现代化综合交通体系，打造一流设施、一流技术、一流管理、一流服务，努力建设人民满意、保障有力、世界前列的交通强国。

到2035年，基本建成交通强国。现代化综合交通体系基本形成，人民满意度明显提高，支撑国家现代化建设能力显著增强。拥有发达的快速网、完善的干线网、广泛的基础网，城乡区域交通协调发展达到新高度。基本形成都市区1小时通勤、城市群2小时通达、全国主要城市3小时覆盖的"全国123出行交通圈"和国内1天送达、周边国家2天送达、全球主要城市3天送达的"全球123快货物流圈"，旅客联程运输便捷顺畅，货物多式联运高效经济。智能、平安、绿色、共享交通发展水平明显提高，城市交通拥堵基本缓解，无障碍出行服务体系基本完善。交通科技创新体系基本建成，交通关键装备先进安全，人才队伍精良，市场环境优良。基本实现交通治理现代化。交通国际竞争力和影响力显著提升。交通运输全面适应人民日益增长的美好生活需要，为基本实现社会主义现代化提供有力支撑。

第二节　交通运输法律关系

一、交通运输法律关系的内涵

1. 交通运输法律关系的概念

法律关系是一种社会关系。但是，并非一切社会关系都是法律关系，只有受某种法律规范所确认和调整的特定的社会关系才能上升为法律关系。因此，法律关系是法律在规范人们的行为过程中所形成的一种特殊的社会关系，即法律上的权利与义务关系。

交通运输法律关系是指由交通运输法律规范和其他法律规范所确认和调整的、在交通运输管理活动及交通运输运营过程中发生的权利与义务关系，具体是指国家机关、交通运输企业、其他企事业和社会组织之间，以及交通运输企业与公民之间，在交通运输运营及管理过程中发生的各种社会关系。当这些社会关系由法律规范来调整时，就形成了具有权利与义务内容的交通运输法律关系。

2. 交通运输法律关系的特征

交通运输法律关系属于上层建筑范畴，它直接体现或反映统治阶级物质利益的思想关系，由社会的物质关系所决定。或者说交通运输法律关系，反映的是国家对交通运输行业的管理关系的意志关系。

交通运输法律关系是交通运输法律问题中的一个重要问题，它所体现的是当事人之间的权利和义务关系。其特征如下。

(1)交通运输法律关系直接反映社会主义市场经济发展的要求。

在交通运输法律关系中，要表现生产经营关系的法律调整，并反映出交通运输企业与其他市场主体特别是运输市场主体之间具有平等权利特征的法律关系。

(2)交通运输法律关系的主体有一方必然是交通运输企业。

交通运输合同关系中的交通运输企业作为承运人是固定不变的。例如在铁路运输法律关系中，尽管承运货物的具体车站、铁路局集团有限公司可能有所不同，但是每一个车站、铁路局集团有限公司都是以铁路承运人的名义与旅客或货主发生铁路运输合同关系的。虽然各铁路局集团有限公司作为相对独立的企业法人，它们在经济上有自己的特殊利益，但作为国家铁路的一个组成部分，无论在责任划分还是赔偿方面，总是以铁路这个整体面目出现，铁路内部企业之间的责任并不影响对旅客或货主的赔偿。

(3)交通运输法律关系的内容具有经济性，都与运输业务有关。

交通运输行业要走向市场，与交通运输企业相关的法律关系的内容就应具有经济性。这是因为这些法律关系的内容是由这些法律关系的主体享有的经济权利和承担的经济义务构成的。这种经济权利、经济义务是经过法律调整的一种经济关系，调整的目的在于保证实现一定的经济目的。

3. 交通运输法律关系的产生、变更与消灭

交通运输法律关系只有在一定的情况下才能产生、变更或消灭。这种引起交通运输法律关系发生、变更、消灭的情况，通称为法律事实。导致交通运输法律关系产生的法律事实大致有两类。

(1)事件。

事件通常是指并非以参与人的意志为转移的这类法律事实。交通运输法规体系中的法律事件一般有两种：

一是引起交通运输法律关系的发生、变更和消灭的不可抗拒的自然现象。如洪水灾害导致交通运输生产的中断，致使运输合同不能履行，所导致的交通运输合同法律关系的变更或消灭，即属于事件的范围。

二是交通运输建筑和设备的不可更换性而引起的有关交通运输建设合同或物资供应合同的无法履行和必要的变更，也属于事件的范围。

（2）行为。

行为是指与交通运输法律关系参与人的意志有关，即以参与人的意志为转移的法律事实，或者说它是经济组织之间引发法律后果（即一定的法律关系）的行为。根据行为的情况，可将引起交通运输法律关系的行为大致分为三种：

①法律行为。法律使之与法律后果相联系起来的行为，称为法律行为，如订立有关运输合同。法律上的行为因其内容大致有两种：一是合法行为，即行为是属于不受法律禁止的，如根据运输合同完成运输任务；二是违法行为，即违反法律规定，应为而不为，不应为而为之，如擅自更改运输终点、扣押合法运输货物、将危险品以非危险品品名进行托运等。

②行政行为。是指国家授权机关依法行使对交通运输生产经营的管理权而发生法律后果的行为，如国家职能机关下达建设铁路、公路的计划以及运输救灾物资的调度计划等。

③司法行为。各级人民法院、专门人民法院（如铁路运输法院、海事法院等）依法对交通运输建设、生产、经营活动产生的经济案件作出的判决。

二、交通运输法律关系的构成要素

交通运输法律关系与其他法律关系一样，也是由主体、内容和客体这三个要素构成的。

（一）交通运输法律关系的主体

交通运输法律关系的主体是指在交通运输的生产经营和管理活动中，依法享有权利和承担义务的参加者或当事人。他们的法律地位和在交通运输运营过程中的权利和义务，是由交通运输法律、法规来规定的。应当指出的是，作为交通运输法律关系主体的自然人或法人，必须具有民事权利能力和民事行为能力。

在我国，交通运输法律关系的主体主要包括两大类，即民商事交通运输法律关系主体和行政管理交通运输法律关系主体。

1.民商事交通运输法律关系主体

（1）法人。

《中华人民共和国民法典》（以下简称《民法典》）第五十七条规定，法人是享有民事权利能力和民事行为能力、依法独立享有民事权利和承担民事义务的组织。可见，从法律意义上说，法人是按照法定程序组成的，有固定的组织机构，拥有独立的财产所有权或管理经营权，以生产经营为目的，并能以自己的名义依法享有经济权利、承担经济义务的社会组织。

法人作为法律关系的主体，是社会组织在法律上被赋予的人格体现，或者说，法人是人格化的社会组织，这也是法人的本质。法人具有两个基本特性，一是它的团体性；二是它的独立人格性。团体性是法人有别于自然人的特征，因为法人是一个组织，是由许多个体构成的集合体。自然人具有自由意志并能实践其意志，因而具有人格；法人具有团体意志并能体现其意志，即形成法人的人格。所谓独立人格性是指法人具有独立的民事权利能力和民事行为能力，能依法独立享有民事权利和承担民事义务，因此它具有独立的主体资格，这使其区别于非法人团体。

取得法人资格必须具备的条件：

①法人应当依法成立。

②法人应当有自己的名称、组织机构、住所、财产或者经费。

③法人成立的具体条件和程序，依照法律、行政法规的规定执行。设立法人时，法律、行政法规规定须经有关机关批准的，依照其规定执行。

④法人以其全部财产独立承担民事责任。

法人的民事权利能力和民事行为能力，从法人成立时产生，到法人终止时消灭。法人必须在核准登记或者法律规定的业务范围内从事经济活动，接受国家的管理和监督。

依照法律或者法人章程的规定，代表法人从事民事活动的负责人，为法人的法定代表人。法定代表人以法人名义从事的民事活动，其法律后果由法人承受。法定代表人因执行职务造成他人损害的，由法人承担民事责任。法人承担民事责任后，依照法律或者法人章程的规定，可以向有过错的法定代表人追偿。

《民法典》把我国法人分为三类：

①营利法人，是指以取得利润并分配给股东等出资人为目的成立的法人，包括有限责任公司、股份有限公司和其他企业法人等。

②非营利法人，是指为公益目的或者其他非营利目的成立，不向出资人、设立人或者会员分配所取得利润的法人。非营利法人包括事业单位、社会团体、基金会、社会服务机构等。

③特别法人，主要指机关法人、农村集体经济组织法人、城镇农村的合作经济组织法人、基层群众性自治组织法人。

其中，营利法人是交通运输法律关系的最主要参与者，它通常指以公司或者其他形式的企业和经济组织的形态出现的企业法人，例如各种运输企业、货代企业、多式联运企业等。

（2）非法人组织。

非法人组织是指不具有法人资格，但是能够依法以自己的名义从事民事活动的组织。非法人组织包括个人独资企业、合伙企业、不具有法人资格的专业服务机构等。

非法人组织应当依照法律的规定登记。设立非法人组织，法律、行政法规规定须经有关机关批准的，依照其规定执行。非法人组织的财产不足以清偿债务的，其出资人或者设立人承担无限责任。法律另有规定的，依照其规定执行。

根据法律规定，非法人组织的成立应当具备以下条件：

①依照法定条件设立，即必须履行法定的登记手续，经有关机关核准登记并领取营业执照后方可从事运输生产经营活动；

②有一定的财产或经费；

③有自己的名称、组织机构和从事运输生产经营活动的场所；

④出资人或设立人承担无限责任。

由此可见，非法人组织必须符合相应的法律规定，取得一定的经营资质，才能从事运输经营活动。此外，非法人组织也可以接受运输企业提供的运输服务，成为交通运输法律关系的另一方主体。

（3）自然人。

我国《民法典》第十三条规定，自然人从出生时起到死亡时止，具有民事权利能力，依法享有民事权利，承担民事义务。可见，自然人的民事权利能力是法定的，且自然人的民事权利能力一律平等。

自然人作为交通运输法律关系的主体，除了应当具有相应的民事权利能力外，还应具有民事行为能力。对自然人来说，有权利能力，不一定就有行为能力。法律确定和判断自然人是否具有行为能力主要以年龄、精神和智力状态为依据。我国《民法典》第十七条至第二十二条规定：

18周岁以上的自然人为成年人，成年人为完全民事行为能力人，可以独立实施民事法律行为。16周岁以上的未成年人，以自己的劳动收入为主要生活来源的，视为完全民事行为能力人。

8周岁以上的未成年人，以及不能完全辨认自己行为的成年人为限制民事行为能力人，实施民事法律行为由其法定代理人代理或者经其法定代理人同意、追认；但是，可以独立实施纯获利益的民事法律行为或者与其年龄、智力相适应的民事法律行为。

不满8周岁的未成年人，以及不能辨认自己行为的成年人为无民事行为能力人，其本人不能独立参加任何民事活动，只能由其法定代理人代理实施民事法律行为。

2. 行政管理交通运输法律关系主体

（1）国家行政机关。

作为行政管理交通运输法律关系主体的国家机关主要是指国家行政机关。在交通运输活动中发生的国家行政机关对交通运输企业设立，以及对运输活动的监督管理而形成的各种法律关系，均属于行政管理交通运输法律关系，主要表现为国家行政机关与交通运输企事业单位、其他组织之间监督与被监督、管理与被管理的关系。国家行政机关是行政管理交通运输法律关系的必要主体。

（2）交通运输企业。

包括各种运输方式的交通运输企业、货运代理公司、多式联运企业等。

（3）其他组织。

在交通运输行政法律关系中，其他组织从事交通运输活动时，也要接受行政机关的监督、管理，成为行政管理交通运输法律关系的主体。

（二）交通运输法律关系的客体

交通运输法律关系的客体，是指交通运输法律关系的主体享有权利和承担义务所指向的事物。如果没有交通运输法律关系的客体，交通运输法律关系主体的权利和义务就无从体现。

交通运输法律关系的客体一般来说包括行为和物两种。

（1）行为。

行为是指交通运输法律关系主体为实现一定目的而进行的活动，如国家或国家机关依法对交通运输行业进行管理的行为，交通运输企业依法行使经营、管理的行为，为完成一定的运输任务所提供的劳务行为，接受管理的留置资产的行为等，都是交通运输法律关系的客体。

（2）物。

这里物的内容相当广泛，如交通运输企业中的国有资产，供应铁路运输设备合同中的铁路运输设备，供应飞机合同中的飞机等，都是交通运输关系中作为客体的物。

（三）交通运输法律关系的内容

交通运输法律关系的内容，是指交通运输法律关系主体享有的权利和承担的义务。这是交通运输法律关系的基础，是联结交通运输法律关系主体之间的桥梁，是交通运输法律关系最基本的要素。可以这样说，交通运输法律关系的实质就是权利和义务的关系，这种权利和义务的关系直接由法律规范确认，并得到国家强制力的保护和监督。

（1）权利。

权利是指交通运输法律关系主体依法进行某种活动或要求他方进行某种或不进行某种活动的资格。作为交通运输法律关系内容的权利主要表现为：

①权利主体可以依法进行一定的经营、管理活动。

②权利主体在法律允许的范围内，可要求义务主体作出相应行为，或不作出某种行为以实现或不影响自己的利益。

③权利主体的权利受到侵害时，可依法请求国家行政机关或司法机关以强制力保证实现自己的利益。

（2）义务。

义务是指交通运输法律关系主体依法为满足权利主体的要求，必须为一定行为或不为一定行为的责任。主要包括以下内容：义务主体必须按照法律规章担负其应负的义务，履行义务有其法定范围的限度；义务主体应自觉履行义务，如果不履行或不适当履行，就应依法承担法律责任。

交通运输法律关系作为经济法律关系中的一种，其权利和义务是相对的，也是对等的。即一方享有的权利，正是对方应当履行的义务；一方权利的享有，必须以对方履行义务为前提。因此，主体的任何一方不得只享有权利而不承担义务，或只承担义务而不享有任何权利。

三、交通运输法律关系类型

交通运输法律关系类型主要有交通运输经济法律关系、交通运输行政管理法律关系、交通运输劳动管理法律关系、交通运输社会保障法律关系、交通运输行政执法法律关系、交通运输涉外法律关系等。

（一）交通运输经济法律关系

交通运输经济法律关系是指由交通运输法律、法规和其他法律规范所确认和调整的交通运输企业与自然人、其他企业法人、国家以及其他社会组织之间因交通运输生产经营活动而发生的具有权利、义务内容的社会关系。其中主要涉及交通运输、交通建设的法律关系。

涉及交通运输的法律关系主要是交通运输的客货运输关系，反映在法律上就是合同关系，它比较直接地反映了生产关系的要求。

旅客运输关系是指交通运输部门在运送旅客过程中所发生的社会关系，这种运输关系反映在法律上主要就是旅客运输合同关系。它表明交通运输企业作为承运人，有义务将旅客运送到车票票面规定的站点，旅客则有义务支付相应的旅客运输费用。

货物或者行李、包裹运输关系，是将货物或行李、包裹从一地运送至另一地，使之发生位移时所产生的一切社会关系，反映在法律上，主要是货物运输合同关系、行李运输合同关系和包裹运输合同关系。

客货运输关系在交通运输关系中占有特别重要的位置，它是交通运输法律规范所确认或调整的人与人之间的权利、义务关系的主要内容。此外，与交通运输关系比较密切的交通运输安全保护、交通运输部门各级组织之间的关系，以及交通运输企业同其他组织和个人之间所发生的侵权赔偿关系也是很重要的内容之一。

根据交通运输法律关系的性质，交通运输法律关系可以分为五类：

第一类为旅客运输合同法律关系。在这种法律关系中，主体是交通运输企业和旅客，客体是交通运输企业运送旅客，使旅客发生位移的劳务行为。

第二类为货物运输合同法律关系，包括货物、行李、包裹运输法律关系。其主体是交通运输企业、托运人和收货人。客体是交通运输企业运送货物(或行李、包裹)，使货物(或行李、包裹)发生位移的劳务行为。

第三类为交通运输安全保护方面发生的侵权行为法律关系。其主体是侵犯交通运输企业合法权益的当事人或者被交通运输企业侵犯合法权益的当事人。客体是侵权行为。

第四类为交通运输行业内部组织之间发生的法律关系，如上下级组织之间的管理与被管理关系。在交通运输企业内部，下级有义务服从上级的调度指挥、运营管理等，有义务通过本单位的联运确保货物的运输安全等。

第五类为交通运输各级组织同其他单位发生的其他法律关系，如交通运输计划法律关系等。

总体来看，我国现行交通运输法律规范对各类型交通运输法律关系的内容的规定还是比较详尽的，但也有一些不足之处，譬如有关运输服务质量、运输赔偿责任的处理问题等，还需要在交通运输法律关系内容中，进一步建立健全有关责任机制。

此外，在交通运输法律关系中还涉及交通运输基础设施建设的内容，它是指由交通运输法律规范所确认和调整的交通运输企业、其他法人、其他社会组织、地方政府和国家在交通运输基础设施建设中发生的具有经济权利、义务的社会关系。在这个关系中，应明确各主体的交通运输基础设施建设的权利和义务，特别是要明确国家和交通运输企业的权利、责任和义务。目前在这一方面，我国有关的法律、法规正在逐步健全完善，2020 年 8 月，交通运输部印发《推动交通运输领域新型基础设施建设的指导意见》，就是要推动建立涵盖政府、企业、行业协会和专业机构的协同机制，强化部门协同、区域协调和跨界合作，共同推进交通运输领域新型基础设施建设。

(二)交通运输行政管理法律关系

过去较长一段时期，我国交通运输的管理基本上采用的是计划经济下"大一统"的行政管理办法。例如国家对铁路的管理中，国家对铁路的基本运价进行严格的控制，铁路运输企业承担公用事业职能，这使得铁路运输企业的经营机制受到严重制约。另外，政企不分也成为影响我国运输行政管理体制改革的一个关键性问题。

在市场经济条件下，企业和政府的行为、动机是不完全一致的，应该严格加以区分。市场经济条件下的企业是具有自身特殊利益的经济实体，它要维持自身的生存、实现自我发展，就必须在市场活动中维护自身的利益，而在不确定的市场中，对自身利益的维护只能通过对最大利益的追求来实现，即企业行为应该以利润为出发点或动机，以追求自身最大利益为中心目标，采取各种正当的市场竞争措施。而政府的责任则应是保证整个社会经济的发展、维护市场的秩序、保持公正和全社会的福利，诸如救灾、扶贫、照顾边远地区、少数民族政策等均属于政府行为。

政企不分会带来很多问题。一方面，让政府像企业那样以利润为动机，市场就无公平可言。因为权力部门在许多方面拥有一般企业所无法比拟的特权，同时也必然会导致腐败滋生。另一方面，让企业像政府那样去维护全社会的福利显然也是不合适的。例如从投资的角度来说，企业有自己的投资动机和利益，如果完全按企业的动机和利益行事，很多边远地区的交通运输基础设施就不值得修建。

因此，政府要处理好行政主体(国家机关)行使权力和市场主体(交通运输企业)享有权利的关系，不能直接干预企业的经营活动，但可以通过法律和经济手段来影响市场和企业行为，即要使政府部门从直接经营管理企业的惯性中摆脱出来，更加注重从政策、法规、标准、规划等方面加强指导、协调、监督、服务，要尽可能减少行政指令性要求，为企业自主经营创造良好的外部环境。

当前，我国交通运输行政管理体制机制的改革是我国交通运输部门改革的重点，其成败直接影响到交通运输的现代化进程。应根据市场经济的特点，采取市场经济管理办法变革交通运输行政管理体制机制，并用法律形式明确，使交通运输行政管理具有法律的保障和监督。

交通运输行政管理法律关系，是指由交通运输法律规范及其他法律规范所确认和调整的交通运输企业与国家、政府部门以及交通运输企业内部组织、职工之间在交通运输管理活动中发生的社会关系。其主体有交通运输企业、国家、运输企业内部组织、职工等；其客体是各级管理行为和因管理发生的侵权行为。其内容主要包括各级政府部门、交通运输各主管部门、运输企业等各自的权利与义务。

交通运输行政管理涉及到政府交通主管部门对交通运输建设、经营、发展过程的管理，主要包括交通运输企业的债务管理、财政管理、运价管理等方面的内容，加强交通运输行政管理方面的立法，有助于促进交通运输事业的建设和发展。

1. 债务管理

负债经营是市场经济中企业生产经营的一个重要特点。交通运输企业在走向市场后，其建设与经营资金将由国家财政拨款的形式转为企业自筹或向金融机构贷款的形式，要建立多层次的融资渠道，打破对银行贷款的单一依赖，创新金融产品，通过提升资产证券化率、引入社会资本等方式，提升资金和资产运作效率。比如在19世纪美国铁路建设初期，铁路债券所带来的巨额融资在铁路建设方面发挥了至关重要的作用。

因此可见，交通运输企业转变经营机制之后负债经营是不可避免的。为此，相应地成立交通运输企业的债务管理机构，并通过立法方式明确交通运输企业负债的方式、方法，明确债务管理机构的权利、责任和义务，这是交通运输企业管理现代化和法制化的一个重要方面。由于我国在这方面的立法比较缺乏，因此应积极借鉴国外的有益经验。

例如法国在《国家与法国国营铁路公司计划合同》(1990—1994年度)第二十七条规定：

在常规情况下，鉴于法铁自供资金的能力，可批准法铁向金融市场借款，以支付其投资政策必要的费用偿还借款。

除发行债券外，法铁还可采取融资的办法，依惯例向工业企业和商业企业融资。

法铁可以采用各种提供资金的方式，但为确保长、中、短期投资良好、经济平衡，必须办理民事财务借贷文件。

2. 财政管理

财政管理也是经济管理的一项重要内容。在国家财政中根据国民经济与交通运输行业的相互关系所作的财政平衡，以及交通运输业和交通运输企业生产经营本身的财务平衡，对国民经济和交通运输业的发展都是至关重要的。例如国外铁路立法中多有关于财政管理方面的立法规定，它们对这一方面有关国家、企业及社会团体应享有的权利和应负的责任、义务的内容规定得比较明确，并常常以数量的形式确定下来，这使得铁路的发展较少受人为因素的干扰。这一点，我国应根据交通运输业发展的特点加以借鉴，吸收其有益经验。

3. 运价管理

运价管理特别是铁路运价管理一直是交通运输管理的核心，其改革成败也是运输业改革成败的关键。在计划经济体制下，交通运输业运价权高度集中，改革开放以来，在逐步调整运价的同时，也逐步对传统的高度集中的运价管理体制进行了不同程度的改革。水运、航空等运输方式经过多年的探索实践，已经基本上走出了一条与市场需求相适应的运价形成机制的路子。国家对铁路运价的管理也有一定的改革措施并有所松动，但铁路部门仍然没有最终定价权，铁路运价特别是货物运价仍然过低，与其劳务价值相差过大，这都有悖于市场价值规律的要求。铁路要走向市场，必须拥有根据市场情况制定运价的权力，国家主要通过法律对运价的合理性进行调控。如果要求铁路制定某项特殊运价，国家应就这项运输给铁路造成的损失给予补偿，这样才有利于铁路与其他运输市场主体进行公平的竞争，促进铁路的快速发展。在这方面，法国、美国的做法值得我们很好地借鉴。

放开价格管制，推行票价市场化，构建弹性浮动的票价机制，激发市场活力。借鉴20世纪70年代美国取消行业价格管制的铁路运营改革，根据高峰和淡季客流量和货运流量的变化，进行市场化定价，提升客货运输盈利能力，也是吸引外商投资者的重要方面。

如法国在《国家与法国国营铁路公司计划合同》(1990—1994年度)中规定：

①政府放开客货运价，允许法铁在不同线路、不同季节实行不同运价，允许其他运输方式竞争。

②政府对法铁的宏观控制与监督，主要体现在将铁路运输纳入整个国民经济和社会发展之中，规划铁路发展，要求建设国家需要的新线，控制铁路客货运价浮动于物价上涨指数之内，监督法铁履行合同规定的责任、义务。

③政府对优惠票价要给予补贴。

④在任何情况下，为整体的利益，要求法铁提供与运输市场运作条件不同的特殊服务时，国家与有关公共集团应给法铁以财政补贴，使这些服务不致造成法铁收入的减少。

又如美国国会1980年制定的《斯塔格斯铁路法案》涉及运价管理的主要内容有：

①明确市场竞争是铁路经营与价格管理最有效的调节手段。

②放松政府对铁路的控制，给予铁路行业以相当的自由度，鼓励竞争。

③铁路可以与货主协商定价，甚至秘密定价都是允许的，但最终应以合同形式明确。

④在税收政策上，对某些确属国家需要的不盈利线路采取免税政策。

⑤鼓励把不盈利的支线出卖，以补贴主要线路的经营。

⑥逐步缩小州际商务委员会的权力。

当然，我国铁路有其特殊性，铁路立法不能照搬外国立法的经验，但无论如何都应明确一点，这就是铁路运价必须要保证铁路运输企业作为市场主体与其他运输主体进行公平竞争。只有这样，才能促进铁路走向市场，促进铁路的管理现代化。

(三)交通运输劳动管理法律关系

交通运输劳动管理法律关系，是指由交通运输法律规范及有关劳动法律规范所确认和调整的交通运输企业与其职工之间在交通运营过程中产生的具有权利、义务内容的社会劳动关系。其主体是交通运输企业及其职工；其客体是交通运输企业和职工在劳动关系中所享受的权利和承担的义务所指向的物和行为；其内容是指交通运输企业和职工在交通运输劳动关系中应享有的权利和应承担的义务。

交通运输劳动管理法律关系作为交通运输法律关系的一个重要组成部分，其内容不仅要符合我国有关劳动法律的要求，而且应适应市场经济和社会发展的要求。目前，随着产业结构和生产布局的调整，特别是减员增效机制的建立，以及劳动用工制度的改革，我国交通运输行业的劳动关系正在发生极为深刻的变化，优化劳动组织，减少劳动用工，引入竞争机制，竞争上岗，优胜劣汰，正在成为新的用工主流。可以这样说，交通运输劳动关系的改革，顺应了交通运输劳动关系适应市场经济和劳动用工制度改革的发展要求，促进了交通运输劳动管理体制的改革。

(四)交通运输社会保障法律关系

交通运输社会保障法律关系是指由交通运输法律规范和其他有关法律规范所确认和调整的国家、交通运输企业与职工之间因社会保障而发生的具有权利、义务内容的社会关系。其内容主要包括交通运输业服务社会应承担的权利与义务，交通运输企业对其职工所承担的有关社会保障的权利、义务等。目前，社会保障的有关立法正在建立和完善之中，因而交通运输部门也应根据我国运输业的具体实际，尽早加强这方面立法的理论与实践研究，以满足我国交通运输法制化治理的发展要求。由于我国在这方面的立法经验较少，因此应积极学习和吸取国外有益的立法经验，比如法国在《国家与法国国营铁路公司计划合同》(1990—1994年度)中第九章、第十章、第十一章、第十六章有关社会保障的内容是值得我们借鉴的。

(五)交通运输行政执法法律关系

交通运输行政执法法律关系是指由交通运输法律规范和其他法律规范所确认和调整的交通运输企业与自然人、法人、有关社会组织及国家之间在交通运输行政执法过程中产生的具有权利、义务内容的社会关系。

交通运输行政执法法律关系的内容应明确执法机构的法律地位，明确其应享有的权利和应承担的义务。目前我国交通运输行政执法机构主要有专门公安机关，如铁路公安机关等，专门人民法院，如铁路运输法院、海事法院等，以及其他运输行政执法部门。这些行政执法机关的设立，确保了交通运输的安全运营，对我国交通运输的发展，保障交通运输企业、自然人、其他法人、有关社会组织以及国家利益是尤为重要的。应进一步加强运输法院与地方法院、交通运输公安机关与地方公安机关的配合、联系，明确各方的权利、义务，保证交通运输部门有法必依、执法必严，使交通运输行政执法符合市场经济与社会发展的要求，更好地促进和保障交通运输行业的健康发展。

（六）交通运输涉外法律关系

交通运输涉外法律关系包括由于国际联运发生的涉外法律关系和由于外国投资者、外商投资企业直接或者间接在中国境内进行的投资交通运输业而发生的涉外法律关系。这里我们主要讨论后者。

随着经济全球化的发展，以及我国对外开放政策的深入，特别是"一带一路"合作倡议的实施，国家鼓励外国投资者依法在中国境内投资交通运输业。研究由此引起的交通运输涉外法律关系，从而建立和完善相应的法律法规体系，对积极促进外商投资交通运输业，保护外商投资合法权益，规范外商投资管理，推动形成全面开放新格局，促进社会主义市场经济健康发展，加快我国交通运输市场的法制化建设具有重要的意义。

1. 交通运输涉外法律关系的概念

交通运输涉外法律关系是指由交通运输法律规范和其他法律规范所确认和调整的外国的自然人、企业或者其他组织（以下统称为外国投资者）直接或者间接在中国境内进行的投资交通运输活动过程中发生的具有权利、义务内容的社会关系。

2. 交通运输涉外法律关系的主体

交通运输涉外法律关系的主体包括投资主体和运输市场主体两个方面的含义。投资主体是指投资建设经营交通运输业的投资者，主要包括中国和外国的自然人、企业或其他组织。运输市场主体是指依法设立的从事交通运输生产经营活动的投资者，包括中国和外国的自然人、企业或其他组织。其中的外商投资企业，根据《中华人民共和国外商投资法》，是指全部或者部分由外国投资者投资，依照中国法律在中国境内经登记注册设立的企业。

投资主体的确定要遵循合理性原则和能力适应原则。合理性原则是指主体资格必须符合法律的规定。例如，目前有些地方政府直接与外商谈判修建地方铁路，这是不妥当的。政府是国家的行政机关，而与外商联合经营铁路是经济行为，应由经济组织来进行。因此正确的做法应当是，由政府授权某个经济组织或企业作为投资主体，与外商共同建设经营铁路。能力原则是指建设经营交通运输业必须具备资金、技术和管理方面的条件。由于作为基础设施的交通运输业，建设工程规模大、整体性强、投资大、回收期长、与地方的关系密切、土地征用、安全保护等方面的问题比较多，因此，在对外商投资建设经营交通运输项目的审查时，一定要把能力审查放到重要的位置上，以确保交通运输安全，同时避免一些不必要的损失。

3. 交通运输涉外法律关系的内容

外商投资建设经营交通运输业所涉及的内容主要如下：

（1）外商投资建设经营交通运输业的原则

①平等互利、公平合理的原则。当事者各方以平等地位参与投资经营活动，任何一方都不能把自己的意志强加于对方；严格遵循合同规定的权利、义务，且权利、义务对等，并按照各自的投入获得相应的回报。

②维护国家主权和国家安全的原则。即对外商既要给予法律上的保护，也要在法律上予以约束，不能为吸引外资而不顾我国国家利益和中方合作投资者的利益；对国防交通设施以及其他涉及国家特殊利益的交通运输项目或设施，要严格遵守国家法律和政策规定，确保其安全，不允许外商投资建设经营。

③合资双方都要尊重国际惯例的原则。国际惯例是国际经济贸易关系中具有普遍约束力

的行为准则，应通过国内立法形式承认国际惯例和条约的效力，以便在法律框架上与国际通行的规则接轨。

（2）外商投资建设经营交通运输业的范围和方式

国家对外商投资实行准入前国民待遇加负面清单管理制度。外商投资准入负面清单规定禁止投资的领域，外国投资者不得投资；外商投资准入负面清单规定限制投资的领域，外国投资者进行投资应当符合负面清单规定的条件；外商投资准入负面清单以外的领域，按照内外资一致的原则实施管理。

具体而言，交通运输业在国民经济、国防建设中占有极为重要的位置，因此，外商只能投资建设经营一定范围、一定领域内的交通运输基础设施和参与部分运营工作。从大的原则上来看，主要体现在：除国防铁路、国防公路、其他涉及国家特殊利益、国家安全和秩序的交通运输项目和基础设施，以及其他国家法律明确规定不允许外商投资建设经营的以外，其他方面都是允许外商投资建设经营的。

外商投资建设经营交通运输业的方式主要包括以下四种：

①外国投资者单独或者与其他投资者共同在中国境内设立外商投资企业。

②外国投资者取得中国境内企业的股份、股权、财产份额或者其他类似权益。

③外国投资者单独或者与其他投资者共同在中国境内投资新建项目。

④法律、行政法规或者国务院规定的其他方式的投资。

（3）外商投资建设经营交通运输业的管理

《中华人民共和国外商投资法》规定，外商投资需要办理投资项目核准、备案的，按照国家有关规定执行。外国投资者在依法需要取得许可的行业、领域进行投资的，应当依法办理相关许可手续。

有关主管部门应当按照与内资一致的条件和程序，审核外国投资者的许可申请，法律、行政法规另有规定的除外。

外商投资企业在我国开展运输生产经营活动，必须要遵守我国法律法规的相关规定：

①外商投资企业开展生产经营活动，应当遵守法律、行政法规有关劳动保护、社会保险的规定，依照法律、行政法规和国家有关规定办理税收、会计、外汇等事宜，并接受相关主管部门依法实施的监督检查。

②外国投资者并购中国境内企业或者以其他方式参与经营者集中①的，应当依照《中华人民共和国反垄断法》的规定接受经营者集中审查。

国家对外国投资者和外商投资企业设立信息报告制度和安全审查制度：

①国家建立外商投资信息报告制度。外国投资者或者外商投资企业应当通过企业登记系统以及企业信用信息公示系统向商务主管部门报送投资信息。外商投资信息报告的内容和范围按照确有必要的原则确定；通过部门信息共享能够获得的投资信息，不得再行要求报送。

②国家建立外商投资安全审查制度，对影响或者可能影响国家安全的外商投资进行安全审查，依法作出的安全审查决定为最终决定。

（4）外商投资建设经营交通运输企业的设立

---

① 经营者集中：是指两个或者两个以上的企业相互合并，或者一个或多个个人或企业对其他企业全部或部分获得控制，从而导致相互关系上的持久变迁的行为。

外商投资交通运输企业的组织形式、组织机构及其活动准则，适用《中华人民共和国公司法》、《中华人民共和国合伙企业法》等法律的规定。按照《中华人民共和国公司法》的规定成立公司的，公司的设立应符合法定程序和规定。

第三节 交通运输法概述

一、交通运输法概念

交通运输法是指国家立法机关为了加强交通运输管理、规范交通运输活动而颁布的相关法律，以及国家行政机关依照宪法和法律的有关规定制定和发布的行政法规、规章，是集行政法、民法和经济法为一体的调整交通运输关系的法律规范的总称。

交通运输法是调整交通运输主管部门行政权力的创设、行使以及监督过程中发生的各种社会关系的法律规范。

制定交通运输法的目的是维护国家利益，规范交通运输秩序，保护公民、法人和其他组织的合法权益。

二、交通运输法律规范的渊源

法律渊源是指法律的表现形式，是指不同国家机关依法制定的各种具有不同法律效力的规范性文件。它们因国家机关不同而具有不同的效力。交通运输法律规范的渊源是指交通运输法律规范的外部表现形式和根本来源。目前，我国交通运输法律规范的法律渊源大致包括以下几种形式。

1. 宪法

宪法是国家的根本大法，具有最高法律效力，由全国人民代表大会制定和修改，是交通运输立法的基本依据。

宪法规定了包括交通运输管理在内的行政权力的来源和行使行政权力的基本形式、行政组织的权限、公民权利与行政权力的关系以及处理原则等。

2. 法律

法律是指由国家最高权力机关(即拥有立法权的国家机关，在我国为全国人民代表大会及其常务委员会)按照立法程序制定和颁布的规范性文件。法律作为交通运输法律规范的主要渊源，具有较高的等级，是其他渊源的依据，行政法规、规章等规范一般都具有执行性和从属性，是法律的具体化，且不得与法律相抵触。

交通运输法律在交通运输领域具有重要地位，是规范交通运输管理与活动的基本法律规范，如《中华人民共和国铁路法》(以下简称《铁路法》)、《中华人民共和国公路法》(以下简称《公路法》)、《中华人民共和国民用航空法》(以下简称《民用航空法》)等。

3. 行政法规

行政法规是指由国家最高行政机关，即国务院，为了实施宪法和有关法律，按照规定的程序，在自己的职权范围内，制定的涉及交通运输经营与管理活动的各类规范性文件的总称，多以"办法""条例""实施细则""暂行规定"等命名，如《铁路安全管理条例》①、《中华人民共和国道路交通安全法实施条例》等。

行政法规是法律具体化的一种形式，其法律地位和法律效力仅次于法律，高于地方性法规和规章。

4. 地方法规

地方法规是指由省、自治区、直辖市、经济特区等地方人民代表大会及其常务委员会制定的一种规范性文件。其法律效力低于行政法规，仅在地方政府管辖范围内有效，即受地域范围的限制。

5. 行政规章

行政规章是由国务院各部委及各级地方人民政府为实施法律、行政法规，在自己权限范围内依法制定的规范性管理文件，如由国家交通部、省级人民政府所颁布的有关管理交通运输的条例、办法、规定和通知等。行政规章是交通运输管理活动的重要依据，其数量之多、适用范围之广、使用频率之高是其他形式的法律渊源无法相比的。

6. 国际条约

国际条约是指国家及其他国际法主体间所缔结的以国际法为基础，确定其相互关系中的权利和义务的一种国际书面协议，也是国际法主体间互相交往的一种最普遍的法律形式。涉及交通运输法律关系的国际条约很多，但并不是所有国际条约都可以无条件地在任何一个国家内生效。根据国际法和国家主权原则，只有经一国政府签署、批准或加入的有关交通运输的国际条约，才对该国具有法律约束力，成为该国交通运输法律规范的表现形式，如《国际铁路货物联运协定》、《联合国国际货物多式联运公约》等就是交通运输领域的重要的国际条约。

7. 国际惯例

国际惯例是指在国际上因对同一性质的问题所采取的类似行为，经过长期反复实践逐渐形成的、为大多数国家所接受的、具有法律约束力的不成文的行为规则。国际惯例的成立必须具备两个要件：①物质要件，即一种行为必须是相同或类似的重复行为，并为多数国家或地区所持续采用；②心理要件，要求行为人在采取或进行该项行为时，在心理上认为是在履行法律义务。

8. 法律解释

法律解释是有权对法律、法规、规章作出解释的机关所作的解释，如交通部对其发布的交通运输行政规章中涉及交通运输行政管理的适用范围的解释，它们可以作为判定交通运输行政机关行使管理权力的法律依据。

9. 技术标准

技术标准是与交通运输法律规范有关的一种特殊渊源。技术标准可以分为国家标准和国际标准。国家标准由国家质量技术监督管理部门组织制定、批准和发布。其中有一些强制性标准属于国家的技术法规，其他标准本身虽不具有强制性，但因标准的某些条文由法律赋予强制力而具有技术法规的性质。国际标准由国际组织制定，本身没有强制力，一般均为推荐性标准。但是，国际公约常将一些国际标准作为公约的附件，从而使其对缔约国产生约束力，如国际标准化组织（ISO）等制定的针对产品和服务的质量及技术要求的标准。

---

① 本条例于2004年颁布，原名称为《铁路运输安全保护条例》，于2013年修订，名称修改为《铁路安全管理条例》。

三、交通运输法律规范的特点

1. 广泛性

交通运输系统的运行过程和交通运输活动内容的多样性决定了交通运输法律规范的广泛性。具体表现在：

(1)内容的多样性。以货运为例，交通运输活动涉及从生产领域原材料的供应到流通领域产成品的销售诸多环节；涉及从五种基本运输方式到多式联运的诸多过程。交通运输法律应当对所有这些环节和过程中所产生的社会关系进行调整，因此，交通运输法律规范的内容非常广泛多样。

(2)表现形式的多样性。交通运输活动的多样性决定了交通运输法律不可能仅限于某一效力层次，或某一种表现形式。交通运输法律规范有许多表现形式，有国家最高权力机关正式颁布的宪法和法律，有国家最高行政机关颁布的行政法规，有省、自治区、直辖市权力机关发布的地方性法规，有国务院各主管部门制定的规章、办法，有国际组织、团体制定的国际条约和国际惯例，还有相关的技术标准或技术法规等，不同的表现形式使交通运输法律规范表现出不同的效力层次。其中，法律具有最高效力，法规的效力次之，部门规章起到补充和帮助法律实施的作用。当交通运输活动在世界范围内进行时，会受到国际条约或国际惯例的制约；而技术标准和技术法规，则根据不同的情况而在使用中具有不同的效力。

(3)交通运输活动的参加者众多。交通运输活动涉及不同运输方式、不同运输企业的承运人、旅客、托运人、收货人、运输代理人、运输中介人等不同的参与主体。

2. 复杂性

交通运输法律规范的复杂性是由交通运输活动的广泛性和复杂性所决定的。

(1)交通运输法律规范既包括横向的民事法律规范和纵向的行政法律规范，也包括各种技术法律规范，这也表现出了交通运输法律规范本身的多样性。

(2)即使在同一类法律规范中，由于交通运输活动所涉及的领域众多，在各种运输方式内部又会发生不同的情况，因此，不同的运输方式、不同的运输主体，其权利、义务和责任都不相同，其适用的法律规范也会有所不同。

(3)交通运输活动参与者的多样性，也使得交通运输法律关系变得更为复杂。

(4)随着国际运输的发展，跨国运输活动会涉及到很多国家和地区，将会受到各个国家和地区的法律规范、国际公约和国际惯例的约束和调整，这也使得交通运输法律规范呈现出极为复杂性的特点。

3. 技术性

由于交通运输活动涉及到多种现代运输方式，每一种运输方式都有其自身不同的技术特征和技术标准，体现出较高的技术含量，因此，作为调整交通运输活动的法律规范，必然要涉及交通运输活动的专业术语、技术标准、技术政策等，因而体现出技术性的特点。

4. 变动性

随着交通运输业的快速发展、旅客和货主的需求日趋多样化，运输供给的服务内容越来越丰富。显然，经济和社会的快速发展，使得社会关系、经济关系经常处于变动之中，交通运输活动所引起的各种法律关系也处在不断的变动之中。因而作为调整交通运输法律关系的法律规范也具有较强的变动性，需要适时地予以废、改、立，以适应交通运输业的发展需要。

可以说，交通运输法律规范的发展就是不断地对其进行调整、增补、修改和完善的过程，即交通运输法律规范处在动态的发展变化之中。

四、交通运输法律规范的适用范围

所谓交通运输法律规范的适用范围，是指交通运输法律规范在什么时间、什么地点、对什么人发生法律效力的范围。它包括空间效力范围、时间效力范围和对人的效力范围三个方面。

1. 交通运输法律规范的空间效力范围

由于我国交通运输涉及到各种现代运输方式，因此，交通运输法律规范的空间效力范围也覆盖到了各种运输方式，具体包括：

（1）铁路运输法律规范的空间效力范围涵盖了国家铁路、地方铁路、专用铁路、铁路专用线、合资铁路等。

其中，地方铁路、专用铁路、铁路专用线、合资铁路虽然是由地方政府、企业、其他投资者或单独投资，或与其他投资主体共同投资兴建的，但它们都是我国铁路运输网的组成部分，也是整个交通运输网的组成部分，仍然要适用铁路运输法律规范的要求。

（2）公路运输法律规范的空间效力范围包括国道、省道、县道、乡道和专用公路等五个行政等级公路。

（3）水路运输法律规范的空间效力范围包括我国沿海、江、河、湖泊、运河及其他境内通航水域及其港口。

（4）海上运输法律规范的空间效力范围包括我国港口与外国或世界上其他地区港口之间国际海上运输和船舶；部分规定也适用于我国港口之间的海上运输及船舶。

（5）航空运输法律规范的空间效力范围包括我国领陆和领水之上的空域，即中华人民共和国领空、民用机场以及民用航空器等。

2. 交通运输法律规范的时间效力范围

它是指交通运输法规体系中的各项具体法律规范的法律效力从什么时候起开始生效，到什么时候终止。如《中华人民共和国外商投资法》（以下简称《外商投资法》）规定，本法自2020年1月1日起施行，《中华人民共和国中外合资经营企业法》《中华人民共和国外资企业法》《中华人民共和国中外合作经营企业法》同时废止。该法律条文就明确规定了上述几个法律的生效时间和终止时间。

3. 交通运输法律规范对人的效力范围

交通运输法律规范对人的效力范围是指交通运输法规体系中的各项法律规范对什么人有效。这里所说的"人"，既包括自然人，也包括法人或其他社会组织。自然人包括我国公民和外国公民。即凡是与交通运输生产经营活动有关的一切自然人、法人或其他社会组织都必须遵守我国交通运输法律、法规和规章的规定，违者应承担相应的法律责任。

五、交通运输法律规范的调整对象

交通运输法规体系是我国经济法规体系中的一个重要组成部分，它同其他法律、法规和规章一样，调整特定（或一定）的社会经济关系。现阶段，我国交通运输立法的调整对象主要是交通运输特定的经济关系。具体包括以下几个方面。

1. 国家对交通运输宏观调控与管理过程中发生的宏观经济管理关系

所谓宏观经济管理关系，是指国家对整个国民经济的管理关系。就交通部门而言，是指国家对整个交通运输行业的管理关系。现代市场经济需要政府宏观调控，这是已被国内外市场经济发展的实践所证明的。交通运输系统是国家重要的基础，又具有很强的网络特性，在中国的具体国情条件下，更需要政府的宏观调控。这是确保国家、社会利益的需要，是维护市场经济秩序的需要，也是顺利推进交通运输企业改革发展的需要。

国家对交通运输行业的管理方式主要体现为：

（1）国家通过制定全局性的决策，构建起交通运输法律规范体系；通过综合平衡，以及领导、组织、管理与监督等方式，理顺交通运输经济活动中的各种经济关系。

（2）国家职能管理部门代表国家依法对交通运输部门与其他部门之间的关系进行管理与监督，即通过下达各种有关计划、指标等实现交通运输的社会经济效益。

2. 国家对交通运输企业作为市场主体的主体行为的经济管理与监督关系

（1）政府职能部门代表国家对交通运输企业的经济活动进行具体的管理与监督。

（2）政府和有关主管部门为交通运输企业从事经济活动提供社会服务，并根据各自职责依法对交通运输企业的经济行为进行管理和监督。

3. 交通运输企业内部组织、成员之间的微观经济管理关系和经济协作关系

交通运输企业或公司内部存在的经济关系既有经济管理关系也有经济协作关系。企业或公司存在着计划、生产、分配、财务核算等方面的管理关系，也存在着内部组织之间的协作关系。交通运输企业要走向市场，就必须转换经营机制，这些经济关系就必须通过立法加以调整，只有这样才有利于规范交通运输企业或公司的组织和行为，保护交通运输企业或公司作为市场主体的合法权益。

4. 交通运输企业与其他运输市场主体间的经济关系

在市场经济条件下，各市场主体从事的各项交易，参与的各种互相协作又互相竞争的经济活动，都应当遵循自愿、公平、诚信的原则，秉持诚实，恪守承诺。交通运输企业参与市场竞争，它与其他运输市场主体之间发生的经济关系也就成为交通运输法规体系调整的内容。具体来说，主要包括以下三种关系：

（1）交通运输企业与其他市场主体之间的运输合同关系。这是由交通运输企业本质属性所决定的，它是交通运输企业在运输经营活动过程中产生的必然结果。运输合同关系是交通运输法律规范的重要调整对象之一。

（2）交通运输企业与其他运输市场主体之间的竞争关系。这种关系应当遵守《中华人民共和国反不正当竞争法》，应能促进交通运输企业与其他运输市场主体进行公平竞争。

（3）交通运输企业与其他运输市场主体之间的协作关系。这是社会化生产和市场经济发展的必然趋势。国家应通过立法，规范它们在运输协作活动中各自的权利义务关系，这有利于引导运输市场主体行为向着健康方向发展。

总之，交通运输法律规范调整的特定经济关系就是上述经济管理关系和经济协作关系。必须看到，交通运输所包含的社会经济关系是一个错综复杂的体系，因此，调整交通运输经济关系的法律除了交通运输法律、经济法外，还有其他法律，如民法、商法、劳动法、行政法等。有些经济关系可能发生在法律部门之间的交叉调整或重叠的情况下，这更说明了建立和完善交通运输法规体系的必要性。

六、交通运输法律规范的作用

1. 加强国家对交通运输业的依法管理

交通运输业对国家的政治、经济、文化和国防建设具有重要意义，运输业的健康发展，直接影响到广大人民群众的合法利益，因此，国家必须加强对运输业的管理。交通运输管理是国家行政管理的重要组成部分，是国家行政权的运用。为防止权力滥用，保护交通运输业的健康有序发展，保护交通运输经营者和使用者的合法权益，国家必须通过立法，依靠法制的健全和完善来确保依法行政、依法管理。

2. 正确引导交通运输业的发展方向

立法，以及对现有法律的整理活动是国家正确引导交通运输业发展的重要手段之一。主要方法是通过统一立法，或针对交通运输活动的不同状况，制定单行法规来对交通运输业进行规范和调整，保证国家对交通运输业行使行政管理权，更好地推动交通运输业健康、规范、快速、有序地发展。

3. 维护交通运输秩序，促进运输市场体系的形成和发展

交通运输法规是规范交通运输行政管理权力的法律规范。一方面，它通过规范交通运输行政权力来源、行使方式，达到维护交通运输秩序、保障社会公共利益的目的。在市场经济条件下，交通运输行政管理机关解决管理中的各种问题的手段就是交通运输行政法律规范。另一方面，各种交通运输行政管理机关依照各自职权通过行政立法、行政执法和行政裁判等手段，能够有效地规范、约束行政管理相对人的行为，促使其履行法定义务，制止行政管理相对人危害他人利益和公共利益的违法行为。

同时，运输市场体系的形成、发展对促进交通运输业的发展具有至关重要的作用，它的形成需要国家政策的引导，运输市场体系的发展需要法律规范的调整。

4. 为交通运输业创造有序竞争的环境，促进交通运输业的健康发展

运输市场体系形成之后，必然产生市场内部的竞争。一些运输经营者为了获取不正当利益，往往采取不合法手段参与市场竞争，因此，必须用相关法律规范对不法经营者进行惩处，以净化市场竞争的环境，促进运输业向健康的方向发展。

5. 保证自然人、法人和其他社会组织的合法权益

交通运输管理法规通过明确规定交通运输参与者的权利和义务，使参与交通运输活动的各方的行为有章可循，从而可以减少和避免纠纷，确保自然人、法人及其他社会组织的合法权益不受侵犯。

第四节　交通运输法治建设

一、我国交通运输法规体系的构成

我国现行交通运输法规体系的基本框架是：以宪法为基础，以交通运输法律为龙头，以交通运输行政法规为骨干，以交通运输行政规章为补充的纵横相结合系统。

在这个结构中，纵向构成则按照我国现行的立法权限、效力层次，分为交通运输法律、交通运输行政法规、交通运输行政规章三个层次。

横向构成包括与交通运输运营关系密切的各种法律规范，如《中华人民共和国民法典》、《中华人民共和国外商投资法》等一些基本法律，以及《中华人民共和国外商投资法实施条例》等相关行政法规。显然，横向构成的各种法律规范既适用于交通运输领域，也适用于其他领域。

图 1-1 为我国交通运输法规体系的基本框架结构图。

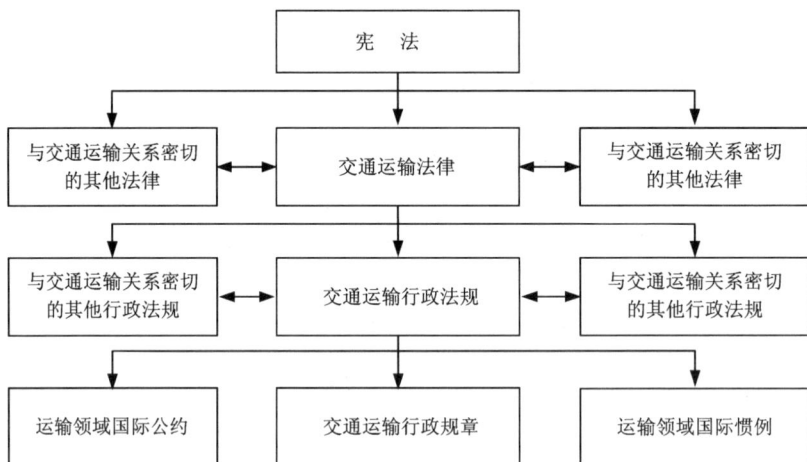

图 1-1　我国交通运输法规体系的基本框架结构图

从上图可知，我国交通运输法规体系纵向构成可分为三个层次。

第一个层次是全国人大及其常委会制定的管理交通运输的基本法律以及相邻的其他法律。

这里所称的管理交通运输的基本法律，是指直接作用于交通运输领域的基本法律，如《铁路法》《公路法》《民用航空法》等都是管理交通运输的基本法律。交通运输行业的一切法规、规章都应当以此为基础，其内容不得与之相违背。

所谓相邻的其他法律，是指与交通运输关系比较密切的、其具体规定同样适应交通运输领域的一些法律，如《民法典》《外商投资法》《中华人民共和国环境保护法》《中华人民共和国大气污染防治法》等法律，它们也是交通运输法规体系的第一个层次中不可或缺的组成部分。

第二个层次是由国务院制定，或经国务院批准由交通运输主管部门发布实施的行政法规。

按照国家宪法的规定，国务院有权根据有关交通运输法律和行政管理的需要，制定一些交通运输方面的行政法规，以保证交通运输行政管理活动能够顺利进行。这方面的法规在交通运输法规体系中占有很重要的位置。例如，为了加强铁路运输安全管理，保障铁路运输安全和畅通，保护人身安全、财产安全及其他合法权益，国务院修订了《铁路安全管理条例》；为规范加强公路保护和养护，保障公路完好、安全和畅通，确保道路运输的顺利进行，国务院颁布了《公路安全保护条例》《中华人民共和国道路运输条例》等。这些条例的颁布施行对保证交通运输安全畅通起到了重要作用。

第三个层次是由国务院交通运输主管部门制定的行政规章，包括各种实施细则、规程、规则、办法和规定等。

宪法规定，国务院交通运输主管部门有权根据法律和行政法规制定在本部门适用的行政规章。例如，交通运输部制定了大量的行政规章，对加强交通运输的管理起到了一定的作用，如《交通运输标准化管理办法》即为交通运输部制定的交通运输行政规章。在这个层次中，还包括交通运输主管部门与其他部委办联合发布的一些交通运输管理方面的规章制度，如《关于加快天津北方国际航运枢纽建设的意见》就是由国家发展改革委、交通运输部联合发布施行的。

必须指出的是，这个层次的法律规范的法律效力最低，即所有规章都不得与法律、法规规定的内容相抵触，或者说，所有规章的制定都必须以法律、行政法规为依据。

二、构建交通运输法规体系的基本原则

交通运输法规体系是中国特色社会主义法律体系的重要组成部分，健全和完善交通运输法规体系，有助于推进法治、引领交通强国的建设，不断提升交通运输行业治理体系和治理能力的现代化水平。

交通运输法规体系是调整交通运输领域内各方面社会关系的法律规范的有机组合，是按照一定的规律组合起来的、内部有机联系、门类齐全、干支分明、互相协调的统一整体，是一个由法律、法规和规章组成的完整的专门法律系统。在建设交通强国、大力推进交通运输治理体系和治理能力现代化的背景下，建立交通运输法规体系应当遵循以下原则。

1. 坚持围绕中心，服务改革发展大局

紧紧围绕加快构建综合交通运输体系，科学设计交通运输法规体系和项目安排，准确把握行业发展趋势和功能定位，主动适应深化改革与经济社会发展大局，与交通运输行业深化改革重大决策部署有序衔接，推进交通运输事业快速发展。

2. 坚持立法先行，与改革工作良性互动

坚持以立法引领改革，实现深化改革和推进交通法治相互促进，制度设计与行业深化改革的重大决策部署有序衔接、紧密结合，从法律制度上推动和落实改革举措，为全面深化交通运输改革提供有力支撑。

3. 坚持把握规律，提升立法质量

深入研究现代交通运输发展的内在规律，注重制度创新，充分体现系统性、科学性、前瞻性，加强交通运输重点领域的立法，不断提高立法质量。

4. 学习借鉴国内外立法的有益经验

国外交通运输发展的历史特别是市场经济发展的历史比我国悠久，交通运输立法比较完善，交通运输管理基本上实现了法制化。因此，学习借鉴国外交通运输立法的有益经验，可以提高我国交通运输法制建设的工作效率，可以使建立的交通运输法规体系更有可行性，更切合交通运输现实的、将来发展的情况。同时也应借鉴我国其他经济部门的立法经验，分析这些部门法规体系的结构、内容，可以使我们在交通运输法规体系立法过程中少走一些弯路。

三、加强和完善交通法治建设

(一)加强和完善交通法治建设的意义

1.坚持法治引领交通强国建设的需要

建设人民满意、保障有力、世界前列的交通强国，需要推进交通治理体系和治理能力现代化。从"中国之治"看，不仅需要完善基础设施、技术装备等交通运输硬核，还需要推进提升包括完备的交通运输法规体系在内的治理体系和治理能力等交通运输软实力，而推进国家治理体系和治理能力现代化，当然要高度重视法治问题，采取有力措施全面推进依法治国。依法治国，是实现国家治理体系和治理能力现代化的必然要求。交通法治建设作为依法治国的重要组成部分，是交通强国建设题中应有之义。建设交通强国，就是要更好发挥法治固根本、稳预期、利长远的保障作用。

加强交通法治建设，是交通强国建设的重大目标任务，也是事关交通强国建设的全局性问题。全面深入推进交通法治建设，既是立足于解决交通运输发展不平衡、不充分问题的现实考量，也是着眼于建设交通强国的长远战略谋划。

2.以法治推动交通运输管理体制机制改革的需要

在经济全球化趋势下，中国与世界的联系更加密切，经济与贸易的交往更为频繁。交通运输企业面临国际、国内两个市场的竞争压力。这就要求交通运输企业必须按市场化规律运作，并从根本上变革其经营管理体制，建立与运输市场发展相适用的运行机制，显然，交通运输管理体制机制的变革必须要有法律的规范与保障。

纵观世界各国交通运输企业改革，我们可以看到发达国家和部分发展中国家都有立法的保证。例如，美国铁路的改革，是以国会通过的《国家铁路客运法》《地区铁路改组法》《铁路复兴及管理改革法》以及《斯塔格斯铁路法》等一系列法律为基础的；德国铁路改革的具体措施之一就是修改德国基本法(即德国宪法)中有关铁路的条款，变铁路的国有性质为股份制、民营性；阿根廷铁路的公司是在《国家改革与公共结构调整法》的指导下进行的；日本、英国的铁路改革也是在议会通过改革法以后才开始实施的。这些国家的做法很值得我们借鉴，因为市场经济就是法制经济，一切社会经济关系也应该靠法律来调整。

(二)加强和完善交通法治建设的重点

前已述及，建设交通强国是新时代做好交通工作的总抓手，《交通强国建设纲要》提出要完善治理体系，提升治理能力。而推进交通治理体系和治理能力现代化，必须重点明晰和抓好交通法治建设几个关键问题。

1.关于深化交通运输法治政府部门建设总抓手

深入推进交通运输法治政府部门建设，是支撑交通强国战略的重点目标、骨干工程和重要载体。为此，要深入贯彻落实习近平总书记全面依法治国新理念新思想新战略，深刻认识和把握法治在交通运输工作全局中的基础性地位和作用，把法治要求贯穿于交通运输规划、建设、管理、运营服务、安全生产的各环节和全过程，促进交通运输工作全面实现法治化。

要围绕加快建设交通强国的目标要求，紧随依法治国的进程要求，研究起草全面建成交通运输法治政府部门、加快建设交通强国的意见，就新时期如何深化培育法治思维、依法履责和转变政府职能、推进决策科学化民主化法治化、形成制度效能和治理优势、依法妥善化解矛盾纠纷等方面进行系统谋划,深化新时代全面建成法治政府部门的新目标、时间表和路线图。

2. 关于交通运输法治政府部门建设的总目标

交通运输法治政府部门建设的总目标既要符合党中央、国务院关于法治政府建设的总体目标,也要与交通强国建设的战略安排相协调。总目标是建设交通运输法治体系,建设交通运输法治政府部门。

具体而言就是:在目前已基本建成职能科学、权责法定、执法严明、公正公开、廉洁高效、守法诚信的交通运输法治政府部门的基础上,进一步深化、完善交通运输法治政府部门建设,引领协同保障交通强国建设。到 2035 年,行业治理全面实现良法善治,交通运输治理体系和治理能力现代化基本实现。到 2050 年,法治理念和法治要求贯穿到交通运输全过程和各领域,交通运输治理体系和治理能力现代化全面实现,行业治理、国际竞争力达到世界领先水平。

3. 关于加快完善综合交通运输法规制度体系

以促进综合交通运输体系构建、加快推进交通强国建设为目标,研究制定"加快推进交通强国建设,完善综合交通法规体系"的意见,对综合交通运输的"龙头法"及各运输领域的主要法律、法规进行系统谋划、梯次推进。继续攻坚克难、努力推动"一法两条例",即《公路法(修订)》、《收费公路管理条例(修订)》、《农村公路条例》)出台。完成《中华人民共和国海上交通安全法》、《城市公共交通条例》的颁布实施工作。积极推动《铁路交通事故应急救援和调查处理条例(修订)》、《道路运输条例》、《铁路法(修订)》、《民用航空法(修订)》、《海商法(修订)》立法进程和部颁规章制定、修订工作,不断提升制度建设的质量。

4. 关于交通运输综合行政执法改革和执法队伍建设

严格落实《关于深化交通运输综合行政执法改革的指导意见》,全面完成综合执法改革。跟踪指导改革任务落地,推动行业治理体系的重塑构建。面对新组建的执法机构和队伍,研究制定交通运输综合行政执法队伍素质能力形象提升三年行动方案,构建执法规范化建设长效机制。做好交通运输综合行政执法事项指导目录、综合行政执法制式服装管理办法等改革配套政策的研究制定。全面落实推行行政执法公示、执法全过程记录、重大执法决定法制审核的行政执法"三项制度"。深入推进"四基四化"建设,以"基层执法队伍职业化建设、基层执法站所标准化建设、基础管理制度规范化建设、基层执法装备信息化建设"为抓手,优化基层执法队伍结构,夯实基层执法基础,提高基层战斗力。

5. 关于营造交通运输良好营商环境

以贯彻实施《优化营商环境条例》为主线、"证照分离"改革为抓手、转变政府职能为核心、企业有获得感为落点,努力打造市场化、法治化、国际化的营商环境。积极推动新一轮取消下放行政审批事项,编制行政许可事项"一清单三目录",在自贸试验区落实"证照分离"全覆盖。推进实施以"双随机、一公开"为基本手段、以重点监管为补充、以信用监管为基础的新型监管机制。在更大范围实现"一网通办"、异地可办,实现从群众跑腿变为"数据跑路"。

建设交通强国,是党中央对交通运输工作的殷切期望,是新时代交通人的历史使命。人民满意、保障有力、世界前列,就是交通运输法治政府部门建设的根本价值取向。深入推进交通运输法治政府部门建设，必须坚持法治引领，推进交通运输治理体系和治理能力现代化，为全面建成交通强国提供坚实的法治保障。

(三)加快我国交通法治建设的建议

1. 以立法方式推进运输管理体制机制的改革

我国运输管理体制改革的关键就是要建立交通运输法治政府部门、实施政企分开、规范运输市场、建立现代企业制度。为此，应以立法的方式全面推进交通运输管理体制机制改革的步伐。自实行市场经济体制以来，我国交通运输管理体制机制改革在各种运输方式之间的进程存在较大差距，尤以铁路运输管理体制改革的进程最为缓慢，当然，这在某种程度上与铁路的特殊地位、属性有关。在欧美发达国家的铁路改革中，为确保改革的顺利进行，无不是通过立法程序、依靠法律规范来加以保障的。因此，为确保交通运输管理体制机制改革的顺利进行，迫切需要加强和完善与之相配套的交通运输法规体系，形成与之相适应的法治环境；迫切需要坚持以立法引领改革，实现深化改革和推进法治的相互促进。

2. 建立和完善适应市场经济要求的交通运输法律规范体系

从我国目前交通运输发展的实际来看，建立适应市场经济体制的交通运输法律规范体系主要应从以下几方面着手：

(1)交通运输主体法。指确立交通运输主体资格，明确交通运输活动各类主体的法律规范。交通运输主体包括投融资主体、建设施工主体、运营主体等，重点是确立各类主体的市场准入方面问题。

(2)交通运输行为法。指调整交通运输主体从事交通运输活动的行为的法律规范。

(3)宏观调控法。指调整国家与交通运输主体之间，以及各个运输主体之间特殊市场关系的法律规范。

(4)交通运输技术标准法。指确立与国际技术和管理标准体系接轨的我国交通运输技术与管理标准的法规。

3. 建立完善适应全球经济一体化发展需要的技术标准体系

当前，世界各国产业链、供应链高度融合，为适应全球经济一体化发展的要求，必须大力推广和普及国际标准体系，并在此基础上制定和完善与国际标准接轨的通用的国家标准，以实现物流与交通运输活动的合理化与现代化。从我国的实际情况来看，主要应在各种运输方式中建立与国际标准中的基础标准、安全标准、卫生标准、环保标准和贸易标准相吻合的标准体系，并依照相应的行业技术标准，把重点放在技术标准的制定与推行上，例如对集装箱、托盘、各种搬运和装卸设施等通用性较强的运输设施和装备的标准进行全面的梳理、修订和完善，并形成系统的标准法律规范体系，以满足运输一体化和物流国际化发展的需要。

4. 完善运输行业协会组织职能

重视和加强运输行业协会组织的功能和作用，将政府部分的管理职能逐步交由行业协会行使。为此，应加强交通运输行业协会的行业协调和行业自律的作用，并从法律规范上加以支持。对交通运输行业协会组织的功能、作用、职权及与政府相关部门的联络和沟通作用做出法律规定，使对交通运输行业协会的管理逐步与国际惯例接轨，以发挥民间组织所固有的协调功能和专业作用。

【思考与练习】

一、名词解释

交通运输法　交通运输法律关系　法人　货运代理人　运输经纪人　法律渊源　国际条约　国际惯例　法律解释　法律事实　事件

二、简述题

1. 简述现代运输系统的构成要素。
2. 简要回答交通运输业的地位与作用。
3. 简述法人的概念、法人成立的条件及法人的分类。
4. 简述非法人组织的概念及非法人组织成立的条件。
5. 我国法律对自然人的行为能力是如何规定的？
6. 如何理解权利与义务的相互关系？
7. 交通运输法律关系主要分为哪几类？
8. 外商投资建设经营交通运输业的方式有哪些？
9. 简述我国交通运输法规体系的构成。

三、论述题

1. 试述构建交通运输法规体系的基本原则。
2. 阐述加强和完善我国交通法治建设的意义与措施。

思考与练习参考答案

第二章　运输企业法律规范

第一节　交通运输企业概述

一、运输企业概述

(一)运输企业的含义与特征

1. 运输企业的含义

运输企业是指专门从事与交通运输活动有关的各种经营活动,依法自主经营、自负盈亏、独立核算,具有法人资格的营利性经营组织。具体来讲,运输企业以运输为主要功能,通过利用自己的运输工具(车、船、飞机等)和运输设备,为旅客或货主提供以空间位置改变(位移)为主要目的的活动。

2. 运输企业的法律特征

(1)运输企业是专门从事与运输活动有关的各种经营活动的社会组织。它承担着旅客从起始地到目的地的空间位置的改变,以及货物从生产(地)企业到消费(地)者之间位置改变的全部生产性活动任务。

(2)运输企业是自主经营、自负盈亏,以获取利润和创造、积累社会财富为目的的营利性组织。它决定了运输企业有着自身的利益驱动,遵循"利益最大化"目标。因此,运输企业必须以最低的成本和最合理的方式组织运输活动,以实现企业和社会效益的最大化。

(3)运输企业是具备为社会提供运输供给能力的企业法人。它具有权利能力和行为能力,依法独立享有民事权利和承担民事义务,在市场经济的运行和发展过程中平等地参与竞争。

(二)运输企业的职能和任务

1. 运输企业的基本职能

(1)连接中央与地方、城市与乡村、生产与流通、分配与消费的纽带职能。

(2)生产原材料及产成品的供应职能。

(3)运送旅客及物质实体的职能。

2. 运输企业的基本任务

(1)运输业是社会再生产的必要条件,担负着发展生产、促进流通、提高社会劳动生产率的任务。

(2)运输业担负着社会产品和商品流通的任务。

(3)运输业担负着平时为经济建设服务,战时为军事服务的任务。

(4)运输业担负着人们出行、购物、上下班及旅游等的输送服务任务。

(三)运输企业的性质和法律地位

运输企业的性质和法律地位依其在不同的运输环节中所处的法律关系而定。

(1)以本人身份与用户方订立运输服务合同,是运输服务中的契约服务企业。根据该合同,运输企业要对全程运输服务负责,完成或组织完成全程运输服务。

(2)以本人身份参加运输服务全程中某一个或一个以上环节的实际操作,并对自己承担的环节负责。

(3)以本人身份与自己不承担环节的其他分包商订立分包、分运合同。在这类合同中,运输企业既是发货方,也是收货方。

(4)以本人名义与各衔接点(所在地)的运输代理人订立委托合同,以完成在该点的衔接及其他服务工作。在该类合同中,运输企业是委托人。

(5)以本人名义与运输全程服务中所需要涉及的各方面订立相应的合同或协议。在这些合同、协议中,运输企业均作为发货方出现。

从以上分析可以看出,在运输服务的不同环节和阶段,运输企业是以不同身份出现的。不论其以何种身份出现,又均是以本人身份而不是以货方或承运方的代理人的身份工作的。

(四)运输企业的分类

运输企业可以按不同的依据进行分类。

1.根据所从事的运输业务的性质不同,可分为运输企业和运输服务企业

运输企业是指从事营业性客货运输业务、具有法人资格、能独立承担民事责任的专业性运输企业的统称,如铁路运输企业、公路运输企业等;运输服务企业是指为各种运输方式的货物运输或旅客运输服务的、具有法人资格的各类型企业的统称,如从事代办运输手续,代办旅客、货物运输中转,代办组织货源、货物包装,仓储理货、存车等服务的企业,广义上还包括从事装卸、搬运、维修等服务的各类型企业。

2.根据运输企业所属运输方式不同,可以分为铁路运输企业、公路运输企业、水路运输企业、航空运输企业和管道运输企业

(1)铁路运输企业是指专门从事铁路客货运输业务,具有自主经营、自负盈亏、独立核算、能独立承担民事责任的运输经营实体。它包括国家铁路运输企业和地方铁路运输企业,其中国家铁路运输企业主要指铁路局集团有限公司,它除了具有一般企业的属性外,还可以根据国家或法律的授权行使一定的行政管理权。地方铁路运输企业通常是指各省、自治区、直辖市的地方铁路总公司、地方铁路局或地方铁路处等,它可依据地方省级人民政府授予其经营管理的财产,依法独立经营、独立核算,在法律规定的范围内从事铁路运输生产活动,以自己的名义独立地承担法律责任。

(2)公路运输企业是指从事公路营业性客货运输业务,具有法人资格,能独立承担民事责任的专业性运输企业,包括各种公路运输公司和公路客货运场站等。

(3)水路运输企业是指从事水路营业性客货运输业务,具有法人资格的专业水运企业,

包括各种水运公司、船务公司、港务局等。

（4）航空运输企业是指从事航空营业性客货运输业务，具有法人资格的民用航空运输企业。

（5）管道运输企业是指从事管道营业性运输、具有法人资格的专业性运输企业。

3.根据运输企业的服务性质和所从事的运输业务范围的大小不同，可分为单一方式运输企业和多式联运企业

单一方式运输企业，即单一运输企业，是指运输业务仅涉及某一种运输方式的营业性运输企业；多式联运企业，又可称为综合运输企业，是指运输业务涉及到两种及以上运输方式的营业性运输企业。

4.根据运输企业提供运输服务所及区域是否跨越国境，可分为国内运输企业和国际运输企业

（1）国内运输企业。是指在某一国家境内从事运输服务业务的企业。国内的运输服务以单一运输方式的服务和多种运输方式的联合运输服务的形式为主，因而，国内运输企业又可分为单一运输方式的运输企业和多式联运企业。

（2）国际运输企业。是指从事不同国家之间运输服务业务的企业。它是国际贸易活动中的一个重要的组成部分，负责货物从一国到另一国的空间位置的转移。国际运输企业多使用两种或两种以上的不同运输方式，而且是不同运输方式下的连续运输，即多式联运。多式联运广泛应用于国际货物运输中，称为国际多式联运。国际多式联运一般以集装箱为媒介，把海洋运输、铁路运输、公路运输、航空运输和内河运输等传统的单一运输方式有机地结合起来，采用一体化方式综合利用，以完成国际间的运输任务。20世纪60年代末，多式联运始于美国，后被认为是实行"门到门"运输的有效方式。

国际运输企业按其本身是否具备运输工具，又可分为两类：一类是类承运人型的国际运输企业；另一类是类无船承运人型的国际运输企业。

①类承运人型的国际运输企业。类承运人型的国际运输企业是指本人拥有运输工具，并实际参加运输全过程中的一个或几个运输环节的企业。这类企业一般由拥有运输工具的承运人发展而来，如由海运、陆运或航空运输企业发展而成，像中远总公司、外运总公司等。它们均拥有海上运输的船队或公路汽车运输车队，在运输全程中，海上运输区段和部分国内区段的陆上运输一般由自己的船舶和汽车完成，而国外段和部分国内段的陆上运输，由国外和国内的其他承运人实际完成。这类企业一般都具有较强的经济实力，在运输业界具有一定的资信度，在国外的分支机构、办事处及代理网络也较为完整。

②类无船承运人型的国际运输企业。类无船承运人型的国际运输企业是指自身不拥有任何一种运输工具，在运输全程中各环节的运输都要通过与其他实际承运人订立分运合同来完成的企业。这一类企业一般由货运代理人、无船承运人和其他与运输有关的企业（如仓储、装卸等企业）发展而成。它们尽管不拥有运输工具，经济实力与前一类运输企业相比也要差一些，但由于在长期工作中与相关各方已建立了良好的业务关系，因此，类无船承运人型的运输企业在运输组织等方面同样具有很大的优势。

应当注意的是，随着国际物流的全球化发展，目前，世界上大部分较有实力、具有运输工具的承运人（包括海运公司、铁路运输公司、汽车运输公司等）均已尝试开展国际物流业务，并逐渐发展成为国际物流企业。

与国际货运代理人、无船承运人一样，国际多式联运企业经营人在运输过程中发挥着承、托运双方(即实际承运人与货方)之间的桥梁作用，它一方面从货主手中接收货物，另一方面把货物以"批发"形式交由各分包商与代理人去实际完成。

第二节 运输企业的市场准入

一、我国内资运输企业的市场准入

1. 内资运输企业的市场准入方式

市场准入又称市场进入管制，是政府管制的一种，是指政府为了防止资源配置低效或过度竞争，确保规模经济效益、范围经济效益和提高经济效率，通过批准或注册等若干手段，对市场主体的市场进入(包括数量、质量、期限以及经营范围等)进行管理的行为。

内资运输企业市场准入是指政府允许内资运输企业依据一定的条件进入运输市场，并参与运输市场活动的程度。

目前，我国交通运输企业的市场准入主要采用核准设立和特许设立等方式。

(1)核准设立是指交通运输企业在成立时，需要经相应主管机关审批后，才能到市场监督管理机关进行设立登记的设立方式。目前，我国绝大多数的运输企业都必须经相应的行业主管部门审核批准。例如，我国《道路零担货物运输管理办法》规定，经营业者需向经营所在地县以上(含县)运管机关申领、填报开业申请登记表；运管机关进行资格审查，认定合格后，方可核发《道路运输经营许可证》(以下简称《许可证》)，申请者持《许可证》，再向有关部门办理其他手续。我国《中华人民共和国国际海运条例》(以下简称《国际海运条例》)及其实施细则规定，在中国境内投资设立国际海上运输业务的运输企业，其经营国际船舶运输业务必须经交通部审批后，才能到市场监督管理机关进行设立登记。

另外，设立企业，需按《中华人民共和国全民所有制工业企业法》(以下简称《全民所有制工业企业法》)第十六条规定，报请政府或者政府主管部门审核批准，经市场监督管理部门登记，取得法人资格。

(2)特许设立是指对一些特殊企业必须经过国家的特别许可才能设立的一种方式。这主要是指对于一些涉及我国经济命脉的特殊运输企业，必须经国务院特许才能设立。此类运输企业由于对国家经济、军事、政治等各个方面都有重大影响，甚至涉及国家领土、领空主权的完整，因此，其市场准入十分严格。

2. 内资运输企业市场准入的法律规范

(1)我国内资运输企业市场准入的法律

一是《民法典》。《民法典》第五十八条对各类法人的设立规定了基本条件：法人应当依法成立；法人应当有自己的名称、组织机构、住所、财产或者经费；法人以其全部财产独立承担民事责任。这也是所有运输企业在市场准入方面应具备的基本条件。

二是《全民所有制工业企业法》。该法对国有企业的设立条件作了规定：设立全民所有制工业企业，必须依照法律和国务院规定，报请政府或者政府主管部门审核批准，并经市场监督管理部门核准登记，获得营业执照，取得法人资格。设立国有企业的条件为：①产品为社会所需要；②有能源、原材料、交通运输的必要条件；③有自己的名称和生产经营场所；④有符合国家规定的资金；⑤有自己的组织机构；⑥有明确的经营范围；⑦法律、法规规定的其他条件。

三是《中华人民共和国公司法》（以下简称《公司法》）。该法主要就在中国境内设立有限责任公司和股份有限公司，分别规定了相应的条件。

设立有限责任公司，应当具备下列条件：①股东符合法定人数；②有符合公司章程规定的全体股东认缴的出资额；③股东共同制定公司章程；④有公司名称，建立符合有限责任公司要求的组织机构；⑤有公司住所。

设立股份有限公司，应当具备下列条件：①发起人符合法定人数；②有符合公司章程规定的全体发起人认购总额或者募集的实收股本总额；③股份发行、筹办事项符合法律规定；④发起人制订公司章程，采用募集方式设立的经创立大会通过；⑤有公司名称，建立符合股份有限公司要求的组织机构；⑥有公司住所。

（2）内资运输企业有关市场准入的行政法规和规章。

一是《道路零担货物运输管理办法》。该办法规定，交通部负责全国零担货运管理，各级地方交通主管部门负责本辖区零担货运管理，具体管理工作由各级道路运政管理机关（以下简称运管机关）负责。经营业者除需满足法定的基本条件外，还需持规定的文件，向经营所在地县以上（含县）运管机关申领、填报《道路货物运输业户开业申请登记表》；运管机关收到《道路货物运输业户开业申请登记表》后，进行资格审查，并在30日内作出书面答复。经批准后，准予进行筹备。运管机关认定开业筹备工作合格后，方可核发《道路运输经营许可证》（以下简称《许可证》）。申请者持《许可证》，向有关部门办理其他手续。

二是《国内水路运输管理条例》。依据该条例，申请经营水路运输业务应当符合下列条件：①取得企业法人资格；②有符合规定的船舶，并且自有船舶运力符合国务院交通运输主管部门的规定；③有明确的经营范围，其中申请经营水路旅客班轮运输业务的，还应当有可行的航线营运计划；④有与其申请的经营范围和船舶运力相适应的海务、机务管理人员；⑤与其直接订立劳动合同的高级船员占全部船员的比例符合国务院交通运输主管部门的规定；⑥有健全的安全管理制度；⑦法律、行政法规规定的其他条件。

经营水路运输业务，应当按照国务院交通运输主管部门的规定，经国务院交通运输主管部门或者设区的市级以上地方人民政府负责水路运输管理的部门批准，并提交申请书和相关证明材料。负责审批的部门应当自受理申请之日起30个工作日内审查完毕，作出准予许可或者不予许可的决定。予以许可的，发给水路运输业务经营许可证件，并为申请人投入运营的船舶配发船舶营运证件；不予许可的，应当书面通知申请人并说明理由。

三是《国际海运条例》。它确定了我国从事国际海上运输，无船承运业务及其相关的辅助性经营活动，如国际船舶代理、国际船舶管理、国际海运货物装卸、国际海运货物仓储、国际海运集装箱站和堆场等业务的运输企业的市场准入条件。

经营国际船舶运输业务，应当具备下列条件：①取得企业法人资格；②有与经营国际海上运输业务相适应的船舶，其中必须有中国籍船舶；③投入运营的船舶符合国家规定的海上交通安全技术标准；④有提单、客票或者多式联运单证；⑤有具备国务院交通主管部门规定的从业资格的高级业务管理人员。经国务院交通主管部门许可，可获得《国际船舶运输经营许可证》。国务院交通主管部门在审核国际船舶运输业务申请时，应当考虑国家关于国际海上运输业务发展的政策和国际海上运输市场竞争状况。在中国境内经营无船承运业务，应当在中国境内依法设立企业法人，并应当向国务院交通主管部门办理提单登记，并缴纳保证金。保证金金额为人民币 80 万元；每设立一个分支机构，增加保证金人民币 20 万元；保证金应当向中国境内的银行开立专门账户交存。

经营国际班轮运输业务，应当依照本条例的规定取得国际班轮运输经营资格，再向国务院交通主管部门提出申请，并附送规定的材料。国务院交通主管部门应当自收到经营国际班轮运输业务申请之日起 30 日内审核完毕。申请材料真实、齐备的，予以登记，并通知申请人；申请材料不真实或者不齐备的，不予登记，书面通知申请人并告知理由。取得国际班轮运输经营资格的国际船舶运输经营者，应当自取得资格之日起 180 日内开航；因不可抗力并经国务院交通主管部门同意，可以延期 90 日。逾期未开航的，国际班轮运输经营资格自期满之日起丧失。新开、停开国际班轮运输航线，或者变更国际班轮运输船舶、班期的，应当提前 15 日予以公告，并应当自行为发生之日起 15 日内向国务院交通主管部门备案。

四是《公共航空运输企业经营许可规定》。设立公共航空运输企业应当具备下列条件：①不少于 3 架购买或者租赁并且符合相关要求的民用航空器；②负责企业全面经营管理的主要负责人应当具备公共航空运输企业管理能力，主管飞行、航空器维修和其他专业技术工作的负责人应当符合民用航空规章的相应要求，企业法定代表人为中国籍公民；③具有符合民用航空规章要求的专业技术人员；④不少于国务院规定的注册资本的最低限额；⑤具有运营所需要的基地机场和其他固定经营场所及设备；⑥民航局规定的其他必要条件。

申请人申请筹建公共航空运输企业，应当将申请材料提交所在地民航地区管理局初审。民航地区管理局收到申请人的申请材料后，将其置于民航局网站（WWW. CAAC. GOV. CN），供申请人、利害关系人及社会公众查阅和提出意见。利害关系人和社会公众如有意见，应当自上网公布之日起 10 个工作日内提出意见。

民航局应自受理申请之日起 20 个工作日内作出是否准予筹建的决定。申请人自民航局准予其筹建之日起 2 年内未能按规定条件取得经营许可证的，确有充足的事由，经申请人申请、所在地民航地区管理局初审，民航局可准予其延长 1 年筹建期。在延长筹建期内仍未取得经营许可证的，丧失筹建资格。经准予筹建的公共航空运输企业，应当按照国家有关法律、行政法规及涉及民航管理的规章的规定和认可条件，在筹建有效期内开展筹建工作。民航局对准予经营许可的，应当自作出决定之日起 10 个工作日内，向申请人颁发公共航空运输企业经营许可证。

五是《定期国际航空运输管理规定》。该规定要求申请国际航线经营许可的空运企业，应当具备以下条件：①已按照《公共航空运输企业经营许可规定》申请增加了国际航班经营范围；②具备与经营该国际航线相适应的民用航空器、人员和保险；③具备符合规定的航班计划；④近两年公司责任原因运输航空事故征候率年平均值未连续超过同期行业水平；⑤守法信用信息记录中没有严重违法行为记录；⑥符合航班正常、服务质量管理的有关规定；⑦符合法律、行政法规和规章规定的其他条件。

同时规定，初次申请国际航线经营许可的，还应具有与经营国际航班相适应的专业技术人员和主要管理人员、相应的经营国际航班的管理制度。

申请国际航线经营许可的空运企业应向民航局提供规定的材料。民航局依照该规定的有关内容进行审查，并应考虑下列因素：①符合我国与外国政府签订的航空运输协定；②符合我国国家发展战略和国际航线总体规划；③对于航权开放的国家或者航线，民航局根据相关规定制定目录，目录内的航线不限定指定承运人、运营航线、运营班次及运力安排。对于其他航线，应当符合民航局有关国际航权和航班管理办法。

民航局应当自受理申请之日起 20 日内作出批准或者不予批准的书面决定。20 日内不能作出决定的，经民航局负责人批准，可以延长 10 日，并应当将延长期限的理由告知申请人。申请人取得国际航线经营许可后，应当于国际航线经营许可颁发之日起 1 年内开通航线，并自开航之日起连续正常运营不少于 3 个月。申请人因自身原因不能按期开航的，可向民航局申请延长，延期最多不超过 3 个月。3 个月后仍不能开航的，自延期期满之日起该国际航线经营许可失效，民航局将依法予以注销。

二、外商投资交通运输企业的市场准入

1. 外商投资市场准入的基本原则

习近平总书记在首届进博会和 G20 大阪峰会上的讲话指出，中国将坚定不移奉行互利共赢的开放战略，以更大的开放拥抱发展机遇，以更好的合作谋求互利共赢。《外商投资法》明确规定，"国家对外商投资实行准入前国民待遇加负面清单管理制度"，将改革成果总结上升为法律。这为我们实施外资准入负面清单及相关制度提供了可遵循的基本法律。

全面实行准入前国民待遇加负面清单管理制度，作为我国外商投资市场准入的基本原则，是我国进一步扩大对外开放，积极促进外商投资，保护外商投资合法权益，规范外商投资管理，推动形成全面开放新格局，促进社会主义市场经济健康发展，构建开放型经济新体制的重要举措，主要体现在四个方面。

（1）政策透明。外资准入负面清单以统一、透明的方式，列明股权要求、高管要求等方面与准入前国民待遇不符的特别管理措施。

（2）放宽准入。通过制订、修订外资准入负面清单，不断扩大开放，减少外资限制，精简负面清单。

（3）平等待遇。负面清单之外的领域不得对外资单独设置准入限制，确保市场准入内外资标准一致。准入后阶段对内外资企业一视同仁、平等对待。

（4）简化管理。负面清单之外的领域按照内外资一致原则管理，实行以属地化备案为主的管理方式，目前基本实现在线办理。

2. 外商投资交通运输业市场准入的法律规范

一是《外商投资法》。该法由第十三届全国人民代表大会第二次会议于 2019 年 3 月 15 日通过，自 2020 年 1 月 1 日起施行。《中外合资经营企业法》《外资企业法》《中外合作经营企业法》同时废止。

本法所称外商投资企业，是指全部或者部分由外国投资者投资，依照中国法律在中国境内经登记注册设立的企业。

国家坚持对外开放的基本国策，鼓励外国投资者依法在中国境内投资。

国家实行高水平投资自由化便利化政策，建立和完善外商投资促进机制，营造稳定、透明、可预期和公平竞争的市场环境。

国家对外商投资实行准入前国民待遇加负面清单管理制度。所谓准入前国民待遇，是指在投资准入阶段给予外国投资者及其投资不低于本国投资者及其投资的待遇；而负面清单，则是指国家规定在特定领域对外商投资实施的准入特别管理措施。国家对负面清单之外的外

商投资，给予国民待遇。

负面清单由国务院发布或者批准发布。中华人民共和国缔结或者参加的国际条约、协定对外国投资者准入待遇有更优惠规定的，可以按照相关规定执行。

国务院商务主管部门、投资主管部门按照职责分工，开展外商投资促进、保护和管理工作；国务院其他有关部门在各自职责范围内，负责外商投资促进、保护和管理的相关工作。县级以上地方人民政府有关部门依照法律法规和本级人民政府确定的职责分工，开展外商投资促进、保护和管理工作。

关于投资管理的几项具体规定如下：

（1）外商投资准入负面清单规定禁止投资的领域，外国投资者不得投资。

（2）外商投资准入负面清单规定限制投资的领域，外国投资者进行投资应当符合负面清单规定的条件。

（3）外商投资准入负面清单以外的领域，按照内外资一致的原则实施管理。

此外，外商投资需要办理投资项目核准、备案的，按照国家有关规定执行。外国投资者在依法需要取得许可的行业、领域进行投资的，应当依法办理相关许可手续。有关主管部门应当按照与内资一致的条件和程序，审核外国投资者的许可申请，法律、行政法规另有规定的除外。

二是《市场准入负面清单（2022 年版）》，它由国家发展和改革委员会、商务部于 2022 年3 月 12 日发布。

（1）市场准入负面清单的原则

市场准入负面清单包含禁止和许可两类事项，其基本原则为：

①对禁止准入事项，市场主体不得进入，行政机关不予审批、核准，不得办理有关手续；

②对许可准入事项，包括有关资格的要求和程序、技术标准和许可要求等，或由市场主体提出申请，行政机关依法依规作出是否予以准入的决定；或由市场主体依照政府规定的准入条件和准入方式合规进入；

③对市场准入负面清单以外的行业、领域、业务等，各类市场主体皆可依法平等进入。

（2）交通运输、仓储和邮政业负面清单

①未获得许可，不得从事公路、水运及与航道有关工程的建设及相关业务。包括：

- 公路水运工程监理企业资质、公路养护作业单位资质许可；
- 航道通航条件影响评价审核；
- 利用坝（堤）顶或者戗台兼做公路审批；
- 公路、水运建设项目文件审批；
- 公路、水运投资项目立项审批。

②未获得许可，不得从事客货道路运输经营及相关业务。包括：

- 道路旅客运输经营许可；
- 国际道路旅客运输经营许可；
- 道路货运经营许可（不包含总质量 4500 千克及以下普通货运车辆从事普通货运经营）；
- 危险货物运输经营许可；
- 道路旅客运输站经营许可；

- 出租汽车经营资格证、车辆运营证核发。

③未获得许可，不得从事铁路旅客、货物公共运输营业。包括：

- 铁路运输企业经营许可。

④未获得许可，不得从事特定水上运输业务及其辅助活动。包括：

- 船舶搭靠外轮许可；
- 国内水路运输经营许可及新增国内客船、危险品船运力审批；
- 国际客船、散装液体危险品船运输许可及国际班轮运输许可；
- 外国籍船舶经营国内港口之间的海上运输和拖航许可；
- 国内船舶管理业务经营许可；
- 大陆与中国台湾间海上运输业务许可；
- 内地与中国港澳间客船、散装液体危险品船运输业务许可；
- 经营国内船舶管理业务审批；
- 在港口总体规划区内建设港口设施的港口岸线(含深水岸线或非深水岸线)使用审批；
- 危险货物港口建设项目安全条件审查、安全设施设计审查；
- 港口经营许可；
- 从事海员外派业务审批；船员、引航员培训机构许可。

⑤未获得许可，不得从事民用机场建设、民航运输业务或其辅助活动。包括：

- 规定权限内新建、改建和扩建民用机场的审批；
- 民用航空油料企业安全运营许可；
- 民用机场使用许可；
- 民用航空安全检查仪器设备使用许可；
- 公共航空运输企业经营许可；
- 中外航空运输企业航线、航班运输经营许可；
- 经营性通用航空企业经营许可；
- 航空营运人运输危险品资格许可；
- 中外公共航空运输承运人运行合格证核发。

……

⑥未获得许可，不得从事保税货物仓储物流业务。包括：

- 保税仓库、出口监管仓库、保税物流中心设立审批。

⑦未获得许可，不得从事邮政等相关业务。包括：

- 快递业务经营许可。

……

三、铁路运输企业市场准入

1. 铁路领域市场准入的进程

随着中国坚定不移地奉行互利共赢的开放战略，以更大的开放拥抱发展机遇，以更好的合作谋求互利共赢，中国政府在铁路领域逐步取消了外商的投资限制。

2017年1月，国务院公布《国务院关于扩大对外开放积极利用外资若干措施的通知》，修订了《外商投资产业指导目录》及相关政策法规，放宽服务业、制造业、采矿业等领域外资准入限制，制造业重点取消轨道交通设备制造等领域外资准入限制，国家取消了轨道交通设备制造外资准入限制。

2018 年，国家发改委、商务部发布的《外商投资准入特别管理措施（负面清单）（2018 年版）》，取消了铁路干线路网的建设、经营须由中方控股的限制，并取消铁路旅客运输公司须由中方控股的限制，至此，铁路行业已经完全对外资开放。

中国国家铁路集团有限公司（以下简称国铁集团）相关负责人表示，放开干线铁路和客运公司外资控股限制，对铁路改革意义重大。外资的进入，将为中国铁路建设、运营带来更多资本和先进的管理经验。

2. 铁路实施市场准入许可的意义

2014 年 12 月，交通运输部发布《铁路运输企业准入许可办法》（以下简称《办法》），这是推进铁路投融资体制改革的需要，是保障铁路安全发展的需要，是深化行政审批制度改革的需要；主要目的就是鼓励和引导社会资本投资建设经营铁路，规范铁路运输市场准入制度。具体讲，主要体现在以下三个方面：

（1）铁路作为国家重要基础设施、国民经济大动脉、大众化交通工具，铁路运输提供的是公众服务，直接关系社会公共利益和公众生命财产安全，世界各国铁路普遍实施了运输市场准入制度，并通过加强政府的事中事后监管，维护良好的运输市场秩序，保障公众生命财产安全。

（2）2013 年铁路实行政企分开改革以来，国务院实施了一系列加快铁路建设发展的重大举措，国发〔2013〕33 号文件《国务院关于改革铁路投融资体制加快推进铁路建设的意见》，明确要求"向地方政府和社会资本放开城际铁路、市域（郊）铁路、资源开发性铁路和支线铁路的所有权、经营权，鼓励社会资本投资建设铁路"。2014 年又推出了鼓励社会资本参与铁路等基础设施项目。在国家政策的鼓励下，目前已出现了不少非国铁控股的铁路项目，地方政府投资建设城际铁路已取得实质性进展。铁路投资主体已呈多元化态势，迫切需要制订出台铁路运输企业准入制度，为各类资本参与铁路建设经营提供公开、公平、公正的运输市场准入条件，保障投资者的合法权益，进一步促进铁路运输市场开放。

（3）2013 年铁路政企分开改革前，社会投资者申请办理该项许可的情况很少。对确有需要的，主要通过一事一审的方式办理。按照依法行政原则和国务院关于行政审批制度改革的要求，对保留的行政许可项目必须规范管理，并向社会公开实施依据、程序、条件、期限、办理结果等内容。出台《铁路运输企业准入许可办法》，为规范许可管理、接受社会监督提供了前提条件。

3. 铁路运输企业许可申请人

《办法》规定：在中华人民共和国境内依法登记注册的企业法人，从事铁路旅客、货物公共运输营业的，应当申请许可。许可对象有两个要素，一是已在我国境内登记的企业法人，二是从事铁路公共运输营业。许可对象是企业法人，不包括公民个人和其他组织。需要注意的是，铁路专用线是装卸车点，提供铁路运输营业服务的是与其接轨的铁路运输企业，专用线所属企业无需申请许可。专用铁路是为企业内部提供运输服务的，不面向社会公众提供公共运输服务，其所属企业也就无需申请许可。

4. 铁路运输许可范围

根据不同运输特点，《办法》将铁路运输许可的范围划分为四个，分别是高速铁路旅客运输、城际铁路旅客运输、普通铁路旅客运输、铁路货物运输。范围中，单列高速铁路旅客运输是体现高速铁路对运输管理、安全管理的更高要求，许可办法对铁路运输相关业务负责人、专业技术管理的负责人提出更高的业绩要求；单列城际铁路旅客运输，则是为了更好地适应地方政府和社会资本投资建设经营城际铁路的需要。

5. 铁路运输许可条件

《办法》重点从鼓励投资、市场开放、安全保障等方面，研究设置了许可条件。

一是充分考虑政策导向鼓励社会资本投资建设铁路，对投资建路的企业，明确其有权自主决定铁路运输经营方式，并可以通过合作、委托等经营方式满足规定的许可条件。

二是进一步开放市场，对没有投资建路、又希望从事铁路客货运输经营的企业，明确其可以通过取得铁路基础设施使用权的方式从事运输经营，但应当拥有机车车辆的所有权。

三是基于安全生产对铁路运输的重要性，重点围绕提高企业安全保障能力，从安全管理机构设置、制度办法、生产作业人员、管理人员等方面设置了许可条件。

在上述许可条件中，对于仅有铁路基础设施使用权的企业，规定其应当拥有机车车辆所有权，主要是考虑了以下几个方面的因素：

一是铁路运输关系国计民生关系公共利益，且具有很强的网络特征和规模经济效应，铁路运输企业应当具备相应的运输和经济实力，保障持续经营。

二是铁路运输直接关系人民群众生命财产安全，一旦发生事故，将可能对旅客生命和铁路基础设施所有者带来重大损失，运输企业也将依法承担民事责任。运输企业除了必须具备相应的安全保障能力，还应当具有一定的抵御事故风险、承担相应民事责任的能力。

三是与投资建路企业的准入条件相对平衡，体现鼓励投资的政策导向。

6. 铁路运输企业市场准入条件

《办法》规定，在中华人民共和国境内依法登记注册的企业法人，从事铁路旅客、货物公共运输营业的，应当向国家铁路局提出申请，经审查合格取得铁路运输许可证。涉及地方铁路运营事项的，国家铁路局应当邀请申请企业所在地省、自治区、直辖市人民政府有关部门参与审查。

申请企业应当具备下列条件：

(1) 拥有符合规划和国家标准的铁路基础设施的所有权或者使用权。

(2) 拥有符合国家标准、行业标准以及满足运输规模需要数量的机车车辆的所有权或者使用权。但仅有铁路基础设施使用权的，应当拥有机车车辆的所有权。

(3) 生产作业和管理人员符合铁路运输岗位标准、具备相应从业资格，且其数量满足运输规模需要。

(4) 具有符合法律法规规定的安全生产管理机构或者安全管理人员，以及安全生产管理制度和应急预案。

(5) 具有铁路运输相关的组织管理办法、服务质量标准、生产作业规范。

(6) 法律法规和规章规定的其他条件。

同时，《办法》还对拟申请企业的相关负责人的资质条件、企业的运输经营方式进行了明确的规定。在企业的经营方式上，《办法》明确了企业有权自主决定铁路建成后的运输经营方式，并可以通过合作、委托及其他合法经营方式具备规定的许可条件。同时规定，拥有机车车辆等铁路专用设施设备和符合条件的生产作业人员及管理人员的企业，可以通过取得铁路基础设施使用权的方式，申请从事铁路运输。

7.铁路运输企业市场准入的审批

考虑到地方政府和社会资本投资建设经营不同类别铁路的实际需要，《办法》对企业实行分类许可，并分别研究确定相应的准入门槛。

铁路运输许可实行"先照后证"。《办法》明确铁路运输许可从前置改为后置审批，即先依法登记注册为企业法人，后申请运输许可，实行"先照后证"。对申请企业的注册资本、资产等不作限制。

为了方便企业申请，《办法》明确申请企业一次申请多个类别许可的，可以合并申请，减少审查材料，明确申请企业采取委托经营方式的，受托企业应当已取得相应类别的运输许可。申请人只需提供相关委托协议，不再重复审查受托人的材料。

《办法》规定，被许可企业应当自取得铁路运输许可之日起1年内开展相应的铁路运输营业，并于开业后20个工作日内书面告知国家铁路局。

《办法》将许可有效期设定为长期。对企业的停业、歇业提出限制性要求，明确被许可企业未经批准，不得擅自停业、歇业；确需停业、歇业，应当妥善处理好相关运输业务。

四、民用航空运输企业市场准入

1.民用航空业投资主体

《国内投资民用航空业规定》(以下简称《规定》)明确提出鼓励、支持国内投资主体投资民用航空业，促进民用航空业快速健康发展。

国内投资主体包括国有投资主体和非国有投资主体。国有投资主体是指各级政府及其授权国有资产投资机构、国有或者国有控股企业、其他国有经济组织；非国有投资主体是指集体企业、私营企业、其他非国有经济组织和个人。

2.国内投资主体投资民用航空业范围

《规定》对国内投资主体投资民用航空业的范围规定为以下领域：

(1)公共航空运输。

(2)通用航空。

(3)民用机场，包括民用运输机场和通用航空机场。

(4)空中交通管理系统。

(5)民用航空活动相关项目，包括航空燃油销售储运加注、飞机维修、货运仓储、地面服务、航空食品生产销售、停车场经营、客货销售代理、计算机定座系统服务、航空结算及其他相关项目。

3.民用航空业的管理

中国民用航空总局(以下简称民航局)及民用航空地区管理局(以下简称地区管理局)依照民用航空法、有关行政法规、规章和本规定，对国内投资主体投资民用航空业事项实施许可和监督管理。

民用航空业在放宽投资准入的同时，对各类民用航空企业的管理政策实行同等待遇。

4.民用航空业投资准入的限制

《规定》明确，国有投资主体和非国有投资主体可以单独或者联合投资民用航空业。但《规定》有明确限制的，应当符合其要求。这主要涉及到规定的公共航空运输企业、民用运输机场应当保持国有或者国有控股；以及特定的企业（如民用机场、航空燃油销售储运加注企业、计算机定座系统服务企业，及其关联企业）投资公共航空运输企业、航空燃油销售储运等相关规定。

5. 民用航空业市场准入许可

国内投资主体投资设立公共航空运输企业、民用运输机场及其他需要许可的民航企业，应当按照有关法律、行政法规和民用航空规章，向民航局或者地区管理局申请取得相应的许可。

此外，国内投资主体投资民用航空业，另有法律、行政法规和规章要求取得其他许可的，应当按照规定向相关主管部门申请取得相应的许可。

五、外商投资道路运输业市场准入

道路运输一直是我国实行对外开放最早也是最彻底的领域。多年前，交通运输部就提出"有路大家行车，有水大家行船"的口号。多年来，我国切实履行加入世界贸易组织（WTO）的承诺，积极有序推进我国道路运输市场开放。

2018年8月3日，中国政府网对外公布《国务院关于取消一批行政许可等事项的决定》（下称《决定》），取消外商投资道路运输业，外商投资合伙企业设立、变更、注销分支机构备案等11项行政许可事项。

根据《决定》，取消外商投资道路运输业立项审批后，外商投资道路运输业享受国民待遇，地方交通运输主管部门严格按照国内道路运输经营相关规定进行管理，依法办理"道路旅客运输经营许可""道路货运经营许可"等相关行政许可事项。同时，地方交通运输主管部门也要完善道路运输安全相关规定，加强安全检查，对违法违规行为依法进行处罚。

第三节　运输企业的设立、变更、终止与清算

一、运输企业的设立

（一）运输企业设立的含义

运输企业的设立是指运输企业的创立人为使企业具备从事交通运输活动的能力，取得合法的主体资格，依照法律规定的条件和程序所实施的一系列的行为。设立运输企业必须具备实质要件和形式要件。

实质要件是设立运输企业时必须具备的条件，即要有与运输经营活动相适应的财产和必要的生产经营条件；有运输企业运营的组织机构；有固定的生产经营场所以及与生产相适应的人员等。实质要件与运输企业的市场准入相关联。形式要件是指创立人在设立运输企业时依照法律规定的程序履行申报、审批和登记手续，依法取得从事运输经营活动主体资格的过程。

（二）运输企业设立的方式

运输企业的设立方式，也称为设立的原则，是指企业根据何种法定原则，通过何种具体

途径达到企业设立的目的。从世界范围看，企业设立的方式主要有以下几种。

1. 特许设立

即企业必须通过国家的特别许可才能设立的一种方式，它通常适用于特定企业的设立。

2. 核准设立

又称"许可设立"，即设立企业时，除需要具备法律规定的各项设立条件外，还需要主管行政机关审核批准后，才能申请登记注册的一种设立方式。

3. 准则设立

又称"登记设立"，即设立企业不需要经有关主管行政机关批准，只要企业在设立时符合法律规定的有关条件，即可到主管机关申请登记，经登记机关审查合格后予以登记注册，企业即告成立的一种设立方式。

4. 自由设立

即法律对企业的设立不予强制规范，企业的创立人可以自由设立企业的设立方式。目前，世界各国基本放弃了该种企业设立方式。

目前，我国交通运输企业的设立主要是采用核准设立和特许设立的方式。

(三)运输企业的设立登记

运输企业的设立登记是运输企业的创立人向交通运输主管部门提出设立企业的申请，经交通运输主管部门批准后，申请人凭交通运输主管部门的许可文件并提交规定的文件材料，向登记主管机关办理登记手续，经登记主管机关核准，确认其法律上的主体资格，并颁发有关法律文件的行为。

设立登记是运输企业取得法律上的主体资格的必要程序。运输企业申请企业法人登记，经登记主管机关审核，获准登记并领取《企业法人营业执照》，取得法人资格后，方可从事运输经营活动，其合法权益才受国家法律保护。未经企业法人登记主管机关核准登记注册的，不得从事运输经营活动。

1. 运输企业设立的审批机关

我国法律规定，设立交通运输企业必须经过国家交通运输主管机关的审核批准。其中，设立公路运输企业和水路运输企业必须经过交通部及其授权的交通主管部门的审批；设立铁路运输企业应当向国家铁路局提出申请，经审查合格取得铁路运输许可证。涉及地方铁路运营事项的，国家铁路局应当邀请申请企业所在地省、自治区、直辖市人民政府有关部门参与审查；设立公共航空运输企业及其他需要许可的民航企业，应当向民航局或者地区管理局申请取得相应的许可。国内投资主体投资民用航空业，另有法律、行政法规和规章要求取得其他许可的，应当按照规定向相关主管部门申请取得相应的许可。

2. 运输企业设立的登记机关

依据法律规定，我国运输企业的登记主管机关是国家市场监督管理总局和地方各级市场监督管理局。运输企业设立登记的管辖包括级别管辖和地域管辖，其中，级别管辖分为三级，即国家市场监督管理总局，省、自治区、直辖市市场监督管理局和市、县、区市场监督管理局。我国对企业的设立登记管辖实行分级登记管理的原则。

3. 运输企业的设立程序

运输企业的设立程序为运输企业的设立人向交通运输主管部门提出设立企业的申请；交

通运输主管部门核准申请后，颁发许可文件；申请人凭交通运输主管部门的许可文件及有关规定的材料，到登记主管部门办理登记注册手续；登记主管机关对运输企业提交的申请进行审核，符合条件的予以核准、登记，并核发营业执照，企业即取得合法经营交通运输活动的法律资格。

不同运输方式的运输企业由于经营的业务范围不同，受管辖的部门不同，因此，应按法律规定分别向各自交通运输主管部门和市场监督管理部门提交相应的文件和材料，办理企业的设立。

(四) 运输企业设立的条件

1. 设立国内运输企业应具备的条件

(1) 运输企业必须具有经营管理的组织机构、业务章程和具有企业法人资格的负责人，以使其能够与用户方或其代表订立运输服务合同。

(2) 必须具有与经营能力相适应的自有资金。运输企业要完成或组织完成运输全程服务，并对运输过程中的旅客人身、财物安全，以及货物的灭失、损害和延误等负责，就必须要有与经营业务相适应的流动资金和足够的赔偿能力。

(3) 必须具有符合资质要求的专业技术人员和管理人员。由于交通运输活动是一项风险性大、技术条件要求比较高的经营活动，因此，企业必须拥有一批了解和掌握运输专门知识和技术的专业人员和经营管理人员。特别是从事国际运输业务的企业，还必须同时具有国际贸易和国际运输的知识与技能，因而对技术和管理人员的要求更高。

(4) 必须具有从事运输经营活动的场所和相应的运输设施与设备。

2. 设立国际运输企业应具备的条件

(1) 必须建立自己的国际运输服务线路。从理论上讲，国际运输线路是指从任何国家(地区)的一地到任何另一国(地区)的一地，但事实上，各运输企业即使实力再强也无法做到。许多开展国际运输服务业务的企业大多是在尽可能广泛地承办货主委托的前提下，重点办好几条运输服务线路。

确定一条重点线路，一般需要在对国际贸易量全面调查的基础上，选择运量最大、较稳定的线路，而且线路的全线及各环节都具有足够的通过能力和集装箱货物运输所需要的条件。

(2) 国际运输企业要有一支具有国际运输知识、经验和能力的专业队伍。该队伍应能有效地完成或组织完成全程运输，要与运输中所涉及的各方(包括货方、承运人、代理人、港口码头、货运站、仓库、海关、保险等)建立良好的业务关系。

(3) 国际运输企业在各条运输线路上要具备由完整的分支机构、代表或代理人组成的网络机构。国际运输企业要在各经营线路的两端和途中各转接处设有分支机构或派出代表或委托适当的代理人来办理接收、交付货物和完成各区段的运输、衔接、服务等事宜。

(4) 国际运输企业在涉及多式联运的情况下，要能够制订各线路的多式联运单一费率。采用单一费率是多式联运的条件和特点之一。由于国际多式联运涉及的环节众多，不仅涉及不同的运输方式，而且涉及不同国家和地区，因此按成本来确定单一费率是一个较为复杂的问题，需要了解大量的信息，同时需要做大量的工作。

(5) 国际运输企业要有必要的设备和设施。国际运输企业可以是无船承运人，即自己可以不拥有任何运输工具，但必须有起码的业务设备和设施，如信息处理与传递的设备(电话、电传、计算机等)、集装箱货运站、接收及保管货物的仓库、一定面积的堆场、拆装箱设备、机具、堆场作业机械等，同时一般还应配备一定数量的集装箱和吊机设备。

二、运输企业的经营方式

运输企业的经营方式大致可分为三种类型。

1. 运输企业独立经营型

在运输服务中，实施单一运输服务的企业几乎全部是独立经营型企业。而实施综合运输服务的运输企业尽管从总体上讲是独立经营，但内部各环节则相当复杂，在涉及多式联运，尤其是国际多式联运时，更是如此。一般在类似情况下，企业在各服务全程的两端及中间各转接点处均设有子公司或办事处等形式的派出机构或分支机构，作为全权代表处理揽货、交接货、订立运输合同协议、处理有关服务业务等运输和衔接中所需要的一系列事务。一些较有实力的国际运输企业在世界的重要地区、主要城市都设有办事处。服务全程的所有工作(除各区段实际运输外)全部由自己的办事处或分支机构承担并完成。类承运人型的国际运输企业多是这种形式。

2. 运输企业联合经营型

在涉及到综合的跨地区或跨国的运输服务时，各运输企业往往采用这种形式，即位于服务全程两端的地区或国家的两个(或几个)类似的企业进行联合经营的方式。联营的双方互为合作人，分别在各自的地区或国家内开展业务活动，揽到货后，按货物的流向及运输区段划分双方应承担的工作。在本地区或本国，自身是起运货物的总服务企业，而对方是该项服务业务在该地区或该国的代理，接续完成到交付货物为止的全部工作。两企业联合经营的紧密程度由双方协议确定，可以采用互为代理、互付佣金、分享利润、分担亏损等不同合作形式。

3. 运输代理经营型

该类型与第二种类型的使用情况相似，即在服务全程的两端和中间各衔接地点委托外地区或国外同业作为运输服务代理，办理或代理安排全程服务中的分运工作和交接货物工作，签发或回收联运单证，制作有关单证，处理交换信息，代收支费用、处理货运事故或纠纷等。这种代理关系可以是相互的，也可以是单方面的，在后一种情况下，一般有运输企业向代理人支付代理费用，不存在分享利润，分担亏损的问题。

在上述三种类型中，第一种类型一般适用于货源数量较大、较为稳定的线路，一般要求企业具有较强的实力和企业基础。这种方式由于全部工作由自己雇佣的人员完成，工作效率较高，利润也可能较高。第二种和第三种(特别是第三种)类型多适用于公司的经济实力不足以设立众多的办事处和分支机构，或货源不够多、不太稳定、企业处于开展国际运输服务业务的初期等情况。这两种类型具有投资少、见效快，建立线路准备工作较少，业务扩大较快等优点。但是，与第一种类型比较，其工作效率及利润要低一些。大多数类无船承运人型的运输企业均为后两种类型。

三、运输企业的变更

运输企业的变更是指已经登记注册的运输企业在其存续期内，由于企业本身或者其他主客观情况的变化,在运输企业组织机构上或其他登记事项上的改变,包括企业组织的变更、企业主要登记事项的变更等。运输企业的变更必须依据法律规定的条件和程序进行。

1. 企业组织形式的变更

(1)运输企业的合并。

运输企业的合并是指两个或者两个以上的运输企业为了运输经营活动的需要,依照法律规定或合同约定合并成一个运输企业。运输企业的合并能够在不增加投资的基础上,有效地利用现有资本存量,扩大企业规模,增强企业竞争能力,它是提高企业运营效率的重要手段之一。

按合并的方式不同,企业的合并可分为新设合并和吸收合并。新设合并是指两个或两个以上的运输企业合并成为一个新的运输企业,原来的运输企业消灭,新的运输企业产生。吸收合并是指两个或两个以上的运输企业合并时,其中一个运输企业继续存在,其他运输企业因被合并而归于消灭。吸收合并还有一种特殊形式,即一个运输企业被分成若干部分并入到其他多个运输企业中,在这种情况下,吸收已消灭运输企业的,不是一个运输企业,而是多个运输企业。

(2)运输企业的分立。

运输企业的分立是指已经设立的运输企业按照法律规定或合同约定,依照一定的条件和程序,分立成两个或者两个以上的运输企业。依分立方式的不同,运输企业的分立可分为创设式分立和存续式分立。创设式分立又称新设式分立,即解散一个已经设立的运输企业,将其全部财产分配给两个或两个以上新的运输企业,原运输企业消灭。存续式分立,又称派生式分立,即将一个已设立的运输企业的部分财产分立,另设一个新的运输企业,原运输企业继续存在。

需要注意的是,根据《民法典》第六十七条的规定:法人合并的,其权利和义务由合并后的法人享有和承担。法人分立的,其权利和义务由分立后的法人享有连带债权,承担连带债务,但是债权人和债务人另有约定的除外。显然,无论运输企业发生合并或者分立,其权利与义务均应由变更后的新的运输企业享有和承担。

2. 运输企业责任形式的变更

运输责任形式的变更是指运输企业在存续的状态下,由一种责任形式的运输企业变更为其他责任形式的运输企业。运输企业责任形式的变更与运输企业的合并、分立一样,都是为了调整企业的组织结构。在企业法人中,由于经营的需要,可以将无限责任公司变更为有限责任公司,也可以将有限责任公司变更为股份有限公司或者完全相反的变更。这种公司责任形式的变更,将导致公司组织的变更。运输企业责任形式的变更必须遵守法律对拟变更后企业的成立、资本、财务等的最低要求,同时,运输企业组织的变更必须遵守有关法律的规定。

3. 运输企业主要登记事项的变更

这主要涉及到原设立登记的运输企业的名称、住所和经营场所、经营范围、经营方式、法人代表、注册资金、经营期限、分支机构等主要事项的变更。

四、运输企业的终止

运输企业的终止又称运输企业的消灭,是指已设立的运输企业因企业章程或者法律规定的事由的发生,而丧失法律主体资格,并导致其权利能力和行为能力的终止。运输企业的终止是一个动态的过程，当终止的事由发生时，企业的主体资格并未马上消灭，此时应依法对该企业进行清算，并停止清算范围外的经营活动，了结未完成的业务，清结企业的债权债务关系。清算终止后，办理企业注销登记，企业便告消灭。运输企业终止的原因有以下几种：

1. 依法被撤销

撤销是指批准运输企业设立的行业主管机关等职能管理机关依照法律的规定，在其职权范围内对运输企业作出撤销的决定。撤销是由他人使运输企业归于消灭的情形。

2. 解散

解散是指依企业章程规定的营业期限届满或者企业法人设立的目的已达到或者证明已不能达到，企业自行终止或由企业权力机构如股东大会讨论决议，作出企业解散的决定。解散是企业法人使自己归于消灭的情形。

3. 破产

运输企业因为经营管理不善，不能清偿到期债务，经当事人的申请，人民法院依照法定程序，宣告该企业破产，而使其丧失法律主体资格。

4. 其他原因

其他原因诸如国家经济政策调整、发生重大疫情等原因。

五、运输企业的清算

运输企业的清算是指在运输企业解散或宣告破产后，依法组成清算组，对企业资产和债权债务进行清理处分，了结企业的业务和债务，向出资者或股东分配剩余财产，终结企业的全部财产关系。

在清算期间，运输企业只能为消极行为，不能为积极行为。其主要活动是了结业务、收取债权、偿还债务、分配剩余财产等。运输企业在进行完清算后，就丧失了正常的法律主体资格，不得从事运输经营活动。但是，为保证清算的正常进行，维护社会交易安全，在清算范围内，清算组仍可以以该企业的名义从事经营活动。

六、运输企业的注销登记

运输企业的注销登记是指登记主管机关依法对歇业、被撤销、宣告破产或者因其他原因终止营业的运输企业，收缴营业执照、公章等，撤销注册号，取消企业法人资格或经营权。

第四节　运输企业的责任

一、运输企业的民事责任

运输企业的民事责任是指运输企业违反法定义务和合同义务所应承担的法律责任，它可以分为违约责任和侵权责任。违约责任是指违反运输服务合同所应承担的责任，其承担责任的依据是合同。侵权责任是指在运输活动中侵犯运输需求方的财产，造成财产损害所应承担的责任，其承担责任的依据是相关法律规定。运输企业在其所从事的运输服务中，一般是通过签订运输服务合同进行的，因而其承担的民事责任主要是违约责任。

(一)违约责任的归责原则

所谓归责原则是指确定主体在违反合同时所应承担责任的一般准则。一般地,归责原则将决定责任的构成和赔偿的范围,因而,它是民事责任的核心。关于合同主体的违约责任归责原则,主要有两种主张,一种称为过错责任制,另一种称为严格责任制。所谓过错责任制是指以行为人主观上的过错作为确定其责任的要件和责任范围的依据,即只要行为人有过错,就应承担违约责任,无过错则不承担违约责任。所谓严格责任制是指行为人没有过错造成他人损失也应承担违约责任。

(二)违约责任归责原则的相关规定

1.《民法典》的一般规定

《民法典》关于违约责任的一般规定是各类合同应当遵循和适用的。《民法典》第五百七十七条规定:“当事人一方不履行合同义务或者履行合同义务不符合约定的,应当承担继续履行、采取补救措施或者赔偿损失等违约责任。”这表明我国合同法律以严格责任原则为基本的归责原则,即在法律没有特殊规定下,只要合同一方不履行合同义务给对方造成损害,就应当承担违约责任。

2.《民法典》的特殊规定

《民法典》对一些具体合同作了特殊规定:

(1)保管、委托合同中的归责原则。

《民法典》第八百九十七条规定:“保管期内,因保管人保管不善造成保管物毁损、灭失的,保管人应当承担赔偿责任。但是,无偿保管人证明自己没有故意或者重大过失的,不承担赔偿责任。”

《民法典》第九百二十九条规定:“有偿的委托合同,因受托人的过错造成委托人损失的,委托人可以请求赔偿损失。无偿的委托合同,因受托人的故意或者重大过失造成委托人损失的,委托人可以请求赔偿损失。”

上述规定表明,保管、委托合同中的违约责任,采用了有别于我国合同法律制度中的基本归责原则(严格责任制度)的过错责任原则,强调只有因为受托人的过错造成委托人损失时,受托人才向委托人承担赔偿责任。

(2)仓储合同中的归责原则。

《民法典》第九百零七条规定:“保管人验收后,发生仓储物的品种、数量、质量不符合约定的,保管人应当承担赔偿责任。”第九百一十七条规定:“储存期内,因保管不善造成仓储物毁损、灭失的,保管人应当承担赔偿责任。因仓储物本身的自然性质、包装不符合约定或者超过有效储存期造成仓储物变质、损坏的,保管人不承担赔偿责任。”由此可见,仓储合同中采取的也是过错责任原则。

(三)运输企业民事责任的确定

在运输服务中,运输企业民事责任的确定需要遵循我国法律的一般规定,但在具体确定民事责任时,尚需根据具体的法律关系加以判断。这是因为运输服务的广泛性,决定了运输法律关系的复杂性,因而,确定其民事责任时不能一概而论。

1. 运输企业与运输需求方签订运输服务合同的责任

此时，运输企业与运输需求方处于运输服务合同双方当事人的法律地位，按照运输服务合同的约定享有权利和承担义务，违反合同的应当承担违约责任。

运输合同属于合同法律规定的有名合同，对违约责任的认定适用《民法典》中合同通则的一般规定，即应当根据严格责任原则来认定运输企业的违约责任。也就是运输企业从接收货物开始到将货物交付给最终用户时为止，整个过程无论何时、何地，也无论货物是否处于其实际控制之下，无论是其自身过错还是分包人的过错，只要发生货物灭失或损坏，均应先由运输企业依据运输服务合同对运输服务需求方承担责任。

2. 运输企业将运输服务合同再行分包的责任

在多式联运服务中，多式联运经营人常常要将运输服务合同进行分包。此时，运输企业便具有双重法律地位。一方面，面对运输需求方，运输企业须承担所有的义务和全部责任，而不论损害是否由其造成；另一方面，面对实际履行运输业务的某环节的实际承运人，则根据具体的分包合同承担相应义务和责任。由于运输企业所处的上述两类合同关系的责任归责原则并不完全相同，赔偿范围也有所差异，故运输企业向运输需求者承担了严格责任后，再向实际履行的分包方追偿，这无疑加重了他们的经营风险。

(四)运输企业的民事责任方式

依据《民法典》第一编第八章民事责任的相关规定：二人以上依法承担按份责任，能够确定责任大小的，各自承担相应的责任；难以确定责任大小的，平均承担责任。二人以上依法承担连带责任的，权利人有权请求部分或者全部连带责任人承担责任。这里的人，可以是自然人，也可以是法人或者其他社会组织。

连带责任人的责任份额根据各自责任大小确定；难以确定责任大小的，平均承担责任。实际承担责任超过自己责任份额的连带责任人，有权向其他连带责任人追偿。

承担民事责任的方式主要有：

(1)停止侵害。

(2)排除妨碍。

(3)消除危险。

(4)返还财产。

(5)恢复原状。

(6)修理、重作、更换。

(7)继续履行。

(8)赔偿损失。

(9)支付违约金。

(10)消除影响、恢复名誉。

(11)赔礼道歉。

法律规定惩罚性赔偿的，依照其规定。同时，法律明确规定，上述承担民事责任的方式，可以单独适用，也可以合并适用。

（五）运输企业的民事赔偿责任

1. 运输企业的法律关系及赔偿责任

在运输服务过程中，单一运输服务因其服务环节少，法律关系清晰，纠纷易于解决。而对于综合运输服务，尤其是涉及国际运输业务的服务，由于涉及环节多，法律关系复杂，而应就有关权、责进行详细分析。

根据综合运输企业的定义和业务特点，在综合运输服务过程中，运输企业首先要与用户订立综合服务合同，然后根据这份合同承担货物全程服务的责任，将货物从接受地点运至指定交付地点。服务全过程可能由运输企业与各种受雇人（分支机构工作人员或代表等）、代理人和实际承运人等共同完成。

为完成全程服务任务，运输企业要与受雇人、代理人和实际承运人订立各种雇佣合同、委托（代理）合同和分运（分包）合同。在运输服务合同及这些合同中，运输企业作为合同的一方，都是以本人的身份出现并承担责任的。因此，运输企业在综合运输服务中的法律关系相对较复杂，其所涉及的法律关系主要有：

（1）运输企业与用户方之间的合同关系。

（2）运输企业与它的受雇人之间的雇佣关系。

（3）运输企业与它的代理人之间的委托代理关系。

（4）运输企业与分包承运人之间的分运合同关系。

（5）用户方、收货方与运输企业的受雇人、代理人、分运人之间发生的侵权关系等。

了解综合运输服务下的法律结构的关键是运输企业与用户之间的合同关系，并把其他法律关系都附在这一合同关系上。

综合运输服务是根据综合运输服务合同进行的，该合同的一方是运输企业（包括其本人或其代表），它要负履行合同的责任，对服务的全程负责。在服务的全过程中，不论是它自己完成全部工作，还是将部分或大部分工作通过委托合同和分运合同转交给代理人或分包人完成，运输企业都要对全部工作负责。它与其受雇人、代理人和分包人的关系都可适用委托关系，货物由受雇人、代理人或分包人掌管都应视为由运输企业本人掌管。因此，根据综合运输服务合同，运输企业要对它的受雇人、代理人或分包人，以及为履行该合同而使用的其他任何人，在受雇或履行合同范围内行事时的行为与不行为，向合同的另一方——用户方负责。

综合运输企业在完成全程运输过程中，一般要以本人名义与它的受雇人、代理人和分包人签订雇佣合同、代理合同和各区段分运合同来完成各区段的运输、各中转地点所需的运输衔接和服务性工作。这些合同依附于综合运输服务合同，与综合运输服务合同中用户方无直接关系。根据这些合同，受雇人、代理人或分包人要对它自己承担的合同规定的行为或不行为向综合运输企业负责。

应该注意的是：虽然用户方和收货方与综合运输企业的受雇人、代理人、分包人之间没有合同关系，但货物的所有权属于货方，仍可依据侵权行为就其受到的损失提起诉讼。在这种诉讼中，综合运输企业的受雇人、代理人和分包人可享受与综合运输企业同样的辩护理由和责任限制。

基于综合运输服务业务中所涉及到的复杂的法律关系，在综合运输服务下的赔偿责任主要包括：

(1)由综合运输合同决定的综合运输企业与用户方(或收货方)之间的赔偿责任。

(2)由雇佣合同、代理合同和分包合同决定的综合运输企业与其受雇人、代理人、分包(运)人等之间的赔偿责任。

(3)在明知责任人情况下，用户(或收货)方与综合运输企业的雇佣人、代理人、分运人之间的赔偿责任。

(4)在涉及保险情况下，还存在投保人与保险人之间和保险人与实际责任人之间的赔偿责任关系。

2.运输企业的责任期间

在运输法规中，责任人的责任期间一般是指承运人关于货物保管、运输责任自开始时刻至结束时刻之间的一段连续时间。在这段时间内承运人要对货物负责。责任期间一般由掌管货物的时间决定。

目前涉及综合运输服务下的货物主要是大宗的集装箱或类似包装的货物。根据集装箱运输中货物在发货人的工厂或仓库(D)、集装箱货运站(CFS)、堆场(CY)进行交接的特点，综合运输企业对货物的责任期间为自接管货物之时起至交付货物时止。

(1)综合运输企业接管货物的形式有两种：

①从用户方或其代表手中接收货物。这是最常用、最普遍的形式。

②根据接管货物地点适用的法律和规章，货物必须由运输管理方或其他第三方手中接受。这是一种特殊形式。

在第②种接受形式中，如果是从港口方(或其他第三者)手中接收货物时，如货物在港口方保管期间发生灭失、损害，则运输企业可以不负责任。

(2)综合运输企业交付货物的形式主要有三种：

①将货物交给收货方。

②如收货方不向运输企业(或其代表)提取货物，则按运输服务合同规定或按交货地点适用的法律规定或按特定的行业惯例，将货物置于收货人的支配之下。

③将货物交给根据交货地点适用的法律、规章规定的必须向其交付的当事人或其他第三方。

在实践中，由于某种原因一旦发生收货人延迟提货的情况，运输企业可按上述②、③交货方式交付货物，责任即可终止。

3.运输企业的赔偿责任基础

在各类运输法规中，承运人的赔偿责任基础一般是指承运人在按运输合同规定完成运输过程中(责任期间内)对发生的哪些事情或事故承担赔偿责任，以及按照什么样的原则判断是否应承担责任。

目前在国际货物运输中实行的各种单一方式货运公约对承运人的赔偿责任基础的规定是不同的，大致可分为过失责任制和严格责任制两种。

(1)过失责任制。

过失责任制是指承运人承担责任是以自己在执行这些合同过程中有过失，并因这些过失造成对货方或其他人的损害为基础而承担损害的赔偿责任。根据目前各公约中规定的不同，过失责任制又可分为完全过失责任制和不完全过失责任制两种。

①完全过失责任制是指不论承运人的过失是什么情况，只要有过失并造成了损害就要承担责任。如海运的《汉堡规则》和航空运输的《海牙议定书》就采取这种责任制。

②不完全过失责任制是指规定对某些性质的过失造成的损害可以免责（即不承担赔偿责任），即凡属规定的免责范围内的原因造成货物损失，承运人即使有过失也可不负责任。如海上运输的《海牙规则》就采用这种责任制，它列有17项承运人可以免责的规定，如规定对管船的过失造成的损害可以免责，但对管货的过失应承担责任等。

（2）严格责任制。

严格责任制是指除不可抗力或其他第三方造成的损害可以免责外，承运人要对责任期间内发生的各类损害承担赔偿责任，不论承运人是否有过失或损害是否由于过失造成。目前国际铁路、国际公路运输公约采用的就是这类责任制。

运输企业赔偿责任基础应是对发生在运输企业掌管期间内货物的灭失、损坏或延误交货的损失负赔偿责任。除非运输企业能证明其本人、受雇人或其代理人或其他人为避免事故的发生和其后果已采取了一切符合要求的措施，即在运输企业能证明本人或受雇人或代理人无过失的情况下可以不承担责任。

如果货物未在规定的时间内交付；或者在无此种协议情况下，未在合理的时间内交付，为迟延交货。处理原则如下。

①如果为国内运输服务，纠纷的解决可以依据双方缔结的合同或参照统一合同法律的规定。

②如果为国际运输服务合同，可参照1980年《联合国国际货物销售合同公约》的规定。

③如果为国际运输服务合同，并涉及国际多式联运，则可参照《国际多式联运公约》的规定，即如果货物未在规定的交货日期届满后连续90日内交付，索赔人即可认为这批货物业已灭失。

上述"合理时间"的理解，要根据不同情况加以判断，如由于气候、天气影响不能正常装卸和运输造成的迟延交货无法避免，就不能作为未在合理时间内交货处理。

4. 运输企业的赔偿责任制度

（1）赔偿责任形式。

运输企业的赔偿责任形式主要有责任分担制和单一责任制两种。

1）责任分担制。

责任分担制是经营人和实际承运人仅对自己完成的区段运输负责，各区段适用的责任原则按该区段适用的法律予以确定。

在这种责任形式下，没有全程统一的责任人，由各区段的实际承运人对自己完成的区段运输和该区段（或地区）适用法规规定标准分别承担赔偿责任。

2）单一责任制。

单一责任制与责任分担制的主要区别是：它有对全程运输统一负责的单一的人——多式联运经营人。无论损害发生在哪一种运输方式、在哪一个运输区段中，托运人或收货人均可向多式联运经营人索赔。

单一责任制目前有两种形式：

①网状责任制。多式联运经营人对全程运输负责，而各区段的实际承运人仅对自己完成的区段负责。各区段适用的责任原则按适用于该区段的法律予以确定。

②统一责任制。多式联运经营人对全程运输负责，而各区段的实际承运人仅对自己完成的运输区段负责。不论损害发生在哪一个区段，多式联运经营人或实际承运人承担的赔偿责任都相同。

（2）网状责任制与统一责任制的比较。

网状责任制与统一责任制都属于单一责任制。

①共同之处。两种责任制都有单一的承运人对全程运输负责，而各区段的实际承运人对自己完成的区段负责。不论货物的损害发生在哪一个运输区段，在什么运输方式下发生，或不能确知损害发生区段情况下，托运人或收货人均可向多式联运经营人索赔；也可在确知损害发生区段的情况下，向各区段的实际承运人索赔。

②不同之处。主要在于多式联运经营人与各区段实际承运人承担责任的依据和数额。在网状责任制下，经营人与各区段的承运人依损失发生区段适用的法律确定责任及赔偿数额；而在统一责任制下，不分运输方式与区段，经营人和实际承运人均按统一规定的标准进行赔偿。

（3）多式联运责任制的确定。

根据多式联运本身的特点（一份合同，多式联运经营人对全程负责），很显然，单一责任制比责任分摊制更适合于多式联运，能更好地保护托运人与收货人的利益。因此在多式联运实践中较少采用责任分摊制。

在采用何种责任制问题上，各国之间存在分歧：

一些发展中国家主张采用统一责任制，而发达国家主张采用网状责任制。

主张采用统一责任制者认为，其采用了一种法律规定，既包括了多式联运经营人与货方之间的法律关系，也包括了整个运输过程中可能出现的"隐藏损失"（即货物发生损害，但又无法确定造成区间和具体责任人的损失）的处理问题，是一种较为优越的"第三代责任制"。

主张采用网状责任制者认为统一责任制有其优越性，但并不完善，实际上是行不通的。这是由于各国家及承运人都早已接受不同方式的某一国际公约，这些公约对运输合同及承运人的规定差别很大，如果再接受统一责任制的多式联运公约，则会面临不能同时履行对每一公约义务的状况（由于统一责任制规定的责任与单一方式公约规定的责任不同），这会给实际运作带来极大问题。再者目前与集装箱运输相关的人（如保险人等）的赔偿责任都是建立在单一运输法规的责任规定之上的，改为统一标准会给这些行业带来混乱。他们认为网状责任制更为实用，可把多式联运经营人与其分包人的赔偿责任与特殊赔偿责任结合起来，即在货物的损害可确定发生在哪一区段并归结于某一分包人时，多式联运经营人与分包人的赔偿责任相同；而在不能归结于某一分包人时，多式联运经营人可按双方约定的特殊责任予以承担（一般按海上运输区段所适用的法规处理）。

为使公约能顺利通过，分歧双方都作了让步，最后通过的国际多式联运公约采用了经过修改的统一责任制，即多式联运经营人对全程运输负责，各区段的实际承运人仅对自己完成区段的运输负责。无论货损发生在哪一个区段，多式联运经营人和实际承运人都按公约规定的统一责任限额承担责任。但如果货物的灭失、损害发生于多式联运的某一特定区域，而对这一区段适用的一项国际公约或强制性国家法律规定的赔偿责任限额高于本公约规定的赔偿责任限额时，多式联运经营人对这种灭失、损害的赔偿应按照适用的国际公约或强制性国家法律予以规定。这种经修改的统一责任制的前一半是统一责任制，而后一半是完全的网状责任制。

上述多式联运公约的这种特殊规定，使得在多式联运中出现了两层赔偿关系：

第一层赔偿关系是多式联运经营人与货方之间的赔偿关系。由于各种运输方式至今分别采用"不完全过失责任制"（海运），"完全过失责任制"（空运）和"严格责任制"（铁路、公路运输），且各公约规定的赔偿责任限额有很大差别（空运最高、铁路次之、公路又次之、海运最低），空运、铁路及公路运输公约规定限额均高于多式联运公约规定的统一限额，只有海运公约低于这一限额和考虑国际公约的强制性，在处理该层赔偿时，多式联运经营人不能放弃或降低规定的责任限额，也不能把自己承担的责任转嫁给货方。

第二层赔偿关系是多式联运经营人与分包人（实际承运人）之间的赔偿责任。对这一责任，公约中并未作出任何规定，只能按目前各区段适用的法律处理。这种规定极易造成多式联运经营人利益的损害或造成责任完全由多式联运经营人独自承担的局面。例如多式联运中货物的灭失、损害发生在海上运输区段。由于海上运输目前适用法规（海牙规则等）规定的赔偿限额低于多式联运公约规定的统一限额，多式联运经营人按公约规定的责任限额赔偿货方后，却不能通过向海运段承运人处追偿中得到足够的补偿。更有甚者，如果事故是由海上承运人驾船或管船过失造成，根据适用的法规，海上承运人是免责的，不承担向多式联运经营人的赔偿责任，而公约规定多式联运经营人不能借以免除责任，同时又不能向海运承运人追偿。再者，如果要使各种方式的实际承运人接受统一的责任限额，又是很困难的。因此，多式联运公约中规定的这种经过修改的统一责任制在目前确实是难以实行的。这也造成了国际多式联运公约至今尚未生效。

目前在多式联运实际运作中，大部分经营人采用的责任形式都是网状责任制，即多式联运经营人对全程运输负责，各实际承运人仅对自己完成的区段运输负责。不论货物损害发生在哪一个区段，多式联运经营人和该区段的实际承运人的赔偿责任均按适用于该区段的法律予以确定。如不能确定货物损害发生区段时，按海上运输区段适用的法律来处理。

在涉及国际多式联运的情况下，国际运输企业的法律地位与国际多式联运经营人的同一。在不涉及国际多式联运但涉及国内联运的情况下，责任的认定和分担则较为复杂。

在国内综合运输服务中涉及铁路、公路、水运甚至航空运输等多种运输方式联运的情况下，如果各相关服务都由综合运输企业独立完成，则不涉及责任分担的问题；但如果是联营式或代理式，而货物又是类似集装箱货的运输，则将不可避免地面临与国际多式联运中出现的同样的问题。如果责任区段可以查明，则可按多式联运中的相关规则处理；如果责任区段不能查明，则分别情况予以处理：

①在联营的情况下，由各主服务商承担连带责任，赔偿后，责任在主服务商间均摊。

②在代理的情况下，由主服务商承担连带责任，但可以通过保险公司或物流保险协会分担损失。

5. 运输企业的赔偿责任限制

在各运输公约和法规中，承运人的赔偿责任限制一般是指在承运人掌管货物期间，对应承担赔偿责任的货物灭失、损害和迟延交货等造成货方损失进行赔偿的最高限额规定，该限额是由采用的责任形式和责任基础决定的。

在现行不同运输方式的法规中，由于承运人为完成运输承担的风险和货物本身的特点（特别是货物价值）等不同，赔偿责任限额也有较大区别。

限额规定的形式一般有两种：

（1）单一赔偿标准形式，即只规定对单位重量（毛重每公斤）货物赔偿限额。

如《海牙规则》规定，承运人对每件货物或每一计费单位的货物的损害或灭失，其最高赔偿责任以100英镑为限，即若灭失或损坏货物的价值高于100英镑，承运人的责任以100英镑为限；若灭失或损坏的货物的价值低于100英镑，则按实际损失的价值赔偿。但如果托运人在装船前已就该货物价值和性质提出声明并已载于提单，则不受此限制。

又如我国铁路运输限额赔偿规定为：不按件数，只按重量承运的货物，每吨最高赔偿100元；按件数和按重量承运的货物，每吨最高赔偿2000元；个人托运的搬家货物、行李，按每10公斤赔偿30元计。

（2）双重赔偿标准，即不但规定单位重量货物赔偿限额，也规定每一货损单位（每件或每一基本运输单元）的赔偿限额。

如《维斯比规则》规定，凡对申报价值的货物，其灭失或损坏的最高赔偿限额为每件或每单位1万金法郎①，或毛重每公斤30金法郎，按两者之中较高的计算。这意味着，小件或单位重量较小的货物可按1万金法郎计算，这样可以避免选用基于重量的限制数额会使赔偿金额降低的可能，而对大件或重量较大的货物则宜采用按重量计算赔偿限额，这样可使赔偿金额提高。

现行的航空、陆运采用的赔偿标准，以及海运在《海牙规则》中采用的赔偿标准，均采用单一赔偿标准，而海运的《维斯比规则》《汉堡规则》则采用双重赔偿标准。

《联合国多式联运公约》是以双重赔偿标准与单一赔偿标准相结合的方式规定多式联运经营人赔偿责任限额，两种标准适用的情况和规定的限额为：

分包人之间没有任何合同关系，如果在某一区段的服务流程中无论是由于用户方或各分包商中的哪一方的过失造成货物的损害，受损的一方均不能以违约提出诉讼或直接要求对方赔偿，只能由受损方先向综合运输企业提出赔偿要求，综合运输企业赔偿后再根据与责任方的合同进一步提出追偿要求。

这种反常的做法并不说明用户方与各分包商之间不存在任何法律关系，由于用户方毕竟是货物的物权人，因此在确知货损发生的区段和应承担责任的分包商时，用户方仍可以侵权向应承担责任的分包商提起诉讼和赔偿要求，但这与上面以违约提出的赔偿要求是不同的。

《联合国多式联运公约》规定的多式联运经营人赔偿责任限额为：包括海运在内的联运，每件货物或其他货运单位不超过920记账单位或毛重每公斤2.75记账单位，以较高者为准。不包括海运或内河运输在内的多式联运，赔偿责任限额为毛重每公斤8.33记账单位。公约规定，如果能够确定损失发生的运输区段，而该区段所适用的某项国际公约或强制性的国内法律所规定的赔偿限额高于多式联运公约规定的赔偿限额时，则适用该项国际公约或该国内法律的规定。

二、运输企业的行政责任

运输企业的行政责任是指运输企业违反国家有关运输监管的规定所承担的法律责任。国家对运输活动的监管主要体现在对运输活动主体的市场准入的要求，对主体实施运输活动的

---

① 金法郎是指一个含有纯度为千分之九百的65.5毫克黄金的单位。

监督和管理、公平和公开竞争的运输市场环境、规则的确立等。国家相应的主管机关对运输活动的有效监管，有助于运输市场健康、有序的发展。

随着我国运输管理体制机制的改革不断深化，我国对运输活动统一的监管体制正在形成。运输活动的主管部门的统一，使我国对运输市场监管的法律不断完善，因为运输企业的行政责任限定在特定的领域，违反交通运输行政法规的规定就应承担相应的法律责任。例如，我国对运输活动规定了市场准入的条件，只有按照一定的程序取得经营资格的主体，才能参与运输经营活动，没有取得相应经营资格的企业和其他组织无权进行该运输经营活动，如有违反就应承担行政责任。此外，法律禁止运输企业之间的不正当竞争行为，运输企业一旦实施了不正当的竞争行为，也应受到相应的处罚。

一般而言，运输企业所受到的行政处罚主要有：

(1)停止违法经营活动。即没有取得相应资格而从事经营的运输企业，行政主管机关要求其停止经营。

(2)没收违法所得。即从事违法经营的运输企业如有违法所得的，行政机关依法予以没收，以示惩处。

(3)罚款。它是对违反运输法律法规的运输企业所给予的一种经济上的处罚。

(4)撤销经营资格。如《海运条例》第四十七条规定，国际船舶运输经营者、无船承运业务经营者、国际船舶代理经营者和国际船舶管理者将其依法取得的经营资格提供给他人使用的，由国务院交通主管部门或者其授权的地方人民政府交通主管部门责令限期改正，逾期不改正的，撤销其经营资格。

(5)吊销营业执照。这是因运输企业从事违法行为而由市场监督管理机关将其营业执照予以吊销的一种处罚。

【思考与练习】

一、名词解释

运输企业 运输服务企业 类无船承运人型的国际运输企业 核准设立 特许设立 准入前国民待遇 负面清单 运输企业的设立 吸收合并 创设式分立 过错责任制 严格责任制 合理期间 责任分担制 单一责任制 网状责任制 统一责任制 赔偿责任限额

二、简述题

1. 简述运输企业的涵义及其法律特征。
2. 我国内资运输企业市场准入的法律有哪些？
3. 经营国际船舶运输业务，应当具备哪些条件？
4. 设立公共航空运输企业应当具备哪些条件？
5. 简要概述市场准入负面清单的原则。
6. 简要说明铁路运输许可条件。
7. 阐述铁路运输企业的市场准入条件。
8. 设立国内运输企业应具备哪些条件？

9. 阐述设立国际运输企业应具备的条件。

10. 运输企业承担民事责任的方式有哪些?

三、论述题

1. 试述运输企业实施市场准入条件的意义。

2. 论述外商投资市场准入的基本原则。

3. 论述铁路实施市场准入许可的意义。

思考与练习参考答案

第三章 运输纠纷的解决

第一节 运输纠纷

一、运输纠纷的概念

运输纠纷是指在运输活动中，交通运输法律关系主体之间因经济权利义务而产生的争议。

随着我国社会主义市场经济的不断发展，各社会组织之间的经济联系也日益扩大和深化。由于在交通运输经营活动中，各交通运输法律关系主体处于不同的地位，有着不同的利益，以及受各种客观因素的影响，在交通运输活动的各种交往和协作中，不可避免地会发生大量的矛盾和纠纷，尤其是因运输合同产生的纠纷，更是占有比较大的比例。如何处理这些有碍于社会主义市场经济发展的运输纠纷，是一个十分重要的问题。根据有关法律的规定，以及近年来的司法实践，一般运输纠纷可以通过协商和解、有关机关进行调解（包括民间调解、行政调解、仲裁调解和法院调解）的方式得到解决，但大多数运输纠纷需要通过仲裁、行政复议、诉讼的方式加以解决。

二、运输纠纷的协商与调解解决

1. 运输纠纷的协商解决

运输纠纷的协商解决是指运输纠纷发生后，当事人双方在自愿平等的基础上，本着互谅互让的精神依照法律的规定进行协商和解，自行解决运输纠纷的一种方法。通过协商和解解决运输纠纷，不必经过第三者，既可以免伤和气，避免事态扩大，也可以节约时间、精力和费用，同时也有利于双方当事人继续保持经济合作关系。需要注意的是，通过自行协商解决运输纠纷时，当事人必须遵守法律、法规的规定，同时不得损害国家利益和社会公共利益。

2. 运输纠纷的调解解决

运输纠纷的调解，是指在第三者的参加下，在查清事实，分清是非，明确责任的基础上，使运输纠纷的双方当事人以互谅互让的精神，依法处理运输纠纷的一种方式。这种解决运输纠纷的方式，在我国被广泛运用，如业务主管机关对所属单位运输纠纷的调解；仲裁机关和人民法院在处理运输纠纷时也要着重调解，只有在调解无效后，才依法进行仲裁或者司法裁决。

运输纠纷的调解，按其性质可以分为两类：

一类是审判上的调解，即在人民法院的主持下所进行的调解，又称为人民法院调解。我国《中华人民共和国民事诉讼法》(以下简称《民事诉讼法》)第九十三条规定：人民法院审理民事案件，根据当事人自愿的原则，在事实清楚的基础上，分清是非，进行调解。调解达成协议，人民法院应当制作调解书。调解书经双方当事人签收后，即具有法律效力。这表明《民事诉讼法》把人民法院的调解用法律的形式规定下来，并着重把调解确定为一项基本制度。我国司法实践中，人民法院受理的运输纠纷案件，调解结案的占85%左右。

另一类是审判外的调解，也就是在有关机关主持下进行的调解。这又可分为在业务主管机关主持下进行的调解和在仲裁机关主持下进行的调解。在业务主管机关主持下进行的调解，亦称一般调解，这种调解比较简便灵活，不受法律程序的约束，但调解不成时，或者达成调解协议后又反悔的，业务主管机关无权仲裁，只能由发生纠纷的当事人向仲裁机关申请仲裁，或向人民法院提起诉讼。在仲裁机关主持下所进行的调解，称为行政调解。由于仲裁机关是行政执法机关，它作的调解是仲裁程序的调解，与人民法院调解不同。仲裁机关在受理案件时，可以先行调解。当事人自愿调解的，仲裁庭应当调解。调解不成的，应当及时作出裁决。调解达成协议的，仲裁庭应当制作调解书或者根据协议的结果制作裁决书。调解书与裁决书具有同等法律效力。

可见，调解是仲裁的必经程序，未经调解不能直接裁决。但对于人民法院调解来说，虽然强调调解的重要性，但调解并不是诉讼的必经程序。然而，不管是哪种形式的调解，只要是在双方自愿的情况下依法达成调解协议的，在调解书送达后即发生法律效力。

第二节　运输纠纷的仲裁解决

(一)仲裁概述

1.仲裁的概念

仲裁(arbitrate)是指由双方当事人协议将争议提交(具有公认地位的)第三者，由该第三者对争议的是非曲直进行评判并作出裁决的一种解决争议的方法。

运输纠纷的仲裁，是指在运输经营活动过程中，对运输关系有争议的当事人双方自愿共同将争议交由第三者居中裁决的一种处理纠纷的方法。

仲裁在我国分为国内仲裁和涉外仲裁。其中，涉外仲裁包括涉外经济贸易、运输和海事中发生的纠纷的仲裁；国内仲裁主要用于解决国家机关、企业组织、社会团体、自然人等在经济活动中所发生的各种经济纠纷案件，国内仲裁包含了运输纠纷案件的仲裁。随着我国市场经济的发展和对外开放的深入，仲裁已经日益活跃，成为解决国内外运输纠纷的重要方式之一。

2.仲裁的分类

仲裁可以按不同的标准进行分类。

(1)国内仲裁和涉外仲裁，这是根据所处理的纠纷是否具有涉外因素进行划分的。前者是指一国当事人之间为解决没有涉外因素的国内民商事务纠纷的仲裁；后者是处理涉及外国或外法域的民商事务争议的仲裁。

(2)临时仲裁和机构仲裁，主要根据是否存在常设的专门仲裁机构进行划分的。临时仲裁是当事人根据仲裁协议，将他们之间的争议交给临时组成的仲裁庭而非常设性仲裁机构时进行审理并作出裁决意见书的仲裁。机构仲裁是当事人根据其仲裁协议,将它们之间的纠纷提交给某一常设性仲裁机构所进行的仲裁。

(3)依法仲裁和友好仲裁,这是根据仲裁裁决的依据不同划分的。依法仲裁是指仲裁庭依据一定的法律规定对纠纷进行裁决。友好仲裁则是指依当事人的授权,依据它所认为的公平的标准作出对当事人有约束力的裁决。

3. 仲裁的范围

我国《中华人民共和国仲裁法》(以下简称《仲裁法》)第二条规定:"平等主体的公民、法人和其他组织之间发生的合同纠纷和其他财产权益纠纷,可以仲裁。"这里明确了三条原则:一是发生纠纷的双方当事人必须是民事主体,包括国内外法人、自然人和其他合法的具有独立主体资格的组织;二是仲裁的争议事项应当是当事人有权处分的;三是仲裁范围必须是合同纠纷和其他财产权益纠纷。

根据《仲裁法》的规定,下列两类纠纷不能仲裁:

(1)婚姻、收养、监护、扶养、继承纠纷不能仲裁。这类纠纷虽然属于民事纠纷,也不同程度涉及财产权益争议,但这类纠纷往往涉及当事人本人不能自由处分的身份关系,需要法院作出判决或由政府机关作出决定,不属仲裁机构的管辖范围。

(2)依法应当由行政机关处理的行政争议不能仲裁。行政争议,亦称行政纠纷,行政纠纷是指国家行政机关之间,或者国家行政机关与企事业单位、社会团体以及公民之间,由于行政管理而引起的争议。这类纠纷应当依法通过行政复议或行政诉讼解决。

《仲裁法》还规定:劳动争议和农业集体经济组织内部的农业承包合同纠纷的仲裁,由国家另行规定。也就是说解决这类纠纷不适用《仲裁法》。

(二) 仲裁的特征

1. 当事人双方自愿

当事人的自愿性是仲裁最突出的特点,即当事人之间的纠纷是否提交仲裁,交与谁仲裁,仲裁庭如何组成,由谁组成,以及仲裁的审理方式、开庭形式等,都是在当事人自愿的基础上,由双方当事人协商确定的,因此,仲裁是最能充分体现当事人意思自治原则的争议解决方式。

仲裁是以当事人双方自愿要求仲裁为前提,当事人一方或双方不同意提交仲裁的,仲裁机构无权对此进行仲裁。当事人双方自愿仲裁的意思表示,既可以表现在双方所签订的运输合同条款,即仲裁条款中,也可以表现在运输纠纷发生后,达成有关解决纠纷的仲裁协议中。因此,仲裁协议的有无,是仲裁机构决定是否受理当事人仲裁申请的重要依据之一。

2. 仲裁是第三者的行为

这是仲裁与协商解决运输纠纷的不同之处。虽然协商也是争议双方在自愿的基础上,达成的互相谅解以解决运输纠纷的新协议,但协商不是第三者的行为。而仲裁是当事人双方以外的第三者的行为。没有第三者的居中调解,也就无所谓仲裁。

3. 仲裁的灵活性

由于仲裁充分体现当事人的意思自治,具有极大的灵活性和便利性。仲裁中的诸多具体程序都是由当事人协商确定与选择的,如当事人有权协议约定仲裁机构、有权选择仲裁员等,因此,与诉讼相比,仲裁程序更加灵活,更具有弹性,仲裁裁决可以更大程度地赢得当事人的信任。

4.仲裁具有快捷性

仲裁实行一裁终局制,仲裁裁决一经仲裁庭作出即发生法律效力。这使得运输当事人之间的纠纷能够迅速得以解决。

5.仲裁具有经济性

仲裁的经济性主要表现在:时间上的快捷性使得仲裁所需费用相对减少;仲裁无需多次审理而收费,这使得仲裁费往往低于诉讼费;仲裁的自愿性、保密性使当事人之间通常没有激烈的对抗,除非当事人协议公开的,仲裁不公开进行,这样可以保守当事人的商业秘密,对当事人之间今后的商业机会影响较小。

6.仲裁的裁决具有法律强制性

这是仲裁与调解的不同之处。调解虽也有第三者参加,但第三者是以调解员的身份参加,而不是以仲裁员的身份参加,而且调解达成的协议不具有强制性。

仲裁机构的裁决具有法律效力,对双方当事人都有约束力,当事人应当履行裁决。一方当事人不履行的,另一方当事人可以依照民事诉讼法的有关规定向人民法院申请执行。受申请的人民法院应当执行。

(三)仲裁的基本制度

仲裁的基本制度是指我国仲裁机构受理、审理、裁决运输纠纷时所应遵循的基本制度。确立什么样的仲裁制度,直接关系仲裁的生存和发展,也直接关系到能否公正、及时、有效地解决当事人之间的争议。在借鉴国外经验的基础上,我国仲裁提出了四项基本制度,即独立仲裁制度、协议仲裁制度、或裁或审制度、一裁终局制度。

1.独立仲裁制度

仲裁机构在处理运输纠纷时,依法独立进行仲裁,不受行政机关、社会团体和个人的干涉。仲裁不实行级别管辖和地域管辖,仲裁委员会相互间无隶属关系;独立于行政机关,与行政机关没有隶属关系,各自独立地对运输纠纷进行仲裁且超脱于双方当事人,与任何一方当事人均无利害关系,不受任何一方的不当影响,严格依照事实和法律独立地对运输纠纷进行审理,作出公正的裁决,以保护当事人的正当权益。

2.协议仲裁制度

这是仲裁中当事人自愿原则的最根本体现,也是自愿原则在仲裁过程中得以实现的最基本的保证,《仲裁法》规定仲裁必须有书面的仲裁协议,仲裁协议可以是运输合同中写明的仲裁条款,也可以是单独书写的仲裁协议书(包括可以确认的其他书面方式)。仲裁协议的内容应当包括请求仲裁的意思表示、约定的仲裁事项,以及选定的仲裁委员会。

3.或裁或审制度

或裁或审是尊重当事人选择解决争议途径的制度。其含义是,当事人达成书面仲裁协议的,应当向仲裁机构申请仲裁,不能向法院起诉。人民法院也不受理有仲裁协议的起诉。如果一方当事人出于自身的利益或者其他原因,没有信守仲裁协议或者有意回避仲裁而将争议起诉到法院,那么被诉方当事人可以依据仲裁协议向法院提出管辖权异议,要求法院驳回起诉,法院按照仲裁法的规定,将对具有有效仲裁协议的起诉予以驳回并让当事人将争议交付仲裁。

4.一裁终局制度

仲裁实行一裁终局的制度。所谓一裁终局,是指当事人将争议提交某一仲裁委员会,依法作出调解或裁决后,案件即告终结,当事人应当履行,而不得再向其他仲裁委员会申请仲裁,也不得再向人民法院起诉。裁决作出后,当事人就同一纠纷再申请仲裁或者向人民法院起诉的,仲裁委员会或者人民法院不予受理。但是,如果裁决被人民法院依法裁定撤销或者不予执行,当事人就该纠纷可以根据双方重新达成的仲裁协议申请仲裁,也可以向人民法院起诉。

一裁终局是仲裁法的重要制度,这一制度不仅赋予了仲裁裁决的有效性和权威性,同时也为快捷地处理当事人间的纠纷提供了保证,免除了程序繁琐、费时费力等弊端。

(四)运输纠纷的仲裁协议

仲裁协议是指运输活动当事人在运输合同中订立的仲裁条款和以其他书面方式在纠纷发生前或者纠纷发生后达成的请求仲裁的协议。它是当事人向仲裁委员会申请仲裁的客观依据。

仲裁协议应当具有以下三个方面的内容:

(1)请求仲裁的意思表示。

(2)仲裁事项。

(3)选定的仲裁委员会。

有下列情形之一的,仲裁协议无效:

(1)约定的仲裁事项超出法律规定的仲裁范围的。

(2)无民事行为能力或者限制民事行为能力的人订立的仲裁协议。

(3)一方采取胁迫手段,迫使对方订立仲裁协议的。

仲裁协议对仲裁事项或者仲裁委员会没有约定或者约定不明确的,当事人可以补充协议;达不成补充协议的,仲裁协议无效。

仲裁协议独立存在,合同的变更、解除、终止或者无效,不影响仲裁协议的效力。仲裁庭有权确认合同的效力。当事人对仲裁协议的效力有异议的,可以请求仲裁委员会作出决定或者请求人民法院作出裁定。一方请求仲裁委员会作出决定,另一方请求人民法院作出裁定的,由人民法院裁定。当事人对仲裁协议的效力有异议,应当在仲裁庭首次开庭前提出。

(五)仲裁委员会

仲裁委员会是依法行使法律赋予的仲裁权的国内仲裁机构,国内运输纠纷的仲裁由它受理。

仲裁委员会可以在直辖市和省、自治区人民政府所在地的市设立,也可以根据需要在其他设区的市设立,不按行政区划层层设立。仲裁委员会由上述规定的市的人民政府组织有关部门和商会统一组建。设立仲裁委员会,应当经省、自治区、直辖市的司法行政部门登记。仲裁委员会应当具备以下四个条件:①有自己的名称、住所和章程。②有必要的财产。③有该委员会的组成人员。④有聘任的仲裁员。

仲裁委员会由主任一人、副主任二至四人和委员七至十一人组成。主任、副主任和委员由法律、经济贸易专家和有实际工作经验的人员担任。仲裁委员会的组成人员中,法律、经济贸易专家不得少于三分之二。

仲裁委员会应从公道正派的人员中聘任仲裁员。仲裁委员会按照不同专业设仲裁员名册。仲裁员应当符合下列条件之一：①通过国家统一法律职业资格考试取得法律职业资格，从事仲裁工作满 8 年的。②从事律师工作满 8 年的。③曾任法官满 8 年的。④从事法律研究、教学工作并具有高级职称的。⑤具有法律知识、从事经济贸易等专业工作并且有高级职称或者具有同等专业水平的。

仲裁委员会独立于行政机关，与行政机关没有隶属关系。仲裁委员会之间也没有隶属关系。

(六)运输纠纷的仲裁程序

运输纠纷仲裁程序是运输纠纷仲裁案件自开始至终止过程中，仲裁委员会和当事人所应当遵照的仲裁的步骤和方法。仲裁程序主要经过申请和受理、仲裁庭的组成、开庭和裁决三个阶段。

1.申请和受理

申请是指当事人向仲裁委员会依照法律和仲裁协议将争议提请仲裁。当事人申请仲裁应当符合下列条件：

(1)有仲裁协议。

(2)有具体的仲裁请求和事实、理由。

(3)属于仲裁委员会的受理范围。

以上三个条件在申请仲裁时必须同时具备，缺一不可。当事人申请仲裁，应当向仲裁委员会递交仲裁协议、仲裁申请书及副本。

受理是指仲裁委员会依法接受对运输纠纷的审理。仲裁委员会收到仲裁申请书之日起 5 日内，认为符合受理条件的，应当受理，并通知当事人；认为不符合受理条件的，应当书面通知当事人不予受理，并说明理由。仲裁委员会受理仲裁申请后，应当在仲裁规则规定的期限内将仲裁规则和仲裁员名册送达申请人，并将仲裁申请书副本和仲裁规则、仲裁员名册送达被申请人。

被申请人收到仲裁申请书副本后，应当在仲裁规则规定的期限内向仲裁委员会提交答辩书。仲裁委员会收到答辩书后，应当在仲裁规则规定的期限内将答辩书副本送达申请人。被申请人未提交答辩书的，不影响仲裁程序的进行。

2.仲裁庭的组成

仲裁委员会受理仲裁申请后，应依法组成仲裁庭。

仲裁庭可以由三名仲裁员或者一名仲裁员组成。由三名仲裁员组成的，设首席仲裁员。

当事人约定由三名仲裁员组成仲裁庭的，应当各自选定或者各自委托仲裁委员会主任指定一名仲裁员，第三名仲裁员由当事人共同选定或者共同委托仲裁委员会主任指定。第三名仲裁员是首席仲裁员。

当事人约定由一名仲裁员成立仲裁庭的，应当由当事人共同选定或者共同委托仲裁委员会主任指定仲裁员。

当事人没有在仲裁规则规定的期限内约定仲裁庭的组成方式或者选定仲裁员的，由仲裁委员会主任指定。

仲裁庭组成后，仲裁委员会应当将仲裁庭的组成情况书面通知当事人。

3. 开庭和裁决

开庭，即开庭审理，是指仲裁庭按照法定的程序，对案件进行有步骤、有计划的审理活动。仲裁应当开庭进行。当事人协议不开庭的，仲裁庭可以根据仲裁申请书、答辩书以及其他材料作出裁决。

仲裁不公开进行。当事人协议公开的，可以公开进行，但涉及国家秘密的除外。

在开庭审理以前，仲裁委员会应当在仲裁规则规定的期限内将开庭日期通知双方当事人。当事人有正当理由的，可以在仲裁规则规定的期限内请求延期开庭。是否延期，由仲裁庭决定。申请人经书面通知后，无正当理由不到庭或者未经仲裁庭许可中途退庭的，可以视为撤回仲裁申请。被申请人经书面通知后，无正当理由不到庭或者未经仲裁庭许可中途退庭的，可以缺席裁决。

当事人应当对自己的主张提供证据。仲裁庭认为有必要收集的证据，可以自行收集。仲裁庭对专门性问题认为需要鉴定的，可以交由当事人约定的鉴定部门鉴定，也可由仲裁庭指定的鉴定部门鉴定。根据当事人的请求或者仲裁庭的要求，鉴定部门应当派鉴定人参加开庭。当事人经仲裁庭许可，可以向鉴定人提问。证据应当在开庭时出示，当事人可以质证。在证据可能灭失或者以后难以取得的情况下，当事人可以申请证据保全。当事人申请证据保全的，仲裁委员会应当将当事人的申请提交证据所在地的基层人民法院。

在仲裁过程中，当事人有权进行辩论。辩论终结时，首席仲裁员或者独任仲裁员应当征询当事人的最后意见。

仲裁裁决应当按多数仲裁员的意见作出，少数仲裁员的不同意见可以记入笔录。仲裁庭不能形成多数意见时，裁决应当按照首席仲裁员的意见作出。仲裁庭仲裁出现纠纷时，其中一部分事实已经清楚，可以就该部分先行裁决。裁决书自作出之日起发生法律效力。

调解与裁决相结合，是我国经济仲裁制度的一大特色。仲裁庭在作出裁决前，可以先行调解。如果当事人自愿调解，仲裁庭应当调解。调解达成协议的，仲裁庭应当制作调解书或者根据协议的结果制作裁决书，调解书与裁决书具有同等的法律效力。调解书经双方当事人签收后，即发生法律效力。调解达不成协议的或者在调解书签收前当事人反悔的，仲裁庭应当及时作出裁决。

当事人申请仲裁后，可以自行和解。达成和解协议的，当事人可以请求仲裁庭根据和解协议作出裁决书，也可以撤回仲裁申请。当事人达成和解协议，撤回仲裁申请后反悔的，可以根据仲裁协议申请仲裁。

(七) 运输纠纷仲裁的执行

当事人应当履行仲裁裁决。一方当事人不履行的，另一方当事人可以依照民事诉讼法的有关规定向人民法院申请执行。受申请的人民法院应当执行。

被申请人提出证据证明仲裁裁决有《民事诉讼法》第二百三十七条第二款规定的下列情形之一的，经人民法院组成合议庭审查核实，裁定不予执行：

(1) 当事人在合同中没有订立仲裁条款或者事后没有达成书面仲裁协议的。

(2) 裁决的事项不属于仲裁协议的范围或者仲裁机构无权仲裁的。

(3) 仲裁庭的组成或者仲裁的程序违反法定程序的。

（4）裁决所根据的证据是伪造的。

（5）对方当事人向仲裁机构隐瞒了足以影响公正裁决的证据的。

（6）仲裁员在仲裁该案时有贪污受贿，徇私舞弊，枉法裁决行为的。

人民法院认定执行该裁决违背社会公共利益的，裁定不予执行。裁定书应当送达双方当事人和仲裁机构。

仲裁裁决被人民法院裁定不予执行的，当事人可以根据双方达成的书面仲裁协议重新申请仲裁，也可以向人民法院起诉。

一方当事人申请执行裁决，另一方当事人申请撤销裁决的，人民法院应当裁定中止执行。人民法院裁定撤销裁决的，应当裁定终结执行。撤销裁决的申请被裁定驳回的，人民法院应当裁定恢复执行。

（八）运输纠纷的仲裁时效

它是指权利人向仲裁机构请求保护其权利的法定期限，即权利人在法定期限内没有行使权利，也就丧失提请仲裁以保护其权益的权利。仲裁分为经济仲裁和劳动仲裁两个大类。《中华人民共和国仲裁法》第七十四条规定："法律对仲裁时效有规定的，适用该规定。法律对仲裁时效没有规定的，适用诉讼时效的规定。"

1. 经济仲裁时效

我国现行法律的相关规定中，并未见涉及经济仲裁时效的特别规定，由此，依照《仲裁法》第七十四条的规定，经济仲裁时效适用相关诉讼时效的规定，具体包括：

《民法典》第一百八十八条规定：向人民法院请求保护民事权利的诉讼时效期间为3年。法律另有规定的，依照其规定。

《中华人民共和国劳动争议调解仲裁法》第二十七条规定：劳动争议申请仲裁的时效期间为1年。

2. 仲裁时效的计算

仲裁时效期间应从当事人知道或者应当知道权利被侵害时起计算。同样，《民法典》有关诉讼时效中止及中断的规定也应适用于经济仲裁时效和劳动仲裁时效。在仲裁时效期间的最后6个月内，当事人因不可抗力或者其他障碍不能行使请求权的，仲裁时效中止，从中止的原因消除之日起，仲裁时效期间继续计算；当事人提出要求或者对方当事人同意履行的行为可构成仲裁时效中断，从中断时起，仲裁时效期间得以重新计算。

此外，对于劳动仲裁来说，如果劳动关系存续期间因拖欠劳动报酬发生争议的，劳动者申请仲裁不受《中华人民共和国劳动争议调解仲裁法》第二十七条第一款规定的仲裁时效期间的限制；但是，劳动关系终止的，应当自劳动关系终止之日起1年内提出。

第三节　运输纠纷的行政复议解决

行政复议，是指公民、法人或者其他组织认为行政主体的具体行政行为违法或不当侵犯其合法权益，依法向主管行政机关提出复查该具体行政行为的申请，行政复议机关依照法定程序对被申请的具体行政行为进行合法性、适当性审查，并作出行政复议决定的一种法律制度。

（一）行政复议的基本制度

1. 一级复议制度

一级复议制度是指公民、法人或者其他组织对行政机关作出的具体行政行为不服，可以向该行政机关的上一级行政机关或者法律、法规规定的其他机关申请复议，对复议决定不服，只能依法向人民法院提起行政诉讼，不得再向复议机关的上一级行政机关申请复议的制度。即不服从行政主体的具体行政行为的公民、法人或者其他组织，可以向法定的复议机关申请复议一次，复议机关作出的复议决定是行政终结决定，行政相对人不服不能再向上级国家行政机关申请复议的制度。

2. 听证制度

行政听证是行政机关在作出影响行政相对人或者利害关系人合法权益的决定以前，由行政机关告知决定理由和听证权利，由相对人或者利害关系人陈述意见、提供证据、进行质辩以及行政机关听取意见、接纳证据并作出相应决定等程序构成的一项法律制度。行政听证是保障行政相对人申辩权利的一项重要制度，也是现代行政程序法的一项核心制度。

3. 调解制度

权利有下列情形之一的，行政复议机关可以按照自愿、合法的原则进行调解：

（1）涉及行政赔偿和行政补偿的。

（2）涉及行政自由裁量权的争议。

此外，行政复议还有合议制度、书面审查制度、回避制度和法律责任追究制度等。

（二）行政复议的原则

1. 合法、公正、公开、及时、便民的原则

该原则是《中华人民共和国行政复议法》（以下简称《行政复议法》）第四条所确立的基本原则。其中，合法是指要求复议机关必须严格按照《宪法》和法律规定的职责权限，以事实为依据，以法律为准绳，对申请复议的具体行政行为，按法定程序进行审查，并根据审查的不同情况，依法作出不同的复议决定，坚持有错必纠，保障法律、法规的正确实施；公正是指行政复议要符合公平、正义的要求；公开是要求行政复议的依据、程序及其结果都要公开，复议参加人有获得相关情报资料的权利；及时是要求行政复议机关对复议申请的受理、复议的审查、复议决定的作出都应在法律、法规规定的时限内及时作出，不得拖延；便民则是要求行政复议机关在具体的复议工作中，要尽可能为复议申请人提供便利条件，让复议申请人少耗费时间、财力和精力来解决问题。

2. 一级复议原则

《行政复议法》第五条规定："公民、法人或者其他组织对行政复议决定不服的，可以依照行政诉讼法的规定向人民法院提起行政诉讼，但是法律规定行政复议决定为最终裁决的除外。"根据该规定，行政复议实行一级终结复议制。

3. 复议不停止执行原则

行政复议不停止执行原则是《行政复议法》第二十一条所规定的原则，是指除以下四种情况之外，行政复议中，当事人争议的具体行政行为不因复议而停止执行：①被申请人认为需要停止执行的。②行政复议机关认为需要停止执行的。③申请人申请停止执行，行政复议机

关认为其要求合理，决定停止执行的。④法律规定停止执行的。

4.书面审理为主原则

《行政复议法》第二十二条规定，行政复议原则上采取书面审查的办法，但是申请人提出要求或者行政复议机关负责法制工作的机构认为有必要时，可以向有关组织和人员调查情况，听取申请人、被申请人和第三人的意见。

(三)行政复议的申请条件和方式

(1)申请行政复议应当符合下列条件：

①申请人应当是认为侵犯其合法权益的公民、或者其他组织；

②有明确的被申请人；

③有具体的行政复议请求和事实根据；

④属于申请行政复议的范围。

(2)申请人申请行政复议方式，可以书面申请，也可以口头申请。口头申请的，行政复议机关应当当场记录申请人的基本情况、行政复议请求、申请行政复议的主要事实、理由和时间。

(四)行政复议受理范围

《行政复议法》第六条规定，公民、法人或者其他组织有下列情形之一的，可以申请行政复议：

(1)对行政机关作出的警告、罚款、没收违法所得、没收非法财物、责令停产停业、暂扣或者吊销许可证、暂扣或者吊销执照、行政拘留等行政处罚决定不服的。

(2)对行政机关作出的限制人身自由或者查封、扣押、冻结财产等行政强制措施决定不服的。

(3)对行政机关作出的有关部门许可证、执照、资质证、资格证等证书变更、中止、撤销的决定不服的。

(4)对行政机关作出的关于确认土地、矿藏、水流、森林、山岭、草原、荒地、滩涂、海域等自然资源的所有权或者使用权的决定不服的。

(5)认为行政机关侵犯合法的经营自主权的。

(6)认为行政机关变更或者废止农业承包合同，侵犯其合法权益的。

(7)认为行政机关违法集资、征收财物、摊派费用或者违法要求履行其他义务的。

(8)认为符合法定条件，申请行政机关颁发许可证、执照、资质证、资格证等证书，或者申请行政机关审批、登记有关事项，行政机关没有依法办理的。

(9)申请行政机关履行保护人身权利、财产权利、受教育权利的法定职责，行政机关没有依法履行的。

(10)申请行政机关依法发放抚恤金、社会保险金或者最低生活保障费，行政机关没有依法发放的。

(11)认为行政机关的其他具体行政行为侵犯其合法权益的。

这里所说的具体行政行为，是指行政机关、法律法规授权的组织或行政机关委托的组织，针对特定的公民、法人或者其他组织，就特定的事项，做出的对该公民、法人或者其他组织的权利义务产生实际影响的行为。

此外,《行政复议法》规定,下列情形不属于行政复议受案范围:一是不服行政机关作出的行政处分或者其他人事处理决定的,依照有关法律、行政法规的规定提出申诉;二是不服行政机关对民事纠纷作出的调解或者其他处理,依法申请仲裁或者向人民法院提起诉讼。

【案例】某行政事业单位的一名公务员因醉酒驾驶机动车获刑,被单位给予开除公职的行政处分,如果该名公务员对此行政处分不服,是否可以申请行政复议?

【法理分析】该名公务员不能申请行政复议。根据《行政复议法》的规定,不服行政机关作出的行政处分或其他人事处理决定的,依照有关法律、行政法规的规定提出申诉。如果该名公务员对行政处分不服,可以根据《中华人民共和国公务员法》的规定,向行政监察机关申诉,而不能向行政机关申请行政复议。

(五) 行政复议的程序

1. 复议申请

依法申请行政复议的公民、法人或者其他组织是申请人,作出具体行政行为的行政机关是被申请人,同申请行政复议的具体行政行为有利害关系的其他公民、法人或者其他组织,可以作为第三人参加行政复议。

公民、法人或者其他组织认为具体行政行为侵犯其合法权益的,可以自知道该具体行政行为之日起 60 日内提出行政复议申请,但是法律规定的申请期限超过 60 日的除外。因不可抗力或其他正当理由耽误法定申请期限的,申请期限自障碍消除之日起继续计算。申请可以是书面的,也可以是口头的。

行政复议申请已被行政复议机关依法受理的,或者法律法规规定应当先向复议机关申请行政复议、对行政复议决定不服再向人民法院提起行政诉讼的,在法定行政复议期限内不得向人民法院提起行政诉讼。

申请人向人民法院提起行政诉讼,人民法院已经依法受理的,不得申请行政复议。

2. 复议受理

行政复议机关收到行政复议申请后,应当在 5 日内进行审查,对不符合法律规定的行政复议申请,决定不予受理,并书面告知申请人;对符合法律规定,但是不属于本机关受理的行政复议申请,应当告知申请人向有关行政复议机关提出。除以上情况外,行政复议申请自行政复议机关负责法制工作机构收到之日起即为受理。

申请人提出行政复议申请,行政复议机关无正当理由不予受理的,上级行政机关应当责令其受理;必要时上级行政机关也可以直接受理。

法律法规规定应当先向行政复议机关申请行政复议、对行政复议决定不服再向人民法院提起行政诉讼的,行政复议机关决定不予受理或受理后超过行政复议期限不作答复的,公民、法人或者其他组织可以自收到不予受理决定书之日起或者行政复议期满之日起 15 日内,依法向人民法院提起行政诉讼。

除有特殊情况外,行政复议期间具体行政行为不停止执行。

3. 复议决定

行政复议机关应当自受理申请之日起 60 日内作出行政复议决定;但是法律规定的行政复议期限少于 60 日的除外。情况复杂,不能在规定期限内作出行政复议决定的,经行政复议机关的负责人批准，可以适当延长，并告知申请人和被申请人；但是延长期限最多不超过30日。

行政复议机关作出行政复议决定，应当制作行政复议决定书，并加盖印章。行政复议决定书一经送达即发生法律效力。被申请人应当履行行政复议决定，不履行或无正当理由拖延履行的，行政复议机关或有关上级行政机关应当责令其限期履行。

申请人逾期不起诉又不履行行政复议决定的，或者不履行最终裁决的行政复议决定的，按照下列规定分别处理：

（1）维持具体行政行为的行政复议决定，由作出具体行政行为的行政机关依法强制执行，或者申请人民法院强制执行；

（2）变更具体行政行为的行政复议决定，由行政复议机关依法强制执行，或者申请人民法院强制执行。

第四节　运输纠纷的诉讼解决

诉讼是指纠纷当事人通过向具有管辖权的法院起诉另一方当事人解决纠纷的活动，它是一种法律行为，分为行政、民事和刑事诉讼三类。诉讼是解决经济纠纷的重要手段，大多数情况下是解决运输纠纷的最终办法。

根据我国法律的规定，经济纠纷所涉及的诉讼包括行政诉讼和民事诉讼。这里所说的行政诉讼是指人民法院根据当事人的请求，依法审查并裁决行使行政机关所作出的具体行政行为的合法性，以解决运输纠纷的活动，如人民法院依法审理作为民事主体的公民与交通行政主管机关在交通运输管理上发生争议的行政案件等。民事诉讼是指人民法院在当事人及其他诉讼参与人的参加下，依法审理并裁决运输纠纷案件所进行的活动。由于解决运输纠纷所涉及的诉讼绝大部分属于民事诉讼，因此本节主要就民事诉讼的基本问题予以介绍，民事诉讼适用《民事诉讼法》的有关规定。

（一）诉讼管辖

诉讼管辖，是指各级人民法院之间和不同地区的人民法院之间受理第一审经济案件的分工和权限范围。管辖有许多种类，其中最重要的是地域管辖和级别管辖。

1.地域管辖

它是指确定同级人民法院之间在各自管辖地域内审理第一审经济案件的分工和权限，它又分为一般地域管辖和特殊地域管辖。

（1）一般地域管辖。是以被告住所地为依据来确定案件的管辖法院，即实行"原告就被告原则"。对公民提起的民事诉讼，由被告住所地人民法院管辖。被告住所地与经常居住地不一致时，由经常居住地人民法院管辖。对法人或其他组织提起的民事诉讼，由被告住所地人民法院管辖。同一诉讼的几个被告住所地、经常居住地在两个以上人民法院辖区的，各该人民法院都有管辖权。

（2）特殊地域管辖。是指以诉讼标的所在地，或引起法律关系发生、变更、消灭的法律事实所在地为依据确定的管辖。主要有以下几种情况：

①因合同纠纷提起的诉讼，由被告住所地或者合同履行地人民法院管辖。

②因保险合同纠纷提起的诉讼，由被告住所地或者保险标的物所在地人民法院管辖。

③因票据纠纷提起的诉讼，由票据支付地或者被告住所地人民法院管辖。

④因公司设立、确认股东资格、分配利润、解散等纠纷提起的诉讼，由公司住所地人民法院管辖。

⑤因铁路、公路、水路、航空运输和联合运输合同纠纷提起的诉讼，由运输始发地、目的地或者被告住所地人民法院管辖。

⑥因侵权行为提起的诉讼，由侵权行为地或者被告住所地人民法院管辖。

⑦因铁路、公路、水路、航空事故请求损害赔偿提起的诉讼，由事故发生地或车辆、船舶最先到达地、航空器最先降落地或被告住所地人民法院管辖。

⑧因船舶碰撞或者其他海事损害事故请求损害赔偿提起的诉讼，由碰撞发生地、碰撞船舶最先到达地、加害船舶被扣留地或者被告住所地人民法院管辖。

⑨因海难救助费用提起的诉讼，由救助地或者被救助船舶最先到达地人民法院管辖。

⑩因共同海损提起的诉讼，由船舶最先到达地、共同海损理算地或者航程终止地的人民法院管辖。

2. 级别管辖

它是根据案件的性质、影响的范围，划分上下级人民法院之间审理第一审经济案件的分工和权限。我国人民法院分为四级，即基层人民法院、中级人民法院、高级人民法院和最高人民法院。此外，还有专门人民法院，专门人民法院包括军事法院、海事法院、铁路运输法院和根据需要设立的其他专门人民法院，如森林法院、知识产权法院等。专门人民法院负责审判法律规定由它管辖的案件和最高人民法院授权由它管辖的案件。

除依法由上级法院管辖的第一审案件外，其他普通第一审案件都由基层人民法院管辖；中级人民法院管辖在本辖区内有重大影响的案件、重大涉外案件及由最高人民法院确定由其管辖的案件；高级人民法院管辖在本辖区有重大影响的第一审案件；最高人民法院管辖在全国有重大影响的案件以及认为应由它审理的案件。

这里顺便指出，根据我国法律规定，海事货物运输合同及铁路运输合同纠纷的案件由专门法院管辖。即海事案件中的运输合同纠纷，由海事法院管辖，海事法院的级别相当于中级法院；铁路运输合同纠纷由铁路运输法院管辖。

3. 协议管辖

它是指运输合同双方当事人可以在书面合同中协议选择被告住所地、合同履行地、合同签订地、原告住所地、标的物所在地等与争议有实际联系的地点的人民法院管辖，但不能违反级别管辖和专属管辖的规定。

4. 专属管辖

它以诉讼标的的所在地来确定管辖法院。适用专属管辖的情形有以下几种：

(1) 因不动产纠纷提起的诉讼，由不动产所在地人民法院管辖。

(2) 因港口作业中发生纠纷提起的诉讼，由港口所在地人民法院管辖。

(3) 因继承遗产纠纷提起的诉讼，由被继承人死亡时的住所地或者主要遗产所在地人民法院管辖。

两个以上人民法院都有管辖权的诉讼，原告可以向其中一个人民法院起诉，原告向两个以上有管辖权的人民法院起诉时，由最先立案的人民法院管辖。

5.移送管辖和指定管辖

移送管辖是指没有管辖权的人民法院将已受理的案件移送给有管辖权的人民法院受理，受移送的人民法院应当受理。受移送的人民法院认为受移送的案件依照规定不属于本院管辖的，应当报请上级人民法院指定管辖，不得再自行移送。

有管辖权的人民法院由于特殊原因，不能行使管辖权的，由上级法院指定管辖。两个以上法院因管辖权发生争议，由争议双方协商解决；协商解决不了的，报请他们的共同上级人民法院指定管辖。

上级人民法院有权审理下级人民法院管辖的第一审民事案件；确有必要将本院管辖的第一审民事案件交下级人民法院审理的，应当报请其上级人民法院批准。

上级人民法院有权审理下级法院管辖的第一审案件，也可把本院管辖的第一审案件交由下级法院审理。下级人民法院对它所管辖的第一审民事案件，认为需要由上级人民法院审理的，可以报请上级人民法院审理。

（二）诉讼参加人

诉讼参加人包括当事人和诉讼代理人。

1.当事人

当事人是指公民、法人和其他组织因经济权益发生争议或受到损害，以自己的名义进行诉讼，并受人民法院调解或裁判约束的利害关系人。当事人包括原告、被告、共同诉讼人或者诉讼中的第三人。

2.诉讼代理人

诉讼代理人是指以被代理人的名义在代理权限范围内，为了维护被代理人的合法权益而进行诉讼的人。代理人包括法定代理人、指定代理人、委托代理人。

（三）诉讼时效

诉讼时效是指权利人不在法定期间内行使权利而失去诉讼保护的制度。根据《民法典》规定，我国诉讼时效有如下特点：

（1）诉讼时效以权利人不行使法定权利的事实状态的存在为前提。

（2）诉讼时效届满时消灭的是胜诉权，并不消灭实体权利。诉讼时效期间届满后，当事人自愿履行义务的，不受诉讼时效限制。

（3）诉讼时效具有普遍性和强制性，除法律特殊规定外，当事人均应普遍适用，不得作任何变更。

诉讼时效期间是指权利人请求人民法院保护其民事权利的法定期间。诉讼时效期间从当事人知道或应当知道权利被侵害时起计算，法律另有规定的，依照其规定。但从权利被侵害之日起超过20年的，人民法院不予保护，有特殊情况的，人民法院可以根据权利人的申请决定延长。

诉讼时效期间是法定的，根据法律对诉讼时效期间的不同规定，诉讼时效期间可分为以下两种：

（1）普通诉讼时效期间，指法律规定的针对一般民事法律关系、具有普遍意义的诉讼时效期间。《民法典》第一百八十八条规定，向人民法院请求保护民事权利的诉讼时效期间为3

年。法律另有规定的，依照其规定。据此可知，普通诉讼时效期间为3年。

（2）特别诉讼时效期间，指仅适用于特定民事法律关系的诉讼时效期间。如《民法典》第五百九十四条规定，因国际货物买卖合同和技术进出口合同争议提起诉讼或者申请仲裁的时效期间为4年。

（四）审判程序

审判程序包括第一审程序、第二审程序、审判监督程序、执行程序等。

1. 第一审程序

是指各级人民法院审判第一审运输纠纷案件所适用的程序，分为普通程序和简易程序。

普通程序是运输案件审判中最基本的程序，它主要包括以下内容：

（1）起诉和受理。起诉是指当事人的合法权益受到侵犯或发生争执时，向人民法院提出诉讼请求的行为。起诉必须符合法定条件：第一，原告是与本案有直接利害关系的公民、法人和其他组织；第二，有明确的被告；第三，有具体的诉讼请求和事实、理由；第四，属于人民法院受理范围和受诉人民法院管辖。受理是指人民法院对当事人的诉讼请求，经审查符合条件的，予以接受，并对其进行审理的行为。

原告起诉，应向人民法院递交起诉状，并按被告人数提交诉讼状副本。起诉状应当写明：原、被告的名称或姓名，所在地或住址；法定代表人或者主要负责人的姓名、职务、联系方式；诉讼请求和所根据的事实与理由；证据和证据来源，证人姓名和住址。如果是法人，还应该在起诉状中加盖法人单位的公章。

人民法院收到起诉状后，经审查认为符合起诉条件的，应在7日内立案，并通知当事人；不符合起诉条件的，应当在7日内作出裁定书，不予受理。原告对裁定不服的，可以提起上诉。

（2）审理前准备。人民法院应在立案之日起5日内将起诉状副本送达被告，被告应在收到起诉状副本起15日内提出答辩状。答辩状是被告对原告提出的诉讼请求及理由进行回答、辩解和反驳，是被告的一项重要的诉讼权利。被告提出答辩状的，人民法院在收到答辩状之日起5日内应将答辩状副本发送原告。被告不提出答辩状的，不影响人民法院对案件的审理，诉讼程序照常进行。

（3）开庭审理。是指在审判人员主持和当事人及其他诉讼参与人的参加下，在法庭上对案件进行审理的诉讼活动。其目的是确认当事人的权利和义务，以调解或判决的方式解决纠纷。开庭审理一般都公开进行，但涉及国家秘密、个人隐私、商业秘密或法律另有规定的情况，当事人申请不公开审理的，不公开进行审理。人民法院应当在开庭3日前通知当事人和其他诉讼参与人。公开审理的应当公告当事人的姓名、案由和开庭的时间、地点。

简易程序是指基层人民法院和它派出的法庭，审理简单民事案件所适用的既独立又简便易行的诉讼程序。简易程序适用于事实清楚、权利义务关系明确、争议不大的简单民事案件。原告可以口头起诉，当事人双方可以同时到基层人民法院或其派出的法庭请求解决纠纷。使用简易程序审理的案件，由审判员一人独任审理，可随时传唤当事人、证人，不受普通程序中的法庭调查、法庭辩论等程序的影响。

2. 第二审程序

又称上诉程序，是指上一级人民法院审理当事人不服第一审人民法院尚未生效的判决和裁定而提起的上诉案件所适用的程序。我国法院实行两审终审制。当事人不服第一审人民法院判决、裁定的,有权向上一级人民法院提起上诉。

《民事诉讼法》规定,上诉必须具备以下条件:只有第一审案件的当事人才可以提起上诉;只能对法律规定的可以上诉的判决、裁定提起上诉。当事人不服地方人民法院第一审判决的,有权在判决书送达之日起 15 日内向上一级人民法院提起上诉;当事人不服地方人民法院第一审裁定的,有权在裁定书送达之日起 10 日内向上一级人民法院提起上诉。上诉应当递交上诉状,上诉状应当通过原审人民法院提出,并按照对方当事人或者代表人的人数提出副本。当事人直接向第二审人民法院上诉的,第二审人民法院应当在 5 日内将上诉状移交原审人民法院。

第二审人民法院应当对上诉请求的有关事实和适用法律进行审查,并组成合议庭开庭审理。经过阅卷、调查和询问当事人,对没有提出新的事实、证据或者理由,合议庭认为不需要开庭审理的,可以不开庭审理,直接进行判决、裁定。

第二审人民法院对上诉案件,经过审理,按下列情形分别处理:①原判决、裁定认定事实清楚,适用法律正确的,以判决、裁定方式驳回上诉,维持原判决、裁定。②原判决、裁定认定事实错误或者适用法律错误的,以判决、裁定方式依法改判、撤销或者变更。③原判决认定基本事实不清的,裁定撤销原判决,发回原审人民法院重审,或者查清事实后改判。④原判决遗漏当事人或者违法缺席判决等严重违反法定程序的,裁定撤销原判决,发回原审人民法院重审。

原审人民法院对发回重审的案件作出判决后,当事人提起上诉的,第二审人民法院不得再次发回重审。第二审法院的判决、裁定,是终审的判决、裁定。

3. 审判监督程序

是指有审判监督权的人员和机关,发现已经发生法律效力的判决、裁定确有错误的,依法提出对原案重新进行审理的一种特别程序,又称再审程序。

《民事诉讼法》第一百九十八条规定,各级人民法院院长对已发生法律效力的判决、裁定、调解书,发现确有错误,认为需要再审的,应当提交审判委员会讨论决定。最高人民法院对地方各级人民法院、上级人民法院对下级人民法院,已发生法律效力的判决、裁定、调解书,发现确有错误的,有权提审或指令下级人民法院再审。

《民事诉讼法》第二百零八条规定,最高人民检察院对各级人民法院已经发生法律效力的裁定、判决,上级人民检察院对下级人民法院已经发生法律效力的判决、裁定,发现有《民事诉讼法》第二百条规定情形之一的,或者发现调解书损害国家利益、社会公共利益的,应当提出抗诉。地方各级人民检察院对同级人民法院已经发生法律效力的判决、裁定,发现有《民事诉讼法》第二百条规定情形之一的,或者发现调解书损害国家利益、社会公共利益的,可以向同级人民法院提出检察建议,并报上级人民检察院备案;也可以提请上级人民检察院向同级人民法院提出抗诉。

人民检察院决定对人民法院的判决、裁定、调解书提出抗诉的,应当制作抗诉书。人民检察院提出抗诉的案件,人民法院再审时,应当通知人民检察院派员出席法庭。

当事人对已经发生法律效力的判决、裁定,认为有错误的,可以向上一级人民法院申请再审;当事人一方人数众多或者当事人双方为公民的案件,也可以向原审人民法院申请再审。当事人申请再审的,不停止判决、裁定的执行。当事人对已经发生法律效力的调解书,提出证据证明调解违反自愿原则或者调解协议的内容违反法律的，可以申请再审，经人民法院审查属实的，应当再审。

4.执行程序

执行程序是人民法院依法对已经发生法律效力的判决、裁定及其他法律文书的规定，强制义务人履行义务的程序。对发生法律效力的判决、裁定、调解书和其他应由人民法院执行的法律文书，当事人必须履行。一方拒绝履行的，对方当事人可以向人民法院申请强制执行，也可以由审判员移送执行员执行。

申请执行的期间为2年，从法律文书规定履行期间的最后1日起计算。法律文书规定分期履行的，从规定的每次履行期间的最后1日起计算；法律文书未规定履行期间的，从法律文书生效之日起计算。申请执行时效的中止、中断，适用法律有关诉讼时效中止、中断的规定。

发生法律效力的判决、裁定，由第一审人民法院或者与第一审人民法院同级的被执行的财产所在地人民法院执行。法律规定由人民法院执行的其他法律文书，由被执行人住所地或者被执行的财产所在地人民法院执行。

人民法院可以采取的强制措施：可以根据情节轻重对被执行人或者其法定代理人、有关单位的主要负责人或者直接责任人员予以罚款、拘留；扣留、提取被申请人应当履行义务部分的收入；查封、扣押、冻结、拍卖、变卖被执行人应当履行义务部分的财产等。

采取强制执行措施时，执行员应当出示证件。执行完毕后，应当将执行情况制作笔录，由在场的有关人员签名或者盖章。

【思考与练习】

一、名词解释

运输纠纷　仲裁　行政复议　诉讼　一裁终局制　仲裁协议　一级复议制度　听证制度具体行政行为　地域管辖　诉讼代理人　诉讼时效　起诉　普通程序　第二审程序

二、简述题

1.简述仲裁的范围。

2.仲裁的主要特征有哪些？

3.简述仲裁的基本制度。

4.仲裁协议主要有哪些规定？

5.简述仲裁委员会的设立条件。

6.运输纠纷仲裁的执行主要有哪些具体规定？

7.申请行政复议应当符合哪些条件？

8.简述行政复议的基本制度。

9.简述第一审程序的主要内容。

三、论述题

1.论述运输纠纷的独立仲裁制度。

2.何谓诉讼时效？试述法律规定运输纠纷诉讼时效的意义。

四、案例分析题

H省运输总公司下属第三分公司（简称运输公司）与长沙某企业集团（简称某企业集团）签订了一份货物运输合同，由运输公司为某企业集团承运一批货物到广州某单位。双方在合同中并未订立仲裁条款。后在合同履行中发生纠纷，某企业集团便向某仲裁委员会申请仲裁。仲裁委员会受理仲裁申请后，于5日后将申请书副本送达被诉人。被诉人收到后，于15日内提交了答辩状。仲裁委员会在收到被诉人的答辩状后，即将开庭的时间、地点以书面形式通知了当事人，并按期由仲裁委员会主任指定三名仲裁员组成仲裁庭公开审理此案，并作出裁决。运输公司（被诉人）对裁决不服，在收到裁决书后15天以内向人民法院提起诉讼。请问：

1.仲裁委员会可以受理该案吗？为什么？

2.仲裁委员会的做法有无不妥之处？为什么？

3.本案被诉人向人民法院起诉，法院可以受理吗？为什么？

思考与练习参考答案

第四章　运输合同

第一节　运输合同概述

一、运输合同的概念与特征

(一)合同的概念

合同是民事主体之间设立、变更、终止民事法律关系的协议。合同的基本特征有：

(1)合同是双方或多方当事人的法律行为。合同是双方或多方当事人意思表示一致的结果，是当事人确立、变更或终止民事法律关系的行为，它能引起一定的法律后果，是具有法律约束力的行为。

(2)合同关系中当事人的法律地位是平等的。合同是当事人之间的协议，在合同关系中只有当事人的法律地位平等，才能各自充分表达自己的真实意思，进行平等协商。在合同中，一方不得把自己的意志强加给另一方。

(3)合同是当事人的合法行为。合同中所确立的权利义务，必须是当事人依法可以享有的权利和能够承担的义务，这是合同具有法律效力的前提。如果在签订合同中有违法行为，当事人不仅达不到预期的目的，还应根据违法情况承担相应的法律责任。

(二)运输合同及其特征

运输合同是承运人将旅客或者货物从起运地点运输到约定地点，旅客、托运人或者收货人支付票款或者运输费用的合同。依据该合同，承运人应当按照旅客或者托运人的要求，将旅客或者货物安全运至目的地，旅客、托运人或者收货人支付相应的运输费用。

运输合同属于民事合同的一种类型，除具有民事合同的一般法律特征外，它还具有以下的特征。

1.运输合同主体的复杂性

运输合同的主体包括承运人、旅客、托运人和收货人。

(1)承运人。是指提供运输服务的当事人，包括运输企业与从事运输服务的个人。凡是取得运输服务资格的企业和个人都可以在批准的经营范围内从事运输生产活动。承运人提供运输服务，应当具备相应的资质和必要的运输经营条件。在我国，承运人既可以是国有运输企业，也可以是集体运输企业，还可以是私营企业、外资企业及运输个体户等。

应当注意的是，承运人必须是与托运人或旅客订立运输合同的人。没有签订运输合同的人,虽然实施运输行为,仍不能认为是承运人。例如,在多式联运中,合同的当事人是签订多式联运合同的托运人与多式联运经营人,而实际从事运输活动的各区段的承运人,并不是多式联运合同的当事人。

另外,运输工具的所有人也不一定是承运人。一般情况下,运输工具的所有权人自己经营运输业务并与托运人或者旅客订立运输合同,但在实践中,有许多非所有权人从事运输活动的情况,在这种情况下也必须是订立运输合同的人才是承运人。

(2)旅客。是指乘坐交通工具旅行的自然人。旅客作为运输合同的主体必须是具有完全行为能力的自然人。无行为能力或限制行为能力的自然人必须与其法定代理人、监护人一起旅行,或者按照规定委托承运人照顾。

(3)托运人。是指提供行李、包裹或货物运输的人。行李运输的托运人一般是旅客;包裹运输的托运人可以是旅客,也可以是其他货主;在货物运输合同中,托运人就是与承运人签订货物运输合同并将货物交给承运人运输的人。托运人可以是自然人,也可以是法人或者其他组织;可以是货物的所有人,也可以是货物所有人委托的代理人或者货物的保管人。

(4)收货人。是指依运输合同的指定而领取货物的人。收货人可以是个人,也可以是法人或其他组织。收货人是运输合同的收益人,收货人在行使领取货物的权利时,也应当依法承担相应的法律义务。

2. 运输合同标的的特殊性

运输合同的标的,又称运输合同的客体,它是承运人运送旅客或者货物的劳务行为。需要注意的是,运输合同的客体并非运输合同的对象,运输合同的对象是运送的旅客或者货物。旅客或者托运人与承运人签订运输合同,其目的是要利用承运人的运输工具将旅客或者货物实现从一地到另一地空间位置的转移。承运人的运输劳务行为是双方权利义务共同指向的目标。因此,只有运输劳务行为才是运输合同的标的。

3. 运输合同是双务、有偿合同

双务合同是指当事人双方负有对等给付义务的合同,即合同双方当事人都负有义务,且一方的权利是以另一方义务的履行为前提的。在运输合同中,承运人负有将货物或旅客由起运地安全地运至目的地的义务,而这也是托运人或者旅客所享有的权利。托运人或者旅客负有向承运人支付运费或者票款的义务,而获取运费或票款则属于承运人享有的权利。

有偿合同是指当事人一方享有合同约定的权利,须向对方当事人支付相应对价的合同。有偿合同又称有偿契约,是无偿合同的对称。在运输合同中,旅客或托运人要使承运人运输货物或旅客,就应当支付票款或者运费。

4. 运输合同当事人的权利、义务具有法定性

运输合同当事人的权利、义务大多数是由法律、法规、规章规定的。当事人在订立运输合同时,对于法律规定的强制性条款不能进行协商,有关选择性条款或者提示性条款可以进行协商。凡是当事人协商的补充条款,都具有法律效力。

5. 运输合同一般采用标准合同

运输合同一般采用格式条款订立,含有格式条款的合同即为格式合同。所谓格式条款,是指当事人为了重复使用而预先拟定,并在订立合同时未与对方协商的条款。也就是说,格式合同的一方当事人提供具有合同全部内容和条件的格式,另一方当事人予以确认后合同即告成立。

格式合同，也称标准合同、附从合同、定型化合同等。由于格式条款是由当事人一方提供的，对另一方来说很可能侵害其合法权益，因此，《民法典》第四百九十六条第二款规定：采用格式条款订立合同的，提供格式条款的一方应当遵循公平原则确定当事人之间的权利和义务，并采取合理的方式提示对方注意免除或者减轻其责任等与对方有重大利害关系的条款，按照对方的要求，对该条款予以说明。提供格式条款的一方未履行提示或者说明义务，致使对方没有注意或者理解与其有重大利害关系的条款的，对方可以主张该条款不成为合同的内容。

《民法典》规定有下列情形之一的，该格式条款无效：

（1）具有《民法典》第一编第六章第三节和《民法典》第五百零六条规定的无效情形。具体包括：无民事行为能力人实施的民事法律行为；行为人与相对人以虚假的意思表示实施的民事法律行为；违反法律、行政法规的强制性规定的民事法律行为；违背公序良俗的民事法律行为；行为人与相对人恶意串通，损害他人合法权益的民事法律行为等。合同中的下列免责条款无效：造成对方人身损害的；因故意或者重大过失造成对方财产损失的。

（2）提供格式条款一方不合理地免除或者减轻其责任、加重对方责任、限制对方主要权利。

（3）提供格式条款一方排除对方主要权利。

此外，对格式条款的理解发生争议的，应当按照通常理解予以解释。对格式条款有两种以上解释的，应当作出不利于提供格式条款一方的解释。格式条款和非格式条款不一致的，应当采用非格式条款。

二、运输合同的种类

运输合同可以依据不同的标准进行分类。

（一）以运输对象为标准分类

以运输对象为标准，运输合同可分为旅客运输合同和货物运输合同。

1. 旅客运输合同

旅客运输合同是承运人将旅客及其行李运送到约定地点，而旅客须给付规定票款的协议。旅客运输合同以旅客作为运输对象，依据不同的运输方式，可分为铁路、公路、海上、水路以及航空旅客运输合同。需要注意的是，与旅客运输相关的行李包裹运输，可以看作是一个独立的运输合同关系，也可以看作为旅客运输合同的一个组成部分。

2. 货物运输合同

货物运输合同是承运人按照合同的约定将承运货物运送到指定地点，托运人支付相应运费的协议。货物运输合同以货物作为运输对象，根据运送方式的不同，也可分为铁路、公路、水路、海上、航空货物运输合同，以及多式联运货物运输合同等。

（二）以运输工具为标准分类

以运输工具为标准，运输合同可以分为铁路运输合同、公路运输合同、航空运输合同、水路运输合同、海上运输合同和管道运输合同。

1. 铁路运输合同

铁路运输合同是明确铁路运输企业与旅客、托运人及收货人之间权利义务关系的协议。它是由承运人采用铁路运输方式，将旅客运送至指定的目的地或将托运人托运的货物运送到指定地点并交给收货人，由旅客、托运人或收货人向承运人支付规定的票款或运费的协议。

铁路运输合同根据其内容可以分为四种：铁路货物运输合同、铁路旅客运输合同、铁路包裹运输合同与铁路行李运输合同。其中，铁路货物运输合同根据其运输方式的不同，又可以分为整车货物运输合同、零担货物运输合同和集装箱运输合同三种。

依据《铁路法》的规定，旅客车票、行李票、包裹票和货物运单是铁路运输合同或者合同的组成部分。

2. 公路运输合同

公路运输合同是指旅客、托运人与公路承运人就旅客或货物运输的内容进行协商，并就双方之间权利义务关系达成一致的协议。根据该协议，承运人应将承运的旅客或者货物经公路从一地运至另一地，旅客、托运人应按规定支付相应的票款或运费。

承运旅客或货物的一方为承运人，它可以是公路运输企业，也可以是从事公路旅客或货物运输的其他单位和运输个体户。承运人有时可分为缔约承运人和实际承运人。所谓缔约承运人是指参与签订运输合同的承运人；实际承运人是指接受缔约承运人委托从事运输的人。

托运人是托运货物的一方或与公路承运人签订合同的一方当事人，它可以是承运人以外的其他任何单位和个人。

除了承、托运双方外，公路货物运输合同一般还涉及到收货人，即在目的地接收货物的人。因此在一个完整的货物运输合同中，往往要涉及承运人、托运人和收货人三方当事人。但在实践中，在不少情况下，托运人和收货人是同一人。

公路货物运输可以不同标准划分为若干种，与此相适应，公路货物运输合同也可相应地划分为若干种，如公路零担运输合同、公路整车运输合同等。

公路运输合同形式，可以是当事人通过协商签订的书面合同，也可以是公路承运人提供的货物运单、货票、客票等作为合同的基本形式。与铁路运输相比，公路运输的市场化程度较高，当事人协商的余地也要大得多。双方可以按照《民法典》和有关法律法规的规定，通过协商确定双方的权利与义务。

3. 水路运输合同

水路运输合同是指承运人将承运的旅客或者货物经水路从始发地（港）运至目的地（港），由托运人支付报酬或运费的营业性运输。旅客、托运人与承运人之间因此而签订的合同，就是水路运输合同，或者说，它是承运人将承运的旅客或货物经水路从一地运至另一地，由旅客或托运人支付票款或运费的合同。

在水路货物运输合同中，承运货物的一方为承运人，水路货运承运人有时也有缔约承运人和实际承运人之分。他们在运输中的责任划分问题，可参考《海商法》关于缔约承运人和实际承运人之间责任的规定。托运人是指与承运人订立水路货物运输合同的人；收货人是指在水路货物运输合同中托运人指定接收货物的人。

水路运输合同的形式既可以以船票、货物运单、托运单等单据体现，也可以由当事人签订规范的书面合同来体现。

4. 海上运输合同

海上运输合同是承运人与旅客或托运人所达成的，由承运人负责用船舶将旅客或者货物经海路由一港运至另一港，旅客、托运人支付相应的票款或运费，当事人双方确立相互之间权利义务关系的协议。

海上运输合同包括海上旅客运输合同和海上货物运输合同。

海上旅客运输合同中的当事人包括海上客运承运人和旅客。其中，海上客运承运人，是指本人或者委托他人以本人名义与旅客订立海上旅客运输合同的人。旅客包括两种：一种是根据海上旅客运输合同运送的人；另一种是经承运人同意，根据海上货物运输合同，随船护送货物的人，视为旅客。

客票是旅客运输合同成立的基本凭证。客票分为记名和不记名两种。记名客票上记载着购票人的姓名、地址，它是特定旅客与承运人之间已建立运输合同的凭证，通常是不可转让的；不记名客票在乘船前，可以转让。

海上货物运输合同的形式一般都是要式合同，提单是海上货运合同中的主要运输单证。提单作为由船东签发的提货凭证，具有很强的法律效力。当事人必须按照提单的有关规则，履行各自的义务。

需要指出的是，《海商法》所称的海上运输，是指海上货物运输和海上旅客运输，包括海江之间、江海之间的直达运输，且《海商法》关于海上货物运输合同的规定不适用于我国港口之间的海上货物运输。

5. 航空运输合同

航空运输合同是航空运输承运人使用民用航空器将旅客或者货物从起运点运输到约定地点，旅客、托运人或者收货人支付票款或者运输费用的合同。同其他运输方式的运输合同一样，航空运输合同由承运人与旅客或者托运人双方当事人签订，但货物运输合同往往涉及到第三方当事人，即收货人。

合同主体是指参与航空运输活动的当事人，包括承运人、旅客、托运人和收货人。其中：承运人是指使用民用航空器实施货物运送的人，主要是公共航空运输企业及其代理人，公共航空运输企业是以营利为目的，使用民用航空器运送旅客、行李、邮件或货物的企业法人；托运人是指要求使用民用航空器运送具备托运条件货物的人，包括法人、其他经济组织、个体工商户、农村承包经营户和自然人；收货人是指货物通过民用航空器被运送到指定地点后，提取货物的人，收货人可以是托运人，也可以是托运人以外的第三人。

航空运输以空中飞行器载运旅客或者货物，具有快速的特点。但航空运输技术要求程度比较高，安全特别重要，因此，只有经过国家批准的航空运输企业才能从事运输活动。

航空运输合同形式也是要式合同。旅客运输方面，以航空客票作为合同的基本凭证，但不是唯一凭证。当事人权利、义务主要由法律规定，也可以另行约定，但必须符合法律法规的要求。货物运输方面，以航空货物运单作为合同的初步证据，与运输的其他单据一起构成合同的全部内容。

(三) 以运输过程所涉及运输方式的多少为标准分类

以运输过程所涉及运输方式的多少为标准，运输合同可以分为单一方式的运输合同和多式联运合同。其中，单一方式的运输合同是用一种运输方式完成运输行为的合同；多式联运合同是托运人或旅客与多式联运经营人签订的，由多式联运经营人组织多个承运人通过衔接运输的方式将货物或者旅客运输至目的地，托运人或者旅客支付相应运费的运输合同。

(四) 以运输服务所涉及的区域范围为标准分类

以运输服务所涉及的区域范围为标准，运输合同可分为国内运输合同和国际运输合同。国内运输合同是指运输当事人为国内的企业、社会组织、个体经营户或者自然人，起运地和到达地等都在国内的运输合同。国际运输合同是指当事人或者货物的起运地、到达地至少有一项涉及国外的合同，如国际铁路运输合同、国际航空运输合同等。

第二节 运输合同的订立

一、订立运输合同的基本原则

1. 遵守国家法律法规的原则

运输合同的合法性是运输合同成立并具有法律效力的首要条件，也是该合同能获得国家承认、当事人的权益得到法律保护的前提。为了保证所订合同具有法律效力，达到预期的法律后果，当事人在订立运输合同时，必须遵守国家法律法规的规定，在合法的前提下，设置运输合同的内容，确定当事人的权利和义务。

2. 遵循平等、自愿、公平、诚信的原则

订立运输合同的当事人的法律地位是平等的，当事人相互意思表示要真实，要在自愿的基础上按照自己的意思设立、变更、终止民事法律关系，任何一方不得将自己的意志强加给对方，也不得弄虚作假，采用欺诈的手段订立合同，要秉持诚实，恪守承诺。

3. 不得违背公序良俗的原则

运输合同是一种法律形式，必须强调社会责任原则，既要保证运输合同当事人双方权利的实现，也要预防和纠正借实现当事人的权利而违背国家利益和社会公共利益的行为。这就要求当事人在订立运输合同时，不得违背公序良俗，不得扰乱社会经济秩序，不得利用运输合同从事非法活动。

二、订立运输合同的程序

订立合同的过程，就是当事人双方就权利与义务进行协商，达成协议的过程，是一种法律行为。一般意义上的合同订立，包括双方当事人相互接触、协商、谈判、妥协直至合意的过程。因此，合同的订立过程即合同双方当事人合意的形成过程。

订立运输合同的过程，就是承运人与旅客或托运人之间设立、变更、终止关于旅客或货物运输的民事权利义务关系的协议的过程。与一般合同一样，运输合同的订立本质上也是当事人之间的合意形成，即当事人意思表示达成一致的状态，它必须遵守一定的程序。《民法典》第四百七十一条规定：当事人订立合同，可以采取要约、承诺方式或者其他方式。实践中，是以"要约—承诺"作为缔约的基本范式，即订立运输合同需要经过要约与承诺两个阶段。

（一）要约

1. 要约的含义

要约又称发盘、出盘、发价和报价等。《民法典》第四百七十二条规定，要约是希望与他人订立合同的意思表示，该意思表示应当符合下列条件：内容具体确定；表明经受要约人承诺，要约人即受该意思表示约束。根据该规定，所谓要约就是一方当事人以缔结合同为目的向对方当事人所作出的意思表示。发出要约的一方称为要约人，接受要约的一方称为受要约人、相对人或者承诺人。

要约是订立合同的必要阶段，不经过要约阶段，合同是不可能成立的。一个意思表示能否构成要约，必须具备以下条件：

（1）要约须是特定人的行为。提出订立合同建议（即要约）的，必须是确定的自然人、法人或其他组织。上述特定人一般都由订立后的合同表示出来。在运输合同中，提出要约的特定人即合同的一方当事人（旅客或托运人）。

（2）要约须是对于相对人的行为。由于要约须待相对人承诺，才会发生要约人所希望发生的效力，所以，要约必须是对于相对人的行为。要约须向一个特定人，即向一个具体的自然人、法人或其他组织提出。

（3）要约的内容要具体确定。由于要约一经相对人承诺，合同即成立，所以，要约人提出的要约，必须标明合同的主要条款，以供相对人考虑是否作出承诺。如果要约不标明合同的主要内容，或者内容不明确具体，则相对人难以表示肯定或否定，合同也就不能订立。

在旅客运输合同中，要约人一般是购票人，要约在购票人要求购票，并报明日期和到达站（港）的时候即可有效成立，无需再作其他表示。购票人预付的票款，并不是要约的组成部分，而是履行运输合同义务的行为。

在货物运输合同中，要约人是托运人，要约的表现形式会因长期货物运输合同与零担货物运输合同的区别而有所不同。

在长期运输合同中，要约应包括的主要内容有：①托运人和收货人名称；②发站（港）、到站（港）；③货物名称；④货物重量（按体积计费的货物应标明体积）；⑤车（船）数（铁路货物运输合同还应标明车种）；⑥批量货物运输的起止日期；⑦运输质量要求和保障安全运输的措施等。

在零担货物运输合同中，要约应包括的主要内容有：①托运人、收货人及其详细地址；②始发站（港、机场）、到达站（港、机场）；③货物名称；④货物包装、标志；⑤件数和重量（包括货物包装重量、按体积计费的货物应写明体积）；⑥运到期限等。

需要注意的是，货物运输的要约一般应采取要式的方式，即托运人必须按规定填写并提交托运单据，才完成要约行为，在此之前，即使当事人之间就合同有关事项达成了一致意见，也不能认为合同已经成立。

应当指出，要约与要约邀请（或称要约引诱）是有区别的。要约邀请是希望他人向自己发出要约的意思表示，虽然它和要约都是意思表示，但两者的目的不同。要约以订立合同为目的，一旦相对人作出承诺，合同即告成立。要约邀请则不以订立合同为目的，而只能唤起别人向自己作出要约的表示，它自身并不发生必须与对方订立合同的效力，所以它只是订立合同的预备行为。商品带有标价的陈列、自动售货机的设立及投标书的寄送等，都视为要约；

而寄送的价目表、拍卖公告、招标公告、招股说明书、债券募集办法、基金招募说明书、商业广告和宣传等则视为要约邀请。

广告是要约还是要约邀请，应依不同情况而定。《民法典》第四百七十三条第二款规定：商业广告和宣传的内容符合要约条件的，构成要约。目前我国广告大致有两种类型：一是广告人为了引起顾客的兴趣，在广告内容上仅一般宣扬商品(或服务)的质量，不含有订立合同的条款，这种广告没有要约所具有的约束力，只能是一种要约邀请，现在盛行的广告，大多属于此种类型。二是广告表明了合同内容，对广告人有约束力，如悬赏广告，声明完成某项工作即给予一定报酬等，这种广告，其目的在于唤起对方响应而订立合同，因而应视为要约，不应看作要约邀请。

【案例一】要约还是要约邀请争议案

【案情】

原告：甲建筑队

被告：某房地产开发公司

某房地产开发公司欲兴建一项工程。该公司为节约工程经费，缩短工期，决定用招标方式发包该项工程，便向省内10多家建筑单位发出招标通告。在投标起讫日期内，共有8家建筑公司(队)向开发公司投标。开发公司即在通告规定的日期会同各有关部门单位，当众开标。在8家投标者中，只有甲建筑队和乙建筑公司的报价低于开发公司的标底，其中甲建筑队报价97万元，乙建筑公司报价98万元。甲建筑队以为自己一定中标，在未定标前便开始了工程准备工作。开发公司开标后，会同有关单位对这两家投标单位的投标进行了严格的评查。评标时发现，甲建筑队报价虽低，但施工方案不太合理，技术力量也比较薄弱，如果将工程交由甲建筑队承揽，工程质量和工期都很难保证。所以定标时将乙建筑公司选为中标人，并依法与乙建筑公司签订了建筑工程合同。此时，甲建筑队方知自己并未中标。但是，他们已为完成该工程预订了相当数量的物资，如果退货，势必造成损失。为此，甲建筑队以自己报价最低，工程应由它承揽为由起诉到法院。

【审判】

法院认为，甲建筑队与开发公司之间并无合同关系，因此对甲建筑队的要求不予支持。

【法理分析】

本案甲建筑队之所以认为他们必定中标，是把某开发公司的招标看成是"要约"，把自己的报价看成是"承诺"了。而实际上，本案中某开发公司的"招标通告"是要约邀请，而非要约。因为它只是向众多的建筑单位发出了"用招标方式发包工程"的信息，而对建筑质量、价款、工程期限等并未涉及。开发公司发出招标通告后，有8家建筑单位前来投标，这才是要约。因为这8个投标人不但报了价，而且还介绍了各自的技术力量，提出了各自的施工方案，以等待招标人选择(即承诺)。由于开发公司在招标通告中并未声明谁报价最低谁就中标，所以最后将工程交由报价为98万元的乙建筑公司承揽，而不是报价为97万元的甲建筑队承揽，这并无不当。甲建筑队在合同并未成立的情况下单方面决定为该工程预订物资，所造成的损失应由自己承担，与开发公司无关。

2.要约的约束力

要约是订立合同的一个重要阶段，是一种法律行为。除要约人预先声明不受约束的情况以外，要约于送达受要约人时起生效，要约人受其约束，在一定限期内不得撤回、变更或限制其要约。要约的约束力通常分为以下两种情况：

（1）对话要约的约束力。对话要约是指要约人采取语言表达方式发出要约的行为，即要约人通过当面（或通过电话、微信视频等）与相对人对话提出订立合同的建议。《民法典》第一百三十七条规定：以对话方式作出的意思表示，相对人知道其内容时生效。

（2）非对话要约的约束力。以非对话方式作出的意思表示，到达相对人时生效。以非对话方式作出的采用数据电文形式的意思表示，相对人指定特定系统接收数据电文的，该数据电文进入该特定系统时生效；未指定特定系统的，相对人知道或者应当知道该数据电文进入其系统时生效。当事人对采用数据电文形式的意思表示的生效时间另有约定的，按照其约定。

要约对要约人的约束力主要表现在：有与受要约人订立合同的义务；要约向特定人发出而且指向特定物时，要约人不得再向第三人发出要约或订立合同。例如，甲向乙发出要约，甲出售一台载重汽车，在要约有效期限内，甲不得再向第三人发出要约或将该台载重汽车出卖给第三人。要约人如果违反上述义务而造成受要约人损害时，须承担损害赔偿的法律责任。

3. 要约的撤回与撤销

（1）要约可以撤回，但撤回意思表示的通知应当在意思表示到达相对人前或者与意思表示同时到达相对人。否则撤回无效，要约仍然有效。

（2）要约可以撤销，但撤销要约的通知应当在受要约人发出承诺通知之前到达受要约人。但存在下列情形之一时，要约不得撤销：

①要约人确定了承诺期限或者以其他形式明示要约不可撤销。

②受要约人有理由认为要约是不可撤销的，并且已为履行合同做了准备工作。

撤销要约的意思表示是以对话方式作出的，该意思表示的内容应当在受要约人作出承诺之前为受要约人所知道；撤销要约的意思表示是以非对话方式作出的，应当在受要约人作出承诺之前到达受要约人。

4. 要约的失效

要约发出之后，要约人也并非永远受要约的约束，有下列情形之一的，要约失效：

（1）要约被拒绝。

（2）要约被依法撤销。

（3）承诺期限届满，受要约人未作出承诺。

（4）受要约人对要约的内容作出实质性变更。

（二）承诺

1. 承诺的内涵与特征

承诺是受要约人同意要约的意思表示，即承诺是指受要约人向要约人作出的完全同意要约内容的意思表示。作出这种意思表示的人称为承诺人。要约人的要约一经受要约人（即承诺人）的承诺，合同即告成立。

《民法典》第四百八十条规定：承诺应当以通知的方式作出；但是，根据交易习惯或者要约表明可以通过行为作出承诺的除外。显然，这里的通知是明示行为，缄默或者不行为不能视为承诺。

合同的承诺具有以下特征：

（1）承诺是受要约人的行为。如前所述，在合同关系中受要约人须是特定人，因此，承诺的发出者须是受要约的自然人、法人或其他组织。

（2）承诺须是对要约人的要约所做的行为。承诺人承诺的目的在于与要约人订立合同，所以承诺必须是针对要约人的要约，只有这样，合同才能成立。

（3）承诺的内容须与要约的内容一致。从合同制度的传统原则来说，承诺须是无条件地接受要约，才能构成有效的承诺，从而与要约人构成合同关系。但是，承诺与要约完全一致，也只能是相对而言的。如果受要约人表示愿意与要约人订立合同，而且在承诺中仅对要约的某些非要害条款作了增、删、改，即并非实质性改变要约时，除要约人及时表示反对或者要约表明承诺不得对要约的内容作出任何变更的以外，该承诺有效，合同的内容应以承诺内容为准。如果受要约人承诺时，对要约的内容作出实质性的变更(有关合同标的、数量、质量、价款或者报酬、履行期限、履行地点和方式、违约责任和解决争议方法的变更，是对要约内容的实质性变更)的，则不是承诺，应视为拒绝原要约而提出新要约。

（4）承诺须是受要约人在承诺期限内所作出的行为。承诺应当在要约确定的期限内到达要约人。要约没有确定承诺期限的，承诺应当依照下列规定到达：①要约以对话方式作出的，应当即时作出承诺；②要约以非对话方式作出的，承诺应当在合理期限内到达。

此外，关于承诺期限的计算，《民法典》第四百八十二条作出了明确规定：要约以信件或者电报作出的，承诺期限自信件载明的日期或者电报交发之日开始计算。信件未载明日期的，自投寄该信件的邮戳日期开始计算。要约以电话、传真、电子邮件等快速通讯方式作出的，承诺期限自要约到达受要约人时开始计算。

2.迟到承诺的处理

对于迟到的承诺，应按下列规定处理：

（1）受要约人超过承诺期限发出承诺时，应视为新要约；但是要约人及时通知受要约人该承诺有效的除外。

（2）受要约人在承诺期限内发出承诺，按照通常情形不能及时到达要约人的，为新要约；但是，要约人及时通知受要约人该承诺有效的除外。

（3）受要约人在承诺期限内发出承诺，按照通常情形能够及时到达要约人，但是因其他原因致使承诺到达要约人时超过承诺期限的，除要约人及时通知受要约人因承诺超过期限不接受该承诺外，该承诺有效。

承诺需要通知的，于通知到达要约人时生效。承诺不需要通知的，根据交易习惯或者要约的要求作出承诺的行为时生效。

3.合同成立

一般来说，承诺生效时合同成立。《民法典》第四百九十条至第四百九十三条对合同成立的几种情形作出了具体的规定：

（1）当事人采用合同书形式订立合同的，自当事人均签名、盖章或者按指印时合同成立。在签名、盖章或者按指印之前，当事人一方已经履行主要义务，对方接受时，该合同成立。

法律、行政法规规定或者当事人约定合同应当采用书面形式订立，当事人未采用书面形式但是一方已经履行主要义务，对方接受时，该合同成立。

（2）当事人采用信件、数据电文等形式订立合同要求签订确认书的，签订确认书时合同成立。当事人一方通过互联网等信息网络发布的商品或者服务信息符合要约条件的，对方选择该商品或者服务并提交订单成功时合同成立，但是当事人另有约定的除外。

（3）承诺生效的地点为合同成立的地点。采用数据电文形式订立合同的，收件人的主营业地为合同成立的地点；没有主营业地的，其住所地为合同成立的地点。当事人另有约定的，按照其约定。

（4）当事人采用合同书形式订立合同的，最后签名、盖章或者按指印的地点为合同成立的地点，但是当事人另有约定的除外。

4. 运输合同的成立

在旅客运输合同中，要约一般为口头形式，故承诺人应即时表示是否承诺；在货物运输合同中，则应在规定的承诺期限内作出是否承诺的表示。

在旅客运输合同中，承诺的形式为客票的交付。在货物运输合同中，承诺的形式较为复杂。长期货物运输合同，承运人在合同上签字即为承诺。以货物运输计划（或要车计划）代替合同的，在计划表上签字为承诺。但是，托运人在交运货物时，尚需填交托运单，以作为长期货物运输合同的组成部分。零担货物运输合同的承诺，因运输方式的不同而略有不同。其中，铁路货物运输合同为承运人在托运人提交的货物运输单上加盖车站日期戳为承诺；公路货物运输合同以承运人检查货物后，并在货物运输单上加盖车站日期戳为承诺；水路货物运输合同以完成验收、交接货物行为后承运人在货物运输单上加盖承运日期戳为承诺；航空货物运输合同以承运人接受货物托运单并由承运人填发货物运输单为承诺。承运一经完成，运输合同即告成立。

应指出的是，《民法典》第十九章运输合同第八百一十条的规定，从事公共运输的承运人不得拒绝旅客、托运人通常、合理的运输要求。这是对从事公共运输承运人的强制缔约义务的规定。也就是说，一旦旅客或托运人提出正常、合理的要约，从事公共运输的承运人必须作出承诺，与旅客或托运人订立运输合同。当然，如果承运人已无法提供运输能力，承运人也不应承担强制承诺的义务。

承诺也可以撤回，但要求撤回承诺的通知应在承诺生效之前或者与承诺通知同时到达要约人。

签订运输合同，就是当事人双方进行要约和承诺的协商过程。在实践中，可能经过一次协商就能达成协议，也可能需要经过多次反复协商，才能达成协议。这种反复协商的过程，就是"要约—新要约—再新要约—……—承诺"的过程。

三、订立运输合同的形式

运输合同的形式即运输合同内容的外部表现，是合同的载体。订立运输合同的形式包括口头形式和书面形式两种。

1. 口头形式

它是指用语言来表达合同内容的形式，即一方以口头向对方提出要约，另一方以口头作出承诺，合同即成立，诸如当面谈判或电话对话等方式，多用于能够即时清结的简单经济往来。

口头合同简便易行，财产流转迅速，在经济交往中是一种不可缺少的合同形式。但是，口头合同缺乏文字依据，一旦发生纠纷，容易出现口说无凭、举证困难的不利后果。因此，对于标的数额较大、履行期限较长、不能即时清结的合同，不应采用口头形式，而应当采用书面形式。

2. 书面形式

它是指采用合同书形式、信件和数据电文(包括电报、电传、传真、电子数据交换和电子邮件)等可以有形地表现所载内容的合同形式。书面合同有主件和附件之分。主件是指载明合同一般条款和主要条款的合同文本、信件和数据电文。附件是指说明主要条款的图表或文字。在某些特定的合同中,与履行该合同有关的技术背景资料、可行性论证和技术评价报告、项目任务书和计划书、技术或质量标准、技术或操作规范、原始设计和工艺文件以及图纸、表格、数据和照片等,都可以根据当事人的协商作为合同的附件。附件也是合同的组成部分。

当事人订立合同,要求采用书面形式,目的在于维护合同的严肃性,保证合同法律关系的连续性,避免由于组织机构的调整或者人事的变动而影响合同的履行。书面合同可采用条文式、表格式,或者两者兼用互为补充的格式。

法律、法规规定应当采用书面形式的运输合同必须采用书面形式签订,否则,视为运输合同形式不合法,合同不成立。不过,法律规定,当事人未采用书面形式但是一方已经履行主要义务,对方接受时,该合同成立。

不同的运输方式对运输合同的形式有不同的规定:

(1)旅客运输合同的主要形式是客票。客票具有运输合同的一般特征。客票包括铁路车票、公路汽车车票、水路运输船票、飞机机票等。《民法典》第八百一十五条规定:旅客应当按照有效客票记载的时间、班次和座位号乘坐。旅客无票乘坐、超程乘坐、越级乘坐或者持不符合减价条件的优惠客票乘坐的,应当补交票款,承运人可以按照规定加收票款;旅客不支付票款的,承运人可以拒绝运输。

实名制客运合同的旅客丢失客票的,可以请求承运人挂失补办,承运人不得再次收取票款和其他不合理费用。

旅客因自己的原因不能按照客票记载的时间乘坐的,应当在约定的期限内办理退票或者变更手续;逾期办理的,承运人可以不退票款,并不再承担运输义务。

客票一般包括以下内容:①发站(港)、到站(港);②票价;③班次;④乘坐日期;⑤经由站(港);⑥双方当事人约定的其他内容。旅客可以与承运人签订具体的书面旅客运输合同,也可以客票作为双方确定权利与义务关系的基本文件。

(2)货物运输合同的基本形式是托运单或者货物运单。货物运单、托运单都是由承运人制定的货物运输凭证。托运人在托运货物、行李、包裹时,一般都要向承运人提供货物运单或者托运单。承运人根据托运人填写的内容与托运人提供的货物进行核对后,认为一致无误后即可办理承运手续。在零担货物运输中,通常用货物运单代替合同。

货物运单、托运单应载明下列内容:①托运人、收货人、承运人名称及详细地址;②发站(港)、到站(港);③货物名称;④货物包装、标志;⑤件数和重量(包括货物包装重量);⑥承运日期;⑦运到期限;⑧运输费用;⑨双方商定的其他事项。

(3)当事人双方商定的书面运输合同。当事人也可以通过签订具体的书面合同明确各自的权利与义务。书面运输合同一般应包括以下主要条款:①合同主体条款。包括承运人、旅客、托运人、收货人名称(姓名)等基本内容。旅客客票有记名和不记名两种。记名客票必须有旅客的姓名,不记名客票则不需要旅客姓名。②运输条款。包括运输对象,货物运输要写明货物品名、种类、数量等；起运站(港)、到达站(港)名称等。③价格条款。在旅客运输中就是票价；在货物运输中就是运费。价格条款一般不能随便协商，它由承运人根据规定的价格标准进行计算。④违约责任条款。该条款主要是要明确违反合同应承担的法律责任，包括支付违约金和赔偿损失。⑤双方商定的其他条款。

第三节　运输合同的履行

一、运输合同履行的原则

(一)运输合同履行的概念

运输合同的履行是指运输合同依法成立后，当事人双方按照合同规定的各项条款，全面地完成各自承担的义务，以使双方当事人的目的得以实现的行为。通常所说的运输合同的履行，主要是指运输合同义务的履行。当事人按照合同规定的标的、数量、质量、期限、地点和方式等全部条款完成了应尽的全部义务叫全部履行；当事人完成了合同规定的部分义务叫部分履行。

运输合同的履行以有效的合同为前提和依据。因此，运输合同全部有效，应全面履行；如有部分无效条款，应履行有效条款部分。

(二)运输合同履行的原则

运输合同履行的原则，是指当事人双方在完成合同规定的义务的全过程中，必须遵守的共同原则(规则或准则)。这些原则贯穿于履行过程的始终，对运输合同的履行起着指导作用。

1.诚信原则

合同诚实信用原则是指运输合同主体在订立及履行合同时，应诚实、守信用，以善意的方式履行其义务，不得规避法律和合同。

《民法典》第五百零九条第二款规定：当事人应当遵循诚信原则，根据合同的性质、目的和交易习惯履行通知、协助、保密等义务。这就要求：(1)双方当事人都应本着诚实信用的态度及方式行使权利，不得以损害他人利益的手段为自己获取利益。(2)在合同履行过程中，应信守合同，自觉履行合同所规定的义务，不得弄虚作假、欺骗和损害他人合法权益，不得出尔反尔，随意变更合同。诚实信用原则有补充和解释法律及合同的作用。在合同条文不清、发生争议时，法院或仲裁机关应依据该原则，考虑合同的性质和目的、合同签订地的交易习惯等因素，作出正确的解释。

2.全面履行原则

全面履行原则，也称适当履行原则，是指运输合同当事人应按运输合同规定的条款全面、适当地履行各自的义务。如承运人应当依照合同约定准备运输工具，将物品或旅客按时起运，并安全及时地运到目的地；托运人依照合同约定支付运费并完成应由自己履行的义务；收货人应当按时领取运输货物；旅客在运输过程中应当遵从承运人的指示等。

具体而言，运输合同的全面履行，包括当事人按照合同约定的标的、数量、质量、运到期限、地点、运输方式、价款等履行。任何一方当事人不得故意做出有害于他人的行为，既不能不履行自己的义务，也不得仅部分履行或不适当履行，否则即应负债务不履行或不适当履行的责任。

这一原则的意义在于约束当事人信守诺言，讲究信用，全面按合同的规定履行权利义务，以保证当事人双方的合法权益。

运输合同是由双方当事人根据自己的实际需要，经过协商而订立的，运输合同中的各项条款，反映了双方各自所追求的目的和利益，如果不按运输合同规定的条款去执行，那么就违背了订立运输合同的初衷，破坏了合同的严肃性，更重要的是还会给另一方造成经济损失。所以，双方当事人必须全面履行运输合同规定的义务。

3. 实际履行原则

实际履行原则，也称实物履行原则，是指运输合同双方当事人必须严格按照合同规定的标的来履行各自的义务。合同规定的标的，非经权利人同意，义务人不得任意变更，也不得用其他标的代替。《民法典》第五百八十五条规定，当事人就迟延履行约定违约金的，违约方支付违约金后，还应当履行债务。这表明，即使一方违约也不能以偿付违约金、赔偿金的方式代替履行，对方要求继续履行合同的，仍应继续履行。

实际履行，包含两个方面的内容：第一，运输合同中规定的是什么服务内容，如运输终到站(港、机场)、运输的线路、使用的运输工具等，就必须按照这个规定履行，不得擅自加以更改；第二，在运输合同当事人一方违反合同的情况下，违约方即使支付了违约金或赔偿金，也不能免除其履行合同的责任；如果对方仍要求违约方继续履行合同，违约方还必须按照合同规定的标的继续履行义务。如在运输过程中，收货人或托运人有权要求承运人将错运到站的货物重新运至合同约定的到站等。

贯彻实际履行原则，能够监督运输企业积极改善经营管理，以认真负责的态度完成运输合同规定的义务，提高法律意识，使当事人认识到，如果自己生产经营管理不善，不能履行或不完全履行合同规定的义务时，并不是偿付对方违约金和赔偿金就能了结，对方仍有权要求继续履行合同。贯彻实际履行合同原则，同时也可以防止有的单位宁可偿付违约金、赔偿金，也故意不履行合同的情况。如有的运输企业在运输能力比较紧张的时候，为了追求高额利润，会选择为愿意高价租车的单位运输货物，而不惜以种种借口，单方撕毁原合同，致使对方遭受损失。对于这类问题，在处理时，除应责令违约方偿付对方损失外，还应强制违约方继续履行合同。

当然，按照法律规定，有下列情形之一的，致使不能实现合同目的的，人民法院或者仲裁机构可以根据当事人的请求终止合同权利义务关系，不再履行，但是不影响违约责任的承担。这几种情形是：

(1)法律上或者事实上不能履行。

(2)债务的标的不适于强制履行或者履行费用过高。

(3)债权人在合理期限内未请求履行。

4. 协作履行原则

协作履行原则就是要求合同当事人不仅要严格履行自己的义务，而且应当发扬团结协作、互相帮助的精神，与对方共同努力，履行各自应尽的责任，保证合同的实现。如在运输合同履行中运输活动双方对货物的交付与接受、旅客接受承运人的必要安排等均是协作原则的具体体现。

运输活动当事人双方之间的关系是一种互相支援、合作共赢的协作关系。合同当事人加强协作,积极保证合同的履行,是与实现双方的共同利益、共同目标分不开的。正确履行合同,关系到双方当事人的实际利益,任何一方不履行合同或不完全履行合同,都将影响到经济利益的实现。所以,双方当事人在履行合同的过程中,彼此加强合作,共同按期完成合同规定的义务是十分必要的。

协作履行原则也是确保合同实际履行和全面履行的一项重要措施。其具体要求是:①在合同中,当事人各方应按照合同的基本要求,履行自己应尽的义务,并积极为对方履行合同创造有利条件。②当事人双方应互相关心,互相帮助,互相监督对方履行合同,对履行过程中出现的问题,及时协商解决。③在履行合同过程中,当一方当事人遇到困难时,另一方应在法律许可的范围内提供帮助,确保合同的履行。④当遇到当事人一方发生了过错行为时,另一方应及时查找原因,协助对方加以纠正,并设法防止和减少损失。⑤在合同发生争议时,当事人双方应从全局利益出发,根据法律和合同的有关规定,采取协商措施进行处理,协商不成时应尽快诉诸法律,以免损失扩大。

(三)一般合同履行中的几个规则

根据《民法典》的有关规定,合同在履行过程中还应当遵循以下几个规则。

1. 法定货币支付的履行规则

《民法典》第五百一十四条规定:以支付金钱为内容的债,除法律另有规定或者当事人另有约定外,债权人可以请求债务人以实际履行地的法定货币履行。这表明,如果运输合同的履行地在我国境内,由于人民币是唯一在全国流通使用的法定货币,因此,当事人必须采用用人民币支付。

2. 价格变动后的履行规则

运输产品的价格,执行政府定价或者政府指导价的,在合同约定的交付期限内政府价格调整时,按照交付时的价格计价。逾期交付标的物的,遇价格上涨时,按照原价格执行;价格下降时,按照新价格执行。逾期提取标的物或者逾期付款的,遇价格上涨时,按照新价格执行;价格下降时,按照原价格执行。

3. 合同内容约定不明确的履行规则

合同生效后,当事人就质量、价款或者报酬、履行地点等内容没有约定或者约定不明确的,可以协议补充;不能达成补充协议的,适用下列规定:

(1)质量要求不明确的,按照强制性国家标准履行;没有强制性国家标准的,按照推荐性国家标准履行;没有推荐性国家标准的,按照行业标准履行;没有国家标准、行业标准的,按照通常标准或者符合合同目的的特定标准履行。

(2)价款或者报酬不明确的,按照订立合同时履行地的市场价格履行;依法应当执行政府定价或者政府指导价的,依照规定履行。

(3)履行地点不明确,给付货币的,在接受货币一方所在地履行;交付不动产的,在不动产所在地履行;其他标的,在履行义务一方所在地履行。

(4)履行期限不明确的,债务人可以随时履行,债权人也可以随时请求履行,但是应当给对方必要的准备时间。

（5）履行方式不明确的，按照有利于实现合同目的的方式履行。

（6）履行费用的负担不明确的，由履行义务一方负担；因债权人原因增加的履行费用，由债权人负担。

4.电子合同的履行规则

通过互联网等信息网络订立的电子合同的标的为交付商品并采用快递物流方式交付的，收货人的签收时间为交付时间。电子合同的标的为提供服务的，生成的电子凭证或者实物凭证中载明的时间为提供服务时间；前述凭证没有载明时间或者载明时间与实际提供服务时间不一致的，以实际提供服务的时间为准。

电子合同的标的物为采用在线传输方式交付的，以合同标的物进入对方当事人指定的特定系统且能够检索识别的时间为交付时间。

电子合同当事人对交付商品或者提供服务的方式、时间另有约定的，按照其约定。

二、运输合同履行中当事人的权利与义务

（一）承运人的权利与义务

1.承运人的权利

承运人的权利包括对旅客、托运人或者收货人的权利，它与对旅客、托运人或者收货人的义务相对应。主要包括以下几个方面。

（1）运费支付请求权。

承运人通过签订并履行运输合同而取得运费请求权是其最基本的一项权利。运输合同属于提供劳务的合同，按照这类合同的一般理论，运输以劳务的完成为目的，因而在没有特别约定时，提供劳务的人应在完成劳务时才能请求支付费用或者报酬。但在运输合同中，情况并不完全相同。运费支付具有预付性质，一般在承运人开始运输前即已支付，多数在承运人承运旅客或者接受货物的同时支付，也有在交付货物时收货人再行支付的，法律并无强制性规定，由当事人自行约定，但在下列情况下，应分别情形进行处理：

①货物在运输过程中因不可抗力灭失，未收取运费的，承运人不得请求支付运费；已经收取运费的，托运人可以请求返还。法律另有规定的，依照其规定。

②货物全部或部分因其本身的自然性质、合理损耗，或因托运人、收货人的过错而毁损、灭失的，承运人具有支付运费的请求权。双务合同中因物品自身原因或当事人自身的过错产生损失，应由物主及该当事人自负其责。

③运输物因承运人或因由其负责的人（雇工或其工作人员、代理人及其他辅助人员）的过错或因通常事变而灭失时，承运人也不得请求支付运费，已付运费的，应予返还。这是因为，按照"举轻以明重"的原则，因不可抗力致使运输物灭失时，法律规定承运人尚不得请求支付运费，在前述情况下，承运人更无权请求支付运费。

④承运人未按照约定路线或者通常路线运输增加票款或者运输费用的，旅客、托运人或者收货人可以拒绝支付增加部分的票款或者运输费用。

⑤托运人或提单持有人请求终止运输、返还货物或为其他处分时，对于已履行的部分，承运人有按比例收取运费的权利，对于因改变运输而增加的运费亦有请求权。

⑥运费数额一般由承运人公告的计费标准计算，如无公告，也可由当事人自行约定；如

无约定，按当地一般运货计费标准确定。其数额通常按货物的性质、容积或体积、重量、路程、运输方法等确定。

（2）费用偿还请求权。

在运输过程中，承运人因运输的实际需要而支出的一些必要费用，如果不能包括在运费中，就这些费用承运人有请求偿还权。这些费用包括因托运人终止、返还或其他处分而支付的费用，以及提存费用、拍卖费用、垫付关税、报关费、运输物的改装费、仓库保管费等费用。

（3）留置权。

托运人或者收货人不支付运费、保管费或者其他运输费用的，承运人对相应的运输货物享有留置权，但是当事人另有约定的除外。

所谓留置权，是指债权人按照合同约定占有债务人的动产，债务人不履行到期债务，债权人可以留置已经合法占有的债务人的动产，并有权就该动产优先受偿。运输合同中留置权的行使，必须符合法律所规定的条件，具体内容包括：

①承运人的债权必须与运输的货物有牵连关系。也就是说，承运人必须是为了追偿因运输而产生的运费、保管费以及其他费用。

②承运人必须直接、合法地占有货物。如果承运人已经失去对货物的占有，比如已经将货物交付给收货人，则不能再行使留置权。同时，承运人对货物的占有，必须是依据合法有效的运输合同而正当地占有运输货物，如果不是因为运输合同而占有的其他物品，即使属于托运人或者收货人，也不能对其行使留置权。

③必须是托运人或者收货人没有按照运输合同所规定的期限支付运费和其他费用。在此之前，承运人无权留置运输的货物。

④必须符合运输合同中当事人的特别规定。《民法典》第四百四十九条规定，法律规定或者当事人约定不得留置的动产，不得留置。即如果运输合同中当事人特别约定不得留置的货物，承运人就不得对该货物行使留置权。

⑤所留置货物的价值应当与费用数额相当。《民法典》第四百五十条规定，留置财产为可分物的，留置财产的价值应当相当于债务的金额。当然，如果货物属于不可分物，承运人可以将全部的货物留置，在留置权实现以后，应当把剩余的金额返还给债务人。

承运人留置运输货物后，应当根据《民法典》关于留置权限行使条件的规定，即债务人逾期未履行的，留置权人可以与债务人协议以留置财产折价，也可以就拍卖、变卖留置财产所得的价款优先受偿。

（4）提存权和拍卖权。

当收货人不明或者收货人无正当理由拒绝受领货物时，承运人依法可以提存货物。货物不适于提存的，比如易腐烂的货物，或者提存费用过高的，承运人可以依法拍卖或者变卖货物，在扣除运费、保管费、拍卖费及其他费用后，提存所得的价款。《民法典》第五百七十一条规定：提存成立的，视为债务人在其提存范围内已经交付标的物。法律规定承运人享有此项权利，目的在于使承运人尽快完成货物的交付，免除其保管货物的义务，而取得运费及其他费用。

这里所谓收货人不明，包括不知收货人姓名或名称，以及运（提）单不明两种情形。收货人拒绝受领，包括收货人主张货物不符或数量不足而拒绝受领，以及收货人不依照运（提）单所记载的事项支付运费两种情况。在后一种情况下，因运费支付与货物交付属于同时履行的对等给付，收货人拒绝支付运费即等于拒绝受领货物。

承运人在提存或拍卖后，应当将这些情况立即通知托运人，但不能通知的除外。如因承运人怠于通知而给托运人或收货人造成损失的，应予赔偿。

2. 承运人的义务

在运输过程中，承运人的义务是，在约定的期间将旅客、行李、货物运输到约定地点。从运输物品的交接受领，到将货物交付给收货人，承运人负有受领货物并填发运(提)单、保管、处分(依托运人的指示)、依照合同的目的实施运输行为并交付等的一系列义务。具体说来，承运人的义务主要包括以下内容：

(1)不得拒绝当事人通常、合理的运输要求。

这是关于强制缔约的规定。《民法典》第八百一十条规定：从事公共运输的承运人不得拒绝旅客、托运人通常、合理的运输要求。

所谓公共运输是指面向社会公众，为全社会提供运力的运输。公共运输的特点是有明确的运输时间表，有明确的运输线路和完善的运输工具，为社会每个人提供服务。与公共运输相对应的是为企业自身服务的内部运输，其运输设施和运输设备均由企业自身投资，专门为本企业的生产经营运输原材料、产品，这类运输部门不属于公共运输，如很多大型企业内部的铁路专用线、汽车运输公司等，它们所从事的就是企业内部运输，不适用这一规定。对于从事公共运输业的企业来说，应当依法承担运输责任，对于旅客、托运人按照其公布的运输条件而要求运输时，不得拒绝。拒绝提供的，应当承担相应的责任。

旅客、托运人通常、合理的运输要求，是指按照一般的运输条件和能力，承运人能够承担运输任务的要求。具体体现在，托运人只要是按照承运人已经公布的运输时间、运输线路、运输条件提出运输要求的，则应视为通常、合理的要求。如果承运人发生了自己不能按照已经公布的运输条件运输的特殊情况，可以排除这一义务性要求，但应提前公布。

(2)受领货物并填发运(提)单。

①承运人必须按照合同的约定受领货物。这既是承运人完成运输行为的前提，也是根据诚实信用原则要求其履行的义务。承运人拒绝受领货物，视为不履行合同。

②运(提)单是承运人制作的并交付于托运人、记载有关运输事项的一种物权性证券。运(提)单是运(提)单持有人与承运人之间的运输合同以及承运人已受领物品的证明和凭证。

最为重要的是，运(提)单属于一种物权性证券，运(提)单的持有人只能依运(提)单对运输途中的物品进行转让或作出其他处分，收货人或运(提)单持有人的权利义务都必须依据运(提)单进行。运(提)单是货物所有权的凭证，拥有运(提)单的人，视为货物的所有权人。承运人只能也必须向运(提)单的持有人交付货物。运(提)单可以背书转让，但有禁止背书转让记载的除外。

提单多见于海上货物运输，我国的陆路运输实践中多以货物运输单代替提单。运(提)单为运输合同中的一项重要单据，因此，制作并交付运(提)单是承运人的义务。凡托运人提出请求的，承运人即应填发运(提)单并交付给托运人。

(3)按时、安全运输的义务。

《民法典》第八百一十一条规定：承运人应当在约定期限或者合理期限内将旅客、货物安全运输到约定地点。根据此规定，需要注意两点：

①承运人应当在约定期限或者合理期限内完成运输任务。在客货运输中，如果合同没有约定运输期限，则应在合理期限内将旅客或者货物运输到约定的地点，否则应负迟延履行的法律责任。

②承运人应当安全运输。对于运输过程中货物的毁损、灭失，承运人应当承担损害赔偿责任，但承运人证明货物的毁损、灭失是因不可抗力、货物本身的自然性质或者合理损耗以及托运人、收货人的过错造成的，不承担损害赔偿责任。

（4）合理运输的义务。

合理运输是指承运人在运输组织过程中，充分利用现有的运输网络和运输能力，按照货物的特点和合理流向，使某种货物及时、准确、安全、经济地从始发点运达终点。实现合理运输必须选择最适合的运载工具，确定合理的运输线路，减少中转环节，采取有效措施确保不发生货损、货差现象，以最少的运输劳动消耗，及时、准确、安全、经济地完成运输任务。

《民法典》第八百一十二条规定：承运人应当按照约定的或者通常的运输路线将旅客、货物运输到约定地点。依据此规定，承运人应当用最快的速度、最短的路径、最有效的方式将旅客或者货物运输至目的地。这里所指的通常的运输线路，一般是指合同约定的线路。对班次运输来说，就是承运人事先公布的运输线路。例如，从北京到广州的铁路运输，如果合同约定走京广线，则承运人就不能绕道走其他的运输线路。

（5）货物运输到达后及时通知的义务。

《民法典》第八百三十条规定：货物运输到达后，承运人知道收货人的，应当及时通知收货人，收货人应当及时提货。收货人逾期提货的，应当向承运人支付保管费等费用。

一般情况下，运（提）单上都记载有收货人的姓名或名称、联系地址和电话等，承运人可以根据这些资料通知收货人。但有的情况下，运（提）单上不直接记载收货人，而是记载收货通知人，如海运空白提单或指示提单，没有收货人的记载。在这种情况下，承运人应当通知收货通知人，承运人向收货通知人发出的提货通知，具有与向收货人发出的提货通知相同的效力。

所谓及时，是一个相对的概念，应根据运输的实际情况确定。合同有约定或者有关法律法规规定了通知期限的，应依照约定或者法律法规的规定。既没有约定也没有法律规定的，承运人应当在合理的期限内履行通知义务。

当收货人不明而无法通知时，承运人应当请求托运人在适当期限内就货物的处分给予指示。

（6）交付义务。

承运人应当在货物运输到约定地点后将其交付给收货人，从而完成自己的运输义务。如收货人不明或者无正当理由拒绝受领货物时，承运人可以依法提存货物以完成自己的运输义务。

需要特别指出的是，运输合同在履行过程中，如果遇有下列情形，其处理规则如下：

①关于运输合同的实施。

运输合同如何实施，通常并无限制。除有特别约定或有不同习惯外，承运人可以自己亲自履行，也可以雇佣他人或再与他人订立运输合同，使他人代为履行。在承运人与他人订立代为提供运输服务的合同时，虽然可以由承运人之外的其他人提供运输服务，但是，该实际从事运输的人并不直接与托运人或旅客发生合同关系（法律另有规定者除外），承运人仍应就该实际从事运输人的行为对托运人或旅客承担责任。同时，承运人可以用自有运输工具实施运输，也可以借用或租用他人运输工具实施运输。

②关于运输期间规定。

承运人应在运输合同规定的运输期间内实施运输行为，合同中没有约定的，按照习惯确定；无约定亦无习惯的，应于合理的期间内运输。合理期间的判定，应根据具体情形，不能一概而论。

一般而言，运输期间的确定有四种可能。第一，合同对始期和终期均有规定；第二，仅有始期规定；第三，仅有终期规定；第四，根本无规定。

在第一种情况下，运输期限的确定自然没有问题；在第二和第四种情形，应以合理期限确定；在第三种情形，应以该终期推算合理的始期。期间的确定如果依照习惯，则应以承、托运双方交接货物所在地的习惯为准。承运人没有按照运输合同规定的或合理确定的期间开始运输，或者虽依始期起运而未能在终期到达，中途不是因为正当理由而拖延以至误期的，承运人均应承担赔偿责任。但是，承运人未按时起运，却能赶期完成的不能认为有损害。对于承运人延误始期的，托运人可以按照《民法典》的相关规定进行催告，如果承运人在催告的期间内仍不开始履行的，托运人可以解除运输合同，并要求其承担违约责任。

③关于运输方法。

除合同有特别约定或者习惯外，运输方法并没有限制。也就是说，承运人使用何种运输工具及动力，并不影响其正确履行运输义务。但在这种情况下，承运人所使用的运输工具必须适于运输，如应当使用能够正常并且安全行使的具有一定舒适程度的旅客运输工具实施旅客运输，使用能保证货物安全并能按期运到目的地的货物运输工具进行货物运输等。

(二)托运人的权利与义务

1.托运人的权利

(1)请求承运人将货物运至指定目的地，并交付给约定收货人的权利。

该项权利同时表现为承运人的义务，前已述及，不再赘述。

(2)运输合同的变更权和解除权。

《民法典》第八百二十九条规定：在承运人将货物交付收货人之前，托运人可以要求承运人中止运输、返还货物、变更到达地或者将货物交给其他收货人，但是应当赔偿承运人因此受到的损失。根据此规定，托运人行使合同的变更权和解除权，前提是必须在承运人将货物交付给收货人之前。如果货物已经在合同约定的地点交付给了收货人，则运输合同已经履行完毕，就不存在变更和解除的问题了。在货物交付给收货人之前的任何阶段，托运人都可以变更或者解除合同。

显然，《民法典》所规定的条件相对宽松，给予托运人较大的自由，而且没有对变更和解除作出区分。应当注意的是，有关交通运输方面的专门法律和行政法规的相应规定则更为严格和具体：

《民用航空法》第一百一十九条规定，托运人在履行航空货物运输合同规定义务的条件下，有权在出发地机场或者目的地机场将货物提回，或者在途中经停时中止运输，或者在目的地点或者途中要求将货物交给非航空货运单上指定的收货人，或者要求将货物运回出发地机场；但是，托运人不得因行使此种权利而使承运人或者其他托运人遭受损失，并应当偿付由此产生的费用。

《铁路货物运输合同实施细则》规定，货物运输合同必须经双方同意，并在规定的变更范围内办理变更。托运人或收货人由于特殊原因，经承运人同意，对承运后的货物可以按批在货物所在的途中站或到站办理变更到站、变更收货人，但属于下列情况，不得办理变更：①违反国家法律、行政法规、物资流向或运输限制；②变更后的货物运输期限，大于货物容许运送期限；③变更一批货物中的一部分；④第二次变更到站。货物运输合同在货物发送前，经双方同意，可以解除。

《海商法》第八十九条规定，要解除海上货物运输合同，托运人应当在船舶装运港开航前提出。水路、汽车货物运输法规也都规定解除合同应当在货物起运前提出。

2. 托运人的义务

(1) 按规定缴付运费的义务。

运费一般由托运人支付，但合同约定由收货人支付的，依其约定。

(2) 正确填写托运单据的义务。

托运人应当依照运输合同的规定，将待运货物运输到指定地点并交给承运人受领。在办理交接手续时，托运人应按规定填交托运单。对于承运人来说，托运单就是待运货物的情况说明书，并且是货物的附随证券，它可使承运人知晓货物的情况以及运输目的地和收货人。在货物运输合同中办理托运申报乃是托运人的义务。《民法典》第八百二十五条规定：托运人办理货物运输，应当向承运人准确表明收货人的姓名、名称或者凭指示的收货人，货物的名称、性质、重量、数量，收货地点等有关货物运输的必要情况。

一般来说，托运人履行托运申报义务应当符合以下要求：

①准确性。托运人向承运人申报有关货物运输的资料必须正确，不得含糊或者产生歧义甚至错误。物品的名称、性质、重量、数量、体积以及运输资料等都必须规范、准确，明白无误。

②真实性。托运人向承运人申报的有关货物运输的资料必须与货物的真实情况相符合，不得隐匿、虚假或欺骗。

③完整性。托运人向承运人申报的有关资料必须充分、齐备，能够全面反映货物的情况。

因托运人申报不实或者遗漏重要情况，造成承运人损失的，托运人应当承担损坏赔偿责任。

(3) 包装及装载义务。

《民法典》第八百二十七条规定：托运人应当按照约定的方式包装货物。对包装方式没有约定或者约定不明确的，可以协议补充，不能达成补充协议的，应当按照合同相关条款或者交易习惯确定；没有通用方式的，应当采取足以保护标的物且有利于节约资源、保护生态环境的包装方式。如果运输货物是由托运人自行负责包装的，托运人应按照规定的技术要求进行包装，因包装本身原因发生运输物毁损灭失的，托运人自己承担责任，但承运人明知包装不合格而承运的，也应对损害负责。如果双方都有过错，各自承担相应的责任。托运人违反有关包装装载规定的，承运人可以拒绝运输。

根据《民法典》第八百二十八条规定，托运人托运易燃、易爆、有毒、有腐蚀性、有放射性等危险物品的，应当按照国家有关危险物品运输的规定对危险物品妥善包装，做出危险物品标志和标签，并将有关危险物品的名称、性质和防范措施的书面材料提交承运人。

托运人违反上述规定的，承运人可以拒绝运输，也可以采取相应措施以避免损失的发生，因此产生的费用由托运人负担。

这一规定包括三个方面内容：

第一，托运人应当根据危险物品的性质选择适当的包装方式。根据有关规定和标准，危险物品包装有以下分类：①按照危险程度分为Ⅰ类、Ⅱ类、Ⅲ类包装；②按照包装层次分为外包装、内包装；③按照包装形式分为桶、箱、袋、罐、罐柜、复合包装、中型散装容器等；④按照包装材料又分为刚性、半刚性、柔性包装。

第二，制作标志和标签。托运人要根据国家有关危险品运输的规定，用一定的规格、图文印制标志和标签张贴在危险物品的包装表面，用以表示危险货物的主要危险性和分类。例如，根据《国际海上危险货物运输规则》，在盛装有害物质的包装件粘贴标志的方法，应使得包装件在海水中至少浸泡3个月后，仍然清晰可辨；也应考虑标志的材质和包装表面的耐久性，包件的标志应不小于100 mm×100 mm，除非包件尺寸较小，才可使用较小的标志。

第三，告知义务。托运人必须将有关危险物品的情况告知承运人，告知的内容必须充分、完整、准确，除危险品的名称、性质以外，还应包括防止危险和急救措施等内容。托运人没有履行上述包装义务的，承运人可以拒绝运输，也可以采取相应措施以避免损失的发生，由此产生的费用由托运人承担。

(三)收货人的权利与义务

在货物运输合同中，既有托运人与收货人为同一人的情况，又有分别属于不同的人的情况。在托运人与收货人不属于同一人的情况下，收货人权利和义务有别于托运人而独立存在。

1.收货人的权利

(1)领取货物的权利。

在货物运输合同中，收货人是一个特殊的主体，他在合同订立的时候并未参与运输合同的签订，但在运输合同履行的过程中会加入进来，即运单上记载的收货人依法可向承运人领取货物。

(2)货物损坏的赔偿请求权。

收货人对因承运人原因导致运输过程中货物的毁损、灭失的，可依法向承运人提出赔偿请求。但是，承运人证明货物的毁损、灭失是因不可抗力、货物本身的自然性质或者合理损耗以及托运人、收货人的过错造成的，不承担赔偿责任。

2.收货人的义务

(1)支付运输费用。

《民法典》第八百一十三条规定：旅客、托运人或者收货人应当支付票款或者运输费用。承运人未按照约定路线或者通常路线运输增加票款或者运输费用的，旅客、托运人或者收货人可以拒绝支付增加部分的票款或者运输费用。显然，收货人收到承运人运送的货物，表明承运人按合同约定已将委托人交付的货物运到目的地，收货人依合同约定收取了货物，支付运费是应履行的义务。

(2)及时提取货物。

根据《民法典》第八百三十条规定：货物运到后，承运人知道收货人的，应及时通知收货人,收货人应及时提货。收货人逾期提货的,应当向承运人支付保管费等费用。当承运人将货物运到并尽了通知义务,收货人应当在规定的合理期间提取货物;不及时提货,应承担承运人对货物的保管费等其他与货物相关的费用,并承担因此而发生货物毁损、灭失的风险。

(3)提货时检验货物。

《民法典》第八百三十一条规定:收货人提货时应当按照约定的期限检验货物。运输合同中没有约定检验货物的期限或者约定不明确的,可以以补充协议重新约定;不能达成补充协议的,按照合同的有关条款或者交易习惯确定;仍然无法确定的,应当在合理期限内检验货物。这是运输合同货物交接的基本要求。通过检验,可以确定货物在交接时的实际状况是否与有关运输单证上记载的内容相一致,从而确定承运人是否完全履行了安全运输的义务。法律作出限期检验货物,是为了确定在承运过程中货物数量及毁损的赔偿额度,收货人未提出货物的毁损、灭失异议的,承运人免去赔偿责任。

对货物的检验一般有两种形式:一是普通的检验,即由收货人或者装卸公司的理货员进行通常的清点验收。一般只是进行表面的检验和数量的清点。二是专门检验。专门检验通常是在合同有特别要求或者法律有规定或者对交付的货物有异议或争议的时候进行。

【案例二】运输损害赔偿争议案

【案情】

2020年8月,某商场与某自行车厂签订了购买50辆特种自行车的合同。合同规定:由自行车厂按照商场提供的图纸要求制造50辆特种自行车;每辆单价1000元,由自行车厂代办托运,通过铁路部门运输。半年之后,自行车厂完成了制造任务,并由商场和自行车厂双方技术人员共同对该50辆特种自行车检验合格后,由自行车厂与铁路运输部门办理了托运手续,并将货运提单交给了商场,商场也于验货当日支付了价款。自行车在运输途中,由于发生了不可抗力致火车脱轨,造成重大交通事故,以致其中40辆特种自行车不同程度的毁损,尚有10辆因保管不善不翼而飞,查无下落。商场迟迟收不到自行车,经查明系上述原因所致,遂要求自行车厂予以赔偿,并要求立即交付该厂另外生产的质量完好的30辆特种自行车。

问题:

1.自行车厂是否应对自行车的毁损、灭失承担责任,为什么?

2.自行车厂应不应该交付完好的30辆特种自行车,为什么?

3.铁路运输部门是否应对自行车的毁损、灭失承担责任?为什么?

4.如果铁路运输部门需要赔偿,你认为要按什么原则赔偿?说明理由。

【法理分析】

1.自行车厂不承担责任。因为自行车厂作为供方已履行了交付的业务,且自行车的毁损是在运输途中发生的,故自行车厂不应对自行车的毁损、灭失承担责任。

2.自行车厂不应该交付。因为其已经履行了交付业务,双方已不存在合同关系。

3.铁路运输部门对因不可抗力造成毁损的40辆特种自行车不承担责任,但对被盗的10辆自行车要承担保管不善的责任。

4.铁路运输部门需要对因保管不善造成的10辆车被盗承担赔偿责任,由于托运人在托运自行车时,没有办理保价运输,根据铁路相关法律的规定,没有办理保价运输的货物,承运人按限额赔偿标准进行赔偿。

第四节　运输合同的担保

一、运输合同担保的概述

(一)运输合同担保的概念及特征

运输合同的担保，是指合同的当事人，根据法律规定或双方约定，为确保合同的切实履行而设定的一种权利义务关系。担保制度是为保障合同实现而设定的。合同债权与合同债务是相互对应的，只有促使债务人履行债务，债权人的债权才能实现。

设立担保制度的目的在于：第一，增强当事人履约的责任心，督促其严格按合同规定完成义务。第二，保障权利人的合法权益，如被担保人不履行合同义务，一方权利人则可请求对方或担保人承担相应的法律责任。特别是在损失已经发生的情况下，义务当事人有可能丧失履行合同或赔偿损失的能力，则担保更有其特殊作用。第三，从宏观上看，它对维护合同的严肃性，保障市场经济秩序有促进作用。

运输合同担保的法律特征：

(1)附属性。附属性亦称从属性。合同的担保一经成立，即在原合同关系的基础上产生一种新的担保法律关系。但这种担保法律关系不是一种独立存在的法律关系，而是一种从属于主合同的法律关系，它必须以有效的合同存在为前提，如果合同主债权的请求权转移给第三人，那么担保的请求权也转移给第三人；合同变更或消失时，担保也随之变更或消失。

(2)补充性。合同担保一经有效成立，就在主合同法律关系的基础上补充了某种担保法律关系，如保证关系、抵押关系等，这些担保法律关系扩张了债务人的责任财产，或者使债权人就特定财产享有优先受偿权，从而增加了债务人履行债务的压力，有力地保障了债权的实现。

(3)预防性。担保一般是在签订合同的同时成立，既可以作为合同的条款之一，也可以另立担保合同。设立担保就是为了防止违约和在违约的情况下保障权利人不受经济损失。因为担保确立后，就具有法律约束力，只要一方不履行合同，另一方就有权请求履行合同担保义务或主动行使相应的权利，这对违约有警戒作用，因而会产生预防违约受损的积极效果。

(4)选择性。除留置权这一担保形式只适用于特定的合同，且担保金额的最大限度只能是合同的实际损失，而不能由当事人选择之外，当事人对是否设立担保、担保的具体形式及金额均可根据合同的性质加以选择。

(二)运输合同担保的形式

担保包括人的担保、物的担保和金钱的担保等。

所谓人的担保，是指在债务人的财产之外，又增加了其他有关人的一般财产作为债权事项的总担保，其形式主要有保证、连带债务人、并存的债务承担。所谓物的担保，是指以债务人或第三人的特定财产作为担保，在债务人不履行债务时，债权人可将该财产折价，或以拍卖、变卖该财产的价款优先受偿。其形式主要包括抵押、质押、留置和优先权。所谓金钱担保，是指在债务以外又交付一定数额的金钱，该金钱的得失与债务履行相联系，从而促使双方当事人履行义务。其主要形式有定金、押金。

根据《民法典》的相关规定，合同担保方式主要有保证合同、抵押权、质押权、留置权、定金等担保方式。《民法典》第六百八十九条还规定了反担保，即保证人可以要求债务人提供反担保。所谓反担保，是指为债务人提供担保的第三人，为了保证追偿权的实现，可要求债务人提供的担保。担保与反担保都是为实现债权而设立的，只不过是同一法律关系中第三人完成担保责任后，成为债务人的新的债权人而已，反担保从实质上与担保一样，适用关于担保的规定。因而，反担保并不是一种独立的担保方式。

二、保证合同

(一)保证合同的概念及法律特征

保证合同是为保障债权的实现，保证人和债权人约定，当债务人不履行到期债务或者发生当事人约定的情形时，保证人履行债务或者承担责任的合同。

在保证合同中，保证人作为一方当事人的关系人，他以自己的名义向另一方当事人作履行合同担保的一种方式。保证合同履行的第三人是保证人，被担保履行合同的义务人为被保证人。保证是债权人与保证人之间的法律关系。保证合同一般由保证人与被担保合同的权利人订立。保证合同是从合同，被担保的合同是主合同，保证人是保证合同的义务人，主合同的权利人也是保证合同权利人。保证人是以自己的资产和名义作担保的，因此，保证人承担保证责任的意思表示是保证合同成立的根本条件。

保证合同的主要法律特征是：

(1)保证人是主合同当事人以外的第三人，他是以自己的名义担保主合同的履行，而不是主合同义务人的代理人，在义务人不履行债务时，承担代履行或连带承担赔偿损失的责任。

(2)保证合同是主债权债务合同的从合同，主债权债务合同无效的，保证合同无效，但是法律另有规定的除外。

(3)保证人的承担责任范围，应以主合同中义务人所承担的义务为限，具体范围依保证人同被保证合同权利人的约定，但法律有规定的除外。

(4)保证人承担保证责任后，除当事人另有约定外，有权在其承担保证责任的范围内向债务人追偿，享有债权人对债务人的权利，但是不得损害债权人的利益。

(二)保证人的资格

保证合同的当事人为债权人和保证人。债权人是一切享有债权的人，自然人、法人、其他组织均可成为债权人；由于保证是一种人的担保，实质是以担保人的财产、名誉的担保，因此也存在一定风险，所以在签订担保合同时，应注意审查保证人的保证能力，选择具有独立财产和偿付能力的人做担保。

《民法典》并未对保证人的资格条件作出明确的规定，仅仅规定了不能作为保证人的两种情形：

(1)机关法人不得为保证人，但是经国务院批准为使用外国政府或者国际经济组织贷款进行转贷的除外。

（2）以公益为目的的非营利法人、非法人组织不得为保证人。

因此，除上述两类法人和非法人组织不能作为保证人以外，其他具有独立财产和偿付能力的法人、社会组织都可以成为保证合同的保证人。

（三）保证方式

保证的方式包括一般保证和连带责任保证两种方式。

1. 一般保证

一般保证是保证人与债权人在合同中约定，当债务人不能履行债务时，由保证人承担保证责任的保证方式。在一般保证的情况下，保证人享有先诉抗辩权，即一般保证的保证人在主合同纠纷未经审判或仲裁，并就债务人的财产依法强制执行仍不能清偿债务前，有权拒绝向债权人承担保证责任。

一般保证的保证人虽然享有先诉抗辩权，但有下列情况之一的，保证人不得主张先诉抗辩权：

（1）债务人下落不明，且无财产可供执行；

（2）人民法院已经受理债务人破产案件；

（3）债权人有证据证明债务人的财产不足以履行全部债务或者丧失履行债务能力；

（4）保证人以书面形式放弃先诉抗辩权的。

2. 连带责任保证

连带责任保证是当事人在保证合同中约定，保证人和债务人对债务承担连带责任的保证方式，即连带责任保证的债务人不履行到期债务或者发生当事人约定的情形时，债权人可以请求债务人履行债务，也可以请求保证人在其保证范围内承担保证责任。

显然，在不同的保证方式中，保证人的地位与责任各不相同。因而，法律允许当事人可以对保证方式进行选择，在保证合同中加以约定。但是，《民法典》第六百八十六条第二款规定，当事人在保证合同中对保证方式没有约定或者约定不明确的，按照一般保证承担保证责任。

（四）保证责任范围

保证责任的范围，亦即保证债务的范围，根据《民法典》第六百九十一条的规定：保证的范围包括主债权及其利息、违约金、损害赔偿金和实现债权的费用。当事人另有约定的，按照其约定。此外，对保证责任范围，民法典中有如下明确的规定：

（1）保证担保的范围不得超出主债务的范围。债权人和债务人未经保证人书面同意，协商变更主债权债务合同内容，减轻债务的，保证人仍对变更后的债务承担保证责任；加重债务的，保证人对加重的部分不承担保证责任。

（2）债权人和债务人变更主债权债务合同的履行期限，未经保证人书面同意的，保证期间不受影响。

（3）债权人转让全部或者部分债权，未通知保证人的，该转让对保证人不发生效力。

（4）保证人与债权人约定禁止债权转让，债权人未经保证人书面同意转让债权的，保证人对受让人不再承担保证责任。

（5）债权人未经保证人书面同意，允许债务人转移全部或者部分债务，保证人对未经其同意转移的债务不再承担保证责任,但是债权人和保证人另有约定的除外。第三人加入债务的,保证人的保证责任不受影响。

(6)一般保证的保证人在主债务履行期限届满后,向债权人提供债务人可供执行财产的真实情况,债权人放弃或者怠于行使权利致使该财产不能被执行的,保证人在其提供可供执行财产的价值范围内不再承担保证责任。

(7)同一债务有两个以上保证人的,保证人应当按照保证合同约定的保证份额,承担保证责任;没有约定保证份额的,债权人可以请求任何一个保证人在其保证范围内承担保证责任。

(8)保证人承担保证责任后,除当事人另有约定外,有权在其承担保证责任的范围内向债务人追偿,享有债权人对债务人的权利,但是不得损害债权人的利益。

三、抵押权

(一)抵押权及其法律特征

抵押权是指为担保债务的履行,债务人或者第三人不转移财产的占有,将该财产抵押给债权人的,当债务人不履行到期债务或者发生当事人约定的实现抵押权的情形时,债权人有权就该财产优先受偿的担保物权。其中,债务人或者第三人为抵押人,债权人为抵押权人,提供担保的财产为抵押财产,抵押关系成立后所产生的权利称为抵押权。

抵押权具有如下法律特征:

(1)抵押是由原合同中的债务人或第三人同债权人缔结的担保合同,属于从合同。

(2)抵押人可以是原合同中的债务人,也可以是第三人,但必须是对抵押物享有所有权或者经营管理权的人。

(3)抵押物可以是动产,也可以是不动产,但必须是依法可以流通的财产。

(4)在抵押期间抵押物的占有权不转移。

(5)债务人不履行合同义务时,抵押权人有权就该财产优先受偿。

(6)抵押权是担保物权的一种,抵押权人对抵押物享有担保物权。

(二)抵押财产

根据我国法律规定,抵押物,即抵押财产,必须符合以下四个方面的条件:第一,抵押物必须是可以让与的物,法律规定禁止流通或者禁止强制执行的财产,不得作为抵押物;第二,抵押物须具有特定性,可与其他财产相区分;第三,抵押物须是能够登记或以其他方式予以公示的物;第四,抵押物须是抵押人所有或有处分权的物。我国《民法典》对抵押财产和不得抵押的财产均作了列举性规定。

(1)抵押财产。

《民法典》第三百九十五条规定,债务人或者第三人有权处分的下列财产可以抵押:

①建筑物和其他土地附着物;

②建设用地使用权;

③海域使用权;

④生产设备、原材料、半成品、产品;

⑤正在建造的建筑物、船舶、航空器；

⑥交通运输工具；

⑦法律、行政法规未禁止抵押的其他财产。

法律规定，抵押人可以将上述所列财产一并抵押。

（2）不得抵押的财产。

《民法典》第三百九十九条规定，下列财产不得抵押：

①土地所有权；

②宅基地、自留地、自留山等集体所有土地的使用权，但是法律规定可以抵押的除外；

③学校、幼儿园、医疗机构等为公益目的成立的非营利法人的教育设施、医疗卫生设施和其他公益设施；

④所有权、使用权不明或者有争议的财产；

⑤依法被查封、扣押、监管的财产；

⑥法律、行政法规规定不得抵押的其他财产。

（三）抵押权的效力

抵押权的效力包括抵押担保的范围、抵押对抵押物的效力，以及对与抵押物有关的财产权的影响等。

1.抵押担保的范围

主要包括：（1）主债权及其利息。主债权是指债权人与债务人之间因债的关系而发生的债权，由于抵押权是就抵押物变卖的价款优先受偿的权利，因而主债权应当是金钱债权。如果行为债权在债务不履行时能够转化为损害赔偿债权，也可以成为抵押所担保的债权。（2）违约金。（3）损害赔偿金。（4）实现抵押权的费用。主要指抵押权人保管担保财产和实现担保物权的费用，如保管费、申请费、变卖费、诉讼费等。

以上是法律规定的抵押担保范围。但上述规定是任意性规定，当事人可以约定担保的范围。当事人有约定的，从其约定；当事人无约定的，适用《民法典》的相关规定。

2.抵押权对抵押人的效力

抵押权不要求转移抵押物的占有，抵押权设定后，抵押人对抵押物仍享有占有、使用、收益和处分的权利，但抵押人的处分权已受到限制。

3.抵押权对抵押权人的效力

抵押权对抵押权人的效力，涉及抵押权的保全、抵押权的处分问题。

（1）抵押权的保全。《民法典》第四百零八条规定：抵押人的行为足以使抵押财产价值减少的，抵押权人有权请求抵押人停止其行为；抵押财产价值减少的，抵押权人有权请求恢复抵押财产的价值，或者提供与减少的价值相应的担保。抵押人不恢复抵押财产的价值，也不提供担保的，抵押权人有权请求债务人提前清偿债务。可以看出，法律规定了停止侵害、恢复原状和提供与减少的价值相当的担保三种保全办法。

（2）抵押权的处分。包括抵押权的转让、以抵押权设定担保和抵押权的抛弃。由于抵押权属于从权利，《民法典》第四百零七条规定：抵押权不得与债权分离而单独转让或者作为其他债权的担保。也就是说，债权转让的，担保该债权的抵押权一并转让，但是法律另有规定或者当事人另有约定的除外。

(四)抵押权的实现

抵押权的实现,是指债务履行期限届满而债务人未履行债务时,依法处理抵押财产而使债权得到清偿。

1.抵押权实现的要件

抵押权实现的要件为履行期限届满而债务人未履行债务,包括拒绝履行、不能履行、逾期履行和不完全履行等形态,并不以债务人的过错为要件。

2.抵押权实现的方式

《民法典》第四百一十条规定:债务人不履行到期债务或者发生当事人约定的实现抵押权的情形,抵押权人可以与抵押人协议以抵押财产折价或者以拍卖、变卖该抵押财产所得的价款优先受偿。协议损害其他债权人利益的,其他债权人可以请求人民法院撤销该协议。

抵押权人与抵押人未就抵押权实现方式达成协议的,抵押权人可以请求人民法院拍卖、变卖抵押财产。抵押财产折价或者变卖的,应当参照市场价格。

根据这一规定,实现抵押权的方式为:协议折价或者拍卖、变卖抵押物;请求人民法院拍卖、变卖抵押财产。

四、质权

质押就是设定质权的行为,质权是质押的核心。质权是指为担保债务的履行,债务人或者第三人将其动产或者权利出质给债权人占有的,债务人不履行到期债务或者发生当事人约定的实现质权的情形,债权人有权就该动产或者权利优先受偿的担保物权,但法律、行政法规禁止转让的动产不得出质。质权自出质人交付质押财产时设立。其中,债务人或者第三人为出质人,债权人为质权人,交付的动产为质押财产。

质权与抵押权都是以特定财产提供担保的物权,都具有特定性、不可分性和物上代位性等特点。但质权与抵押权有很大区别,主要在对财产的占有及公示制度上,即质权必须转移占有,称为质权的设定,以转移占有为成立要件,具有公示作用。同时,质权人因直接占有质物,亦具有间接的强制债务人清偿债务的留置作用。

质权分动产质权和权利质权两种。

1.动产质权

动产质权是债务人或者第三人将其动产出质给债权人占有的,债务人不履行到期债务或者发生当事人约定的实现质权的情形,债权人有权就该动产优先受偿。但法律、行政法规禁止转让的动产不得出质。

设立质权,当事人应当采用书面形式订立质押合同。质押合同一般包括下列条款:

①被担保债权的种类和数额。②债务人履行债务的期限。③质押财产的名称、数量等情况。④担保的范围。⑤质押财产交付的时间、方式。

质权自出质人交付质押财产时设立。

质权人行使质权时,应该注意:

(1)质权人在质权存续期间,未经出质人同意,擅自使用、处分质押财产,造成出质人损害的,应当承担赔偿责任。

(2)质权人负有妥善保管质押财产的义务;因保管不善致使质押财产毁损、灭失的,应当承担赔偿责任。

（3）质权人在质权存续期间，未经出质人同意转质，造成质押财产毁损、灭失的，应当承担赔偿责任。

（4）质权人可以放弃质权。债务人以自己的财产出质，质权人放弃该质权的，其他担保人在质权人丧失优先受偿权益的范围内免除担保责任，但是其他担保人承诺仍然提供担保的除外。

（5）债务人履行债务或者出质人提前清偿所担保的债权的，质权人应当返还质押财产。

债务人不履行到期债务或者发生当事人约定的实现质权的情形，质权人可以与出质人协议以质押财产折价，也可以就拍卖、变卖质押财产所得的价款优先受偿。

质押财产折价或者变卖的，应当参照市场价格。

2. 权利质权

权利质权是债务人或者第三人将其权利出质给债权人占有的，债务人不履行到期债务或者发生当事人约定的实现质权的情形，债权人有权就该权利优先受偿。

权利质权虽然以权利为标的，但并非所有的权利均可设定质权。《民法典》第四百四十条采用列举的方式，规定了可以设定质权的权利的范围，即债务人或者第三人有权处分的下列权利可以出质：

（1）汇票、本票、支票。

（2）债券、存款单。

（3）仓单、提单。

（4）可以转让的基金份额、股权。

（5）可以转让的注册商标专用权、专利权、著作权等知识产权中的财产权。

（6）现有的以及将有的应收账款。

（7）法律、行政法规规定可以出质的其他财产权利。

五、留置权

（一）留置权及其法律特征

留置权是债务人不履行到期债务，债权人可以留置已经合法占有的债务人的动产，并有权就该动产优先受偿的担保物权。留置权是债权人按照合同约定占有债务人的动产，在债权未清偿前留置该动产作为债权担保的权利。其中，债权人为留置权人，占有的动产称为留置财产。

留置权具有如下法律特征：

（1）留置权作为一种担保措施，是在债权人基于合法有效的合同而占有了债务人的动产的情况下，为了保证合同的履行而设立的。

（2）留置权人所留置的动产，只能是依照合同合法占有对方的动产。

（3）留置权的设立，必须是在债务人不按照合同规定的期限内履行债务时，债权人才能对债务人的动产行使留置权。

（4）债务人的动产被债权人留置后，债务人仍然不给付应付的款项，债权人便有权以留置财产折价或者以变卖该项财产的价款优先抵偿该项应付款项。

（5）留置财产的所有权仍然属于被留置的债务人。因此，一旦债务人给付了应付的款项，留置财产应当返还给被留置的债务人。

（二）留置财产

（1）留置财产须为动产。关于留置财产的范围，大陆法系各国的规定并不相同。我国法律规定留置财产限于动产，且必须能够转让，对于不动产不能行使留置权。

（2）留置财产必须是与债权相关联的财产。根据《民法典》第四百四十八条规定，债权人留置的动产，应当与债权属于同一法律关系，但是企业之间留置的除外。此外，对于法律规定或者当事人约定不得留置的动产，不得留置。

（3）留置财产为可分物的，留置财产的价值应当相当于债务的金额。这一规定的目的，在于避免债务人留置过多的财产，而影响物的效用。但是，在留置物为不可分物的场合，由留置权的不可分性所决定，债权人可将其全部留置。

（三）留置权的其他法律规定

1. 留置权担保的范围

留置权担保的范围包括主债权及利息、违约金、损害赔偿金、留置财产的保管费用和实现留置权的费用。

2. 留置权实现的方式

《民法典》第四百五十三条规定：留置权人与债务人应当约定留置财产后的债务履行期限；没有约定或者约定不明确的，留置权人应当给债务人60日以上履行债务的期限，但是鲜活易腐等不易保管的动产除外。债务人逾期未履行的，留置权人可以与债务人协议以留置财产折价，也可以就拍卖、变卖留置财产所得的价款优先受偿。

留置财产折价或者变卖的，应当参照市场价格。

法律还同时规定：

（1）债务人可以请求留置权人在债务履行期限届满后行使留置权；留置权人不行使的，债务人可以请求人民法院拍卖、变卖留置财产。

（2）留置财产折价或者拍卖、变卖后，其价款超过债权数额的部分归债务人所有，不足部分由债务人清偿。

（3）同一动产上已经设立抵押权或者质权，该动产又被留置的，留置权人优先受偿。

由此可知，留置权实现的法定方式，包括协议折价、拍卖或者变卖留置财产。

3. 留置权的消灭

《民法典》第四百五十七条规定：留置权人对留置财产丧失占有或者留置权人接受债务人另行提供担保的，留置权消灭。这表明，法律规定的留置权消灭的原因有：（1）提供新担保。即债务人为清偿债权而提出与债务相当的新担保并被债权人接受时，留置权消灭。（2）留置财产占有的丧失。留置财产占有丧失的原因主要包括：留置财产的变价、灭失、返还、被征用、没收等。

（四）抵押权和留置权的区别

抵押权与留置权同属物的担保，但它们各有特点，其主要区别如下：

（1）抵押行为是抵押人的自愿行为；而留置行为则是留置人被强制的行为。

（2）抵押财产的所有人可能是合同当事人，也可能是第三者；而留置财产的所有人则是合同当事人。

（3）抵押财产并非债权人、债务人权利义务关系的客体，而是主债关系客体之外的财产；而留置财产则正是引起主债关系的财产。

六、定金

（一）定金的概念及种类

定金是指合同当事人为保证合同的履行，依据法律规定或合同约定，一方当事人预先支付给对方一定数量的金钱或其他代替物。一般而言，定金属于金钱担保。

《民法典》第五百八十六条规定：当事人可以约定一方向对方给付定金作为债权的担保。定金合同自实际交付定金时成立。这表明，定金的成立，不仅须有当事人的合意，而且须有定金的现实交付，具有实践性。仅有合意而无定金的交付，定金合同不成立。

定金合同以主合同的有效成立为前提，主合同无效，定金合同亦无效，具有从属性。但定金合同无效并不必然导致主合同无效。

各国对定金的规定不一。实践中按当事人支付定金的目的、作用的不同来划分，主要有四种：

（1）成约定金，即以定金的交付作为合同成立的条件。

（2）证约定金，即以定金的交付作为合同成立的证明。

（3）违约定金，即以定金作为不履行合同的赔偿。

（4）解约定金，即以定金作为自由解除合同的条件。

我国法律规定的定金属于证约定金和违约定金。违约定金具有预定赔偿额的性质，但其作用却不尽限于此。

（二）定金的作用

1. 定金的作用

（1）定金具有证明合同成立的作用。给付和接受定金，可视为该合同成立的依据。

（2）定金具有预先给付的资助作用。由于定金是在合同签订后、未履行前先行付给的，因此接受定金的一方就可以及时将这笔款项用于生产经营，从而有利于合同的履行。

（3）定金具有督促双方当事人履行合同的作用。因为根据定金罚则，给付定金的一方不履行合同时，无权请求返还定金，即丧失了该定金；接受定金的一方不履行合同时，应向对方双倍返还定金。正是定金的这种惩罚性，加强了合同的约束力，因而能促进合同的全面履行。

2. 定金与预付款、违约金和押金的区别

（1）定金与预付款的区别。

定金和预付款虽然都可以作为合同成立的证据，都是预先给付的，但性质不同，其主要区别是：

①定金的主要作用在于担保合同的履行，交付定金可促使债务人履行债务，其本身并不是履行债务的行为；而预付款的交付属于履行义务的行为，主要作用是为对方履行合同提供

帮助，具有支援性质，不起担保作用。

②当事人不履行合同时，对于定金则适用定金罚则，它起着制裁违约方并补偿受害方损失的作用；对于预付款则不适用定金罚则，在违反合同时，无论哪一方违约，都应将预付款返还给对方或抵作货款。

③交付定金的协议是从属于主合同的协议；而交付预付款则是合同内容的一部分。

④定金只有交付后才能成立，是实践合同；而预付款只要双方的意思表示一致即可成立，是诺成合同。

（2）定金与违约金的区别。

①定金是在合同履行前交付的，违约金是在发生违约行为后给付的。

②定金要遵守定金罚则，而违约金只是依照法律规定和合同约定支付。

③定金的担保比违约金担保具有优先保证性。违约金是否为担保方式，目前尚有争议，但多数学者认为，违约金也有保证合同履行的作用，也可认为是一种担保方式，然而其担保效力不具有定金那种优先保证性。

④定金一般是约定的，而违约金则既可以是约定的，也可以是法定的。

（3）定金与押金的区别。

押金是作抵押用的钱，也称押租。承租人根据租赁合同，为担保承租义务的履行，向出租人预付金钱或其他物品。定金和押金虽然都有担保作用，但定金与押金有明显区别：

①定金是在合同履行前交付的，可适用于多种合同；押金是在履行中交付的，而且只适用于租赁合同，如供货企业向取货单位收取的包装押金，供电、供水企业向用户收取的电表、水表押金等。

②不履行合同时，定金则适用定金罚则，而押金在租赁关系结束时可退回给承租人或抵偿欠租。

（三）定金合同的成立

定金合同是主合同的从合同，可以在主合同中作为担保条款订立，也可以单独订立。定金合同成立的要件为：

（1）定金数额应当符合法律规定。

《民法典》第五百八十六条第二款规定：定金的数额由当事人约定；但是，不得超过主合同标的额的百分之二十，超过部分不产生定金的效力。实际交付的定金数额多于或者少于约定数额的，视为变更约定的定金数额。

（2）定金必须实际交付。

定金合同不仅需要当事人的意思表示一致，而且需要现实交付定金。《民法典》第五百八十六条第一款规定：定金合同自实际交付定金时成立。这意味着，定金合同从实际交付定金之日起生效。至于定金交付的时间，合同当事人应当约定。一般而言，证约定金通常于主合同成立同时交付，违约定金既可以于主合同成立同时交付，也可以在主合同成立之后、履行之前交付。

（四）定金的效力

定金的效力因定金的种类不同而不同。我国现行法上的定金为证约定金和违约定金。因而，一方面，定金有证明合同成立的作用，另一方面，定金又有违约定金的效力。我国《民法典》第五百八十七条规定：债务人履行债务的，定金应当抵作价款或者收回。给付定金的一方不履行债务或者履行债务不符合约定，致使不能实现合同目的的，无权请求返还定金；收受定金的一方不履行债务或者履行债务不符合约定，致使不能实现合同目的的，应当双倍返还定金。

第五节　运输合同的保全

一、运输合同保全概述

1. 运输合同保全概念

运输合同保全制度，是指法律为防止因债务人财产的不当减少致使债权人债权的实现受到危害，而设置的保全债务人责任财产的法律制度。《民法典》第五百三十五条规定：因债务人怠于行使其债权或者与该债权有关的从权利，影响债权人的到期债权实现的，债权人可以向人民法院请求以自己的名义代位行使债务人对相对人的权利，但是该权利专属于债务人自身的除外。运输合同保全制度主要包括债权人代位权制度和债权人撤销权制度。

其中，债权人的代位权着眼于债务人的消极行为，当债务人有权利行使而不行使，以致影响债权人权利的实现时，法律允许债权人代债务人之位，以自己的名义向第三人行使债务人的权利；而债权人的撤销权则着眼于债务人的积极行为，当债务人在不履行其债务的情况下，实施减少其财产而损害债权人债权实现的行为时，法律赋予债权人有诉请法院撤销债务人所为的行为的权利。

债权人有了代位权和撤销权这两项权利，就可以保全债务人的总财产，增强债务人履行债务的能力，以达到实现其合同债权的目的。

2. 运输合同保全与财产保全的区别

运输合同保全与民事诉讼中的财产保全是不同的。

民事诉讼中的财产保全，是指人民法院在案件受理前或诉讼过程中，为了保证判决的执行或避免财产遭受损失，而对当事人的财产和争议的标的物采取查封、扣押、冻结等措施，它是程序法所规定的措施，一般都需要由当事人提出申请。

运输合同的保全，只是实体法中的制度，它是通过债权人行使代位权、撤销权而实现的。

3. 运输合同保全的意义

首先，它为合同责任的实行提供了物质基础，保全了作为承担合同责任基础的责任财产，为将来的强制执行做好了准备，否则，如果债务人任意处分责任财产而无限制，那么合同责任也将无用武之地。

其次，同物的担保相比，运输合同保全制度并不需要履行任何手续，只要有合法有效的债权存在，当条件具备时，债权人便当然地拥有保全的权利。从这一角度出发，人们认为保全与债权所具有的请求权、执行权、保有权、处分权等权能一样，应为债权固有的权能。债权保全制度与一般担保、特别担保相互为用，共同担保债权的实现，体现了现代民法对债权人保护制度的周密细致化发展趋向，具有重要的现实意义。

二、运输合同保全制度的特征及功能

(一)运输合同保全的特征

1. 合同保全是债的对外效力的体现，也是合同相对性原则的例外

合同保全从本质上讲就是一种债的保全。根据债的相对性和合同相对性的原理，合同之债主要在合同当事人之间产生法律效力。法律赋予债权人在一定条件下行使代位权或撤销权，而行使这两项权利的直接后果是对当事人以外的第三人产生效力，这就与合同相对性原则不同。因此，人们说合同保全是合同相对性原则的例外。

2. 合同保全主要发生在合同有效成立期间

即在合同生效之后到履行完毕前，合同保全措施都可以被采用。这说明合同保全措施的运用，与合同履行期间债务人是否实际履行义务，并没有必然的联系。但合同如果没有生效或者已被宣告解除、无效乃至被撤销的，债权人就没有了行使代位权或撤销权的事实和法律依据。

3. 合同保全的基本方法是代位权和撤销权的行使

这两种措施都是通过防止债务人的财产不当减少或恢复债务人的财产，从而保证债权人权益的合法实现。根据合同保全原则，无论债务人是否实施了违约行为，只要债务人采取不正当的手段处分其财产，并且这种行为直接导致债权人的利益受到危害时，债权人就可以行使保全措施。也可以这样说，合同保全措施的根本目的就在于保障合同债权人的权利实现。

(二)运输合同保全的功能

正是基于合同保全是债的对外效力的体现的认识，立法上设置合同保全制度就是为了弥补合同担保、强制执行制度和违约责任制度在保证债权实现方面的不足。特别是在市场经济条件下，维护合同交易的安全与便捷正日益成为全社会关注的热点，合同保全制度在这方面无疑会发挥它应有的功能和作用。具体讲，合同保全制度有以下几项功能。

1. 可以有效地防止债务人的财产消极与积极的不正当减少

司法实践中，经常看到在合同关系成立后，一些债务人在欠下债务时，不是想方设法偿还债务，而是采取一些不正当的手法故意躲债。有的是将个人财产非法转让给第三者；有的则明知可以从第三人处取得一定财产，却怠于行使权力，故意不取得；更有甚者还串通他人合谋隐藏、转移财产规避债务；等等。合同保全制度的设置对上述避债行为会起到防范和遏制作用。

2. 可充分保障债权人的合法权益

由于合同保全制度使债权人对第三人产生效力，这就为缓解减轻当前存在的较严重的"三角债""讨债难"现象提供了法律依据，也有利于充分保障债权人合法权益的实现。

三、运输合同保全制度

债权人有了代位权和撤销权这两项权利，就可以保全债务人的总财产，增强债务人履行债务的能力，以达到实现其合同债权的目的。

我国《民法典》第五百三十五条规定了债权人代位权制度；第五百三十八条以及第五百三

十九条则规定了债权人撤销权制度。

1. 债权人代位权制度

《民法典》第五百三十五条规定：因债务人怠于行使其债权或者与该债权有关的从权利，影响债权人的到期债权实现的，债权人可以向人民法院请求以自己的名义代位行使债务人对相对人的权利，但是该权利专属于债务人自身的除外。

代位权的行使范围以债权人的债权为限。债权人行使代位权的必要费用，由债务人负担。

相对人对债务人的抗辩，可以向债权人主张。

所谓的债权人的代位权，是指当债务人怠于行使其对第三人享有的权利而有害于债权人的权利行使时，债权人为使自己的权利不落空，可用自己的名义代位行使债务人的权利。

人民法院认定代位权成立的，由债务人的相对人向债权人履行义务，债权人接受履行后，债权人与债务人、债务人与相对人之间相应的权利义务终止。债务人对相对人的债权或者与该债权有关的从权利被采取保全、执行措施，或者债务人破产的，依照相关法律的规定处理。

2. 债权人撤销权制度

《民法典》第五百三十八条规定：债务人以放弃其债权、放弃债权担保、无偿转让财产等方式无偿处分财产权益，或者恶意延长其到期债权的履行期限，影响债权人的债权实现的，债权人可以请求人民法院撤销债务人的行为。

第五百三十九条规定：债务人以明显不合理的低价转让财产、以明显不合理的高价受让他人财产或者为他人的债务提供担保，影响债权人的债权实现，债务人的相对人知道或者应当知道该情形的，债权人可以请求人民法院撤销债务人的行为。

第五百四十条规定：撤销权的行使范围以债权人的债权为限。债权人行使撤销权的必要费用，由债务人负担。

所谓债权人的撤销权，则是指当债务人放弃对第三人的债权、实施无偿或者说低价处分财产的行为损害债权人的利益时，债权人可以依法请求人民法院撤销债务人所实施的行为。

撤销权自债权人知道或者应当知道撤销事由之日起一年内行使。自债务人的行为发生之日起五年内没有行使撤销权的，该撤销权消灭。

债务人影响债权人的债权实现的行为被撤销的，自始没有法律约束力。

综上，债权人的代位权表现为债务人行为上的消极不作为，而债权人的撤销权表现为债务人行为上的积极作为。其共同特征是两者债务人的行为都对债权人的合法债权造成了损害。

第六节　运输合同的变更和转让

一、运输合同变更和转让概述

(一)运输合同变更的涵义

1. 运输合同变更的概念

运输合同的变更是指合同签订以后，由于履行条件发生变化，当事人之间对原合同的某些条款进行修改或补充所达成的新的协议。

运输合同的变更，有广义和狭义之分。广义的合同变更包括运输合同主体的变更和运输合同内容的变更。所谓运输合同主体的变更，是指以新的运输合同主体取代原运输合同主体，运输合同的内容不发生变化，仅改换债权人或债务人。狭义的合同变更即运输合同内容的变更，是合同成立后至履行完毕前，运输合同主体对合同内容达成协议予以修改或补充。

在运输合同中，允许托运人、旅客或者承运人变更合同的内容，不过，对于收货人来说，由于其一般不承担合同义务，因而，因收货人的原因而变更合同的情况比较少。而在旅客运输合同中，旅客有权在乘坐之前变更运输合同；但承运人只有在法律规定的情况下才可以变更合同。

2.运输合同变更的特征

(1)合同的变更在一般情况下须当事人协商一致，并在原合同的基础上达成新的协议。《民法典》第五百四十三条规定：当事人协商一致，可以变更合同。因此，在协议未达成之前，原合同关系仍然有效，当事人仍需履行。同时，法律还规定，当事人对合同变更的内容约定不明确的，推定为未变更。

(2)合同变更是合同内容的局部变更。也就是，合同变更是对原合同内容的修改和补充，不是对合同内容的全部变更和实质性变更。如运输合同标的数量的增减、交货时间和地点的改变、结算方式的更改等，均属于合同变更的范围。

(3)合同的变更也会产生新的权利义务内容。

(二)运输合同转让的涵义

运输合同的转让，是指当事人一方将其合同权利、合同义务或者合同权利和义务，全部或者部分转让给第三人。合同的转让，也就是合同主体的变更，准确地说是合同权利、义务的转让，即在不改变合同关系内容的前提下，使合同的权利主体或者义务主体发生变动。

运输合同转让是指合同法律关系主体的改变。根据转让内容的不同，合同转让包括了合同权利的转让、合同义务的转让以及合同权利和义务的概括转让三种类型。合同转让既可以全部转让，也可以部分转让。合同转让的类型不同，其转让的条件、程序和效力也不尽相同。

二、运输合同的变更

(一)变更运输合同的条件

1.当事人协商同意，可以变更合同

运输合同的订立只有经过双方当事人协商一致才能成立，而变更合同也必须经过双方协商并达成协议，任何当事人单方擅自变更都是违法的，因而也是无效的。当然，变更运输合同不能损害国家和社会公共利益，否则，即使双方协商一致，变更运输合同也是无效的。

2.发生了无法预见的重大变化而出现明显不公平的，可以变更或解除合同

《民法典》第五百三十三条规定：合同成立后，合同的基础条件发生了当事人在订立合同时无法预见的、不属于商业风险的重大变化，继续履行合同对于当事人一方明显不公平的，受不利影响的当事人可以与对方重新协商；在合理期限内协商不成的，当事人可以请求人民法院或者仲裁机构变更或者解除合同。人民法院或者仲裁机构应当结合案件的实际情况，根

据公平原则变更或者解除合同。

这里的当事人"无法预见的、不属于商业风险的重大变化"，主要指不以当事人意志为转移的客观因素，如不可抗力或者意外事故等。不可抗力是指当事人在订立运输合同时不能预见，对其发生和后果不能避免并不能克服的客观情况，一般表现为自然现象（如洪水、地震、台风、泥石流等）和社会现象（如战争等）。由于不可抗力致使运输合同无法履行时，当事人可以变更或解除运输合同。

不可抗力对履行运输合同的影响，可能是直接的，也可能是间接的。例如，由于大范围的暴雨，造成运输线路中断，使运输部门无法按计划将货主托运的货物准时运到指定的目的地，导致运输部门与托运方签订的运输合同无法正常履行。这里引起运输部门与托运方签订的运输合同不能履行的原因，是不可抗力的自然灾害的直接影响。

（二）不得变更运输合同条件

《民法典》第五百三十二条规定：合同生效后，当事人不得因姓名、名称的变更或者法定代表人、负责人、承办人的变动而不履行合同义务。据此，法律规定了不准当事人变更或解除合同的两种情况。

1.运输合同生效后，当事人不得因姓名、名称的改变而变更或解除合同

最典型的情形就是，当事人一方发生合并、分立时，不得变更或解除运输合同，而应由变更后的当事人承担履行运输合同的义务和享受应有的权利。因此，运输合同当事人不能以合并、分立等名称改变为由，变更或解除运输合同。

合同当事人的合并、分立有三种情况。一是当事人同其他单位合并，这样原来确立的权利义务由新合并的单位承担。二是合同当事人合并，这样合同所设定的权利义务就成为企业的内部权利义务关系，无需再按企业外部的合同继续履行。三是当事人一方或双方发生分立，这样需由分立后的几个单位承担其权利义务。

2.运输合同生效后，不得因负责人、承办人或法定代表人的变动而变更或解除

这是因为合同当事人的行为是一种整体行为，不是法定代表人或承办人的个人行为，行为的责任也不能由法定代表人或承办人来承担（法定代表人或承办人有过错的除外）。同时，如果合同可以因法定代表人或承办人的变动而变更或解除，必然会使法人之间的经济往来经常处于不稳定状态，从而干扰企业的生产和经营，影响正常的经济秩序。

三、运输合同的转让

运输合同的转让，包括运输合同权利的转让和运输合同义务的转让两个方面内容。

（一）运输合同权利的转让

1.概念及法律特征

运输合同权利的转让，是指运输合同的债权人通过协议将其债权全部或部分转让给第三人的法律行为。其法律特征如下：

（1）运输合同权利转让的主体是债权人和第三人，债务人不是权利转让的主体。

（2）运输合同权利的转让不改变合同权利的内容。

（3）运输合同权利转让的客体是运输合同中的债权，因而属于债权转让而非物权转让。

（4）运输合同权利的转让既可以是全部转让，也可以是部分转让。

2. 运输合同的债权转让

运输合同权利转让是一种合同行为，因而须在债权人（即转让人）与受让人之间达成协议。《民法典》第五百四十六条规定：债权人转让债权，未通知债务人的，该转让对债务人不发生效力。债权转让的通知不得撤销，但是经受让人同意的除外。

根据法律规定，运输合同的债权人转让权利的，应当通知债务人，未经通知，该转让对债务人不发生效力。也就是说，运输合同的债权人转让债权，不必征得债务人的同意，但必须将债权转让的事实及时通知债务人，债务人接到通知后，债权转让才发生效力，受让人才能开始行使其债权。如果没有通知，并不意味着合同的转让无效，而是对债务人不发生效力，债务人可以向原来的债权人履行合同义务，原债权人不得拒绝履行。同样，受让人也无权要求债务人履行，但是受让人可以按照转让协议要求转让人承担违约责任。

此外，撤销债权转让的通知，除非经过受让人同意，否则，不得撤销。

关于与债权有关的从权利是否转让的问题，《民法典》第五百四十七条规定：债权人转让债权的，受让人取得与债权有关的从权利，但是该从权利专属于债权人自身的除外。受让人取得从权利不因该从权利未办理转移登记手续或者未转移占有而受到影响。

3. 不得转让的情形

《民法典》第五百四十五条明确规定：债权人可以将债权的全部或者部分转让给第三人，但是有下列情形之一的除外：

（1）根据债权性质不得转让。

（2）按照当事人约定不得转让。

（3）依照法律规定不得转让。

此外，当事人约定非金钱债权不得转让的，不得对抗善意第三人。当事人约定金钱债权不得转让的，不得对抗第三人。

（二）运输合同义务的转让

1. 运输合同义务转让的概念

运输合同义务的转让，是指基于债权人、债务人与第三人之间的协议，将合同义务全部或部分地转移给第三人，又称债务承担。

《民法典》第五百五十一条规定：债务人将债务的全部或者部分转移给第三人的，应当经债权人同意。债务人或者第三人可以催告债权人在合理期限内予以同意，债权人未作表示的，视为不同意。

运输合同义务的转让，不同于第三人代替债务人履行债务。在第三人替代履行的情况下，合同义务并没有真正地发生法律上的转移，债权人不能直接要求第三人履行，第三人只是债务履行的辅助人而不是合同的当事人。在第三人替代履行有瑕疵时，债权人也只能向债务人而不能向第三人请求承担责任。

但是，第三人与债务人约定加入债务并通知债权人，或者第三人向债权人表示愿意加入债务，债权人未在合理期限内明确拒绝的，债权人可以请求第三人在其愿意承担的债务范围内和债务人承担连带债务。

2.运输合同义务转让的效力

运输合同义务的转让发生以下法律效力：

（1）合同义务转让后，第三人取代原债务人而成为新债务人，原债务人退出合同关系。

（2）债务人转让债务的，新债务人可以主张原债务人对债权人的抗辩；原债务人对债权人享有债权的，新债务人不得向债权人主张抵销。

（3）债务人转让债务的，新债务人应当承担与主债务有关的从债务，但是该从债务专属于原债务人自身的除外。

（三）运输合同权利与义务的概括转让

合同权利与义务的概括转让，是指合同当事人一方将其合同权利和义务一并地转让给第三人，由第三人全部、概括地继受合同权利和义务。《民法典》第五百五十五条规定：当事人一方经对方同意，可以将自己在合同中的权利和义务一并转让给第三人。在运输合同中，由于客观情况的变化，法律允许合同双方当事人在不违反法律法规的情况下转让合同，托运人、承运人以及收货人均可以将合同的全部权利和义务转让给第三人。

第七节　运输合同的权利义务终止

一、运输合同权利义务终止概述

（一）运输合同终止的概念

运输合同权利义务的终止，简称为运输合同的终止，又称运输合同的消灭，是指运输合同当事人之间的运输合同关系在客观上不复存在，合同权利和合同义务归于消灭。

合同作为一种有期限的民事法律关系，不能永久存在，具备法律规定或者当事人约定的某些情形时，合同关系客观上将不复存在，合同债权和合同债务归于消灭，此即合同权利义务的终止。

（二）运输合同终止的条件

《民法典》第五百五十七条规定，有下列情形之一的，债权债务终止：

（1）债务已经履行。

（2）债务相互抵消。

（3）债务人依法将标的物提存。

（4）债权人免除债务。

（5）债权债务同归于一人。

（6）法律规定或者当事人约定终止的其他情形。

同时法律还规定，合同解除的，该合同的权利义务关系终止。

合同终止包括合同履行的终止与合同关系的消灭两层含义。

（1）合同履行的终止，是指当事人因该合同所产生的权利与义务归于消灭，并面向将来消灭合同履行的效力。合同履行的终止并不消灭当事人因此所应承担的返还财产、赔偿损失等责任。

（2）合同关系的消灭，是指当事人因该合同所产生的一切权利义务关系完全不复存在，当事人不再履行合同义务，由合同引起的债权债务关系全部归于消灭。

（三）运输合同的解除

运输合同的解除，是指运输合同在有效成立后尚未履行完毕前，由于实现合同的条件发生变化，致使合同的履行成为不可能或不必要，由当事人依照法律或合同规定的条件和程序，提前终止运输合同效力的行为。合同解除有约定解除和法定解除两种情形。

1. 约定解除

它是当事人经协商一致而提前终止合同的情形。《民法典》第五百六十二条规定：当事人协商一致，可以解除合同。当事人可以约定一方解除合同的事由。解除合同的事由发生时，解除权人可以解除合同。

2. 法定解除

它是一方当事人依法律规定享有解除权而单方解除合同的情形。《民法典》第五百六十三条就对解除合同的条件进行了规定，有下列情形之一的，当事人可以解除合同：

（1）因不可抗力致使不能实现合同目的。

（2）在履行期限届满前，当事人一方明确表示或者以自己的行为表明不履行主要债务。

（3）当事人一方迟延履行主要债务，经催告后在合理期限内仍未履行。

（4）当事人一方迟延履行债务或者有其他违约行为致使不能实现合同目的。

（5）法律规定的其他情形。

运输合同解除后，当事人之间的合同关系归于消灭，双方恢复到合同未订立以前的状况。运输合同的解除是当事人为避免履行运输合同而带来不应有的损失所采取的一项措施，运输合同解除后，尚未履行的，终止履行；已经履行的，根据履行情况和合同性质，当事人可以请求恢复原状或者采取其他补救措施，并有权请求赔偿损失。

合同因违约解除的，解除权人可以请求违约方承担违约责任，但是当事人另有约定的除外。只有在责任方偿付了违约金和赔偿了损失后，双方的法律关系才真正消灭。

二、运输合同的权利义务终止

运输合同权利义务的终止，又称运输合同的终止，它是指运输合同当事人之间由合同确定的权利、义务，因某种原因而消灭，不再对双方发生作用。

合同的终止在合同的法律关系中具有其特殊性。它既不同于合同的变更，又不同于合同的中止。合同的变更，只是合同的权利、义务发生内容上的变化，权利、义务并未完全终止。合同终止与合同中止的不同之处在于后者只是在法定的特殊情况下，当事人暂时停止履行合同，在这种特殊情况消失以后，当事人仍然承担继续履行的义务。

运输合同的终止是随着一定法律事实的发生而发生的。根据法律事实的不同情况，合同的终止有以下几种情况。

1. 合同因履行而终止

履行合同是签订合同的最终目的，不履行或者不完全履行合同也就失去签订合同的原始目的。一旦当事人按照合同的规定，全面履行了合同，合同也就完成了它的使命，则合同即行终止。

2. 合同因撤销而终止

当事人对因重大误解或显失公平而签订的合同，可以要求人民法院或仲裁机关撤销，双方权利、义务从合同签订时起即不存在，对合同双方不再发生法律效力。

3. 合同因提存而终止

提存是指由于债权人的原因而无法向其交付合同标的物时，债务人将该标的物交给提存部门保存以消灭合同权利义务的一项制度。因此，合同一方当事人遇到这类情况将标的物提存后，就不再受合同权利义务的约束，合同法律关系即行终止。实际上，合同因提存而终止属于合同因履行而终止的一种特殊情况。

4. 合同因免除而终止

免除是指债权人抛弃债权，从而消灭合同关系及其他债之关系的意思表示。因债权人抛弃债权，债务人得以免除清偿义务。

5. 合同因协议而终止

这是指合同当事人经协商一致，自愿终止双方的权利义务关系。

6. 合同因解除而终止

合同解除包括双方解除和单方解除。双方解除是当事人双方为了消灭原有的合同而订立的新合同，即解除合同。单方解除是指当事人一方通过行使法定解除权或者约定解除权而使合同的效力消灭。

7. 合同因混同而终止

混同是指不能并立的两种法律关系同归于一人而使其权利义务归于消灭的现象，包括所有权与他物权同归于一人，债权与债务同归于一人，以及主债务与保证债务同归于一人。债的关系须有债权人与债务人同时存在方能成立，当债权人和债务人合为一人时，债权债务当然消灭。

8. 合同因抵消而终止

抵消，又称充抵，是指二人互负债务时，各以其债权充当债务之清偿，而使其债务与对方的债务在对等额内相互消灭。

这是指合同双方当事人相互负有同种类的给付义务，两项义务相互充抵，达到合同关系的消灭。一般来讲，抵消终止合同需具备四个条件：

（1）双方互相负有相同的义务，互享相同的权利。如果双方互有的义务、互享的权利不一致，不能完全充抵其所有的权利、义务，合同不能终止。

（2）双方的义务须为同一性质，即同类的给付。如果当事人给付种类不同，抵消不仅不能满足当事人的需要，也会在数量上造成计算上的困难。当然在特殊情况下，双方当事人同意，也可充抵。

（3）双方的义务须均到履行期。如果两项义务都到履行期，当事人才有权利履行，合同才能充抵，如果一项义务未到履行期，或者两项义务都未到履行期，则合同不能充抵，这是因为合同是双务的，承担义务的一方，一般也是享有权利的一方，必须经双方协商同意才能充抵。

（4）债权、债务的性质可以抵消。但法律规定不能抵消或当事人约定不能抵消的权利、义务，不能抵消。

9. 合同因期限届至而终止

合同期限届至，即使合同未能履行或者未能全面履行，合同的权利、义务也不再具有法律效力，因此合同因合同期限届至而终止。

上述引起合同终止的原因中，撤销、抵消、提存、免除和混同为合同的绝对终止，即合同权利义务的消灭；解除、期限届至等为合同的相对终止，即合同履行效力的消灭。

合同终止后就产生了唯一的法律后果——合同当事人权利、义务的消灭。但是由于当事人其他原因引起违约责任、赔偿责任等不能因合同终止而免除。可见，合同的终止是仅就合同约定的权利、义务而言的，是合同约定的权利、义务的灭失，当事人因其他原因而产生的权利、义务不在此范围之内。

三、后合同义务

（一）后合同义务概念及特征

1. 后合同义务概念

所谓后合同义务，是指在合同终止后，当事人根据诚实信用原则而应当履行的旨在维护给付效果或者妥善处理合同终止事宜的通知、协助、保密等义务。《民法典》第五百五十八条规定，债权债务终止后，当事人应当遵循诚信原则，根据交易习惯履行通知、协助、保密、旧物回收等义务。就是对后合同义务的明确定义。

2. 后合同义务的特征

（1）后合同义务是合同终止后当事人应当履行的义务。有效合同成立是后合同义务存在的前提。合同未成立、合同无效或合同撤销都不会产生后合同义务。当然，这里的终止是指合同的相对终止，是由于合同履行、解除、抵消、提存、免除、混同等原因，而使当事人之间的约定债权债务关系的消灭。如果后合同义务已经履行完毕，合同关系彻底消灭，合同就是绝对终止了。

（2）后合同义务不是根据合同双方当事人约定的义务，而是基于诚实信用原则和交易习惯而产生的义务，它是法律强制缔约双方承担的在合同履行结束后，当事人依法不得不继续履行的合同义务。因此，后合同义务是一种法定义务，也是一种强行性义务。

（3）后合同义务的目的是维护给付效果或者妥善处理合同终止事务，后合同义务归属于法定合同义务，违反后合同义务的行为构成违法行为而非违约行为；给对方当事人造成损失的，应当承担赔偿责任。

（二）后合同义务的内容

《民法典》第五百五十八条列举了通知、协助、保密、旧物回收等四种后合同义务内容，但是后合同义务的完整内容不仅以这四种为限。通常，后合同义务的内容还应当包括注意义务、说明义务、照顾义务、忠实义务和减损义务等。后合同义务的内容应当根据交易习惯确定，合同的具体内容不同，相应的后合同义务也不会相同。

1. 通知义务

通知义务又称告知义务，运输合同终止后，一方当事人应当在有条件的情况下及时将有关情况通知另一方当事人。例如，标的物提存后，除债权人下落不明的以外，债务人应当及时通知债权人或者债权人的继承人、监护人等。

2. 协助义务

运输合同终止后，当事人应当帮助、配合对方当事人处理合同终止后的善后事宜。例如，货物运输合同双方不仅在合同履行过程中需要互相协助对方，在货物运抵到站后，基于诚实信用原则的要求，也需要协助另一方当事人办理后续货物交接事宜、运输工具的消毒清洗等。

3. 保密义务

保密义务包括以下三个方面。首先，合同终止后，合法接触、掌握、使用国家秘密的合同当事人，对于保密期内的国家秘密，无权向第三者泄漏。其次，合同终止后，当事人负有保守商业秘密的义务。最后，除了国家秘密和商业秘密，当事人在合同中约定保密的特定事项，合同终止后，当事人也不得泄漏。例如，劳动合同解除后，一方到另一与原单位业务相竞争的单位工作，不得擅自利用原单位的技术秘密等。

4. 旧物回收义务

旧物回收是一种"按照法律、合同要求，或者责任义务，对所有弃置报废或废旧产品、零部件和材料的管理"服务，目的在于以最小的成本恢复产品最大的经济价值，同时满足技术、生态与法律的限制。

(三)后合同义务的责任

《民法典》虽规定了后合同义务，但对违反后合同义务的民事法律后果，却未做出具体的规定。按照学术界通说的观点，违反后合同义务按违法行为处理。

对于后合同责任的承担方式，大体应有强制协助、继续履行、停止侵害和赔偿损失四种，在审判实践中其承担方式的具体适用应根据受损害方的要求和案件具体情况由法官自由裁量。其中，赔偿损失应当受到较为广泛的应用。

第八节 无效运输合同

一、无效运输合同的概念

无效运输合同是指虽经当事人双方协商订立，但因违反了法律、行政法规的强制性规定或者违背了公序良俗，因而从订立时起即没有法律效力，国家法律不予承认和保护的运输合同。

订立运输合同是合同当事人为了实现特定的目的而实施的法律行为。这种行为只有符合法律、行政法规的强制性规定，符合公序良俗的要求，才能得到国家法律的保护，并产生当事人预期的法律后果。否则，当事人不但达不到预期的后果，还要承担由此产生的法律责任，并受到国家法律制裁。

我国《民法典》第一百五十五条规定：无效的或者被撤销的民事法律行为自始没有法律约束力。因此，如果运输合同被确认为无效合同或者被撤销的合同，则它们从订立时起，就没有法律的约束力。

【案例三】无效合同定金争议案

【案情】

王某某和管某某等 6 人分别以其挂靠单位台州市江海船务有限公司的名义签订光船租赁合同一份，约定由王某某将其所有的某货运船舶光租给管某，租期为 3 年，年租金为 356800 元，管某某支付定金 3 万元，船舶限定航行于珠江三角洲及中国港澳航线，主要用于装载集装箱和散货。船舶交付后，双方将租船合同的实际履行地协商变更为天津黄骅港，管某某等 6 人自任船员从事运输，船舶在黄骅港至上海港航线之间运营。后双方在履行合同中发生纠纷。管某以王某未按合同约定为由，要求王某承担违约金及定金的处罚。双方申请仲裁。经查：王某某所有的船舶系内河船舶，王某某以光船租赁形式交付管某某经营并准许海上航行，违反《海商法》和《中华人民共和国内河交通安全管理条例》有关出租人应提供适航船舶和船舶应在限定航区内航行的强制性规定，故其与管某某签订的光船租赁合同应确认为无效。仲裁委员会作出王某某应将收取的租金予以退还，并将 3 万元定金还给对方的决定。

【法理分析】

管某某的认识显然是不正确的，这是因为：

1. 整个合同都确认无效了，担保条款当然也无效，不再适用定金罚则。

2. 无效合同从订立时起就没有法律约束力，而不是指合同发生纠纷后才失去法律效力，更不是指被确认无效时才失去法律效力。

二、无效的与可撤销的运输合同

(一) 无效运输合同

无效合同是指由于不具备合同生效的要件，因而法律不承认其效力的合同，它是一种绝对无效的合同。根据《民法典》第一编第六章的民事法律行为，以及其他章节的相关法律规定，下列运输合同为无效运输合同。

1. **无行为能力的人签订的运输合同无效**

无行为能力的人签订的合同，也就是主体不合格的合同，由于合同的主体不具有参加民事活动的行为能力，因而其订立的合同是无效合同。如企业法人、个体工商户和私营企业等未经交通部门批准，未经市场监督管理机关核准登记、颁发营业执照，而以其名义签订的运输合同，属于无行为能力的人签订的合同，是无效的运输合同；企业法人和个体工商户、私营企业等被吊销了营业执照后，仍以原名义签订的运输合同，属于丧失行为能力的人签订的合同，也是无效的运输合同。

2. **行为人与相对人以虚假的意思表示签订的运输合同无效**

订立合同的行为人与相对人以虚假的意思表示签订运输合同，双方行为违反了诚实信用原则，损害了国家利益和社会公共利益，因而其所订立的运输合同无效。

3. **违反法律、行政法规的强制性规定的运输合同无效**

订立运输合同，必须遵守国家法律、行政法规的强制性规定，这是订立合同的基本原则之一。如果合同违反了法律、行政法规，就构成合同的内容不合法，因而合同无效。

例如，某公司(买方)与某机修厂(卖方)签订一份汽车买卖合同，合同规定，由卖方供给买方一辆全新的解放牌汽车，价款 2.6 万元。公司买回汽车后，因领不了牌照，不能使用，便多次要求机修厂帮助办照，均遭拒绝。后来买方要求退货，也遭卖方拒绝。无奈，公司提起诉讼。

经查：此车是机修厂私自装配的，为掩盖其违法行为，有意把卖车的发票上的品名写成"解放牌汽车零件"，违反了国家不许私自装配汽车的规定。同时，卖方没有经营汽车的业务，该合同属违反法律和行政法规的合同，是无效的合同。

4. 违背公序良俗的运输合同无效

公序良俗，即公共秩序与善良风俗的简称。所谓公序，即社会一般利益，包括国家利益、社会经济秩序和社会公共利益。所谓良俗，即一般道德观念或良好道德风尚，包括社会公德、商业道德和社会良好风尚。我国《民法典》规定，违反公序良俗的行为在法律上是无效的，因而违背公序良俗的运输合同也是无效的。

例如，某机械厂违反国家有关规定，私自装配汽车出售。某村村委会和该机械厂协商购买装配汽车一事，为了逃避有关部门的查处，双方订立两份合同：一份是"播种机买卖合同"，规定机械厂供给村委会播种机20台，单价700元，共计价款14000元；一份是"收割机购销合同"，规定机械厂供给村委会收割机15台，单价800元，共计价款12000元。实际上，双方并不准备履行这两个合同，而是以此入账作掩护，进行买卖汽车的交易。两个合同的总价款就是村委会付给机械厂的买车款，后来由于汽车无法上牌照，村委会要求退货而发生争执，事情才暴露出来，当事人请求仲裁机关处理，依法确认此合同无效。

5. 行为人与相对人恶意串通，损害他人合法权益的运输合同无效

所谓恶意串通，就是互相勾结、共同作弊，主观上牟取私利，客观上损害了国家、集体或者第三方的利益。

6. 行为人没有代理权、超越代理权或者代理权终止后，仍然实施代理行为，订立运输合同，未经被代理人追认的，对被代理人不发生效力，即订立的运输合同无效

这里行为人无代理权、超越代理权和代理权终止，都涉及到代理权的权限问题，如果被代理人追认，原来的无权代理就成为了有权代理；相反，如果被代理人不追认，则代理人的代理就是无权代理，其订立的运输合同就是无效合同。

但行为人没有代理权、超越代理权或者代理权终止后，仍然实施代理行为，相对人有理由相信行为人有代理权的，代理行为有效。

7. 代理人不得以被代理人的名义同自己以及自己代理的其他人订立运输合同，但是被代理的双方同意或者追认的除外

代订合同构成无效的情况有两种：

(1)代理人以被代理人的名义同自己签订的合同，又称自己代理。这种情况实际上体现的是代理人一个人的意思表示，是一种单方法律行为，违背了合同必须经过双方当事人协商一致的原则，因而订立的合同是无效的。但是被代理的双方同意或者追认的除外。

(2)代理人以被代理人的名义同自己所代理的其他人签订的合同，又称双方代理。这实际上也是代理人一人的意思表示，也违背了合同必须经过双方当事人协商一致的原则，因而订立的合同是无效的。但是被代理的双方同意或者追认的除外。

例如，张某是某汽车运输企业的业务员，企业要他到外地采购柴油机零部件。后来张某又受聘于某乡办铁厂，负责推销柴油机零部件。于是，张某分别以双方的名义自己拟定了合同条款，加盖了双方合同章，这种合同表面看上去似乎是双方当事人签订的，实际上是代理人"一手包办"签订的,违背了"协商一致"原则,属于无效合同。

(二)可撤销的运输合同

可撤销的合同,是指合同已经成立,因为存在法定事由,允许当事人申请撤销全部合同或者部分条款的合同。一般来说,可撤销合同是指合同因欠缺一定的生效要件,其有效与否,取决于有撤销权的一方当事人是否行使撤销权的合同。可撤销合同是一种相对有效的合同,在有撤销权的一方行使撤销权之前,合同对双方当事人都是有效的;被撤销以后,合同成为无效合同,不再对当事人产生效力。

根据《民法典》的相关规定,可撤销的运输合同主要包括下列情形。

1. 基于重大误解实施的民事法律行为,行为人有权请求人民法院或者仲裁机构予以撤销

重大误解,指的是一方当事人因自己的过错导致对合同的内容等发生误解而订立了合同。误解直接影响到当事人所应享有的权利和承担的义务。误解既可以是单方面的误解,也可以是双方的误解。

2. 一方以欺诈手段,使对方在违背真实意思的情况下订立的运输合同,受欺诈方有权请求人民法院或者仲裁机构予以撤销

所谓欺诈,是指当事人一方故意制造假象或者歪曲、虚构以掩盖真相,使对方产生错误的认识而同意与其签订合同。采用欺诈手段,使对方在违背真实意思的情况下进行民事活动,受欺诈方有权请求人民法院或者仲裁机构予以撤销,被撤销的合同不具有法律约束力。

例如,某车检部门以扣车、罚款等进行刁难,迫使某汽车运输公司和自己签订运输配件购买合同。实际上是一方当事人将自己的意志强加给对方而达成的"协议",根本不是双方当事人共同的意思表示,因而都属于无效合同。

3. 一方或者第三人以胁迫手段,使对方在违背真实意思的情况下实施的民事法律行为,受胁迫方有权请求人民法院或者仲裁机构予以撤销

胁迫,即威胁逼迫。是指当事人故意用现在正在发生的、即将发生的或未来可能发生的危害恐吓他人,使他人因恐惧而从事某种民事行为。

4. 一方利用对方处于危困状态、缺乏判断能力等情形,致使民事法律行为成立时显失公平的,受损害方有权请求人民法院或者仲裁机构予以撤销

其中,显失公平是指对双方当事人明显不公平,如一方要承担更多的义务而享受极少的权利或者在经济利益上要遭受重大损失,而另一方则以较少的代价获得较大的利益,承担极少的义务而获得更多的权利。

(三)无效合同与可撤销合同区别

无效合同与可撤销合同两者的区别在于:

(1)无效合同是自始无效的,对合同当事人自始至终没有约束力;可撤销合同并非当然无效,其在未被撤销前是有效的,被撤销后合同自始无效。

(2)无效的情形与可撤销的情形不同。可撤销的情形为重大误解、显失公平、欺诈胁迫等。

(3)确认合同无效不受期限限制,但是行使撤销权受到期限的限制,《民法典》第一百五十二条规定:当事人自民事法律行为发生之日起五年内没有行使撤销权的,撤销权消灭。

三、无效运输合同的确认

无效运输合同的确认是指具有确认权的机构，依法对已经签订的运输合同是否具有法律效力这一事实予以确认和认可。

（一）无效运输合同确认的机构

根据《民法典》的规定，行为人基于重大误解、欺诈、胁迫，以及处于危困状态等情形下的订立的合同，可以向人民法院或仲裁机构请求予以撤销。据此可知，在我国确认无效运输合同的机构应是人民法院和仲裁机构。

（二）无效运输合同确认的依据

确认无效运输合同时，主要应看以下几个方面。

1. 运输合同的当事人是否具有主体资格

主体资格不合格即当事人不具有民事行为能力。依据我国法律规定，不具备法人资格和未领取营业执照的社会团体和非法人组织、未经核准登记领取营业执照的个体工商户、法律规定无行为能力的自然人等，均不能成为运输合同的当事人，他们签订的运输合同是无效运输合同。

2. 运输合同的内容是否合法

运输合同当事人的权利义务构成了合同的内容，如果权利、义务不符合法律规定则属内容违法，内容违法的合同应视为无效合同。运输合同内容不合法具体表现为：

（1）运输合同中的运输对象属于国家禁止运输范围内容。

（2）运输合同的其他条款，如标的的数量、质量、价格、违约责任等违反法律、行政法规的强制性规定。

（3）运输合同内容违背公序良俗。

3. 运输合同的当事人意思表示是否真实

当事人双方依法就合同的主要条款在自愿协商、平等互利的基础上达成一致协议，合同就成立。否则，违反这一原则订立的合同无效。

例如，某汽车运输企业与某联营商店签订一份胶合板运输合同，履行过程中，由于某商店违约，承运方索要巨额违约金。某商店无奈，按照承运方提出的条件又与其签订了第二份运输合同，但运输费用却比第一份合同高一倍。显然，这种采取胁迫手段签订的运输合同是没有法律效力的。

4. 运输合同的订立是否符合法定程序，手续是否完备

四、无效运输合同的处理

无效运输合同，从订立时起，就没有法律约束力。合同被确认无效后，合同尚未履行的，不得履行；正在履行的，应当立即终止履行。对无效运输合同的处理，包括两个方面的内容。

（一）对无效运输合同造成的财产后果处理

《民法典》第一百五十七条规定：民事法律行为无效、被撤销或者确定不发生效力后，行

为人因该行为取得的财产，应当予以返还；不能返还或者没有必要返还的，应当折价补偿。有过错的一方应当赔偿对方由此所受到的损失；各方都有过错的，应当各自承担相应的责任。法律另有规定的，依照其规定。

根据这一规定，对无效合同造成的财产后果的处理有以下两种方法。

1. 返还财产或者折价补偿

返还财产是使当事人的财产关系恢复到签订合同以前的状态。合同被确认为无效后，当事人依据该合同所取得的财产，应当返还给对方。如果标的物已不存在，无法返还的，应当折价偿还。

例如，某个体运输司机与某林场签订木材运输合同。某林场接到木材后，因数量问题与承运方发生纠纷。经查，承运方无经营运输业务的资格，该运输合同被确认为无效运输合同，承运方应将这批木材如数返还给某林场。

2. 赔偿损失

赔偿损失是指有过错的一方给对方造成损失时，应当承担的责任。合同被确认为无效后，有过错的一方如果给对方造成经济损失，应当承担赔偿责任，如果双方都有过错，则由当事人根据其过错大小，各自承担相应的赔偿责任。所谓相应的赔偿责任，并不是平均分摊或各自承担自己的损失，而是按照责任的主次、轻重，各自承担经济损失中与其责任相适应的份额。

（二）对运输合同中违法行为的处理

对造成无效运输合同发生的违法行为，应根据行为的性质、情节的不同，区别对待：

（1）对情节轻微、危害不大、尚不构成犯罪的，须给予经济制裁，由人民法院直接处理，如收缴非法所得等；需给予纪律处分的，应转给当事人所在单位处理。对于不属于人民法院管辖的违法乱纪问题，应提出司法建议，由有关部门给予罚款、警告、停业整顿、吊销营业执照等处罚。

（2）对情节严重、构成犯罪的，应及时移送司法机关并追究有关人员的刑事责任。

五、处理无效运输合同应注意的问题

（一）几种情形的合同效力的认定

1. 无权代理人的效力认定

《民法典》第五百零三条规定：无权代理人以被代理人的名义订立合同，被代理人已经开始履行合同义务或者接受相对人履行的，视为对合同的追认。

根据此规定，如果被代理人不履行无权代理人订立的运输合同或者不接受相对人对合同的履行的，则无权代理人订立的合同为无效合同。

2. 越权代理的效力认定

《民法典》第五百零四条规定：法人的法定代表人或者非法人组织的负责人超越权限订立的合同，除相对人知道或者应当知道其超越权限外，该代表行为有效，订立的合同对法人或者非法人组织发生效力。

同时，《民法典》第五百零五条还规定：当事人超越经营范围订立的合同的效力，应当依照民法典的有关规定确定，不得仅以超越经营范围确认合同无效。

3. 合同未盖公章时的效力认定

在订立合同时，应加盖单位合同专用章。但是，在实践中，有些当事人在订立合同时未加盖印章，由此产生了纠纷，对这些合同的法律效力的认定，要具体分析。一般来说，以下几种情况为有效：

(1)凡是双方法定代表人签字，内容合法的合同，应视为有效合同。

(2)凡是委托代理人确有委托证明，或虽没有委托证明，但查证其行为确实受法定代表人委托或追认，并已签字的合同，应视为有效合同。

(3)凡是有文字材料能够证明签约是经过法人组织同意的，虽然未盖公章，也视为有效合同。

4. 借用业务介绍信、合同专用章或盖有公章的空白合同书签订的合同的效力的认定

单位的业务介绍信、合同专用章和合同书是单位对外进行活动的重要凭证，不得借用，更不得借此非法牟利。对借用其他单位的业务介绍信、合同专用章或盖有公章的空白合同书签订的合同，应当确认为无效合同，出借单位收取的"手续费""管理费"，应作为非法所得予以追缴，上交国库；借用人与出借单位有隶属关系或承包关系，且借用人签订合同是进行正当的经营活动，则可不作为无效合同对待，但出借单位应当与借用人对合同的不履行或不完全履行负连带赔偿责任。合同签订人盗用单位的介绍信、合同专用章或者盖有公章的空白合同书签订合同的，应当确认为无效合同，一切责任由盗用人自负，构成犯罪的应及时移送公安、检察机关处理。

5. 新的法律、法规颁布后，合同效力的认定

(1)合同签订时，合同内容违反当时国家法律和法规，应认定为无效合同。

(2)合同签订时，合同内容不违反当时国家法律和政策规定，且在新的法律、政策颁布时已经履行完毕的，可以认定为有效合同。

(3)合同签订时，合同内容不违反当时国家法律、法规和政策规定，但在签订后，违反新颁布的法律、政策规定的，如果是部分没有履行的，应当宣布合同终止履行；如果完全没有履行，应当解除合同，对有关财产争议，应根据法律规定，协商处理。

(二)返还财产和追缴财产的区别

返还财产是使当事人的财产关系恢复到签订合同以前的状态，消除无效合同造成财产后果的一种法律手段，不是惩罚措施。而追缴财产才是一种惩罚手段，它只适用于故意违反国家利益或社会公共利益的合同，因为这类合同要比其他无效合同严重，用返还财产的方法是不足以消除其造成的不良后果的，因此，法律规定，追缴其已经取得或约定取得的财产收归国有，以示惩罚。

对无效合同是用返还财产的方式还是追缴财产的方法处理，大体上可以从导致合同无效的行为的性质、损害的对象、危害的后果等方面进行分析。

(三)关于无效合同的责任问题

当事人违反了有效合同，主要是通过偿付违约金、赔偿损失等办法来承担责任，它与无效合同的责任是两种性质不同的责任，不可混淆，不能一方面确认无效，另一方面又追究当

事人的违约责任。

第九节　违反运输合同的责任

一、违反运输合同责任的概念

运输合同是合同的一种形态，违反运输合同的民事责任，属于违约责任的一种形式。

违反运输合同的责任，是指运输合同当事人由于自己的过错或无法防止的外因，造成不履行合同义务或者履行合同义务不符合约定的，依照法律规定或合同约定，必须承担的法律制裁。

违反合同的责任制度，在合同法律制度中处于重要地位，其目的在于用法律强制力督促当事人认真履行合同，保护当事人的合法权益，维护社会经济秩序。其具体作用表现为以下三个方面。

1. 加强合同当事人履行合同的责任心

合同订立后，当事人如果不履行合同义务或者履行合同义务不符合约定的，就必须依法承担相应的违约责任，强制其向对方支付违约金、赔偿金或者承担其他法律责任。通过这种法制手段，促使合同当事人增强法制观念，全面履行合同义务，避免违约行为的发生。

2. 保护合同当事人的合法权益

合同法律制度的宗旨就是为了保护合同当事人的合法权益。对违约者进行财产上的惩罚，补偿受害者的经济损失，可以使被侵权者的合法权益得到保护，从而维护社会经济秩序。

3. 预防和减少违约行为的发生

对违约行为人处以法律制裁，对当事人签订和履行合同的行为有着严厉的警示和制约作用。当事人若不认真或不适当履行合同义务，不仅得不到预期的经济利益，而且还要承担责任，受到惩罚，给自己和他人带来经济损失。因此，追究违约者的违约责任，可以提高当事人在履约中的主动性，减少违反合同义务的现象发生。

二、违反运输合同民事责任的构成条件

(一)违约责任的归责原则

违约责任的构成要件，是与违约责任的归责原则紧密联系的。所谓归责原则，就是确定责任的法律原则，即基于一定的归责事由而确定行为人是否承担责任的法律原则。归责原则是确定行为人的民事责任的标准和依据，是对整个民事制度起着统帅作用的指导方针。归责原则对违约责任制度的决定性作用表现在：

(1)归责原则决定着违约责任的构成要件，归责原则不同，违约责任的构成要件也不同。在过错责任原则下，过错是违约责任构成的主观要件，不仅决定着责任是否成立，而且决定责任范围的大小。而在无过错责任原则下，过错不是违约责任的构成要件。

(2)归责原则决定着举证责任的内容。归责原则不同，受害人与违约方的举证责任便不一致。在过错责任原则下，违约方欲免责，必须举证自己没有过错；而在无过错责任原则下，违约方仅举证自己没有过错则不能免除责任，只能举证法定的免责事由才可以免责。

（3）归责原则决定损害赔偿责任的范围。不同的归责原则下，赔偿范围并不相同。在过错责任原则下，确定赔偿范围除考虑实际损失外，还考虑违约方的过错程度和受害方有无过错；而在无过错原则下，确定赔偿范围以实际损失为根据而不考虑当事人的过错程度。

（4）归责原则也决定违约责任的方式。在过错责任原则下，违约金是重要的责任形式，具有补偿性和惩罚性；而在无过错责任原则下，违约金视为违约的损害赔偿，违约金成为损害赔偿的一种方式。

我国的违约责任的归责原则一般有过错责任原则和无过错责任原则。

1. 过错责任原则

所谓过错责任原则，是指当事人不履行或不适当履行合同义务时，以其主观上过错的有无和程度的大小作为确定其是否承担责任和确定责任大小和范围的依据。

合同活动中的过错责任是指一方违反合同的义务，不履行或不适当履行合同时，应以是否有过错作为确定责任的要件和确定责任范围的依据。也就是说在违反合同事实的前提下，谁有过错谁就承担责任，没有过错就不承担责任。比如，《民法典》第八百二十四条规定：在运输过程中旅客随身携带物品毁损、灭失，承运人有过错的，应当承担赔偿责任。

法律规定，由于当事人一方的过错，造成合同不能履行或者不能完全履行，由有过错的一方承担违约责任；如属双方的过错，根据实际情况，由双方分别承担各自应负的违约责任。因双方当事人的过错造成合同不能履行或不能完全履行的，称为混合过错，对于混合过错的违约责任，双方当事人不能因对方违约而减轻或免除自己的责任，应根据实际情况分别承担自己相应的违约责任。

过错包括故意和过失两种：

（1）故意。指当事人明知自己的行为会引起合同不能履行或不能完全履行的后果，但仍实施这一行为，有意促成或放任这种结果的发生。例如，运输企业的承运方在调配运输车辆的过程中，提供的运输车辆与被运输的货物不相匹配，导致货物在运输过程中出现质量问题。这里的故意违约行为从性质上讲属于作为的故意，也称之为积极作为的故意。此外还有不作为的故意，比如，货物运输合同中的承运方明知托运方提供的包装材料品质有问题，而在运输过程中可能会因包装材料问题而导致货物发生毁损，却不提醒托运方检查更换包装材料，听任其遭受损失，这就是不作为的故意，也称之为消极行为的故意。

（2）过失。指当事人应当预见到自己的行为可能引起合同不履行或不能完全履行的后果，由于疏忽大意没有预见或已预见而轻信可以避免，致使合同不能履行或不能完全履行。例如，货物运输合同中的承运方在出车前，由于对车辆的检修不认真、不细致，致使车辆在运输途中因发生故障而造成货物的迟延交付，就是一种因疏忽大意的过失造成的违约。

贯彻过错责任原则，就是使有过错者承担责任。贯彻这个原则有着重要的意义：第一，通过区分故意和过失，能分清责任的轻重，防止平均分摊，对故意违约方给予严厉的制裁；第二，有利于纠正当事人主观错误，加强其法制观念，全面履行合同规定的义务；第三，有利于保护当事人的合法权益。

2. 无过错责任原则

又称为严格责任原则，是指违约责任的成立不以过错为要件的归责原则，也就是说，违约行为发生后，确定违约方的责任主要考虑违约后果与违约行为之间的因果关系，不以违约方的故意或过失为责任成立的必要条件。无过错责任是英美合同法唯一的归责原则，《联合国国际货物销售合同公约》《国际商事合同规则》等均采用这一原则。

我国《民法典》第五百七十七条规定："当事人一方不履行合同义务或者履行合同义务不符合约定的，应当承担继续履行、采取补救措施或者赔偿损失等违约责任。"第五百九十二条规定："当事人都违反合同的，应当各自承担相应的责任。"显然，《民法典》在确定是否需要承担违约责任的时候，主要考核的是当事人是否具有违约行为，而不论违约当事人是否在主观上具有过错。可见，我国法律将违约责任规定为无过错责任，并将无过错责任确立为我国合同法律的归责原则。无过错责任即严格责任，也是现代合同法的发展趋势。

(二)违反运输合同责任的一般构成要件——违约行为

所谓违约责任的构成要件，就是运输合同当事人承担违约责任必须具备的条件。违约的构成要件，分为一般构成要件和特殊构成要件。一般构成要件是当事人承担任何责任形式都必须具备的条件，如违约行为，就是基本的构成要件。然而，各种具体的责任形式要求有不同的构成要件，构成不同责任形式所必须的要件，就是特殊的构成要件，如损害赔偿的构成要件、强制实际履行的构成要件等。

根据《民法典》，违反运输合同的责任也实行严格责任(无过错责任原则)的归责原则，即只要有违反运输合同义务的行为，就应该按运输合同的约定承担违约责任。因而，违约行为是违反运输合同责任的一般构成要件。

所谓违约行为，按照《民法典》，就是违反运输合同义务的行为，它包括不履行或者不适当履行运输合同义务两种心态。运输合同的义务主要是当事人在运输合同中约定的义务，但也包括法律直接规定的义务，如通知、照顾、保管等各种附随义务等。

违约行为的主体具有特定性，只能是运输合同的当事人。运输合同关系的有效成立，是违约行为发生的必要前提，运输合同不成立、无效或被解除的情况下，运输合同关系均不存在，都不会发生违约问题。

违约行为必然导致对运输合同债权的损害。由合同的本质所决定，运输合同债权的实现，有赖于债务人的履行，债务人不履行或者不适当履行运输合同的义务，必然会使债权人依据合同所享有的债权不能实现。即使在预期违约的情况下，也会使合同债权有难以实现的实际危险。所以，从本质上说，预期违约也是对债权的一种损害。

违约行为具有违法性。违约行为的违法性，就是违约方客观上违反了受法律保护的运输合同，违反了《民法典》的要求。但是，如果存在不可抗力等阻却违法的事由，即使当事人客观上违反了运输合同，也不具有违法性，也不是违约行为。

另外，并不是所有的合同都存在违约责任问题，对无效的合同依法追究当事人的责任与追究违约责任就是两种性质不同的问题。因为无效合同自订立之日起就没有法律效力，自然也就不存在违反合同义务的法律责任问题。无效合同被依法确认后，当事人取得的不当得利要返还给对方；有过错的当事人要赔偿对方因此所受的损失，但并不构成违约，也不支付违约金。对于部分无效、部分有效的合同，当事人只对有效部分违约后才承担违约责任。

因此，承担违反合同责任的前提条件是当事人双方签订的合同必须有效。在此基础上，认定当事人是否具备承担违约责任的条件，然后才能确认合同当事人是否应该承担违反合同义务的责任。

根据法律规定，承担违反合同义务责任的条件有以下几点。

1. 要有不履行或不完全履行合同义务的行为

有不履行或不完全履行合同义务的行为是确认违约责任的首要条件。合同一经成立即具有法律约束力，不履行或不完全、不适当履行合同义务的行为是与原合同的立意背道而驰的，是一种违反法律的行为。除非具有法定的免责条件，否则，必须承担法律责任。不履行或不完全履行合同的行为有以下几种情况：

(1)拒绝履行，又称毁约。是指合同当事人故意违约，随意撕毁合同，拒不履行合同义务。这种情况自然应由毁约方承担违反合同的责任。

(2)不完全履行，又称部分履行。是指当事人只履行了合同标的的一部分。如运输合同中承运方交付的货物少于合同规定的数量，货主给付的运输费用少于实际的货运费用等现象，都属于不完全履行。但是符合国家规定的在计量方面的正负尾差、合理磅差、超欠幅度的，则不在此列，例如：运输企业在运送活牲畜、鱼苗时，牲畜和鱼苗在运输途中的极少量死亡现象就属于自然损耗。

(3)迟延履行，也称逾期履行。是指当事人无正当理由，在合同规定期限届满后，仍未履行自己应承担的义务。如果合同中对履行期限未作出明确、具体的规定，则应以在对方当事人提出履行催促后，留给合理的准备时间，准备时间期满仍未履行的才为迟延履行。

例如，甲方有蜜蜂200箱，由乙方(铁路运输部门)负责运送到目的地，蜜蜂到达目的地后无异常情况。由于当时天气炎热，押运员在到站后11 h内数次给蜂箱降温，同时先后五次向车站调度人员提出将运蜂车辆送入指定卸车位置卸车放蜂。但车站以种种理由拖延，而未采取紧急措施卸车，结果造成40箱蜜蜂因闷热死亡。这是一起典型的迟延履行的案例，认定理由：国家明确规定了鲜活货物优先运输的原则，托运方一再催促卸车，但承运方拖延时间过长，超过了必要的准备时间。

(4)质量不合格，也称瑕疵。是指履行标的不符合规定的质量要求。由于这类违约行为引起纠纷的情况复杂且较为普遍，所以在我国有关合同法规中，对质量不合格问题规定了买方有必要用书面明示的方式，在法律规定或合同约定的期限内提出异议的权利，否则视为默认。

(5)不正确履行，也可称为不适当履行。是指合同当事人虽然履行了合同义务，但其履行方式有错误，而且给对方造成了不应有的损失。如：卖方未能按合同中规定的运输方式和路线运送货物；承租方未完全按约定用途使用租赁仓库等。

2. 当事人要有主观上的过错

在存在违约行为的前提下，当事人还必须有主观上的过错。所谓过错，是指当事人不履行或不适当履行合同的主观心理状态，包括故意和过失两种。故意违反合同，是指无视法律、法规和合同的约束，主观过错严重；过失违反合同一般具有盲目性和轻信性，主观过错较轻。但无论是故意还是过失，都造成了合同不能履行或者不能完全履行的后果。因此，都要承担违反合同的责任。

3. 当事人的违约行为造成损害事实

损害事实是指当事人违约给对方造成的经济损失或其他不利后果。损害事实必须是客观存在的，不是主观估计的。损害事实分为物质损害和精神损害。物质损害是承担赔偿责任的主要部分，包括直接损失和间接损失。

4.违反合同的行为与损害事实之间有因果关系

也就是说，违反合同的行为和经济损失之间有客观的必然的因果关系，损害事实是违反合同行为所引起的必然结果，违反合同的行为是这一损害事实发生的原因。违反合同行为和损害事实之间没有因果关系，则不承担违反合同的责任。

例如，运输企业甲与某饮食餐馆乙签订了一份餐具运输合同，由于甲运输迟延，导致运输的餐具在途耽误了3天，致使乙原定的餐馆开业日期不能如期开业，由此乙受到经济损失近40000元。正在甲乙协商处理的时候，乙餐馆厨房因故失火，将刚刚运送到的部分餐具毁损，造成经济损失近20000元。

在本案例中，甲的违约行为与乙不能按期开业造成的40000元经济损失有因果关系，但与失火造成的20000元经济损失之间没有必然的因果关系，因此甲不承担乙因失火造成的损失。

三、承担违反运输合同责任的方式

承运人对运输货物的毁损、灭失承担的是无过错责任，即严格责任，这是与《民法典》所规定的归责原则相一致的。承运人的赔偿责任不以承运人主观上是否存在过错为要件，只要货物在运输过程中发生了毁损、灭失，承运人就要承担赔偿责任。货物的毁损，是指货物在价值上的减少，包括货物的损坏、污染、变质等。货物的灭失，是指货物在物质上的消亡，也包括对货物占有的丧失以及法律上不能恢复占有的情况，如货物被盗窃、烧毁等。

法律规定，当事人一方不履行合同义务或者履行合同义务不符合约定的，应当承担继续履行、采取补救措施或者赔偿损失等违约责任；在履行义务或者采取补救措施后，对方还有其他损失的，应当赔偿损失。当事人就迟延履行约定违约金的，违约方支付违约金后，还应当履行债务。根据上述规定，承担违反合同责任的方式主要有以下几种。

(一)支付违约金

1.违约金的概念

违约金是指当事人因主观过错致使合同不能履行或者不能完全履行，按照合同约定或者法律规定，由违约方向对方支付一定金额的货币。

2.违约金的性质

违约金具有两种性质：一是具有惩罚性，违约金的偿付不以违约是否给对方造成经济损失为条件，只要发生违约，即使没有给对方造成经济损失或者损失数额小于违约金数额，也要按规定向对方赔付违约金；二是具有赔偿性，当合同当事人违约给对方当事人造成损失，而且这种损失数额超过违约金数额时，按照法律规定应进行赔偿，以补足违约金不足部分，这时，违约金便具有赔偿的性质。

3.违约金的种类

违约金可分为法定违约金和约定违约金。

(1)法定违约金。法定违约金是指法律直接规定的，并且不允许当事人自行商定的违约金。由于法律法规对违约金作了具体规定，当事人对此必须遵照执行，否则，当事人在合同中约定的违约金是无效的。法定违约金又分为固定比率的违约金和浮动比率的违约金。

(2)约定违约金。约定违约金是指法律、行政法规没有具体规定，由当事人在签订合同时协商确定的违约金。《民法典》第五百八十五条规定：当事人可以约定一方违约时应当根据违约情况向对方支付一定数额的违约金，也可以约定因违约产生的损失赔偿额的计算方法。当事人自行商定违约金时，在数额和比例上要适当。

约定的违约金低于造成的损失的，人民法院或者仲裁机构可以根据当事人的请求予以增加；约定的违约金过分高于造成的损失的，人民法院或者仲裁机构可以根据当事人的请求予以适当减少。

(二)支付赔偿金

1. 赔偿金的概念

赔偿金是指合同当事人一方因违约给对方造成经济损失，在没有规定违约金或者违约金不足以弥补损失时，支付给对方的一定数额的补偿货币。《民法典》第五百八十四条规定：当事人一方不履行合同义务或者履行合同义务不符合约定，造成对方损失的，损失赔偿额应当相当于因违约所造成的损失，包括合同履行后可以获得的利益；但是，不得超过违约一方订立合同时预见到或者应当预见到的因违约可能造成的损失。

2. 赔偿金的范围

赔偿金的范围包括：

(1)直接经济损失，是指违约行为所直接造成的财产的减少，包括标的物本身的灭失或毁损以及由于违约而使对方为此多付出的费用，如处理毁损后果的检验费、清理费、保管费、劳务费或采取其他措施，防止损害事态继续扩大所支付的费用等。

(2)间接经济损失，又称可能利益损失，是指因违约行为使对方失去实际上可以获得的利益，包括：

①利润损失，指被损害的财产可以带来的利润。

②利息损失，指被损害财产可得的利息。如借贷关系中出借方有权收取利息，又如财产租赁关系中出租方收取租金等。

③自然孳息损失，是基于自然规律可以产生的收益。如土地上生长的庄稼、树木、果实，牲畜生的幼畜，挤出的牛奶，剪下的羊毛等。

(三)其他违约责任

按照法律的有关规定，除了支付违约金和赔偿金以外，还有其他承担违反合同责任的方式。

1. 继续履行

根据《民法典》第五百八十五条第三款，当事人就迟延履行约定违约金的，违约方支付违约金后，还应当履行债务。因此，在合同当事人一方因违约而向对方当事人支付违约金或赔偿金以后，一方要求继续履行的，必须在指定或约定的期限内继续履行合同中规定的义务。

2. 价格制裁

执行政府定价或者政府指导价的，在合同约定的交付期限内政府价格调整时，按照交付时的价格计价。逾期交付标的物的，遇价格上涨时，按照原价格执行；价格下降时，按照新价格执行。逾期提取标的物或者逾期付款的，遇价格上涨时，按照新价格执行；价格下降时，按照原价格执行。

3. 单方解除合同

《民法典》第五百六十五条规定：当事人一方依法主张解除合同的，应当通知对方。合同自通知到达对方时解除；通知载明债务人在一定期限内不履行债务则合同自动解除，债务人在该期限内未履行债务的，合同自通知载明的期限届满时解除。根据此规定，当事人一方因违约在合同规定期限内未履行合同，另一方依法享有直接以书面形式通知对方解除合同的权利。

4. 定金制裁

即按定金罚则对违约方进行制裁。《民法典》第五百八十七条规定：债务人履行债务的，定金应当抵作价款或者收回。给付定金的一方不履行债务或者履行债务不符合约定，致使不能实现合同目的的，无权请求返还定金；收受定金的一方不履行债务或者履行债务不符合约定，致使不能实现合同目的的，应当双倍返还定金。

5. 信贷制裁

指在借款合同中，当贷款方对借款方不按借款合同规定的用途使用贷款时，依法实施的一种制裁措施，包括加收利息、停止发放新的贷款、限期追回贷款等。

(四)违约金与定金的适用

需要注意的是，在追究违约责任时，违约金与定金不能并用。《民法典》第五百八十八条规定：当事人既约定违约金，又约定定金的，一方违约时，对方可以选择适用违约金或者定金条款。定金不足以弥补一方违约造成的损失的，对方可以请求赔偿超过定金数额的损失。

【案例四】运输合同违约赔偿计算之一

甲汽车运输公司与乙公司签订了一份货物运输合同，总运费为50万元，合同约定甲运输公司如不能按时将货物运至指定的目的地，应向乙公司偿付不能交付货物部分运费总值5%的违约金。合同订立后，甲运输公司收到乙公司8万元的定金和10万元的预付款，在合同约定期限内，甲公司没有按期交付承运的货物。经查明，甲运输公司由于运输工具紧张，根本无法安排乙方的货物运输任务，导致乙公司损失20万元。问乙公司最多可请求甲运输公司偿付多少万元？

【解】

《民法典》规定，定金、违约金只能选择其一。

乙如果选择定金，可请求甲：①返还预付款10万元；②双倍返还定金 $2×8＝16$ 万元；③其中8万元的定金是惩罚甲的违约行为，不足以弥补乙的20万元损失，甲应再支付赔偿金 $20-8＝12$ 万元。所以，乙可得：$10+8+8+12＝38$ 万元。

乙如果选择违约金，可请求甲：①返还预付款10万元；②返还定金8万元；③支付违约金 $50×5\%＝2.5$ 万元；④支付赔偿金 $(20-2.5)＝17.5$ 万元。合计 $10+8+2.5+17.5＝38$ 万元。

《民法典》第五百八十五条第二款还规定：约定的违约金低于造成的损失的，人民法院或者仲裁机构可以根据当事人的请求予以增加；约定的违约金过分高于造成的损失的，人民法院或者仲裁机构可以根据当事人的请求予以适当减少。

【案例五】运输合同违约赔偿计算之二

甲、乙两公司依法订立一份总运费为20万元的货物运输合同。合同约定违约金为运费总值的5%。同时，甲公司向乙货物运输公司给付定金5000元，后乙运输公司违约，给甲造成损失2万元。乙运输公司应依法向甲公司偿付多少？

【解】

在本案中，约定违约金为 1 万元，又约定定金为 5000 元，无论选择哪一种都低于造成的损失。甲公司可以按《民法典》规定请求法院或者仲裁机构予以增加，可以把约定违约金增加到 2 万元。

四、免予承担违约责任的条件

《民法典》第八百三十二条规定：承运人对运输过程中货物的毁损、灭失承担赔偿责任。但是，承运人证明货物的毁损、灭失是因不可抗力、货物本身的自然性质或者合理损耗以及托运人、收货人的过错造成的，不承担赔偿责任。

根据上述法律规定，在货物运输过程中，承运人对货物的毁损、灭失虽然承担无过错责任，但在具有法律规定的免责事由时，可以免除赔偿责任，但应当承担举证责任。这些免责条件具体包括以下几方面。

1. 不可抗力的免责

所谓不可抗力，就是当事人不能预见、不能避免并不能克服的客观情况。简单地说就是人力不能抗拒的力量，例如地震、台风、战争、社会动乱等。又如在运输活动中，由于发生泥石流灾害，导致运输线路中断，造成运输企业不能按期将货物运至目的地，就属于不可抗力所造成的事件。一般情况下，因不可抗力造成合同不能履行或不能完全履行，违约方不承担违约责任。《民法典》第八百三十五条规定：货物在运输过程中因不可抗力灭失，未收取运费的，承运人不得请求支付运费；已经收取运费的，托运人可以请求返还。法律另有规定的，依照其规定。

这是因为：第一，违约方主观上无过错；第二，违约方同样受到了经济损失。如果要求违约方承担违约责任，等于把因不可抗力所带来的一切损失转嫁给了违约方，这是违反法律规定的。但是在下列情况下，不能免除违约方的违约责任：

（1）发生不可抗力事件后，当事人有义务及时采取一切可能采取的措施，尽最大努力避免和减少损失。否则，发生了本来可以避免的损失，则对这一部分的损失不得免除责任。

（2）当事人迟延履行后发生不可抗力的，不免除其违约责任。

（3）因不可抗力不能履行合同的，应当及时通知对方，以减轻可能给对方造成的损失，并应当在合理期限内提供证明。否则，由此而加重对方的损失，加重部分不在免责之列。

（4）合同约定不因不可抗力而免除违约责任的，应按约定执行。

（5）保险合同中的保险方，不得因不可抗力而免除赔偿投保方的损失。

2. 货物本身的自然性质或货物的合理损耗的免责

货物本身的自然性质是指货物的内在属性，由货物的成分、品质、构造等使货物呈现出不同的特性，如吸湿性、黏附染尘性、热变性、易腐性、挥发性、脆弱性、危险性等。因货物本身的这些特性导致货物毁损、灭失的，承运人可以免责。货物的合理损耗，是指因货物的自然特性和运输的特点而不可避免地形成货物数量、重量的减少，如散装货物在运输和装卸过程中的漏失损耗；还有一些湿度较大的货物，在运输途中因水分的蒸发而使货物重量出现一定的减少等，只要这些损耗在合理的范围内，承运人都可依法免责。

3. 因托运人、收货人的过错的免责

因托运人、收货人的过错而造成货物的毁损或灭失的，承运人可以不承担责任。托运人的过错主要表现在申报错误或遗漏重要情况，包装不符合约定，标记不清，运输手续不完善或违法而导致货物被有关部门查封、扣押或没收等；收货人的过错主要是未及时提货等。

五、货物运输合同损害赔偿的问题

(一)损害赔偿请求权人

承运人违反运输合同义务，谁有权向其提出赔偿请求？对这一问题，应当以货物运抵目的地并通知收货人为界限进行划分，在此之前，承运人应对托运人负赔偿责任，在此之后，收货人取得赔偿请求权。而不论此损害发生在此前或此后，在有提单时，只有提单的持有人才享有损害赔偿请求权。在托运人或收货人不属于货物的所有权人的情况下，货物的所有权人不得基于运输合同而提出赔偿请求，只有托运人或者收货人才具有请求权。承运人也不得援引托运人或收货人与货物所有权人之间的关系作为抗辩理由，因为该关系是运输合同之外的法律关系。承运人的行为同时构成侵权行为时，货物所有权人可以依侵权行为向承运人请求赔偿，承运人不得拒绝。

(二)损害赔偿请求权的行使期限

有关的法律法规规定，收货人或托运人要求承运人赔偿的权利，自知道或应当知道损害之日起经过 180 日不行使而消灭，关于退补运费及其他费用的要求，准用此规定。例如，《集装箱汽车运输规则》《铁路货物运输合同实施细则》等都有这样的规定。

一般情况下，对于违约损害赔偿请求权的行使期限，根据《民法典》，是属于普通诉讼时效的范畴，应当适用三年的期间。也就是说，在一般的违约责任中，当事人请求违约方承担违约责任的期限为三年，自知道或者应当知道损害发生之日起计算。应注意的是，有关货物运输合同的法律法规缩短了违约损害赔偿请求权的行使期限，如上文中提及的在集装箱汽车运输和铁路货物运输中，收货人或者托运人要求承运人赔偿的权利，自知道或者应当知道损害之日起经过 180 日不行使而消灭。

(三)损害赔偿数额的确定

《民法典》第八百三十三条规定：货物的毁损、灭失的赔偿额，当事人有约定的，按照其约定；没有约定或者约定不明确，依据本法第五百一十条的规定仍不能确定的，按照交付或者应当交付时货物到达地的市场价格计算。法律、行政法规对赔偿额的计算方法和赔偿限额另有规定的，依照其规定。

据此，法律规定了损害赔偿的四种情况：

(1)可以由当事人在签订运输合同时约定赔偿的数额。一旦事故发生后，按照约定数额赔偿。例如，托运人按照声明价格运输的，在发生货物灭失事故后，承运人要按照声明价格赔偿。

(2)如果当事人在签订合同时没有约定，在发生货物损失事故后，可以协商确定赔偿数额。

(3)协商不成时，应当按照交付时货物到达地的市场价格计算。

(4)法律、行政法规有规定的，依照其规定。在铁路运输、航空运输、海上运输等方面，基本都是通过法律、行政法规的规定来确定赔偿数额的。例如，《中华人民共和国铁路法》规定，铁路对于不保价运输的货物，实行限额赔偿制度，限额由国务院铁路主管部门规定；在铁路运输过程中发生货物损失的，承运人要按照实际损失赔偿，但最高不超过规定的限额。在航空货物运输、国际货物运输中，也都有限额赔偿的规定。

【思考与练习】

一、名词解释

运输合同　双务合同　格式合同　要约邀请　承诺　实际履行　全面履行　留置权　提存　连带保证责任　动产质权　留置　定金　自己代理　迟延履行　后合同义务　合同保全　不可抗力

二、简述题

1. 简述《民法典》对格式条款的相关规定。

2. 简述运输合同订立的基本原则。

3. 简要回答要约的含义及其构成要件。

4. 要约在什么情形下失效？

5. 比较要约与要约邀请的区别。

6. 《民法典》对合同的成立作出了哪些具体的规定？

7. 简述电子合同的履行规则。

8. 简述运输承运人应承担的义务。

9. 我国法律是如何对运输期间进行规定的？

10. 为什么法律规定机关法人不得作为保证人？

11. 试比较一般保证与连带责任保证的区别。

12. 试述质权与抵押权的区别。

13. 简述抵押与留置权的区别

14. 比较定金与预付款的联系与区别。

15. 简述留置权的法律特征。

16. 简述运输合同保全与财产保全的区别。

17. 简述债权人代位权制度的涵义。

18. 简要回答不得变更运输合同的条件。

19. 简述运输合同的法定解除条件。

20. 抵消终止合同需具备哪些条件？

21. 简述后合同义务的概念及特征。

22. 简要说明合同保全制度的功能。

23. 《民法典》规定的可撤销的运输合同主要包括哪些情形？

24. 比较无效合同与可撤销合同两者的区别。

25. 简述返还财产和追缴财产的区别。

三、论述题

1. 试述运输合同履行的诚信原则。

2. 论述运输合同全面履行原则。

3. 试述对无效运输合同造成的财产后果处理。

四、案例分析题

1. 2018年3月10日，某铁路工程局筑路工程队（以下简称工程队）和B市某乡人民政府所属的华大汽车运输队（简称运输队）订立了土方运输合同，由运输队承运工程队的10万立方米的土方，45天内完成运输任务，工程队给付运费212600元，并预付15万元。工程队同时向运输队提出要求，希望运输队提供一个担保单位。于是运输队所在的乡人民政府决定，由乡信用社为运输队提供担保。运输队、信用社和工程队三方于3月12日签订了担保合同。华大汽车运输队是乡镇企业，签订运输合同时尚未向工商行政管理部门申请营业执照，该队车辆不足且多属旧车，因而合同期满时没有完成运输任务，仅承运土方42790 m³，运费合计106830元。因而工程队提出解除合同，返还预付运费，并由运输队承担违约责任。

工程队要求运输队返还运费，给付违约金时，该运输队已将所收运费清偿其他债务，银行账户中没有存款，因而无力作出任何给付，工程队只好要求信用社承担连带责任。但信用社一再推托，不予清偿。工程队只好以运输队、信用社为共同被告，向B市人民法院起诉。

法院在查清上述事实后认为，根据《公路货物运输合同实施细则》的有关规定，签订公路货物运输合同的承运方必须持有经营公路货物运输合同的营业执照。因大华汽车运输队没有申请执照，属非法经营，其经营行为无效，其参与签订的运输合同也没有法律约束力。运输队应负合同无效的全部责任。运输合同无效导致从属于该合同的担保合同无效，因此信用社不再负连带赔偿责任。据此，法院作出一审判决如下：

（1）运输队返还工程队预付运费43170元。

（2）运输队给付工程队违约金21000元。上述款项均在1年内付清。

你认为法院的判决是否正确？谈谈你对本案的处理意见。

2. 2020年8月3日，长沙某汽车运输公司（以下简称运输公司）与长沙市马王堆农贸市场王某签订了运输合同，由运输公司派一辆货车为王某运输冷藏蔬菜。合同规定，2020年8月5日至2020年12月5日止，由运输公司负责从常德市将冷藏蔬菜运到长沙市，每周往返两次，每运一车冷藏蔬菜运费3000元，每车运回后即时清结，并由王某包司机食宿，违约金双方约定为5000元。签约当天，王某给付运输公司定金10000元。8月25日汽车从常德市返回后，王某提出冷藏蔬菜的销路不好，欲停运1周，1周后继续营运，并且停运期间每天给付养车费500元/车，运输公司同意了王某的要求。但9月2日停车期满后，运输公司则拒绝继续出车，并向王某提出解除合同的要求。据了解，运输公司因和某水产公司签订了水产品运输合同，派出了全部车辆。几天后，王某以运输公司为被告向长沙市天心区人民法院提起诉讼，要求运输公司双倍返还定金，承担违约金5000元和违约造成的损失20000元，并继续履行合同。

运输公司则认为，自己已履行了部分冷藏蔬菜运输合同，并已即时清结，双方合作关系不错，因而可以双倍返还定金。但现在运输任务繁忙，王某的冷藏蔬菜销路又不好，合同应该解除。既然受了定金处罚，就不再承担违约责任。但王某仍坚持原来的看法，双方协商没有达成一致意见。

请你对此案提出处理意见。

3.2019年10月21日，安美贸易公司（以下简称原告）与运达经贸公司（以下简称被告）签订了海上货物运输合同。合同规定，被告于同年11月1日至5日派"华夏"轮为原告从山东龙口港运袋装水泥1万吨至广州黄埔港，运费每吨85元人民币；原告应付给被告定金15万元、船舶滞期费预付金15万元。合同规定，如果违约，违约方应承担违约金2万元。签订合同当日，原告即向被告支付定金和船舶滞期费预付金各15万元。但被告未在合同约定的期间派船到装货港受载。同年11月5日，被告向原告提出解除合同，并将收取的定金及船舶滞期费预付金退还给了原告。原告不同意解除合同，多次催被告继续履行合同，但被告仍不派船运输。2020年1月9日，原告向大连海事法院提起诉讼，要求被告再返还定金15万元、支付违约金2万元和赔偿货物在港超期堆存费等47000元。被告未提出书面答辩。

请回答下列问题：

(1)此案被告可否解除合同？谁是违约方？为什么？

(2)原告的诉讼要求是否合理？请提出对此案的具体处理意见。

思考与练习参考答案

第五章　运输保险与保价运输

第一节　保险及保险合同

一、保险概述

(一)保险的含义

保险是投保人根据合同约定,向保险人支付保险费,保险人对于合同约定的可能发生的事故因其发生所造成的财产损失承担保险金责任,或者当被保险人死亡、伤残、疾病或者达到合同约定的年龄、期限等条件时承担给付保险金责任的商业保险行为。

换言之,保险是保险人通过收取保险费的形式建立保险基金用于补偿因自然灾害或意外事故所造成的经济损失或在人身保险事故发生时给付保险金的一种经济补偿制度。或者说,保险是通过在保险人与投保人之间形成保险合同关系,来分散风险、化解损失的一种经济制度。投保人只要支付相应的保险费用,在发生保险责任范围内的事故时,就可以得到一笔保险金,以补偿其遭受的损失。

从经济角度看,保险是分摊意外事故损失的一种财务安排;从法律角度看,保险是一种合同行为,是一方同意补偿另一方损失的一种合同安排;从社会角度看,保险是社会经济保障制度的重要组成部分,是社会生产和社会生活"精巧的稳定器";从风险管理角度看,保险是风险管理的一种方法。

保险包括几层含义:一是商业保险行为;二是合同行为;三是权利义务行为;四是经济补偿。保险金的给付以合同约定的保险事故发生为条件。

(二)保险的职能

保险的职能分为基本职能和派生职能。保险的基本职能有补偿损失职能和经济给付职能;保险的派生职能体现为防灾防损职能、融资职能、投资职能。

(三)保险的主要特征

保险的特征主要有经济性、互助性、契约性、科学性。

需要注意的是,保险与储蓄不同。虽然保险与储蓄都是为将来的经济需要进行资金积累的一种形式,但两者有较大的区别:一是支付的条件不同;二是计算技术要求不同;三是财产准备的性质不同;四是行为性质不同。

(四)保险标的

保险标的是指保险合同中载明的投保对象,它可以是人的生命、身体、财产、利益、责任。例如:财产保险中,汽车保险的保险标的为汽车,货物运输保险的保险标的为运送的货物;人寿保险和健康保险中,人的生命或身体为保险标的。保险标的可以是无形的,如责任保险的保险标的为被保险人依法应承担的经济赔偿责任。

(五)保险的分类

日常业务中保险有如下几种分类。

1. 保险按实施方式的不同可分为自愿保险和法定保险

自愿保险是保险人和投保人在自愿原则基础上通过签订保险合同而建立保险关系的一种保险。法定保险又称强制保险,是以国家的有关法律为依据而建立保险关系的一种保险。

二者的区别主要有:

①范围和约束力不同,法定保险具有强制性和全面性。

②保险费和保险金额的规定标准不同。

③责任产生的条件不同。

④在支付保险费和赔款的时间上,法定保险都有一定限制;自愿保险仅仅在赔款方面有一定的限制。

2. 保险按标的不同可分为财产保险和人身保险

财产保险是以财产及其相关利益为保险标的的一种保险,又分为有形财产与无形财产。人身保险是以人的寿命和身体为保险标的的保险,包括人寿保险、健康保险和意外伤害保险等。

3. 按保险保障的范围不同可分为财产损失保险、信用保证保险、责任保险和人身保险

其中,责任保险是以被保险人对第三者依法应负的赔偿责任为保险标的的保险。它包括第三者责任险和单独的责任保险,后者可分为公众责任险、雇主责任险、产品责任险、职业责任险和保赔保险。

4. 按保险政策的不同可分为商业保险和社会保险

我们一般所说的保险是指商业保险。所谓商业保险是指通过订立保险合同运营,以营利为目的的保险形式,由专门的保险企业经营。商业保险关系是由当事人自愿缔结的合同关系,投保人根据合同约定,向保险公司支付保险费,保险公司根据合同约定的可能发生的事故因其发生所造成的财产损失承担赔偿保险金责任,或者当被保险人死亡、伤残、疾病或达到约定的年龄、期限时承担给付保险金责任。所谓社会保险,是指收取保险费,形成社会保险基金,用来对其中因年老、疾病、生育、伤残、死亡和失业而导致丧失劳动能力或失去工作机会的成员提供基本生活保障的一种社会保障制度。

5. 按业务承保方式的不同可分为原保险、再保险、重复保险、共同保险

①原保险是保险人与投保人之间直接签订保险合同而建立保险关系的一种保险。在原保险关系中,保险需求者将其风险转嫁给保险人,当保险标的遭受保险责任范围内的损失时,保险人直接对被保险人承担赔偿责任。

②再保险是一方保险人将原承保的部分或全部保险业务转让给另一方承担的保险,即对保险人的保险,又称分保。分出再保险业务的人称为分出人;接受分保业务的人称为分入

人。它是保险人将其承担的保险业务以承保形式，部分或全部转移给其他保险人的行为。

③重复保险是指投保人对同一保险标的、同一保险利益、同一保险事故分别向两个以上保险人订立保险合同，且保险金额总和超过保险价值的保险。重复保险的要件之一是被保险人相同。投保人针对同一保险标的的不同保险利益投保，通常情况下，不构成重复保险，但是，若该保险利益存在权利混同或者吸收，则构成重复保险。因此，保险利益是否同一，不是重复保险的一般构成要件之一，而同一保险标的则是重复保险的构成要件之一。

④共同保险是指两个以上的保险人对于同一风险造成的损失按照约定共同承担赔偿责任的保险，其特征是，各保险人只按照其与投保人之间签订的一份共同保险合同承担责任。

6. 按保障主体不同可分为团体保险和个人保险

其中，团体保险是以集体名义使用一份总合同向其团体内成员所提供的保险。

二、保险合同

(一)保险合同的概念

保险合同是投保人与保险人之间约定保险权利义务关系的协议。保险合同除了具有一般合同的双务有偿性质以及诺成合同的特征外，还具有如下法律特征：一是保险合同是不要式合同；二是保险合同是附合合同；三是保险合同是射幸合同①。通常，保险合同由投保单、保险单(或暂保单、保险凭证)及其他有关文件和附件共同组成。其中以投保单、暂保单、保险单、保险凭证最为重要。

(二)保险合同的要素

保险合同的要素由保险合同的主体、客体和内容三方面构成。

1. 保险合同的主体

保险合同的主体分为保险合同当事人、保险合同关系人和保险合同辅助人三类。

(1)保险合同当事人。

①保险人，亦称承保人，是指经营保险业务，与投保人订立保险合同，收取保费，组织保险基金，并在保险事故发生或者保险合同届满后，对被保险人赔偿损失或给付保险金的保险公司。

②投保人，亦称要保人，是与保险人订立保险合同并按照保险合同有支付保险费义务的人。投保人必须具有一定的条件，投保人必须具有相应的权利能力和行为能力；投保人必须对保险标的具有保险利益(投保人或被保险人对保险标的的无保险利益的，保险合同无效)。

(2)保险合同关系人。

①被保险人，是指其财产或者人身受保险合同保障，享有保险金请求权的人。

②受益人，是由被保险人或投保人指定的享有保险金请求权的人。

(3)保险合同辅助人。

①保险代理人，即保险人的代理人，指依保险代理合同或授权书向保险人收取报酬、并在规定范围内，以保险人名义独立经营保险业务的人。保险代理是一种特殊的代理制度，表现在：一是保险代理人与保险人在法律上视为一人；二是保险代理人所知道的事情，都假定

---

① 射幸合同是指合同的效果在订约时不能确定的合同，即合同当事人一方不必然履行给付义务，而只有当合同中约定的条件具备或合同约定的事件发生时才履行。

为保险人所知的；三是保险代理必须采用书面形式。保险代理人既可以是单位也可以是个人，但须经国家主管机关核准具有代理人资格。

②保险经纪人，是基于投保人的利益，为投保人和保险人订立合同提供中介服务，收取劳务报酬的人。

保险经纪人与保险代理人区别：法律地位不同；行使业务活动的名义有别；在授权范围内所完成的行为的效力对象不同；行为后果承担者不同。

③保险公估人。保险公估人是指接受保险当事人委托，专门从事保险标的之评估、勘验、鉴定、估损理算等业务，并给予证明的人。保险公估人由具备专业知识和技术的专家担当，且保持公平独立的立场执行职务。

2. 保险合同的客体

保险合同的客体是保险合同的保险利益，即投保人对所投保的标的所具有的保险利益。客体在一般合同中成为标的，即物、行为、智力成果等。保险合同虽属民事法律关系范畴，但它的客体不是保险标的本身，而是投保人或者被保险人对保险标的具有的法律上承认的利益，即保险利益。

3. 保险合同的内容

保险合同的内容即保险条款，主要包括基本条款、附加条款、法定条款、保证条款、协会条款等。

基本条款的内容包括当事人和关系人的名称和住所，保险标的，保险金额，保险费及其支付方式，保险价值，保险责任和责任免除，保险期间和保险责任开始的时间，保险金赔偿或者给付方法，违约责任和争议处理，订立合同的年月日。其中：

保险金额简称保额，是指保险人承担赔偿或者给付保险金责任的最高限额。

保险价值是投保人与保险人相互约定并记载于保险合同中的保险标的价值。《中华人民共和国保险法》(以下简称《保险法》)规定保险金额超过保险价值时，超过部分无效。此外，人身无法用金钱进行计算，因此，人身保险合同中不存在保险价值问题。

责任免除又称除外责任，是指保险人依法或依据合同约定，不承担赔偿或给付保险金的责任。

(三) 保险合同的形式

(1)投保单，又称要保书，是投保人向保险人递交的书面要约，投保单经保险人承诺，即成为保险合同的组成部分之一。投保单一般由保险人事先按统一的格式印制而成。

在保险实践中，有些险种，保险人为简化手续，方便投保，投保人可不填具投保单，只以口头形式提出要约，提供有关单据或凭证，保险人可当即签发保险单或保险凭证，这时，保险合同即告成立。投保人应按保险单的各项要求如实填写，如有不实填写，在保险单上又未加修改，则保险人可依此解除保险合同。

(2)保险单，简称保单，是由保险人向投保人签发的保险合同的正式书面凭证，它是保险合同的法定形式。保险单是保险双方当事人确定权利义务和在保险事故发生遭受经济损失后被保险人索赔、保险人理赔的主要依据。

(3)保险凭证，亦称小保单，实质上是一种简化的保险单，它与保险单具有同等的法律效力。如果保险凭证尚未列明其内容，则应以同类保险单载明的详细内容为准；如果保险单与保险凭证的内容有抵触或保险凭证另有特约条款时，则应以保险凭证为准。

我国在国内货物运输保险中普遍使用保险凭证。此外，汽车保险也可以使用保险凭证。

（4）暂保单，是保险人在签发正式保险单之前的一种临时保险凭证。暂保单上载明了保险合同的主要内容，如被保险人姓名、保险标的、保险责任范围、保险金额、保险费率、保险责任起讫时间等。

在正式的保险单作成交付之前，暂保单与保险单具有同等效力；正式保险单签发后，其内容归并于保险单，暂保单失去效力。

（5）批单，又称背书，是保险双方当事人协商修改和变更保险单内容的一种单证，也是保险合同变更时最常用的书面单证。批单实际上是对已签订的保险合同进行修改、补充或增减内容的批注，一般由保险人出具。

（四）保险合同的分类

1. 财产保险合同和人身保险合同

财产保险合同是以财产及其相关利益为保险标的的保险合同；人身保险合同是以人的寿命和身体为保险标的的保险合同。

2. 定值保险合同和不定值保险合同

定值保险合同是指保险合同当事人将保险标的的保险价值事先约定，并在合同中给予载明作为保险金额的保险合同。

不定值保险合同是指只载明保险标的的保险金额而未载明其保险价值的合同。在不定值保险合同中仅载明保险金额，并依此作为赔偿的最高限额，至于保险标的的保险价值则处于不确定的状态。财产保险多采用不定值保险合同。一般而言，财产损失是以赔偿实际损失为原则，因此不定值保险合同通常以保险标的的实际价值作为判定损失额的依据。

其特点是：

①以保险事故发生时的当时、当地的市场价格为判断保险标的保险价值的根据。

②当保险价值与保险金额一致时，产生足额保险；当保险价值与保险金额不一致时，则产生超额保险或不足额保险。

3. 补偿性保险合同和给付性保险合同

补偿性保险合同是指当保险事故发生时，保险人根据被保险人的要求并对保险标的的实际损失进行核定后支付保险金的合同。

给付性保险合同是指保险人与投保人协商一定的保险金额，待保险事故发生时，保险人负有支付全部保险义务的合同。

第二节　运输保险

一、货物运输保险

（一）货物运输保险的概念

货物运输保险是以运输过程中的各种货物作为保险标的，保险人对由自然灾害和意外事故造成的货物损失负责赔偿责任的保险。

货物运输保险属于损害保险的范畴，是有形财产险的一种。一般财产保险的法律原则同样适用于货物运输保险。货物运输保险与财产险的主要区别在于：货物运输保险是对动态中的财产进行保险，而其他财产险通常是对静态的财产进行保险。从期限上看，货物运输保险的期限比较短，一般是以一个航程或运程来计算的，即从起点到终点，货物交付完毕则保险合同也就履行完毕，而其他财产保险的期限一般比较长。

(二)货物运输保险的特点

1.被保险人的多变性

承保的运输货物在运送保险期限内可能会经过多次转卖，因此最终保险合同保障受益人不是保险单注明的被保险人，而是保单持有人(policy holder)。

2.保险利益的转移性

保险标的转移时，保险利益也随之转移。

3.保险标的的流动性

货物运输保险所承保的标的，通常是具有商品性质的动产。

4.承保风险的广泛性

货物运输保险承保的风险，包括海上、陆上和空中风险，自然灾害和意外事故风险，动态和静态风险等。

5.承保价值的定值性

承保货物在各个不同地点可能出现的价格有差异，因此货物的保险金额可由保险双方按约定的保险价值来确定。

6.保险合同的可转让性

货物运输保险的保险合同通常随着保险标的、保险利益的转移而转移，无须通知保险人，也无须征得保险人的同意。保险单可以用背书或其他习惯方式加以转让。

7.保险利益的特殊性

货物运输的特殊性决定在货运险通常采用"不论灭失与否条款"，即投保人事先不知情，也没有任何隐瞒，即使在保险合同订立之前或订立之时，保险标的已经灭失，事后发现承保风险造成保险标的灭失，保险人也同样给予赔偿。

8.合同解除的严格性

货物运输保险属于航次保险，《保险法》及《海商法》规定，货物运输保险从保险责任开始后，合同当事人不得解除合同。

(三)货物运输保险的标的

货物运输保险的标的是运输企业运送的货物。一般来说，只要是装载在运输工具上的物资，都可以进行运输保险，包括一切生产资料和生活资料在内。但按照有关法律法规的规定，下列物资不能作为运输保险合同的保险标的：

(1)国家禁止运输或者限制运输的物品。

(2)托运人没有按规定进行包装的物品，以及缺乏保证货物运输安全的必要包装的物品。

(3)无法鉴定其价值的物品。

(四)投保人及保险责任的范围

货物运输保险的投保人可以是托运人、收货人，甚至承运人。因为从托运人、承运人直到收货人，在货物运输过程中，对货物能否平安到达，都有一定的利害关系。因此，各人可根据与自己有关的利益关系，即保险利益，向保险公司投保货物运输保险。

保险公司承保的货物运输险的责任范围主要限于自然灾害和意外事故。也就是说，保险责任的范围主要是由不可抗力造成的货物损失，诸如遭受恶劣气候、雷电、洪水、地震等自然灾害造成交通工具损毁，货物发生灭失、损坏，以及其他意外事故所造成的运输工具损毁和货物损失。

(五)货物运输保险的分类

1. 根据货物运输方式的不同，货物运输保险可分为：
①国内水路、陆路货物运输保险。
②海上货物运输保险。
③邮包保险。
④航空运输保险等。
2. 按业务范围是否跨越国境，货物运输保险分为国内货物运输保险和进出口货物运输保险。

(六)货物运输保险常用术语

1. 航程保险
货物运输保险一般采用航程保险，即保险期限以航程的起讫划分。
2. 定值保险
保险标的的价值由双方当事人约定载明于保险单中，作为保险公司事后计算赔款的依据。如果因保险事故发生而使标的全损，保险人将按此约定价值给予补偿，不论保险标的在受损时的价值是否涨落，均不影响赔款的金额。对于部分损失，则按实际损失程度赔偿。货物运输保险一般采用定值保险。当事人在投保定值保险时，可将货物出售后的预期利润计算在内。
3. 全损与推定全损
保险标的遭受全部损失为全损。保险标的因实际全损不可避免而予以合理委付，或出现虽可免遭实际全损但须支付超过其本身价值的费用的情况，即可构成推定全损。
4. 救助费用与施救费用
救助费用是指因第三者的救助行为使船舶或货物确能有效地避免或减少损失而支出的酬金。施救费用指被保险人、代理人、受雇人或受让人在保险标的遭受任何保险事故时，负有采取一切合理措施避免或减轻损失到最低限度的责任，从而进行各种施救工作并支出的费用。
5. 预约保险
预约保险是指一种不定期的保险合同。保险人负责承保合同项下的被保险人的所有货物。被保险人在一定期间分批装运或接受货物的，保险人可按约定承保各次货物运送的长期保险。需要注意的是，当被保险人每次装运货物时，须申报船名、航程、货物数量及保险金额，由保险人接受承保。

二、国内货物运输保险

国内货物运输保险是以国内运输途中的货物作为保险标的，保险人对由自然灾害和意外事故造成的货物损失负责赔偿责任的保险。国内水路、陆路货物运输保险适用于国内水路、铁路、公路或联运方式，在保险货物遭受保险责任范围内的自然灾害或意外事故时，可以得到保险人给予的经济补偿，但被保险人需一次性交纳保险费。

(一) 国内货物运输保险的类别

主要有以下六方面的货运保险。

1. 国内水路货物运输保险

主要承保沿海、内河水路运输的货物，分基本险和综合险两种。基本险承保货物在运输过程中因遭受自然灾害或意外事故造成的损失；综合险除承保基本险责任外还负责包装破裂、破碎、渗漏、盗窃和雨淋等造成的损失。

2. 国内铁路货物运输保险

承保标的为国内经铁路运输的货物，分基本险和综合险两种。基本险承保货物在运输过程中因遭受自然灾害或意外事故造成的损失；综合险除承保基本险责任外还负责包装破裂、破碎、渗漏、盗窃、提货不着和雨淋等造成的损失。

3. 国内公路货物运输保险

保障范围包括自然灾害和意外事故，还综合承保雨淋、破碎、渗漏等造成的损失。

4. 国内航空货物运输保险

保障范围包括自然灾害和意外事故，还综合承保雨淋、破碎、渗漏、盗窃和提货不着等造成的损失。

5. 鲜、活易腐货物特约保险

6. 国内沿海货物运输舱面特约保险

(二) 保险人免责条款

根据相关运输法规的规定，保险货物在保险期限内无论是在运输还是存放过程中，由于下列原因造成的损失，保险人不负赔偿责任：

(1) 被保险人的故意行为或过失所造成的损失。

(2) 属于发货人责任所引起的损失。

(3) 在保险责任开始前，被保险货物已存在的品质不良或数量短差所造成的损失。

(4) 被保险货物的自然损耗、本质缺陷、特性以及市价跌落、运输延迟所引起的损失或费用。

此外，还有战争险条款和罢工险条款规定的责任范围和除外责任。

(三) 保险责任期限

保险责任开始于签发保险凭证，且保险货物运离起运地发货人的最后一个仓库或储存处所，终止于货物运到保险凭证上注明的目的地的收货人在当地的第一个仓库或储存处所。

当货物发生损失时，收货人应在货物运抵目的地的十天内向当地保险机构申请检验。

三、进出口货物运输保险

在我国，进出口货物运输最常用的保险条款是中国保险条款（CIC）。该条款是由中国人民保险公司制订，中国人民银行及中国保险监督委员会审批颁布。CIC 保险条款按运输方式来分，有海洋、陆上、航空和邮包运输保险条款四大类；对某些特殊商品，还配备有海运冷藏货物、陆运冷藏货物、海运散装桐油及活牲畜、家禽的海陆空运输保险条款，以上八种条款，投保人可按需选择投保。

进出口货物运输保险主要分海洋、陆上、航空、邮包四类。

（一）进出口货运险的种类

进出口货运险 CIC 条款按承保的保险责任的大小，又可分为若干种不同的险别，具体分类如下。

1. 主要险别

①海洋货物运输保险有平安险（FPA）、水渍险（WPA）、一切险（all risks）。

②陆上货物运输保险有陆运险（overland transportation risks）、陆运一切险（overland transportation all risks）。

③航空货物运输保险有空运险（air transportation risks）、空运一切险（air transportation all risks）。

④邮包保险有邮包险（parcel post risks）、邮包一切险（parcel post all risks）。

⑤海运冷藏保险有海运冷藏险（risks for frozen products）、海运冷藏一切险（all risks for frozen products）。

陆运冷藏货物、海运散装桐油及活牲畜、家禽保险条款没有险别大小的分类。

2. 附加险

①一切险范围内的附加险，主要包括偷窃险、提货不着险、淡水雨淋险、短量险等。承保了一切险，对其中任何一种附加险都是负责的。

②特别附加险。不属于一切险范围内的特别附加险，主要有进口关税险、舱面险、卖方利益险、中国港澳存仓火险、虫损险等。

③特殊附加险，指战争险和罢工险。

（二）保险责任

1. 平安险

保险人主要负责下列保险事故造成保险货物的损失、责任和费用：

（1）恶劣气候、雷电、海啸、地震、洪水等自然灾害造成整批货物的全部损失。

（2）由于运输工具遭受搁浅、触礁、沉没、互撞、与流冰或其他物体碰撞、失火、爆炸等意外事故造成货物的损失。

（3）在运输工具遭受意外事故的情况下，货物在此前后又在海上遭受自然灾害所造成的损失。

（4）在装卸、转运时由于一件或数件整件货物落海造成的损失。

（5）被保险人对遭受承保责任范围内危险的货物采取抢救、防止或减少货损的措施而支付的合理费用。

（6）运输工具遭遇海难后，在避难港由于卸货所引起的损失以及在中途港、避难港由于卸货、存仓以及运送货物所产生的特别费用。

（7）共同海损的牺牲、分摊和救助费用。

（8）运输契约订有"船舶互撞责任"条款，根据该条款规定应由货方偿还船方的损失。

2. 水渍险

除包括上列平安险各项责任外，还负责被保险货物因自然灾害所造成的部分损失。

3. 一切险

除包括上列平安险、水渍险的各项责任外，还负责被保险货物在运输途中由于外来原因所致损失，它包括下列 11 种条款：

①偷窃、提货不着险条款；②淡水雨淋险条款；③短量险条款；④混杂、沾污险条款；⑤渗漏险条款；⑥碰损、破碎险条款；⑦串味险条款；⑧受潮受热险条款；⑨钩损险条款；⑩包装破裂险条款；⑪锈损险条款。

（三）保险人免责条款

根据相关运输法律法规的规定，属于以下原因导致的运输货物损失，保险人免于承担损失赔偿责任。

（1）被保险人的故意行为或过失所造成的损失。

（2）属于发货人责任所引起的损失。

（3）在保险责任开始前，被保险货物已存在的品质不良或数量短差所造成的损失。

（4）被保险货物的自然损耗、本质缺陷、特性以及市价跌落、运输延迟所引起的损失或费用。

（5）战争险条款和罢工险条款规定的责任范围和除外责任。

（四）保险金额的确定

在国际贸易中广泛采用的装运港交货一般有三种价格：离岸价（船上交货价，即 FOB 价），成本加运费价（即 CFR 价），到岸价（包括成本加运费加保险费，即 CIF 价）。

一般来说，各国保险法及国际贸易惯例规定以下内容。

1. 出口货运险保险金额

出口货物运输保险的保险金额在 CIF 货价基础上适当加成，加成率一般是 10%，即

$$保险金额 = CIF 货价 \times (1 + 10\%)$$

如果是 CFR 报价，则应折算成 CIF 价，$CIF = CFR / [1 - (1 + 10\%)] \times$ 保险费率；如果是 FOB 报价，则需先在 FOB 价中加入运费，变成 CFR 后，再折算成 CIF 价。

2. 进口货运险保险金额

进口货运险的保险金额按到岸价确定。

此外，进出口货运险的保险金额，也可由保险双方协商确定。

（五）保险费率的确定

进出口货物运输保险费率的确定，基于下列一些因素：

（1）货物品名及其特性特征，一些特殊货物风险比较高，费率要高一些。

（2）目的港的管理状况，目的地的治安状况等，如欧美线费率相对要低一些，非洲南美洲费率要高一些。

（3）承保险别及其他承保条件，如加保战争、罢工、民变等险种，费率相对要高一些。

（4）船名、船龄、船籍、船级等。整船运输必须提供船资料，以确定是否承保、及相应费率。

（5）包装方式。

（6）运输方式（是否采用集装箱运输，是否为整船运输等）。

（7）业务量大小。

（8）出险记录。

（9）其他方面。

（六）保险责任的终止

保险人保险责任的终止期限根据进、出口货运的不同，而有不同的规定。

1. 出口货运险

（1）自被保险货物运离保险单所载明的起运地仓库或储存处所开始运输时生效，直至该货物到达保险单所载明的目的地收货人的最后仓库或储存处所时终止。

（2）被保险货物在最后卸载港全部卸离海轮后满 60 天。

2. 进口货运险

根据国际保险惯例，保险责任自被保险货物运上运输工具（越过船舷）起开始生效，直至该货物到达保险单所载明的目的地收货人的最后仓库或储存处所时终止（散装货物一般以到达保单载明的目的港仓库或储存场地时终止）。

（七）保险责任的索赔

保险索赔（insurance claim）是指当被保险人的货物遭受承保责任范围内的风险损失时，被保险人向保险人提出的索赔要求。在国际贸易中，如由卖方办理投保，卖方在交货后即将保险单背书转让给买方或其收货代理人，当货物抵达目的港（地），发现残损时，买方或其收货代理人作为保险单的合法受让人，应就地向保险人或其代理人要求赔偿。

1. 被保险人索赔申请

中国人民保险公司在世界各国和地区委请了三百多家货损检验、理赔代理人，在国内，中国人民保险公司的 95518 服务专线电话 24 小时开通。在发生保险责任范围内的损失时，对出口货运险，被保险人可向保险单上注明的国外检验、理赔代理人申请货损检验；对进口货运险，被保险人可通过 95518 服务专线电话直接向受损货物所在地的中国人民保险公司分支机构报案和申请检验。

2. 索赔时须提供的单证

被保险人发生保险规定的损失，向中国人民保险公司提出索赔时，必须提供下列单证：

保单正本、提单、发票、装箱单、磅码单、检验报告、损失证明、索赔清单及向第三者责任方追偿的有关单证或文件。

3. 货运险涉及的损失

海上货物运输的损失又称海损(average),是指货物在海运过程中由于海上风险而造成的损失,海损也包括与海运相连的陆运和内河运输过程中的货物损失。海上损失按损失的程度可以分成全部损失和部分损失。

(1)全部损失。

全部损失又称全损,是指被保险货物全部遭受损失,有实际全损和推定全损之分。实际全损是指货物全部灭失或全部变质而不再有任何商业价值;推定全损是指货物遭受风险后受损,尽管未达实际全损的程度,但实际全损已不可避免,或者为避免实际全损所支付的费用和继续将货物运抵目的地的费用之和超过了保险价值。推定全损需经保险人核查后认定。

(2)部分损失。

不属于实际全损和推定全损的损失,为部分损失。按照造成损失的原因可分为共同海损和单独海损。

共同海损是指在海洋运输途中,船舶、货物或其他财产遭遇共同危险,为了解除共同危险,有意采取合理的救难措施所直接造成的特殊牺牲和支付的特殊费用。在船舶发生共同海损后,凡属共同海损范围内的牺牲和费用,均可通过共同海损清算,由有关获救受益方(即船方、货方和运费收入方)根据获救价值按比例分摊,然后再向各自的保险人索赔。共同海损分摊涉及的因素比较复杂,一般均由专门的海损理算机构进行理算(adjustment)。

单独海损是指不具有共同海损性质,亦未达到全损程度的损失。该损失仅涉及船舶或货物所有人单方面的利益损失。

按照货物险保险条例,不论投保何种货运险险种,由于海上风险而造成的全部损失和共同海损均属保险人的承保范围。对于推定全损的情况,由于货物并未全部灭失,被保险人可以选择按全损或按部分损失索赔。倘若按全损处理,则被保险人应向保险人提交"委付通知",把残余标的物的所有权交付保险人,经保险人接受后,可按全损得到赔偿。

(八)国际贸易货物运输保险程序

在国际货物买卖过程中,由哪一方负责办理投保海洋运输保险,应根据买卖双方商订的价格条件来确定。例如,若按 FOB 条件和 CFR 条件成交,保险就应由买方办理国际运输保险;而若按 CIF 条件成交,则应由卖方办理国际运输保险。

办理国际贸易运输保险的一般程序如下。

1. 确定投保国际运输保险的金额

投保金额既是支付保险费的依据,又是货物发生损失后计算赔偿的依据。按照国际惯例,投保金额应按发票上的 CIF 的预期利润计算。但是,各国市场情况不尽相同,对进出口贸易的管理办法也各有差异。如向中国平安保险公司办理进出口货物运输保险,有两种办法:一种是逐笔投保;另一种是按签订的预约保险总合同办理。

2. 填写国际运输保险投保单

保单是投保人向保险人提出投保的书面申请,其主要内容包括被保险人的姓名、被保险货物的品名、标记、数量及包装、保险金额、运输工具名称、开航日期及起讫地点、投保险别、投保日期及签章等。

3.支付保险费，取得保险单

保险费按投保险别的保险费率计算。保险费率是根据不同的险别、不同的商品、不同的运输方式、不同的目的地，并参照国际上的费率水平而制订的。它分为"一般货物费率"和"指明货物加费费率"两种。前者是一般商品的费率，后者指特别列明的货物（如某些易碎、易损商品）在一般费率的基础上另行加收的费率。

交付保险费后，投保人即可取得保险单（insurance policy）。保险单实际上已构成保险人与被保险人之间的保险契约，是保险人对被保险人的承保证明。在发生保险责任范围内的损失或灭失时，投保人可凭保险单向保险人要求赔偿。

4.提出索赔手续

当被保险的货物发生属于保险责任范围内的损失时，投保人可以向保险人提出赔偿要求。按《1990年国际贸易术语解释通则（INCOTERNS 1990）》（以下简称《INCOTERNS 1990》）E组、F组、C组包含的8种价格条件成交的合同，一般应由买方办理索赔。按《INCOTERNS 1990》D组包含的5种价格条件成交的合同，则视情况由买方或卖方办理索赔。

（九）注意事项

1.选择适合自己的责任保险

被保险人在投保的时候，一定要看清楚保险单中列明的由保险公司承担的风险，当自己所需要的风险责任没有被列出来的时候，一定要和保险公司明确指出来。

2.选择最适合自己的付费方式

对于保险费用的选择，可以按保险价值确定，也可以由保险双方协商确定。投保人一定要看清楚哪一种缴费方式最适合自己。作为投保人，要明确告知保险公司自己要托运货物的详细情况，同时还要提供发票、信用证、提单，货物的危险程度，特殊商品尤其是高亏、危险商品还要提供有关证明，例如商检证、植检证、熏蒸证、装箱单等。

3.选择合适的主险和附加险

一般来说，在购买货运险时，投保一切险最方便，因为它的责任范围包括了平安险、水渍险和11种一般附加险，投保人不用费心思去考虑选择什么附加险。但是需要付出的代价也最大。

有的货物投保了一切险作为主险可能还不够，还需投保特别附加险。比如，某些食物如花生、油菜籽、大米等食品，往往含有黄曲霉素，会因超过进口国对该毒素的限制标准而被拒绝进口、没收或强制改变用途，从而造成损失，因此，在出口这类货物的时候，就应将黄曲霉素险作为特别附加险予以承保。此外，由于目标市场不同，费率不同，出口商在购买货运保险时，不能"一刀切"。货主在选择险种的时候，要根据市场情况选择附加险，如到菲律宾、印尼、印度的货物，因为当地码头情况混乱，风险比较大，应该选择偷窃提货不着险和短量险作为附加险，或者干脆投保一切险。

总之，保险是转移和分散风险的工具。虽然风险造成的损失保险公司会负责理赔，但货主在索赔的过程中费时费力，也是不小的代价，所以，预防风险的意识和在投保的基础上做一些预防措施是非常必要的。

第三节　保价运输

一、保价运输的概念

保价运输是指运输企业与托运人共同确定的以托运人申明货物价值为基础的一种特殊运输方式。保价是指货物的保证价值，也可称为声明价格，它是指托运人在托运货物时声明其价格，并向承运人支付保价费用，由承运人在货物损失时按声明价格赔偿的一种货物运输形式。凡按保价运输的货物，托运人除缴纳运输费用外，还需要按照规定缴纳一定的保价费。

二、保价运输的原则

在保价运输中，货物全部灭失，按货物保价声明价格赔偿；货物部分毁损或灭失，按实际损失赔偿；货物实际损失高于声明价格的，按声明价格赔偿；货物能修复的，按修理费加维修取送费赔偿。

保价运输是货物运输合同的组成部分，是运输部门实行限额赔偿后，保证承运人、托运人利益对等的一种赔偿形式。若托运人自愿办理保价运输，并交纳规定的保价费，承运人对保价货物则实行专门的运输管理和一定的保护措施。保价货物因承运人责任造成损失的，由承运人按实际损失赔偿，但最高不超过保价金额。

三、货物保价运输的意义

保价旨在赋予托运人一种选择权，即在承运人赔偿责任限额与保价之间进行选择的权利。具体来说，如果托运人要求承运人承担超过限额责任赔偿时，托运人除按规定缴纳运费外，还应按照其声明价值的一定百分比缴纳保值附加费。因此，保值附加费构成了实际运费的一部分，它是缴纳基础运费以后额外支付的附加费，其好处是可以突破适用于承运人的赔偿责任限额制度的限制，而使托运人的利益获得保障。由此可知，保价运输就是承运人与托运人之间基于私权自治原则就承运人赔偿责任限额做出的一种商业安排。

换言之，开办保价运输是运输部门处理托运人提出赔偿要求的一种形式，是保证承运人与托运人(收货人)权益对等的一种手段，是针对限额赔偿作出的规定。

所谓限额赔偿是指赔偿的最高限额，亦是对运输承运人规定的赔偿责任限制。在运输过程中实行限额赔偿是国际上通行的做法。这是因为，承运人承运的货物基本上是按重量计算运费的，有些物品自身价值很高，但收取的运费很低，一旦发生货损，如果按照实际损失赔偿，承运人的负担和承担的风险过大，不利于运输企业的发展。因而限额赔偿是保护运输企业合法权益的一种法律规定。但限额赔偿不能满足托运人对货物损失的赔偿要求，为维护托运人的合法权益，从法律上给托运人一条出路，因此实行货物保价运输。也就是托运人只要按比例支付一定的保价费，在货物由于运输部门责任而发生损失时，就可以得到由运输部门按实际损失给予的赔偿。

四、保价运输与运输保险的区别

货物保价运输与货物运输保险虽然都具有补偿托运人或收货人经济损失的目的，在出险后的赔付上二者具有一致性，但它们又是两个不同的概念，是两种性质不同的合同。

第一，责任依据的法律不同。保价运输依据的是运输法律规范，而货运保险依据的是保险法律规范。保价运输属于运输合同的一部分，而货物运输保险则是属于财产保险合同，两者有着明显的区别。

第二，责任基础不同。保价运输的责任基础是因承运人责任造成的货物损失；而货物运输保险的责任基础是因为自然灾害、意外事故等非人为因素造成的损失。

第三，赔偿方式不同。保价运输赔偿的依据是保价协议，它是运输合同的组成部分，依照此协议，托运人要缴纳一定的保价费，承运人以保价金额承运，当发生承运人责任的损失时，按保价运输的原则赔偿，即最高不超过保价金额；运输保险的赔偿依据是保险协议，依照该协议，在发生保险责任范围内的损失时，赔偿金额最高不超过保险金额。

第四，目的不同。保价运输的目的是解决限额赔偿不足以补偿托运人损失而设立的一种特别的赔偿制度；运输保险的目的则是解决因自然灾害、意外事故而造成的经济损失的社会救济制度。前者是运输责任的延续，后者是一种社会救济方式。

第五，资金运用与参与管理方式不同。保险只是一种赔偿形式，保险人并没有参与运输管理，对运输安全不能实施监督保证，只起到货物损失后的简单经济补偿的作用。保险费收入按一定比例上缴国家财政，并不直接返还承运人用于改善运输条件。而保价运输是运输合同的组成部分，法律上要求对保价的货物运输安全负责。承运人直接参与货物运输的管理和安全保证工作，有条件对保价的货物采取具体的安全防范措施。保价费收入主要用于事故的赔偿和提高运输安全质量，使托运人能得到更多的经济利益。

【案例一】货主托运货物未选择保价运输的风险

【案情】

2010年4月，李某委托一物流公司运输两台电脑，双方为此签订了托运单（合同书），托运单中包含的保价条款约定："托运人必须为所托运的货物办理保价或委托承运人办理保价……托运人托运的货物既未自行办理保价又未委托承运人代办保价的，如有货物损坏或灭失，承运人按本托运单收到的运费双倍赔偿"。为节省成本，李某未为托运货物投保，后物流公司在运输途中将货物丢失。李某起诉至法院，要求物流公司赔偿其等同于两台电脑实际价值的损失。最后，法院判令物流公司赔偿原告双倍运费，并驳回了李某的其他诉讼请求。

【法理分析】

本案所涉托运单包含的保价条款赋予了托运人选择权，即托运人有权选择是否对货物投保，若托运人不选择投保，则视为托运人选择了"如有货物损坏或灭失，承运人按本托运单收到的运费双倍赔偿"的约定。该条款给予托运人选择权，亦没有违反公平原则，应属合法有效。物流行业最大的风险即在于货物的丢失毁损，在物流企业收取的运费远低于货物实际价值的情况下，选择对托运货物投保是降低风险的最佳途经，亦是分配风险的合理安排，这种安排符合权利与义务相一致原则及公平原则。

本案中所涉的"保价条款"在物流业中当属司空见惯，为降低风险，几乎所有物流企业的托运单都包含了类似的条款。为此，在委托物流企业运输货物时，托运人务必仔细阅读托运单中的相关条款，并为托运货物投保，尤其在托运贵重货物的情况下更应如此，切忌"捡了芝麻而丢了西瓜"。

第四节　铁路货运保险与保价

一、铁路货物运输保险

铁路货物运输保险是指在铁路货物运输过程中，保险人对因遭受保险责任范围内的自然灾害或意外事故所造成的损失给予经济补偿而设立的一种保险。

(一)铁路货物运输保险合同

铁路货物运输保险合同是保险公司按照约定对被保险人遭受保险责任范围内的事故，造成货物的损失负责赔偿，而由被保险人支付保险费的合同。

办理铁路货物运输保险时，托运人或货主作为被保险人应当在托运货物时事先与作为保险人的保险公司签订铁路货物保险合同。合同的成立应以保险公司签发的保险单证或保险凭证为依据。在实践中，货主可直接与保险公司签订保险合同，也可委托承运人代办。对投保运输保险的货物，在托运、承运时，应按规定在货物运单上予以注明。

(二)铁路货物运输保险责任范围

保险责任，也就是保险公司所负的赔偿责任。保险货物在铁路运输过程中由于下列原因造成的损失，保险公司负赔偿责任。

(1)因火灾、爆炸、雷电、冰雹、暴风、暴雨、洪水、地震、地陷、崖崩、泥石流等自然灾害所造成的损失。

(2)因运输工具发生火灾、爆炸、碰撞所造成的损失，以及因运输工具在危难中卸载所造成的损失或支付的合理费用。

(3)在装货、卸货或转载时发生意外事故所造成的损失。

(4)运输时，因车辆倾覆、出轨、隧道坍塌所造成的损失。

(5)在发生上述灾害或事故时，遭受盗窃或在纷乱中造成的散失。

(6)在发生保险责任范围内的灾害或事故时，因施救或保护保险货物支出的合理费用。

(三)铁路货物运输保险的除外责任

除外责任是指保险公司不承担赔偿的责任。保险货物在铁路运输过程中由于下列原因造成的损失，保险公司依法不负赔偿责任。

(1)战争或军事行动。

(2)直接由于货物的自然损耗、市价跌落、本质上的缺陷，以及因运输延迟所造成的损失或费用。

(3)被保险人的故意或过失。

(4)其他不属于保险责任范围的损失，如非经保险公司同意并特别约定，保险货物直接由于破碎渗漏、偷窃、提货不着、短量、串味所造成的损失等，承保人不负赔偿责任。

(四)铁路货物运输保险责任期限

铁路货物运输保险合同一般是以一个运程作为保险责任期限。保险责任起讫期限是自签发保险单(凭证)后,保险货物运离起运地发货人的最后一个仓库或储存处所时起,至该保险单(凭证)上的目的地的收货人在当地的第一个仓库或储存处所时终止。但保险货物运抵目的地后,如果收货人未及时提货,则保险责任的终止期最多延长至以收货人接到《到货通知书》后的十五天为限(以邮戳日期为准)。

(五)铁路货物运输保险赔偿处理

对投保铁路货物运输保险的货物在运输中发生的损失,应按下列原则划分被保险人、保险公司和承运人的赔偿责任。

(1)如果损失既属于保险责任范围,又属于承运人应赔偿的范围,则由保险公司、承运人按规定赔偿。

(2)如果损失仅属于保险责任范围,而不属于承运人责任范围(即免责范围)的,由保险公司单独赔偿。

(3)如果损失仅属于承运人责任范围,而不属于保险责任范围的,由承运人负责赔偿。

(4)如果损失不属于保险责任,又属于承运人免责范围的,则由被保险人自负责任。

需要说明的是,铁路与其他国内运输方式联运的,还应适用各有关区段运输保险的规定;参加国际联运的,应适用有关国际货物运输保险的规定。

二、铁路货物保价运输

(一)铁路货物保价运输概述

1.铁路货物保价运输规定

《铁路法》第十七条规定,铁路运输企业应当对承运的货物、包裹、行李自接受承运时起到交付时止发生的灭失、短少、变质、污染或者损坏,承担赔偿责任。具体包括:

(1)托运人或者旅客根据自愿申请办理保价运输的,按照实际损失赔偿,但最高不超过保价额。

(2)未按保价运输承运的,按照实际损失赔偿,但最高不超过国务院铁路主管部门规定的赔偿限额;如果损失是由于铁路运输企业的故意或者重大过失造成的,不适用赔偿限额的规定,按照实际损失赔偿。

2.铁路货物保价运输的原则

铁路货物保价运输实行自愿的原则。《铁路法》第十七条规定:"托运人或者旅客根据自愿,可以办理保价运输,也可以办理货物运输保险;还可以既不办理保价运输,也不办理货物运输保险。不得以任何方式强迫办理保价运输或者货物运输保险。"这就是说,包括承运人在内的其他任何人不得以任何方式强迫托运人办理保价运输。

铁路保价运输贯彻自愿的原则,有利于督促铁路内部通过加强管理,采取各项安全措施,提高货物运输质量;有利于铁路通过服务质量的提高和安全工作的好转,吸引托运人自愿办理保价运输。如果采取强制的手段,不但无助于铁路内部加强管理,反之会造成放松管理的局面，从而失去托运人对铁路的信任。铁路货物保价运输可以补偿托运人因货运事故造成的损失。其更积极的意义是由铁路采取安全防范措施防止货运事故的发生，比货物运输保险单纯的经济补偿有一定的优势。只要铁路加强管理，扭转工作作风，托运人是会自愿选择保价运输的。

另外，虽然保价运输实行自愿的原则，但铁路从维护货主的利益出发，对货主未投保运输险的货物，还是应该动员其采用保价运输为好。因为依照我国《铁路法》，未保价承运的货物，因铁路责任造成损失时，按照实际损失赔偿，但最高不超过国务院铁路主管部门规定的限额。而这种限额赔偿有时会低于货物的实际价值，从而造成对货主利益的极大不利。

3. 铁路开办货物保价运输的意义

铁路对保价运输的货物，在运输过程中将采取特殊的安全防范措施，特别是对重点保价货物，将实行运输全过程的监管，这将进一步保障其运输安全，铁路部门将会在运输过程中采取一系列的特殊运输组织措施，如优先装车、优先挂运、直达及成组运输等，以保证其安全、迅速、准确地运抵到站。

在办理保价运输时，铁路内部会采取一系列的强化管理措施，进一步强化和完善铁路负责运输制度，这将有利于进一步提高铁路运输工作质量，保障广大托运人、收货人的合法权益。

铁路所承运的货物，未按保价运输承运的，铁路实行限额赔偿；按保价运输承运的，按照实际损失赔偿，但最高不超过保价额。因此，在足额投保的条件下，一旦发生承运人责任的损失，托运人、收货人将得到足额赔偿。

保价运输费率低、手续简便、提赔方便、理赔迅速，赔偿托运人损失时，公平合理、依法办事，不管事故大小，只要认定是铁路的责任，先赔付，然后再从内部查清责任，体现了铁路负责运输和维护承、托运双方权益的原则。

（二）铁路货物保价运输的办理

1. 铁路货物保价运输的范围

《铁路法》规定的铁路实行限额赔偿的原则，适用于铁路运输的所有货物，因此，凡是能够通过铁路运输的货物，原则上都可以申请办理保价运输。但考虑到一些特殊的原因，根据《铁路货物保价运输办法》第十四条，以及《铁路国际联运货物保价运输办法》等的有关规定，下列货物暂不办理保价运输：

①自轮运转的（包括企业自备或租用铁路的）铁道机车、车辆和轨道机械。

②铁路国际联运货物的国外段运输。

其中，国际联运货物系指用国际货协的联运货票运送的货物。我国目前开办的货物保价运输只限国内，包括国际联运国内段的货物可办理保价运输；暂不办理国际联运国外段货物的保价运输。

从国外进口（或出口）的货物，其在国内的铁路运输托运可自愿办理保价运输。

2. 铁路货物保价运输的托运、承运办法

铁路货物保价运输的托运、承运办法主要有以下几方面的内容。

（1）声明价格和填制运单。

①按保价运输的货物，托运人应以全批货物的实际价格保价，货物的实际价格以托运人

声明的价格为准。货物实际价格包括税款、包装费用和已发生的运输费用。托运人声明的价格即货物的保价金额。

按保价运输办理的货物,应全批保价,不得只保价其中的一部分。铁路货物运输中的所谓的"一批",是指能按同一运输条件运输,使用一张运单和一份货票进行装卸、交接、交付和核收运杂费等的货物。因此,作为一批运送的货物必须具备托运人、收货人、发站、到站和装卸地点五个基本条件相同(整车分卸除外)。

具体来说,可按"一批"办理的情形有:

- 整车货物,每车为一批;
- 长大货物跨装虽使用两辆及其以上车辆(包括游车),但仍使用一张运单和一份货票运送,以每一车组为一批;
- 零担货物或集装箱运输的货物,以每张运单为一批;
- 使用集装箱运输的货物,每批至少一箱,最多不得超过一辆货车所能装运的箱数,且必须是同一箱型。

下列货物不得按"一批"托运:

- 易腐货物与非易腐货物;
- 根据货物的性质不能混装运输的货物;
- 保价与未保价货物,以及投保运输保险的货物与未投保运输保险的货物;
- 运输条件不同的货物。

②办理保价运输的,应在货物运单有关栏内准确地注明保价金额。对以概括名称托运或不符合"三同"(同品种、同规格、同包装)条件的,不能在货物运单上逐一填记的保价货物。除按上述规定办理外,托运人还应向承运人提出物品清单。

托运人填写货物保价金额时要实事求是。如果所填的保价金额小于货物的实际价格(即保额不足),在发生货运责任事故后,承运人将按保价额占货物实际价格的比例乘以货物的实际损失赔偿。

例如,一批货物的实际价格为5万元,托运人在填写保价金额时只写2.5万元。如果这批货物因承运人责任全部损失,则承运人赔偿托运人(或收货人)2.5万元。如果这批货物损失一半,承运人赔偿托运人(或收货人)1.25万元。

如果所填的保价金额大于货物的实际价格(即超额保价),在发生货运责任事故后,经承运人查实是超额保价,则按货物的实际损失赔偿。

仍用上面的例子,如果托运人所填写的保价金额为6万元,则发生全批损失后,承运人赔偿托运人(或收货人)5万元;若发生部分损失(如40%),则承运人赔偿托运人(或收货人)2万元(5×40%),而不是2.4万元(6×40%)。

(2)保价费率的适用及保价费的计算。

按保价运输的货物,除运杂费外,托运人还应缴付保价费。货物保价费的计算式为

货物保价费=声明的货物价格×该货物所适用的保价费率

其中,保价费率根据《铁路货物运价规则》及其附则有下列规定:

①保价费率分五个基本级,两个特定级。即一级为1‰、二级为2‰、三级为3‰、四级为4‰、五级为6‰、特六级为10‰、特七级为15‰。

②集装箱装运的货物,均按3‰计算。

③冷藏车装运的需要制冷的货物，均按该货物保价费率的50%计费。

④超限货物均按该货物的保价费加收50%计费。

⑤各铁路局集团公司结合管内具体情况，依中铁集团总公司规定费率可按级上下浮动，并报中铁集团总公司备案。未按中铁集团总公司所定等级浮动或上浮幅度超过100%时，须报中铁集团总公司审批后执行。

注意：货物保价费尾数不足一角时，按四舍五入处理，货物保价费每批起码额为0.5元。

从货物的保价费计算公式可以看出，货物保价费与托运人的声明价格、货物适用的保价费率成正比关系。例如，某托运人保价运输一批电视机(30台)，托运人填写的保价金额为9万元，查货物保价费率表得知，电视机的保价费率为6‰，则保价费为90000×6‰＝540元。

因为保价费与货物的运输距离无直接关系，所以保价运输货物变更到站后，保价运输继续有效，这点与货物运输保险不同。对托运人来讲，保价运输比货物运输保险更优惠和方便。

保价费率不同的货物做一批托运时，应分项填记品名及保价金额，保价费用分别计算。

例如，长沙东站发成都东站豆油20 t、盐25 t，使用一辆50 t棚车装运。托运人要求保价运输，所填保价金额分别为5万元和0.7万元。查得豆油和盐的保价费率分别为2‰和1‰，则这批保价货物的保价费用为107元(50000×2‰＋7000×1‰)。

保价费率不同的货物合并填记时，适用其中最高的保价费率。

例如，长沙北站发柳州南站针织品6件、印刷品10件、服装8件。托运人将上述货物用一个包装，并按总重量托运，托运人填写的保价金额为2000元，查得针织品和服装的保价费率为3‰，印刷品的保价费率为1‰，则采用其中最高的保价费率3‰计算保价费用，计算结果为6元(2000×3‰)。

因概括名称托运或品名、规格、包装不同，不能在运单内逐一填记的保价货物，托运人须提出"物品清单"。"物品清单"一式三份，加盖车站日期戳后，一份由发站存查，一份随同运输票据递交到站，一份退还托运人。发站受理保价运输时，应按货物运单或物品清单记载，检查托运人填记的货物价格是否清楚、齐全，如认为有必要时，可以要求托运人提出确定价格的有关依据，予以核实。

发现保价金额不符或涂改时，须更换"运单"或"物品清单"。

货物保价费在货票现付栏内记明，与运费同时核收，分项计算，一次收清，不另起保单。

(3)保价运的变更或解除。

托运人或收货人由于各种原因，对承运后的运输合同，可按批向货物所在站提出货物运输变更。承运后发送前托运人可向发站提出取消托运，经承运人同意，货物运输合同即告解除，并按规定将运费和保价费退还托运人；货物发送前如发生损失并按有关规定处理时，货物保价费则不再退还托运人。

变更收货人和变更到站，托运人或收货人可向货物所在的中途站或到达站提出，由车站受理，但整车货物变更到站，受理站应报铁路局集团公司主管部门同意，托运人或收货人应交纳规定的费用，但保价费不需再次补交，原保价仍继续有效。货物保价费发生补退款时，分别使用"运费杂费收据"(见《铁路货物运输规程》格式十三)和"车站退款证明书"(见《铁路运输收入管理规程》格式十)，进行补退。货物在发送前如发生损失并按有关规定处理时，货物保价费不再退还托运人。

　　根据铁路运输法规的有关规定，承运后的货物进行运输变更，在以下几种情况下承运人不予办理：

　　①违反国家法律、行政法规、物资流向、运输限制和蜜蜂的变更。

　　②变更后的货物运到期限大于容许运到期限。

　　③变更一批货物中的一部分。

　　④第二次变更到站。

　　(三)铁路货物保价运输管理

　　保价运输的货物除按现行的货物运输有关规章办理外，为了更有效地保证运输安全和托运人或收货人的利益，《铁路货物保价运输管理办法》对保价货物的受理和安全防范制定了特殊的管理办法。

　　车站在受理保价货物时，应审查货物运单、物品清单中有关保价运输内容的填写情况，正确核收货物保价费用。

　　车站受理一批保价金额在 50 万元以上的整车货物、大型集装箱货物，一批保价额在 30 万元以上的 1 t、5 t、10 t 集装箱货物和一批保价金额在 20 万元以上的零担货物，应建立"保价货物Ⓑ运输台账"(格式三)并逐级报告，由铁路局集团公司保价机构下达命令号批准，另有指示时，按其指示办理。

　　按上述规定办理的保价货物，车站应在货物运单、货运封套或货物装载清单上加盖"Ⓑ"戳记(或用红色书写)，并在"列车编组顺序表(运统-1)"记事栏内注明"Ⓑ"字样。

　　对这类保价货物的运输，铁路还采取下列安全防范措施：

　　(1)车站应及时组织装车和挂运，运送途中严格交接检查。

　　(2)对办理保价的贵重、易盗的整车货物，各铁路局集团公司根据需要组织武装押运。

　　(3)各编组站、区段站对装有这类Ⓑ货物的货车应及时挂运，在站中转停留时间一般不超过 24 小时(零担、集装箱货物中转时间一般不超过 36 小时)，对保留列车中装有Ⓑ货物的货车，车站负责派人重点看护。

　　(4)标有Ⓑ的货物，运抵到站后，车站应采取有效的防范措施，并及时通知收货人领取。

　　(5)对未标有Ⓑ的保价货物，各站均应结合本站情况采取必要的防范措施。

　　(6)车站应建立货物保价运输统计、分析制度，按月填报"保价货物运输报告(格式四)"，在规定的时间上报铁路局集团公司和中国铁路集团总公司。

　　(四)铁路货物保价运输的责任范围与除外责任

　　1.铁路货物保价运输的责任范围

　　《铁路法》第十七条规定："铁路运输企业应当对承运的货物、包裹、行李自接受承运时起到交付时止发生的灭失、短少、变质、污染或者损坏，承担赔偿责任。"这里明确规定了铁路运输企业的法定赔偿责任期限是"自接受承运时起到交付时止"，也就是说在这个期间内发生的货物灭失、短少、变质、污染或者损坏，铁路运输企业应当承担赔偿责任，法定免责的除外。在接受承运以前或者交付以后发生的货物灭失、短少、变质、污染或者损坏，铁路运输企业不负担赔偿责任。这是因为货物承运是承运人对托运人要约的货物运输合同的承诺行为。它表明：承运以后，货物运输合同正式成立，承、托运双方必须分别承担合同中规定的、各自的权利和义务。为此，对"承运"这一特定的行为，铁路法规有比较严格的界定，《铁路货物运输规程》第二十条规定：

(1)零担和集装箱运输的货物，由发站接收完毕，整车货物装车完毕，发站在货物运单上加盖车站日期戳(格式七)时，即为承运。

(2)实行承运前保管的车站，对托运人已全批搬入车站的整车货物，从车站接收完了时起，负承运前保管责任。

(3)托运人自行组织装车的货物，在发站接收货物完毕，发站在"货物运单"上加盖车站日期承运戳时为承运。

(4)实行承运前保管的车站，托运人全批搬入车站的整车货物，从车站接收完了时起(铁路应发给托运人收货凭证)，车站负承运前保管责任。

在上述(2)(4)情形中，货物虽未承运，但考虑到货物实际上已由车站监护的情况，可以认为是货物运合同实施时间的延伸。

货物交付是指铁路运输企业将货物交给货物运单上填写的收货人。如果误交给其他人不能算交付，不能免除铁路运输企业的责任。收货人超过规定或约定的期限不领取货物的，也不能算交付，这期间如果发生损失，不能免除铁路运输企业的责任。但是，收货人很长时间不领取，到了法律规定的铁路运输企业可以变卖货物的时间，则铁路运输企业的责任就免除了。

《铁路法》第二十一条规定："货物、包裹、行李到站后，收货人或者旅客应当按照国务院铁路主管部门规定的期限及时领取，并支付托运人未付或者少付的运费和其他费用；逾期领取的，收货人应当按照规定交付保管费。"

《铁路法》第二十二条规定："自铁路运输企业发出领取货物通知之日起满三十日仍无人领取的货物，或者收货人书面通知铁路运输企业拒绝领取的货物，铁路运输企业应当通知托运人，托运人自接到通知之日起满三十日未作答复的，由铁路运输企业变卖；所得价款在扣除保管等费用后尚有余款的，应当退还托运人，无法退还、自变卖之日起一百八十日内托运人又未领回的，上缴国库。"

有些货物其性质不宜长期保管(如鲜活货物、危险货物等)，车站根据货物现状和本站保管条件等情况可缩短通知和处理期限。

2. 铁路货物保价运输的除外责任

《铁路法》第十八条规定，由于下列原因造成的货物、包裹、行李损失的，铁路运输企业不承担赔偿责任：

(1)不可抗力。

(2)货物或者包裹、行李中的物品本身的自然属性，或者合理损耗。

(3)托运人、收货人或者旅客的过错。

其中，不可抗力主要是指自然灾害(如风灾、水灾、雹灾、地震等)、战争和铁路没有过失而又不能防止的外因。

托运人、收货人的过错主要表现在以下几方面：

(1)托运人自装车的货物，加固材料不符合承运人规定的条件，或违反装载规定交接时无法发现的。

(2)押运人未采取保证货物安全措施的。

（3）托运人托运需要包装的货物，没有按照国家包装标准或者行业包装标准包装的。

（4）托运人自装车的货车，向收货人交接时，货车施封良好，车体门窗无异状，车内货物发生短少的。

必须指出的是，铁路保价运输是铁路货物运输合同的组成部分，货物保价运输的责任必须与铁路运输合同的责任相一致，不能随意扩大或缩小。例如不能将保价的责任期限扩大到承运之前或交付之后，或将不可抗力纳入保价责任，同时也不能缩小免责的范围。

（五）铁路货物保价运输损失赔偿的办理

1. 铁路货物运输损失赔偿的规定

（1）办理了保价运输的，按照实际损失赔偿。全批货物损失时，最高不超过保价金额；一部分损失时，按损失货物占全批货物的比例乘以保价金额来赔偿。

（2）不保价运输的，实行限额赔偿。具体规定为：不按件数，只按重量承运的货物，每吨最高赔偿100元；按件数和按重量承运的货物，每吨最高赔偿2000元；个人托运的搬家货物、行李，每10 kg最高赔偿30元。实际损失低于赔偿限额的，按照实际损失赔偿。

（3）办理了货物运输保险的，由保险公司按照保险合同的约定承担赔偿责任。具体表现为：属于铁路责任造成保险货物损失的，保险公司依照保险合同的约定，向投保人赔付，然后另向铁路运输企业追偿。追偿分两种情况：

其一，铁路运输企业应按限额承担赔偿责任的，在足额保险的情况下，保险公司向铁路运输企业的追偿款，为铁路运输企业的赔偿限额；在不足额保险的情况下，保险公司的追偿额为保险公司按规定支付给投保人的保险金额，保险金额大于限额时，最高不得高于赔偿限额，小于限额时，其差额由铁路运输企业另行赔付。

其二，如果货物损失是因铁路运输企业的重大过失或故意行为造成的，足额投保时，铁路支付为保险公司追赔款；在不足额投保时，铁路支付保险公司追赔款的同时，对实际损失与保险金额的差额部分，由铁路运输企业另行赔付。

2. 铁路货物保价运输的赔偿处理权限

（1）赔偿额在5000元及以下的，由车站（非决算单位的车站由车务段，以下同）审核赔偿。

（2）赔偿额在5000元及以上的，由铁路局集团公司保价机构审核赔偿。

3. 铁路货物保价运输的赔偿受理程序

发站或到站应根据托运人或收货人的要求受理赔偿，对承运人责任明确的事故，发站（铁路局集团公司）根据权限，可以办理事故赔偿，并通知到站（铁路局集团公司）和有关单位。受理赔偿时，须审核赔偿要求人的权利、有效期限、"赔偿要求书"内容以及规定的证明文件，对于保价金额与货物的实际价值有很大差距的，须要求其提供证明材料进行审核。审核无误后，在"赔偿要求书收据"上加盖车站公章或货运事故处理专用章，交给赔偿要求人。

赔偿受理程序：

（1）车站受理的以及铁路局集团公司接到的赔偿案件，应按顺序登入"货运事故赔偿登记簿"（格式五）内。

（2）根据《铁路货物保价运输管理办法》第十五条规定，车站对不属于自己权限的赔偿案件，自受理赔偿之日起，三日内以"货运事故查复书"写明调查过程及原调查材料现存某站，并将车站存查的调查材料上报铁路局集团公司，抄知责任站。

（3）经处理站（铁路局集团公司）确定，对确属承运人责任的事故，应对外先行赔付，然后划分铁路内部责任，对托、收货人赔付时：

①铁路内部责任单位明确的，按现行规定填制"货运事故赔款通知书"（以下称"赔通"）对外赔偿，并向责任单位清算转账。

②铁路内部责任单位尚未明确的，由处理单位先赔付，其"赔通"（正本）的责任单位和有关单位暂不填记，该"赔通"作为对外支付赔款的依据。按有关规定确定责任单位后，由定责单位填发"保价货运事故定责通知书"，并附"赔通"副本一份，送责任单位和有关单位，保价财务据此转账支付。

（4）凡由处理站（铁路局集团公司）最后确定责任的责任事故站（铁路局集团公司）必须尊重其处理意见，及时转账。责任单位对处理单位划分的责任有不同意见时，应先行转账，然后按下列规定上报裁定：

①自局管内责任的，由铁路局集团公司确定。

②跨局责任属于到站处理的，由到达铁路局集团公司确定；属于铁路处理的货物损失在10万元以上未满15万元的，由到达局确定。货物损失在15万元以上的大事故及重大事故，报主管局联系有关局协商处理。如仍未达成一致意见，处理局应自事故发现之日起60日内以局文报中铁集团总公司裁定，抄有关局。

③需上报裁定的，责任单位自接到"赔通"5日内上报，各级自接到上报材料之日起，15日内作出裁定。

4. 铁路货物保价运输赔偿的有效期限

由于铁路责任，发生保价运输货物损失时，要认真落实"对确属承运人责任的事故，应对外先行赔付，后划分铁路内部责任"的原则。

托运人、收货人向承运人要求赔偿的有效期限是180日。有效期限由下列日期起算：货物灭失、损坏为承运人交给货主货运记录的次日；货物全部灭失，未编有货运记录的，为运到期限期满后的第31日。

5. 铁路货物保价运输赔偿纠纷的解决

对托运人或收货人所提出的赔偿要求，承运人要进行审理，审理也是一种履行货物运输合同的法律行为，但审理时间不能超出上述办理赔偿的期限。

提赔人收到承运人的答复后，如对承运人的审理结果有不同意见，必须在收到该答复的次日起六十日内提出异议。超过该期限，承运人不再受理重新提出的赔偿要求。仲裁机关或人民法院都将同样不予受理，均视作提赔人已经默认，即该项合同纠纷已经完结。

提赔人可以有三种方法表达异议：

①根据承运人拒赔理由，重新收集证据或准备理由再次提出赔偿要求。

②向仲裁机构申请仲裁。

③直接向人民法院起诉。

必须指出的是，无论是仲裁还是诉讼，必须在时效期限内提出，时效届满即无权再提起诉讼和仲裁。《中华人民共和国仲裁法》规定，法律对仲裁时效有规定的，适用该规定，法律对仲裁时效没有规定的，适用诉讼时效的规定。《民法典》规定，向人民法院请求保护民事权利的诉讼时效期间为3年，法律另有规定的除外。

铁路保价运输合同诉讼的管辖权属于铁路运输法院,由货物到站或发站所在地的铁路运输法院管辖。

【案例二】铁路保价运输损害赔偿案

【案情】

2011年9月23日,桦南县林海公司从盖县火车站托运37.5 t价值107557.43元的苹果,货物运单载明:货物品名,苹果;发站,盖县车站;到站,桦南车站,收货人桦南县林海公司,承运人确定计费重量69 t,收取运费1362元,货物以保价方式承运,声明价格10万元,收取保价费300元。10月10日盖县站以P623402号整车发运。

货物于2011年10月12日途经哈尔滨站时,一位叫"高永贵"的人自称货主,持伪造的"领货凭证",贿赂该车站职工傅某某,求其帮助将该车苹果变更到滨江车站,并请其代找一收货人。傅某某在为"高永贵"联系好哈尔滨市公司水果一部(简称水果一部)为接收人后,水果一部业务人员于10月12日持"变更要求书"及"高永贵"提供的"领货凭证"到车站请求变更到站及收货人。该站同意并按规定得到铁路局0449号调度令后,将到站变更为滨江车站,收货人为水果一部。10月13日,货物到达滨江车站,该站凭货车调送单与水果一部的证明信办理了交付手续。之后,货物被"高永贵"骗走。原告因运到期满未收到货,持领货凭证多次到桦南车站查询,桦南站于10月26日编制货运记录"上述货物逾期未到,依章查询",同时出具了"货运事故查复表"写明"上述货物至今未到,收货人多次催领,请查你何日挂车"一并交给原告,让其自查询。原告沿途查询,直查到哈尔滨车站方知货物已被该站错误变更,哈尔滨车站出具了"货物事故查复书"记载"经查,上车为我站变更滨江水果一部,具体事宜已交公安部门处理,处理结果待告"。原告在被告处始终未得处理结果,公安机关至今也未侦破此案,法院立案后经查哈尔滨车站变更该批货物的手续丢失。此次纠纷造成经济损失110557.43元,其中:货损107557.43元(包括包装费、运杂费);自费查询差旅费3000元。

请问此案应如何处理?

【法理分析】

对该批货物的丢失,应由铁路部门承担此次经济损失110557.43元,其中:货损107557.43元(包括包装费、运杂费);自费查询差旅费3000元。

(1)货主的货物为保价货物,铁路应对保价货物进行妥善保管。由于本案中货物的损失系遭人执伪造的领货凭证,并在铁路职工配合下取走的,铁路负有不可推卸的责任。

(2)根据铁路相关法律,由于此损失系铁路部门重大责任、故意造成的,故不适应保价责任赔偿规定,而按实际损失予以赔偿。

第五节　公路货运保险与保价

一、公路货物运输保险

公路货物运输保险是托运人或货主(被保险人)将托运的货物向保险公司(保险人)投保并支付保险费用,由保险公司按约定赔偿因运输中发生保险责任范围内事故造成的货物损失的一种保险。由此而签订的合同,即为公路货物运输保险合同,这种合同以保险公司向被保险人签发的保险单证为证明。托运人可以直接向保险公司投保,也可委托他人代办。

根据相关运输法规的规定，公路货物运输保险采取自愿投保的原则，由托运人自行确定。托运人可以办理运输保险，也可以不办理。包括承运人、保险公司在内的任何其他人不得以任何形式强迫托运人办理运输保险。但从货主利益出发，特别是在因不可抗力造成货物损失、不应由承运人赔偿的情况下，托运人托运价值较高或大批货物时，应动员其积极投保货物运输险。对投保运输保险的货物，在承运、托运时，应按规定在货物运单上予以注明。

有关公路货物运输保险的内容，参见本章第四节"铁路货物运输保险"部分的相关内容。

二、公路旅客意外伤害保险

公路旅客意外伤害保险，是指持有效车票乘坐合同约定的从事合法客运的机动车辆的乘客，在发生保险责任范围内事故造成旅客人身伤亡的，由保险人（即保险公司）向旅客（或其继承人）负责赔偿的一种保险。中国人民保险公司发布的《公路旅客意外伤害保险条款》对乘长途汽车的旅客意外伤害保险作了规定，乘短途汽车的旅客只要投保了公路旅客意外伤害保险，也可参照这一规定适用。

（一）保险办理

凡持票搭乘长途汽车的旅客，均应依照本保险条款规定向中国人民保险公司（以下简称保险公司）投保公路旅客意外伤害保险，其手续由公路客运部门办理，不另签发保险凭证。

（二）保险期间

保险有效期间规定自旅客验票进站或中途上车购票后开始，到达旅程终点出站为止。旅客所乘的汽车，在中途因故停驶，改乘客运部门或者交通管理部门指定的其他车辆，保险责任继续有效，直到抵达原定目的地时止。旅客在旅程中途，自行离站不再随同原车旅行者，其保险责任于离站时起即告失效。但经公路客运部门签字证明原票有效者，从旅客重新验票进站后，保险效力即行恢复。

（三）保险金额和保险费

旅客的保险金额不论是全票、半票还是免票，一律规定为每人人民币叁千元。旅客的保险费包括在票价内，一律按票价的2%收费，由公路客运部门代收汇缴保险公司。

（四）医疗费和保险金的支付

旅客在保险有效期间内，因发生意外事故，遭受伤害须治疗者，由保险公司按实际情况给付医疗费用，其数额不得超过保险金额全数。

旅客在保险有效期间内，因发生意外事故遭受伤害，以致死亡、残废或丧失身体机能者，除依照第七条规定给付医疗费用外，另由保险公司依照下列规定给付保险金：

（1）死亡者，给付保险金额全数。

（2）双目永久完全失明者，两肢永久完全残废者或一目永久完全失明与一肢永久完全残废者，给付保险金额全数。

（3）一目永久完全失明或一肢永久完全残废者，给付保险金额半数。

（4）丧失一部分身体机能永久不能复原影响工作能力者，视其丧失机能的程度，酌给一部分保险金。

(五)除外责任

由于下列原因致使旅客遭受伤害者,保险公司不负给付保险金或医疗费用的责任:

(1)疾病、自杀、殴斗或犯罪行为。

(2)爬车、跳车。

(3)战争或军事行动。

(4)有诈骗行为意图骗领保险金或医疗费用。

旅客随身携带的行李物品,因发生意外事故遭到损失,保险公司不负赔偿责任。

(六)处理

(1)旅客遭受意外伤害时,公路客运部门应采取紧急措施抢救并立即报告当地的公安、交通部门处理。

(2)旅客遭受意外事故以致残废或丧失身体机能者,应由本人或其指定代理人持县以上医院及交通监理、治安部门的证明文件,由保险公司根据此项证明,确定给付保险金。

(3)旅客遭受意外事故以致死亡者,应由其配偶、子女、父母或完全依赖该旅客供养者,取具公路客运部门的证明文件,必要时并须取具其居住地政府的户籍证明,向保险公司申请给付保险金。

(4)申请领取保险金,须自意外事故发生之日起一年内办理,过期丧失申请的权利。

(5)保险金的给付,应由保险公司自接到申请之日起,于十五日内办理。

(6)旅客或其家属对保险公司的给付数额发生争执时,应由双方协商解决,协商不成,可向法院起诉。

三、公路货物保价运输

公路货物保价运输是公路货物托运人在托运货物时,声明其价格并向承运人支付保价费用,由承运人在货物损失时按声明价格赔偿的一种货物运输。货物保价运输同保险运输一样,目的是保护托运人或收货人的正当利益不受损失。

(一)保价运输的原则

公路货物运输实行自愿保价原则。也就是说,对托运的货物是否保价完全取决于托运人的自愿,托运人可以办理保价运输,也可以投保货物运输险。包括承运人在内的其他任何人不得以任何方式强迫托运人办理保价运输。

(二)托运、承运的办法

(1)托运人一张运单托运的货物只能选择保价或不保价。也就是说,对一批办理托运的货物,不得只保价其中一部分而不保价另一部分。

(2)声明价格和填制货运单。托运人选择货物保价运输时,申报的货物价值不得超过货物本身的实际价值;保价运输为全程保价。货物的价值包括税款、包装费用和已发生的运输费用,由托运人托运时自己声明,这种声明价格即为货物的保价金额。

托运人在办理保价运输时，应在货物运单价格栏内准确注明全批货物总的声明价格。对不具备"三同"（同品种、同规格、同包装）条件的计件货物，还应向承运人提交货物单件价格的"物品清单"。

（3）保价费的缴付。按保价运输的货物，除运杂费外，托运人还应缴付保价费。货物的保价费按声明价格乘以所适用的保价费率计算。保价费率不同的货物合并填写时，适用于其中最高的保价费率。对于有稳定性运输条件的大宗货物，承运人与托运人协商，可实行定期（日、旬、月）清算保价办法。

（4）承运人应在运单上加盖"保价运输"戳记。

（三）保价运输的变更或解除

保价运输货物变更到站后，保价运输继续有效。承运人承运货物后，在发送前取消托运的，货物保价费应全部退还托运人。

（四）保价运输的赔偿处理

在保价运输中，货物全部灭失，按货物保价声明价格赔偿；货物部分毁损或灭失，按实际损失赔偿；货物实际损失高于声明价格的，按声明价格赔偿；货物能修复的，按修理费加维修取送费赔偿。保险运输按投保人与保险公司商定的协议办理。

未办理保价或保险运输的，且在货物运输合同中未约定赔偿责任的，法律、行政法规对赔偿责任限额有规定的，依照其规定；尚未规定赔偿责任限额的，按货物的实际损失赔偿。

货物损失赔偿费包括货物价格、运费和其他杂费。货物价格中未包括运杂费、包装费以及已付的税费时，应按承运货物的全部或短少部分的比例加算各项费用。

【案例三】保价万元托运物受损索赔 5.6 万

【案情】

2021 年 3 月 27 日，案外人戴先生以王先生为收货人，在辽宁大连将一台 60 英寸液晶电视机及其他物品共 4 件交付物流公司，由物流公司负责将上述货物运送至上海。签署的"货物托运书"明确保价声明价值为 1 万元。如发生货物丢损，承运人按如下规则赔偿：货物全部灭失，按货物保价声明价值赔偿；货物部分毁损或灭失，按声明价值和损失比例赔偿，最高不超过声明价值。声明价值高于实际价值的，按实际价值赔偿。同年 4 月 7 日，上述 4 件货物送至王先生处，经当场验收，发现液晶电视机的显示屏破裂，送货员在"承运单"的收货人联上签名确认。后双方就损失赔偿事宜未能协商一致，故王先生诉至法院。

王先生诉称，委托物流公司将一台电视机和其他物品共 4 件货物从辽宁大连运抵上海后，自己在当场验货时发现电视机的显示屏已破碎，送货人对此情况予以确认。现该电视机的购买价为 4.5 万元，因显示屏破碎，已相当于报废，修理费至少要 3.5 万元。因电视机原计划供店铺营销使用，还造成营销损失。因此，要求物流公司赔偿电视机损失费 4.5 万元及营销损失等 1.1 万余元。

物流公司辩称，承运了王先生的电视机等 4 件货物，因运输的原因导致电视机显示屏破碎的情况属实，自己愿意承担赔偿责任。王先生主张的营销损失系间接损失，不予赔偿。在托运时对电视机保价为 1 万元，依据双方确认的合同约定，对于电视机损失可按保价价值与实际损失的比例赔偿，但赔偿额不超过保价价值。

【审理】

法院认为，我国《民法典》规定，如无法定免责事由，承运人应当对货运过程中货物的毁损、灭失承担损害赔偿责任；当事人对赔偿额有约定的，应当按约定。现物流公司认可承运的电视机因运输的原因而损毁，其应当承担赔偿责任。而双方在签订的货物运输合同中的保价赔偿规则不违反有关行政规章的规定，属合法有效，对双方具有约束力。故物流公司可在1万元限额内承担赔偿责任。

鉴于承运4件货物，其中3件没有毁损，故适当退回运输费；鉴于保价的电视机毁损，故保价费应予全额退还。据此，法院判决由物流公司赔付王先生电视机损失费1万元；并返还保价费、运费共计650元。

【案例四】未办理保价运输的货物灭失赔偿纠纷案

【案情】

原告：个体商人赵某

被告：B市汽车货运站

2010年5月16日，个体商人赵某在北方A市一长途汽车货物运输公司(下称运输公司)办理了发往南方B市的班车货物运输手续。经赵某和该运输公司下属托运站填制的货运单载明：货物名称为杂货；货物包装为布袋，件数为1件，重量95千克；承运日期为2010年5月15日等。2010年5月28日，班车到达B市，B市汽车货运站通知赵某委托代收货物的张某提货。张某次日拿着提货凭证到汽车货运站(下称货运站)提货，该站同志说昨日清点时没发现他要提的货物，并随即向张某出具了说明缺少该货物的货运记录，并告知张某一有货物下落就及时通知领取。张某随后把这些情况告诉了赵某。一个月过去后，仍无货物下落，赵某要求货运站赔偿货物全部灭失的损失，货运站同意赔偿。但双方在赔偿费用上争执不下，赵某向法院起诉。

赵某诉称：布袋里面装的货物是在A市购买的各种服装，价值7000余元，有购货发票作证。只是由于服装样数较多，才在货物运单上填写为"杂货"名称。要求货运站赔偿7000余元损失并退还全部运费。

货运站辩称：货物运单载明货物为"杂货"，无法计算价格，且没有办理保价运输手续，只能按交通部规定的不超过3元/千克的标准赔偿。

【审理】

一审法院认为：货运站对货物灭失应负赔偿责任。货运单是本案的汽车货物运输合同，应以该运单为依据确定赔偿责任，赵某提供的购货发票不能作为处理本案纠纷的凭证。由于赵某坚持己见，法院开庭审理，判决如下：第一，货运站将运费全部退还给赵某；第二，货运站按3元/千克标准赔偿，共计285元；第三，本案诉讼费用由货运站负担。

【法理分析】

本案主要涉及下面两个问题：

一是赔偿责任主体的认定。在班车货物运输中，除了在起运地发现的货损由起运地负责处理外，在中途和终点站发现的货损应由终点站负责赔偿。终点站是代表整个承运方向货主负责赔偿的，这不意味着是该站过错造成货物损失的。本案货损是在终点站发现的(以货运记录为准)，应由货运站负责处理，向货主赵某支付赔偿额。如果经证明不是货运站过错而是其他承运方过错造成的，货运站赔偿后，有权向有责任的其他承运站追偿；如果不能确定到底是哪方责任所致的，有关各承运方应按比例分担赔偿责任。

　　二是本案赔偿标准的确认。这是本案争执的焦点问题。在货物运输中，托运人应对其填制的货物运单内容的真实性负责，货运单是运输合同存在和处理纠纷的凭证或依据。货损的赔偿标准因托运人托运货物的方式不同而不同。办理保价运输的，按托运人声明的价格赔偿；投保货物运输险的，由承运人和保险公司按保险合同规定赔偿；未保价的，按规定的标准赔偿。根据《汽车货物运输规则》第七十六条规定，未办理保价运输的货物损失的赔偿价格，按下列规定计算：

　　(1)执行国家定价的货物，按照各级物价管理部门规定的价格计算。

　　(2)执行国家指导价格或市场调节价格的货物，比照前项国家定价货物中相同规格或类似商品价格标准计算，无法比照计价的货物按不超过3元/千克计算。

　　本案托运人赵某在托运货物时，既未办理保价运输，也未投保运输险，只能按上述(1)(2)规定办。由于托运人将其托运的货物填记为"杂货"，使得其难以计价也无法比照其他商品计价(即使是服装，也有贵贱之分)。托运人事后出具的购货发票只能作为商品买卖的证明，但不能作为运输合同的证明。没有任何证据证明布袋里装的货物就是托运人购买的商品。因此，对本案的货损只能按不超过3元/千克的标准来计算赔偿价格。即使布袋里确实为赵某购买的商品，其经济损失也只能由其自己承担。当然，在填错货物名称、又未保价的情况下，如果能提出其他直接证据(如托运站办理人员的证言等)，证实托运人灭失的托运货物确属服装，则可按服装的价格赔偿。如果一批货物只是灭失了部分，即使填错了品名、又未保价，仍可知道该灭失部分的实际品名，则按这种品名货物的赔偿价格进行赔偿(这不排除按3元/千克以内的赔偿价格标准赔偿的可能性)。

第六节　海上货运保险

　　海上货物运输保险，是指以海上运输的货物为保险标的，当货物在运输过程中发生自然灾害和意外事故造成的经济损失负赔偿责任的保险。海上货物运输保险属于财产保险的范畴，保险的标的是运输的货物，不包括船舶。投保海上货物运输保险，必须签订海上货物运输保险合同。

一、海上货物运输保险合同

　　所谓海上货物运输保险合同，是指由保险人与被保险人订立的，由被保险人支付保险费，在保险标的发生承保范围内的风险而遭受损失时，由保险人负责给予赔偿的合同。

　　海上货物运输保险合同的订立，通常是由投保人填制投保单，然后以此向保险人投保，经保险人审核同意，合同即告成立。实践中，保险人同意投保人的申请后，即凭投保单向投保人签发一份保险单。在保险单中，除载明被保险人的名称、保险的货物、运输工具种类与名称、保险的险别、保险起讫地、保险期限、保险金额等内容外，还应规定有保险的责任范围和保险人与被保险人的权利义务等详细条款。因此，保险单是保险合同的证据，也是确定双方当事人权利义务的依据。保险单和被保险人填制的投保单一起，实际上就是保险合同的书面表现形式。

　　海运保险合同的转让，一般通过保险单的背书来实现，无需取得保险人的同意。

海运保险合同的终止，主要基于期满终止、协议终止、违约失效或合同自主失效。

二、承保的风险与损失

(一) 风险

海上货物运输保险承保的风险主要有三类：

(1) 自然灾害。指恶劣气候、雷电、海啸、地震、洪水等人力不可抗拒的灾害。

(2) 意外事故。指运输工具遭受搁浅、触礁、沉没、互撞、与流冰或其他物体碰撞，以及失火、爆炸等由于偶然原因所造成的事故。

(3) 外来风险。指上述风险以外的其他风险，其中又包含一般外来风险和特殊外来风险。前者为偷窃、短量、碰损、缺损、雨淋等，后者则主要指由于政治、社会原因造成的风险，如战争、罢工等。

(二) 货运险涉及的损失

海上货物运输的损失又称海损(average)，是指货物在海运过程中由于海上风险而造成的损失，海损也包括与海运相连的陆运和内河运输过程中的货物损失。海上损失按损失的程度可以分成全部损失和部分损失。

(1) 全部损失，简称全损，有实际全损和推定全损之分。

①实际全损，是指保险标的发生保险事故后灭失，或者受到严重损坏完全失去原有形体、效用，或者已不能再归保险人所有。

②推定全损，是指货物发生保险事故后，认为实际全损已经不可避免，或者为避免发生实际全损所需支付的费用与继续将货物运抵目的地的费用之和将超过保险价值。推定全损需经保险人核查后认定。

(2) 部分损失，即不属于实际全损或推定全损的损失，按照造成损失的原因可分为共同海损和单独海损。

①共同海损，是指在海上运输途中，船舶、货物和其他财产遭遇共同危险，为了解除共同危险，有意采取合理的救难措施所直接造成的特殊牺牲、支付的特殊费用。共同海损必须具备以下条件：

第一，必须是确实遭遇危及船舶、货物的共同危险。

第二，所作出的特殊牺牲和支出的特殊费用，必须具有非常性质。

第三，作出特殊牺牲或支付的特殊费用，必须是有意的和合理的。

第四，牺牲或支出的费用必须是为挽救处在共同危险中的船舶和货物，并须使船、货取得救助的实际效果。

在船舶发生共同海损后，凡属共同海损范围内的牺牲和费用，均可通过共同海损清算，由有关获救受益方(即船方、货方和运费收入方)根据获救价值按比例分摊，然后再向各自的保险人索赔。共同海损分摊涉及的因素比较复杂，一般均由专门的海损理算机构进行理算(adjustment)。

②单独海损，不具有共同海损性质，尚未达到全损程度的损失，称为单独海损。该损失仅涉及船舶或货物所有人单方面的利益损失。与共同海损相比，它的特点是：

第一，它是承保风险直接造成的，而不是由人的有意识行为作出的。

第二，它只涉及船舶或货物单独一方的利益。

第三，它只能由受损一方单独承担，而不能由航行中的各方利益关系人共同分摊。

按照货物险保险条例，不论担保何种货运险险种，由于海上风险而造成的全部损失和共同海损均属保险人的承保范围。对于推定全损的情况，由于货物并未全部灭失，被保险人可以选择按全损或按部分损失索赔。倘若按全损处理，则被保险人应向保险人提交"委付通知"，把残余标的物的所有权交付保险人，经保险人接受后，可按全损得到赔偿。

三、保险险别

根据中国人民保险公司海洋运输保险条款的规定，海上货物运输保险的险别分为基本险和附加险两大类。

（一）基本险

基本险是海上货物运输保险的主要险别之一。它是指对于被保险货物在运输中遭受暴风、雷电、流冰、海啸、地震、洪水等自然灾害或由于运输工具搁浅、触礁、碰撞、沉没、失火或爆炸，以及装卸过程中整件货物落海等意外事故所造成的全部或部分损失，以及因上述事故引起的救助费用、共同海损的牺牲和分摊，由保险人负责赔偿的保险。

基本险是可以单独投保的险别，分平安险、水渍险和一切险三种。按其责任范围，平安险最小，水渍险居中，一切险最大。

1. 平安险

其原义是"单独海损不赔"，指保险人仅负责赔偿因自然灾害或意外事故造成的货物全损（含推定全损）和共同海损的损失。根据中国人民保险公司发布的《海洋运输货物保险条款》，平安险负责赔偿的损失包括以下几种：

①被保险货物在运输途中由于恶劣气候、雷电、海啸、地震、洪水等自然灾害造成整批货物的全部损失或推定全损。被保险货物用驳船运往或运离海轮的，每一驳船所装的货物可视作一个整批。

②由于运输工具遭受搁浅、触礁、沉没、互撞、与流冰或其他物体碰撞以及失火、爆炸等意外事故造成货物的全部或部分损失。

③在运输工具已经发生搁浅、触礁、沉没、焚毁等意外事故的情况下，货物在此前后又在海上遭受恶劣气候、雷电、海啸等自然灾害所造成的部分损失。

④在装卸或转运时由于一件或数件整件货物落海造成的全部或部分损失。

⑤被保险人对遭受承保责任内危险的货物采取抢救，防止或减少货损的措施而支付的合理费用，但以不超过该批被救货物的保险金额为限。

⑥运输工具遭遇海难后，在避难港由于卸货所引起的损失以及在中途港、避难港由于卸货、存仓以及运送货物所产生的特别费用。

⑦共同海损的牺牲、分摊和救助费用。

⑧约定的其他损失。

2. 水渍险

其原义是"负单独海损责任"，除包括上列平安险的各项责任外，本保险还负责被保险货物由于恶劣气候、雷电、海啸、地震、洪水等自然灾害所造成的部分损失。

3. 一切险

又称综合险,是指除包括上列平安险和水渍险的各项责任外,本保险还负责被保险货物在运输途中由于外来原因所致的全部或部分损失。

(二)附加险

附加险是基本险的对称。因为各种运输货物的基本险别所保障的范围都不可能包括所有的意外损失,附加险就成为基本险的扩大和补充。附加险不能单独投保,只能在投保某一种基本险的基础上加保。它可以由被保险人根据需要选择确定加保一种或几种附加险。附加险所承保的是外来原因所致的损失,而外来原因又分为一般外来原因和特殊外来原因,所以附加险也相应地分为一般附加险和特殊附加险两类。

一般附加险目前共 11 种:

(1)偷窃、提货不着险。

(2)淡水雨淋险。

(3)短量险(或短重险)。

(4)混杂、沾污险。

(5)渗漏险。

(6)碰损、破碎险。

(7)串味险。

(8)受潮受热险。

(9)钩损险。

(10)包装破裂险。

(11)锈损险。

特殊附加险一般有 7 种:

(1)交货不到险。

(2)进口关税险。

(3)舱面险。

(4)拒收险。

(5)黄曲霉素险。

(6)出口货物存仓火险责任扩展条款。

(7)战争险等。

四、保险人的除外责任及责任期限

(一)除外责任

除外责任是指保险人不予负责的损失或费用,一般都有属非意外的、非偶然性的或须特约承保的风险。为了明确保险人承保海运保险的责任范围,中国人民保险公司《海洋运输货物保险条款》中对海运基本险别的除外责任有下列五项:

（1）被保险人的故意或过失所造成的损失。

（2）属于发货人责任所引起的损失。

（3）在保险责任开始前，被保险货物已存在的品质不良或数量短差所造成的损失。

（4）被保险货物的自然损耗、本身缺陷、自然属性以及市价跌落、运输迟延等引起的损失或费用。

（5）战争险和罢工险条款规定的责任及其除外责任。

空运、陆运、邮运保险的除外责任与海运基本险别的除外责任基本相同。

（二）责任期限

按照国际保险业的习惯，海运保险基本险采用的是"仓至仓"条款（warehouse to warehouse clause，WWClause），即保险责任自被保险货物离开保险单所载明的起运地发货人仓库或储存处所开始生效，包括正常运输过程中的海上、陆上、内河和驳船运输在内，直至该项货物到达保险单所载明目的地收货人的仓库为止，但最长不超过被保险货物卸离海轮后60天。

【案例五】投保海上货运一切险附加短重险的货物损失赔偿纠纷案

【案情】

原告：中国A进出口总公司

被告：中国B保险公司

2013年1月16日，原告与被告签订了海上货物运输保险合同，保险标的为原告外购货物磷酸二氨，数量21150 t，保险金额按标的CIF加一成为4233892.56美元，承保条件为一切险附加短重险（包括仓至仓条款）。原告投保的磷酸二氨由"丰康"轮承运，于2013年8月11日在天津新港靠泊。据商检公估数字，短卸率为5.8‰。卸下的货物全部进入天津港务局第二港埠公司203、204、207号码头仓库内。

同年9月1日，天津港遭遇特大海潮袭击。货物被海水浸泡，受损严重。9月3日，原告电话通知被告，被告即委托勘验代理人中国进出口商品检验总公司天津分公司对原告提取的磷酸二氨检验定损。10月17日，被告B保险公司致函表示拒赔，称其所承保的该批货物的保险责任已在出险前终止。

原告诉称：根据保险合同仓至仓条款规定，保险人保险责任在货物出险时尚未终止，海潮属一切险范围之内，被告应承担赔偿责任。原告提单货物数量为21150 t，扣短卸率5.8‰和灌包耗损率6‰，应提20901 t。除海潮前提取的8499.9 t外，海潮发生时，仍有12401.1 t在港区仓库，受到海水浸泡。根据被告勘验代理人出具的"货物残损鉴定报告"，要求被告赔偿其保险标的因保险事故所受损失1087191.75美元；短重损失3407.59美元；施救费用人民币50522.59元；因迟付赔款的利息54966.19美元以及其他损失人民币118.16万元。

被告辩称：根据保险条款规定，保险人的责任，从货到卸货港，收货人提货后运至其仓库，或提货后不运往自己的仓库，到对货物进行分配、分派、分散转运时终止。而本案原告在货物卸离海轮后，并在出险前，已将8500 t灌包运往各地用户，构成了条款中的"被保险人用作分配、分派"的事实，并因此而终止了保险人的责任。所以对原告的该批货物损失，被告已没有赔偿义务。被告还认为，保险单所载明的目的地是天津新港，收货人在港口无自己的仓库，当收货人提货后，把全部货物存放在港区仓库时，港区仓库则被视为收货人在目的港的最后仓库，因而构成了保险责任终止的条件。

【审理】

某海事法院经审理认为：原、被告之间签订的货物运输保险单是确定双方当事人权利义务的依据。被告保险责任终止的条件是，直至被保险货物到达保险单所载明目的地收货人的最后仓库或储存处所，或被保险人用作分配或分派或非正常运输的其他储存处所为止。然而，原告未提取的12401.1 t磷酸二氨在出险时正处于港口仓库和库场内，该批货物所处地点属港口作业区，因而无法实施对货物的分配、分派或转运。因此，被告对原告未提取的处于港口仓库和库场的12401.1 t货物仍负有保险责任。根据保险单约定，被告对超过装运总量0.5%的短重险负有赔偿责任。此外，为减少被保险货物的损失而产生的施救费用，亦应由被告承担。据此，海事法院于2014年3月30日判决如下：一、被告赔偿原告保险货物因保险事故而遭受的损失1087191.75美元；二、被告赔偿原告保险货物短重损失3407.59美元；三、被告偿付原告上述款项自2013年11月1日起至给付之日止的利息损失（按中国银行企业同期存款利率计）；四、被告赔付原告所支付的施救费用人民币50522.59元；五、原告其他诉讼请求不予支持。

被告中国B保险公司不服海事法院一审判决，上诉于某市高级人民法院。经二审法院主持调解，双方当事人自愿达成协议：一、上诉人按原判决第一、二项合计金额的93%赔偿被上诉人货损和短重损失1014257.39美元，并偿付自2013年11月1日起至给付之日止的利息损失（按给付币种的同期企业短期银行贷款利率计）；二、上诉人给付被上诉人所支付的施救费人民币50522.59元；三、上述给付款项，上诉人应在本调解书生效之日起10日内一次付清。

【法理分析】

本起海上货物运输保险合同纠纷，主要焦点集中在保险责任期限问题上。

此案的承保条件是根据中国人民保险公司公布的《海洋货物运输保险条款》，险别为一切险，附加短重险。该条款的保险人保险责任起讫是"仓至仓"责任。也就是自被保险货物运离保险单所载明的起运地仓库或储存处所时起，保险人保险责任开始发生，包括正常运输过程中的海上、陆上、内海和驳船运输在内，直至该项货物到达保险单所载明目的地收货人的最后仓库或储存处所或被保险人用作分配、分派或非正常运输的其他储存处所为止，保险人保险责任终止。

本案被保险货物卸离海轮后，堆存于港口当局所属码头仓库和库场，货物虽然属于被保险人所有，但货物的控制权在港口当局，被保险人不能实施对该批货物分配、分派或转运，只有提取货物后，取得对货物的控制权，才能实施分配、分派或转运行为。因此，港口当局所属仓库或库场尚未构成保险责任期限"仓至仓"条款中指出的"被保险人用作分配、分派的其他储存处所"，该批货物仍在保险人的保险责任期限内，故保险人即被告应对此期限内发生的保险责任事故所造成的原告损失负赔偿责任。

五、索赔时效

索赔是指被保险人在被保险货物因所承保的风险而遭受损失时，向保险人要求赔偿损失。被保险人提出索赔时，必须应保险人的要求，提供与确认事故性质和损失程度有关的证明和资料。保险人只有在经过审查确定风险事故与损失之间存在因果关系，风险事故又属于承保范围之内的，才按损失的程度予以赔偿。此外，被保险人提出索赔还必须在索赔时效的期限之内，否则，将丧失索赔权利。

海洋货物运输保险索赔时效，从被保险货物在最后卸载港全部卸离海轮后起算，最多不超过两年。

索赔时效即诉讼时效。被保险人只有在索赔时效内提起仲裁或诉讼，其权利才能得到保护，否则丧失追诉权。

第七节　航空货运保险与保价

一、航空货物运输保险

航空货物运输保险，是指托运人(被保险人)将托运的货物向保险公司(保险人)投保并支付保险费用，由保险公司按约定赔偿因航空运输中发生保险责任范围内事故造成的货物损失的一种保险。国内航空货物运输保险责任范围分为航空运输险和航空运输一切险两种。被保险货物遭受损失时，该保险按保险单上订明的承保险别条款负赔偿责任。

托运人和保险人由此而签订的合同即为航空货物运输保险合同，这种合同以保险公司向被保险人签发的保险单证为凭证。根据航空运输相关法规的规定，托运人托运货物时，可按规定办理航空货物运输保险。托运人可直接向保险公司投保(保险公司往往委托承运人代办)，也可委托其他第三方代办。同其他方式的货物运输保险一样，航空货物运输保险也实行自愿原则，不得强迫托运人办理保险。

(一)保险责任

保险人承保的保险险别不同，其承担的保险责任也不相同。订立保险合同时应约定保险险别，以期保险人按保险险别承担赔偿责任。一般情况下，保险货物在保险期内无论是在运输还是在存放过程中，由于下列原因造成的损失，保险人负赔偿责任：

(1)由于飞机遭受碰撞、倾覆、坠落、失踪(在三个月以上)、在危难中发生卸载以及遭遇恶劣气候或其他危难事故发生抛弃行为所造成的损失。

(2)保险货物本身因遭受火灾、爆炸、雷电、冰雹、暴风、暴雨、洪水、海啸、地震、地陷、崖崩所造成的损失。

(3)保险货物因受震动、碰撞或压力而造成破碎、弯曲、凹瘪、折断、开裂等损伤以及由此而引起包装破裂而造成的损失。

(4)凡属液体、半流体或者需要用液体保藏的保险货物，在运输途中因受震动、碰撞或压力致使所装容器(包括封口)损坏发生渗漏而造成的损失，或用液体保藏的货物因液体渗漏而致保藏货物腐烂的损失。

(5)保险货物因遭受偷窃或者提货不着的损失。

(6)在装货、卸货时和地面运输过程中，因遭受不可抗拒的意外事故及雨淋所造成保险货物的损失。

(7)在发生责任范围内的灾害事故时，因施救或保护保险货物而支付的合理费用，保险人也负赔偿责任，但最高以不超过保险金额为限。

(8)其他按规定应负的赔偿责任。

（二）除外责任

被保险货物在保险期限内无论是在运输还是在存放过程中，由于下列原因造成的损失，保险人不负赔偿责任：

（1）战争或军事行动。

（2）由于保险货物本身的缺陷或自然损耗，以及由于包装不善或属于托运人不遵守货物运输规则所造成的损失。

（3）托运人或被保险人的故意行为或过失。

（4）其他不属于保险责任范围内的损失。

（三）保险责任起讫

（1）该保险负"仓至仓"责任，自被保险货物运离保险单所载明的起运地仓库或储存处所开始运输时生效，包括正常运输过程中的运输工具在内，直到该项货物运达保险单所载明目的地收货人的最后仓库或储存处所或被保险人用作分配、分派或非正常运输的其他储存处所为止。如未运抵上述仓库或储存处所，则以被保险货物在最后卸载地卸离飞机后满三十天为止。如在上述三十天内被保险的货物需转送到非保险单所载明的目的地时，则以该项货物开始转运时终止。

（2）由于被保险人无法控制的运输延迟、绕道、被迫卸货、重新装载、转载或承运人运用运输契约赋予的权限所作的任何航行上的变更或终止运输契约，致使被保险货物运到非保险单所载目的地时，在被保险人及时将获知的情况通知保险人，并在必要时加缴保险费的情况下，本保险仍继续有效，保险责任按下述规定终止：

①被保险货物如在非保险单所载目的地出售，保险责任至交货时为止，但不论任何情况，均以被保险的货物在卸载地卸离飞机后满三十天为止。

②被保险货物在上述三十天期限内继续运往保险单所载原目的地或其他目的地时，保险责任仍按上述的规定终止。

（四）被保险人义务

被保险人应按照以下规定的应尽义务办理有关事项，如因未履行规定的义务而影响保险公司利益时，保险公司对有关损失有权拒绝赔偿。

（1）当被保险货物运抵保险单所载目的地以后，被保险人应及时提货，当发现被保险货物遭受任何损失，应即向保险单上所载明的检验、理赔代理人申请检验，如发现被保险货物整件短少或有明显残损痕迹应即向承运人、受托人或有关当局索取货损货差证明，如果货损货差是由于承运人、受托人或其他有关方面的责任所造成，并应以书面方式向他们提出索赔。必要时还须取得延长时效的认证。

（2）对遭受承保责任内危险的货物，应迅速采取合理的抢救措施，防止或减少货物损失。

（3）在向保险人索赔时，必须提供下列单证：保险单正本、提单、发票、装箱单、磅码单、货损货差证明、检验报告及索赔清单，如涉及第三者责任还须提供向责任方追偿的有关函电及其他必要单证或文件。

（五）保险期限

根据保险条款的规定，保险责任自被保险货物经承运人收讫并签发航空货运单注明保险时起，至空运抵目的地的收货人当地的仓库或储存处所时终止。被保险货物空运至目的地后，如果收货人未及时提货，则保险责任的终止期最多以承运人向收货人发出到货通知以后的 15 天为限。

飞机在飞行途中，因机件损坏或发生其他故障而被迫降落，以及由于货物严重积压，被保险货物需改用其他运输工具运往原目的地时，保险人对被保险货物所负的责任不予改变，但被保险人应向保险人办理批改手续。如果被保险货物在飞机被迫降的地点出售或分配，保险责任的终止期以承运人向收货人发出通知以后的 15 天为限。

（六）赔偿处理

1. 索赔

国内航空货物运输保险出险后，被保险人向保险公司申请赔偿时，必须提供下列单证：航空货运单、保险单或保险凭证、发票、装箱单、货物运输事故签证、索赔清单、救护保险货物所支出合理费用的单据及保险人认为有必要的其他证明文件。

但是，在保险货物运抵保险凭证所载明的目的地后，如果发现保险货物受损，被保险人必须在货到后 10 天内向当地保险公司申请检验，否则，保险人不予受理。如果当地无保险公司，则由被保险人或收货人会同承运人共同检验，并由承运人出具证明加盖公章，向起运地保险人索赔。

2. 理赔

保险人在接到被保险人索赔申请及有关单证后，根据保险责任范围，要迅速核定应否赔偿。经核实，如果保险货物发生保险责任范围内的损失，保险公司在保险金额限度内按实际损失计算赔偿；但如果被保险人投保不足额，保险金额低于货物价值时，保险公司应按保险金额与货物价值的比例计算赔偿。赔偿金额经与被保险人达成协议后立即赔付。

此外，保险货物发生保险责任范围内的损失，如果根据法律规定或者有关约定，应当由承运人或其他第三者负责赔偿一部分或全部，则保险公司不再赔偿或只赔偿其不足部分，如果被保险人提出要求，保险公司也可先予赔偿，然后按规定代位追偿。

二、航空旅客人身意外伤害保险

航空旅客人身意外伤害保险，是保险公司为航空旅客专门设计的一种针对性很强的商业险种，它的保险责任是被保险乘客在登机、飞机滑行、飞行、着陆过程中，因飞机意外事故遭到人身伤害导致身故或残疾时，由保险公司按照保险条款所载明的保险金额给付身故保险金，或按身体残疾所对应的给付比例给付残疾保险金。

换言之，凡保险飞机上所载旅客和行李，在飞机上或在上下飞机时，因意外造成人身伤亡或行李损坏、丢失或延迟送达所造成的损失应由保险人负责的，由保险人负责赔偿。

1. 保险期限

它与承运人责任期间一致。保险有效期间，自旅客持票进入机场后开始，至到达旅程终点离开机场时为止，如需搭乘航空公司免费接送旅客之其他交通工具时，则搭乘该项交通工具期间亦包括在内。旅客所乘之飞机在中途因故停飞或改乘航空公司指定之其他飞机者，在途中停飞及继续旅程中，保险仍属有效。旅客在旅程中途自行离机不再随同原机飞行者，其保险于离开机场时即告失效。但经承运人签字证明原票有效者，在重新进入机场后，保险效力即行恢复。

2. 保险责任和除外责任

旅客在保险期限内，由于遭受外来、剧烈及明显之意外事故(包括战争所致者在内)，造成人身伤亡，保险公司负责赔偿。但是，遇有下列情形之一的，保险公司不负赔偿责任：

(1)疾病、自杀、殴斗或犯罪行为而致死亡或伤害者。

(2)有欺诈行为意图骗领保险金或医疗津贴者。

3. 保险金支付

旅客的保险金额，不论全票、半票还是免费，一律相同，由旅客和保险公司约定。旅客因受伤需要治疗者，由保险公司按实际情况给付医疗津贴，其数额以不超过保险金额全数为限。旅客遭受意外事故受到伤害，以致死亡、残废、丧失身体机能或失踪者，除依照规定给付医疗津贴外，另由保险公司依照有关规定视伤害程度给付相应保险金，但保险金的给付，以不超过保险金额之全数为限。

另据有关规定，因意外事故遭受人身伤亡的，旅客或其继承人除了得到保险公司支付的保险金外，还应得到承运人支付的赔偿金。当发生旅客意外伤亡时，旅客或其继承人应在法律规定的时间内及时向保险公司提出赔偿要求，逾期未提出的则丧失索赔权。

【案例六】旅客乘机发生意外伤害要求赔偿的纠纷案

【案情】

原告：杨某

被告：中国 A 保险公司

杨某任职于中国北方某工业公司，因工作关系经常奔波国外。2013 年 9 月 14 日，他因公赴波兰洽谈生意，购买了北京至波兰华沙的飞机票，并向中国 A 保险公司投了保险金额为 10 万元人民币的航空意外伤害保险。当到达华沙机场时，杨某乘坐的德国汉莎航空公司班机在该机场着陆时突然冲出跑道，撞向机场外一土坡，飞机翅膀折掉，前舱着火。此航班连机组人员在内共有 75 人，其中 58 人受伤。杨某在华沙某医院经做 B 超和常规检查，初步诊断为腹部肌肉损伤。中国大使馆领导和德国汉莎航空公司代表建议杨某回国检查、治疗和休养，汉莎公司同意将中国医院的诊断证明作为事故伤情证明和向该公司索赔的依据。回到北京后，杨某先后到中日友好医院及北京友谊医院做 X 光检查，均诊断为腰椎压缩性骨折。

同时，杨某将伤情通知了 A 保险公司，并要求赔偿。在理赔过程中，A 保险公司不按保险单所付赔偿金额表中第 16 项伤情程度为一般性骨折，应支付 10%保险金额的规定赔偿，只答应赔偿杨某 2 000 元，杨某不同意，便向北京某区法院起诉，要求 A 保险公司立即给付赔偿金 1 万元及误工损失费 800 元。

A 保险公司答辩声称：根据保险公司有关的行业规定，他们只承认第一事故现场的医疗诊断，不承认北京有关医院所作的诊断。

【审理】

法院审理后认为，A 保险公司由于承保了杨某意外伤害险，因飞机在华沙机场发生意外事故造成杨某受伤，应当向杨某负赔偿责任。杨某受伤后，在华沙所作的伤情医疗诊断只是初步的，并没有最后确诊，而且德国汉莎航空公司也认为在华沙对杨某伤情的诊断不是最终的诊断，同意将我国医院的诊断作为伤情证明和索赔依据。因此，杨某回北京后在中日友好医院和北京友谊医院所作的诊断应为杨某伤情的证明，A 保险公司要求以华沙医院的诊断为证明的主张不予支持。

鉴于杨某的实际伤情，根据保险合同的约定，法院最后判决如下：第一，被告 A 保险公司一次性给付原告杨赔偿金 5 000 元；第二，驳回原告杨某其他诉讼请求；第三，本案诉讼费用由被告承担。

三、航空货物保价运输

《中华人民共和国民用航空法》（以下简称《民用航空法》）第一百二十八条第二款规定：旅客或者托运人在交运托运行李或者货物时，特别声明在目的地点交付时的利益，并在必要时支付附加费的，除承运人证明旅客或者托运人声明的金额高于托运行李或者货物在目的地点交付时的实际利益外，承运人应当在声明金额范围内承担责任。

这表明，航空货物托运人办理了货物保价运输，即声明货物价值的，在发生货物损失时，承运人应当在声明金额范围内赔偿。

必须注意的是，航空货物托运人在托运货物时未办理保价运输，即未声明货物价值的，发生损失时，按法律规定的赔偿责任限额赔偿。这里的赔偿责任限额，是指法律规定的承运人在每次航空货运中对每公斤货物损失所负的最高赔偿限额，承运人在这一限额内按货物实际损失承担赔偿责任。

1. 国际航空运输的赔偿责任限额

《民用航空法》第一百二十九条规定，国际航空运输承运人的赔偿责任限额按照下列规定执行：

（1）对每名旅客的赔偿责任限额为 16600 计算单位；但是，旅客可以同承运人书面约定高于本项规定的赔偿责任限额。

（2）对托运行李或者货物的赔偿责任限额，每公斤为 17 计算单位。旅客或者托运人在交运托运行李或者货物时，特别声明在目的地点交付时的利益，并在必要时支付附加费的，除承运人证明旅客或者托运人声明的金额高于托运行李或者货物在目的地点交付时的实际利益外，承运人应当在声明金额范围内承担责任。

托运行李或者货物的一部分或者托运行李、货物中的任何物件毁灭、遗失、损坏或者延误的，用以确定承运人赔偿责任限额的重量，仅为该一包件或者数包件的总重量；但是，因托运行李或者货物的一部分或者托运行李、货物中的任何物件的毁灭、遗失、损坏或者延误，影响同一份行李票或者同一份航空货运单所列其他包件的价值的，确定承运人的赔偿责任限额时，此种包件的总重量也应当考虑在内。

（3）对每名旅客随身携带的物品的赔偿责任限额为 332 计算单位。

这里所说的"计算单位"，是指国际货币基金组织规定的特别提款权，其人民币数额为按照国家外汇主管机关规定的国际货币基金组织的特别提款权对人民币的换算办法计算得出的人民币数额。

2. 国内航空运输的赔偿责任限额

根据《民用航空法》第一百二十八条规定，国内航空运输承运人的赔偿责任限额由国务院民用航空主管部门制定,报国务院批准后公布执行。

上述规定表明,在国内运输中,承运人对货物的赔偿责任限额不适用上述国际航空运输的赔偿责任限额标准,而由国务院民航主管部门另行规定(报国务院批准后公布执行)。由于赔偿责任限额是法律规定的,在实践中,对有些货物、特别是贵重物品而言,统一规定的赔偿责任限额会低于货物的实际价值,所以,托运人最好办理货物保价运输。

附录:货运险常用术语

insurance policy(or certificate)保险单(或凭证)

1. RISKS & COVERAGE 险别

(1)free from particular average(F. P. A.)平安险

(2)with particular average(W. P. A.)水渍险(基本险)

(3)all risk 一切险(综合险)

(4)total loss only(T. L. O.)全损险

(5)war risk 战争险

(6)cargo(extended cover)clauses 货物(扩展)条款

(7)additional risk 附加险

(8)from warehouse to warehouse clauses 仓至仓条款

(9)theft, pilferage and nondelivery(T. P. N. D.)盗窃提货不着险

(10)rain fresh water damage 淡水雨淋险

(11)risk of shortage 短量险

(12)risk of contamination 沾污险

(13)risk of leakage 渗漏险

(14)risk of clashing & breakage 碰损破碎险

(15)risk ofodour 串味险

(16)damage caused by sweating and/or heating 受潮受热险

(17)hook damage 钩损险

(18)loss and/or damage caused by breakage of packing 包装破裂险

(19)risk of rusting 锈损险

(20)risk ofmould 发霉险

(21)strike, riots andcivel commotion(S. R. C. C.)罢工、暴动、民变险

(22)risk of spontaneous combustion 自燃险

(23)deterioration risk 腐烂变质险

(24)inherent vice risk 内在缺陷险

(25)risk of natural loss or normal loss 途耗或自然损耗险

(26)special additional risk 特别附加险

(27)failure to delivery 交货不到险

(28)import duty 进口关税险

(29)on deck 仓面险

(30)rejection 拒收险

（31）aflatoxin 黄曲霉素险

（32）fire risk extension clause-for storage of cargo at destinationhongkong，including kowloon，or macao 出口货物到中国香港（包括九龙在内）或澳门存仓火险责任扩展条款

（33）survey in customs risk 海关检验险

（34）survey at jetty risk 码头检验险

（35）institute war risk 学会战争险

（36）overland transportation risks 陆运险

（37）overland transportation all risks 陆运综合险

（38）air transportation risk 航空运输险

（39）air transportation all risk 航空运输综合险

（40）air transportation war risk 航空运输战争险

（41）parcel post risk 邮包险

（42）parcel post all risk 邮包综合险

（43）parcel post war risk 邮包战争险

（44）investment insurance（political risks）投资保险（政治风险）

（45）property insurance 财产保险

（46）erection all risks 安装工程一切险

（47）contractors all risks 建筑工程一切险

2. THE STIPULATIONS FOR INSURANCE 保险条款

（1）marine insurance policy 海运保险单

（2）specific policy 单独保险单

（3）voyage policy 航程保险单

（4）time policy 期限保险单

（5）floating policy （or open policy）流动保险单

（6）ocean marine cargo clauses 海洋运输货物保险条款

（7）ocean marine insurance clauses （frozen products）海洋运输冷藏货物保险条款

（8）ocean marine cargo war clauses 海洋运输货物战争险条款

（9）ocean marine insurance clauses （woodoil in bulk） 海洋运输散装桐油保险条款

（10）overland transportation insurance clauses （train，trucks）陆上运输货物保险条款（火车、汽车）

（11）overland transportation insurance clauses （frozen products）陆上运输冷藏货物保险条款

（12）air transportation cargo insurance clauses 航空运输货物保险条款

（13）air transportation cargo war risk clauses 航空运输货物战争险条款

（14）parcel post insurance clauses 邮包保险条款

（15）parcel post war risk insurance clauses 邮包战争保险条款

（16）livestock & poultry insurance clauses （by sea，land or air）活牲畜、家禽的海上、陆上、航空保险条款

【思考与练习】

一、名词解释

保险　社会保险　再保险　重复保险　要保人　保险经纪人　定值保险合同　货物运输保险　索赔　保价运输　赔偿责任限额　共同海损　推定全损　仓至仓责任

二、简述题

1. 简述保险的含义、职能及主要特征。

2. 简述商业保险和社会保险的区别。

3. 简述保险经纪人与保险代理人区别。

4. 试述货物运输保险的概念及特点。

5. 法律规定哪些物资不能作为运输保险合同的保险标的？

6. 简述货物运输保险人的免责条件。

7. 比较保价运输与运输保险的主要区别。

8. 简述铁路货物保价运输的原则及意义。

9. 简述铁路货物保价运输的除外责任。

10. 简述单独海损的特点。

11. 货主王先生准备从长沙霞凝铁路北站托运一批价值为100万元的货物到成都铁路北站，王先生此前从未办理过铁路托运业务，不了解铁路运输的相关规定，且托运时正值西南地区梅雨季节。假设你是货运值班员，请你就如何办理铁路运输保险与铁路保价运输的事宜提供指导意见，并简要阐述理由。

三、论述题

论述运输部门开办保价运输的意义。

四、案例分析题

1. 托运人宋某与南平铁路货运中心于2015年8月31日签订运输合同一份。约定：苹果1500箱，纸箱包装，承运人运输期限6天，到达站为沙平车站，收货人为宋某本人。当天，南平铁路货运中心配给宋某棚车一辆，宋某自行装车，装苹果2700箱，货物标明"鲜活易腐"，2015年9月1日18时，挂有该棚车的1115次列车从南平车站出发，宋某派押运员1名；9月3日20时，1115次列车到达汉平车站，该车站调度令1115次列车在站停留。当时气温为37摄氏度，押运人多次请示车站挂运无效，货车停留到9月9日挂出。9月10日到达沙平车站，卸车时发现很多苹果纸箱外表有湿迹，经开箱检查，苹果有不同程度腐烂变色。经当地质检部门对苹果腐坏原因进行鉴定，结论为：腐坏系运输时间过长，气温较高，包装不合格，堆码紧密，影响通风所致。宋某将尚可食用的苹果进行处理得款9500元后，要求承运方赔偿损失70500元(损失的计算方式为南平当地购苹果和付运费共计65000元，加上到沙平销苹果可得到利润15000元，减去处理苹果所得9500元，等于70500元)。承运方不同意，纠纷未得到解决。

请回答下列问题：

(1)托运人宋某请求赔偿的计算方式对不对？你认为赔偿额应如何计算？

(2)托运人宋某对损害的发生应不应负责？为什么？

(3)承运人对损害的发生应不应负责？为什么？如果铁路运输部门需要赔偿，你认为要按什么原则赔偿，说明理由。

(4)假设该批托运货物的实际价值为 60000 元。

情形一：如果托运人为该批货物办理了 50000 元的货物保价，当这批货物损失为 50% 时，承运人应赔偿多少？

情形二：如果托运人为该批货物办理了 80000 元的货物保价。当这批货物损失为 40% 时，承运人应赔偿多少？

2.2020 年 4 月，深圳雅兰日化有限公司(以下简称日化公司)委托上海港联运服务公司(简称运输服务公司)办理一批货物的水路运输事宜，委托运输服务公司运输 362 吨香皂至广东蛇口，经双方协商约定，运费及保险费待货到后由运输服务公司向日化公司异地托收承付，运输服务公司为此填写了"货运委托书"。运输服务公司填写的货运单上记载：承运船，新华轮；发货单位，本运输服务公司；收货单位，该日化公司；货物状况，小部分箱子破损。货运单最后有日化公司经办人签名及发货单位业务签章。同年 5 月，运输服务公司代货方分别向甲、乙两保险公司投保了该批货物的国内运输险。6 月，货抵目的港。货运抵后，发现 3000 个纸箱损坏散落，经检验确定"货物破损严重，外包装大部分破烂，内货均有不同程度变形损坏"，受损香皂 3008 箱，货物在运输途中受损，共计 10 万余元。乙保险公司按保险理赔比例向日化公司赔付了 5 万余元，甲保险公司未作赔付。

日化公司以运输服务公司违反海上运输合同为由，向法院提起诉讼，要求被告运输服务公司赔偿损失计人民币 192629.27 元及利息并承担本案诉讼费。

被告运输服务公司辩称：原告所诉与事实不符，原告货物装船前已有部分破损，在港航交接单上有批注小部分箱子破损。我们以此交割清单为货物的装船依据。我公司于 2020 年 5 月 19 日向保险公司投保了国内货物运输险，原告应按正常渠道向甲保险公司提出索赔，我公司不承担责任。

第三人甲保险公司辩称：本公司不应成为第三人，保险合同是营业部签的，应由营业部负责，原告货物在装船前就已有货损，在水路货物运输中没有发生货损货差。

请依据上述事实，对本案提出处理意见。

思考与练习参考答案

第六章　货物运输代理法律规范

第一节　货运代理概述

一、货运代理及其发展

(一) 货运代理概念

1. 货运代理的定义

货运代理，即货物运输代理，简称货代，英文为 freight forwarding，他是货主与承运人之间的中间人、经纪人和运输组织者。货运代理是指在流通领域专门为货物运输需求和运力供给者提供各种运输服务业务的组织与个人的总称。它们面向全社会服务，是货主和运力供给者之间的桥梁和纽带。

国际货运代理协会联合会对货运代理的定义是根据客户的指示，为客户的利益而揽取货物的人，其本人并非承运人。货代也可以这些条件，从事与运输合同有关的活动，如储货、报关、验收、收款等。

随着国际贸易运输的发展，国际货运代理已渗透到国际贸易的每一领域，成为国际贸易运输中不可缺少的重要组成部分。市场经济的迅速发展，使社会分工更加趋于明确，单一的贸易经营者或者单一的运输经营者都没有足够的力量亲自经营处理每项具体业务，他们需要委托代理人为其办理一系列商务、运输等具体业务，以简化业务手续，节省时间精力。国际货运代理的基本特点是受委托人委托或授权，代办各种国际贸易运输所需要服务的业务，并收取一定报酬，或作为独立的经营人完成并组织货物运输、保管等业务，因而被认为是国际运输的组织者，也被誉为国际贸易的桥梁和国际货物运输的设计师。

从工作内容来看，货运代理接受客户的委托完成货物运输的某一个或多个相关的环节，因此，涉及物流运输全过程的工作都可以直接或间接的找货代来完成，以节省资本。根据货代代办货物的情况不同，可以分为国内货运代理和国际货运代理。

货运代理行业在国际货运市场上，处于货主与承运人之间，接受货主委托，代办租船、订舱、配载、缮制有关证件、报关、报验、保险、集装箱运输、拆装箱、签发提单、结算运杂费，乃至交单议付和结汇。

中国国际货运代理业管理规定对国际货运代理业作了明确的定义，国际货运代理业是指接受进出口货物收货人、发货人的委托，以委托人的名义或者以自己的名义，为委托人办理国际货物运输及相关业务并收取服务报酬的行业。

国际货代企业作为代理人或者独立经营人从事国际货运代理业务，接受进、出口货物收货人、发货人或其代理人的委托，以委托人或自己的名义办理有关业务，签发运输单证，履行运输合同并收取代理费或佣金。

2. 货运代理的职能

货运代理的职能概括起来，具有如下几方面的功能：

(1)组织协调的职能。

(2)专业服务职能。

(3)沟通控制职能。

(4)咨询顾问职能。

(5)降低成本职能。

(6)资金通融职能。

(二) 货运代理的业务范围

1. 出口货运代理主要工作

(1)选择运输路线、运输方式和适当的承运人。

(2)向选定的承运人提供揽货、订舱。

(3)提取货物并签发有关单证。

(4)研究信用证条款和所有政府的规定。

(5)包装。

(6)储存。

(7)称重和量尺码。

(8)安排保险。

(9)将货物运抵港口后办理报关及单证手续，并将货物交给承运人。

(10)做外汇交易。

(11)支付运费及其他费用。

(12)收取已签发的正本提单，并交付发货人。

(13)安排货物转运。

(14)通知收货人货物动态。

(15)记录货物灭失情况。

(16)协助收货人向有关责任方进行索赔。

2. 进口货运代理主要工作

(1)报告货物动态。

(2)接收和审核所有与运输有关的单据。

(3)提货和付运费。

(4)安排报关和付税及其他费用。

(5)安排运输过程中的存仓。

(6)向收货人交付已结关的货物。

(7)协助收货人储存或分拨货物。

作为多式联运经营人，他收取货物并签发多式联运提单，承担承运人的风险责任，对货主提供运输服务。在发达国家，由于货运代理发挥运输组织者的作用巨大，故有不少货运代理主要从事国际多式联运业务。而在发展中国家，由于交通基础设施较差，有关法规不健全以及货运代理的素质普遍不高，国际货运代理的素质普遍不高，国际货运代理在作为多式联运经营人方面发挥的作用较小。

其他服务，如根据客户的特殊需要进行监装、监卸、货物混装和集装箱拼装、拆箱、运输咨询服务等。

(三) 货运代理的发展

1. 国际货运代理发展概况

国际货运代理行业是以代理人的身份接受货主的委托，通过水、陆、空等运输途径提供货物国际进出口运输服务的行业，主要业务包括装箱、订舱、转运、报检、报关、办理相关保险手续等。

国际货运代理行业早在公元 10 世纪就已建立，初期为报关行，其从业人员大多从国际贸易企业而来，人员素质较高，能为货主代办相当一部分国际贸易业务和运输事宜。随着国际贸易业务的发展，逐渐派生出一个专门行业。在其发展过程中，有些国家曾试图取消它，让货主与承运人直接发生业务关系，减少中间环节，但都未成功。因为构成国际货运市场的货主、货代、船东(或其他运力)、船代四大主体，与港务码头、场、站、库等客体不能相混，兼营、交叉经营会使国际货运市场竞争秩序出现混乱。

国际货运代理工作联系面广，环节多，它是把国际贸易货运业务相当繁杂的工作相对集中地办理，通过协调、统筹、理顺关系，增强其专业性、技术性和政策性。国际货运代理行业的形成，是国际商品流通过程的必然产物，是国际贸易不可缺少的组成部分，正因为如此，该行业被世界各国公认为国际贸易企业的货运代理，其英文命名为 forwarders，并为其成立了国际性组织——国际货运代理协会联合会(international federation of freight forwarders associations)，法文缩写为"FIATA"即"菲亚塔"，它是一个非营利性的国际货运代理行业组织。1926 年 5 月 31 日在奥地利维也纳成立，总部设在瑞士苏黎世，并分别在欧洲、美洲、亚太、非洲和中东五个区域设立了区域委员会，任命有地区主席。FIATA 设立目的是代表、保障和提高国际货运代理在全球的利益。该会是目前在世界范围内运输领域最大的非政府和非盈利性组织，具有广泛的国际影响。其会员来自全球 161 个国家和地区的国际货运代理行业，包括 106 家协会会员和近 6000 家企业会员。

我国上海、天津、青岛、大连、江苏、深圳相继成立了国际货运代理协会，之后，商务部(原对外贸易经济合作部)成立中国国际货运代理协会，领导各地协会，并加入国际性组织成为成员国。

2. 我国货运代理的发展

中国国际货运代理协会(China international freight forwarders association, CIFA)于 2000 年 9 月 6 日在北京成立，是经国家主管部门批准从事国际货运代理业务、在中华人民共和国境内注册的国际货运代理企业，以及从事与国际货运代理业务有关的单位、团体、个人自愿结成的非营利性的具有法人资格的全国性行业组织。CIFA 是国际货运代理协会联合会(FIATA)的国家会员。

CIFA 是全国各省市自治区国际货运代理行业组织、国际货运代理企业、与货运代理相关的企事业单位自愿参加的社会团体，亦吸纳在中国货代、运输、物流行业有较高影响的个人。目前，CIFA 拥有会员近 700 家，其中理事会成员 89 家，各省市团体会员 27 家，包括各省市协会会员 6000 多家，代表着整个货运代理行业。

其业务指导部门是国家商务部。作为联系政府与会员之间的纽带和桥梁，CIFA 以民间形式代表中国货代业参与国际经贸运输事务并开展国际商务往来。它与国际货运代理协会联合会(FIATA)保持着极为密切的关系，2001 年初被 FIATA 接纳为国家会员。

我国国际货运代理行业从发展阶段来看，可以划分四个阶段，分别为萌芽发展阶段、初步发展阶段、规范发展阶段、高速发展阶段。

(1)萌芽发展阶段。

此阶段因我国政府尚未放开中国进出口货运代理经营权，拥有经营权的货运代理企业较少，中央企业集团直属管理的中国对外贸易运输总公司担任中国货运总代理。我国国际货运代理行业处于垄断时期。

(2)初步发展阶段。

1988 年 3 月，国务院办公厅下发相关文件规定船舶代理、货运代理业务实行多家经营，任何部门不得进行限制。此举结束了中国对外贸易运输总公司垄断国际货运代理行业的局面。大陆本土货运代理企业陆续成立，为我国国际货运代理行业的发展奠定了基础。

(3)规范发展阶段。

1995 年，为维护中国国际货运代理市场秩序、加强行业的监督管理，国务院出台了《中华人民共和国国际货物运输代理业管理规定》(以下简称《规定》)，有效规范了中国国际货物运输代理行为、国际货物运输代理企业设立条件及国际货物运输业务收费标准等，大大促进了我国国际货运代理行业的发展，推动该行业逐步走向成熟。

(4)高速发展阶段。

2001 年，中国加入世界贸易组织(WTO)，中国全球贸易业务迅速展开，中国国际货运代理行业随之进入了快速发展阶段。这期间，大量在国际货运代理业务方面拥有丰富经验的外资企业纷纷进入中国市场，大陆本土企业不断向其学习，积累国际货运代理行业系统管理经验，我国国际货运代理行业逐步朝专业化、规范化的方向发展。

中国国际货运代理行业发展阶段见下图。

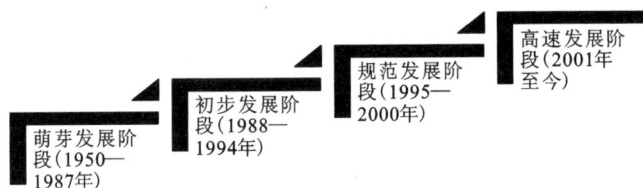

萌芽发展阶段(1950—1987年) 初步发展阶段(1988—1994年) 规范发展阶段(1995—2000年) 高速发展阶段(2001年至今)

3. 国际货运代理的发展趋势

未来，国际货运代理业将呈现以下四个主要趋势：

一是大规模应用互联网信息技术，提高共享合作的范围和效率。通过现代信息技术的使用，可以实现物理物流网络和无形信息网络的整合。

二是继续延伸货运代理的产业链条。一家强大的货运代理公司将不可避免地将其业务扩展到物流和供应链管理咨询服务，以提高竞争力。从产业链来看，国际货运代理行业产业链上游主要为集装箱堆场和包装企业等，中游为国际货运代理企业，而下游市场参与主体有承运人(船东、航空公司等)和货主。

三是强化专业化、精细化的发展趋向。随着日益激烈的市场竞争，如何脱颖而出成为众多中小型国际货运代理公司的首要考虑因素。因此，加强专业化、精细化是不可避免的。

四是加快行业整合。自国际货运业发展以来，整合趋势已逐步展开，特别是对地理联系、区域概念和社会关系相似企业的整合。通过货代企业的整合，加快推动国际货运业的快速发展。

二、货运代理企业的设立与审批

(一) 货代企业的设立条件

申请设立国际货代企业的股东可由企业法人、自然人或其他经济组织组成，与进出口贸易或国际货物运输有关、并拥有稳定货源的企业法人应当为大股东，且应在国际货代企业中控股。企业法人以外的股东不得在国际货代企业中控股。

国际货运代理企业应当依法取得中华人民共和国企业法人资格。企业组织形式为有限责任公司或股份有限公司。禁止具有行政垄断职能的单位申请投资经营国际货运代理业务。承运人以及其他可能对国际货运代理行业构成不公平竞争的企业不得申请经营国际货运代理业务。

设立国际货物运输代理企业应当具备下列条件：

(1)具有至少5名从事国际货运代理业务3年以上的业务人员，其资格由业务人员原所在企业证明；或者取得商务部根据相关管理细则规定颁发的资格证书。

(2)有固定的营业场所，自有房屋、场地须提供产权证明；租赁房屋、场地，须提供租赁契约。

(3)有必要的营业设施，包括一定数量的电话、传真机、计算机、短途运输工具、装卸设备、包装设备等。

(4)有稳定的进出口货源市场，它是指在本地区进出口货物运量较大，货运代理行业具备进一步发展的条件和潜力，并且申报企业可以揽收到足够的货源。

企业申请的国际货运代理业务经营范围中如果包括国际多式联运业务，还应当具备下列条件：

(1)从事国际货运代理相关业务3年以上。

(2)具有相应的国内、外代理网络。

(3)拥有在商务部登记备案的国际货运代理提单。

此外，国际货运代理企业每申请设立一个分支机构，应当相应增加注册资本50万元人民币。如果企业注册资本已超过《规定》中的最低限额(海运500万元，空运300万元，陆运、快递200万元)，则超过部分可作为设立分支机构的增加资本。

(二) 货代资格的取得

《国务院关于第三批取消和调整行政审批项目的决定》(国发〔2004〕16号)取消了国际货运代理企业经营资格审批。2005年2月，为做好取消经营资格审批项目的落实工作，商务部和原国家工商行政管理总局联合发文,明确取消国际货物运输代理经营资格审批后,企业申请从事国际货物运输代理业务,商务主管部门不再对其进行资格审批,申请人可直接向所在地市场监督管理部门办理登记注册,未经登记注册不得从事相关业务。

同时要求,市场监督管理部门在登记注册时,要严格执行《规定》第八条关于经营海上、航空、陆路国际货运代理业务最低注册资本限额的规定。以从事国际货运代理为主要业务的,企业名称中应当体现"国际货运代理"类似字样;企业的经营范围原则上按"×××国际货运代理业务"核定,需要具体核定的,按照《规定》第十七条规定的相关业务核定,其中依据有关法律、行政法规的规定,需经有关主管机关审批的,还应当提交有关主管机关批准文件。

在经营资格审批取消后,已登记注册的企业不符合上述要求的,应当按上述要求予以规范。

三、货运代理服务

(一)基本服务对象

1. 为发货人服务

货运代理代替发货人承担在不同货物运输中的下列任何一项手续:

(1)以最快最省的运输方式,安排合适的货物包装,选择货物的运输路线。

(2)向客户建议仓储与分拨。

(3)选择可靠、效率高的承运人,并负责缔结运输合同。

(4)安排货物的计重和计量。

(5)办理货物运输保险。

(6)货物的拼装。

(7)装运前或在目的地分拨货物之前把货物存仓。

(8)安排货物到港口的运输,办理海关和有关单证的手续,并把货物交给承运人。

(9)代表托运人/进口商承付运费、关税税收。

(10)办理有关货物运输的任何外汇交易。

(11)从承运人那里取得各种签署的提单,并把他们交给发货人。

(12)通过与承运人或其在货物运输目的地的代理人联系,监督货物运输进程,并使托运人知道货物去向。

2. 为海关服务

当国际货运代理作为海关代理办理有关进出口商品的海关手续时,它不仅代表他的客户,而且代表海关当局。事实上,在许多国家,它得到了这些当局的许可,办理海关手续,并对海关负责,负责在代办的进出口货物运输单证中,申报货物确切的金额、数量、品名,以使政府在这些方面不受损失。

3. 为承运人服务

货运代理向承运人及时订舱,议定对发货人、承运人都公平合理的费用,安排适当时间交货,以及以发货人的名义解决与承运人的运费账目等问题。

4. 为航空公司服务

货运代理在航空运输业务中,充当航空公司的代理人,为其提供航空运输服务及其相关服务。在国际航空运输协会以空运货物为目的而制定的规则上，它被指定为国际航空协会的代理。在这种关系上，它利用航空公司的货运手段为货主服务，并由航空公司付给佣金。同时，作为货运代理，它通过提供适于空运承运的服务方式，为发货人或收货人服务。

5. 为班轮公司服务

货运代理与班轮公司的关系，随业务的不同而不同。近年来，由货代提供的拼箱服务，即拼箱货的集运服务已建立了他们与班轮公司及其他承运人(如铁路)之间的较为密切的联系。

(二) 主要服务业务

国际货物运输代理企业可以接受委托，代为办理下列部分或者全部业务：

(1)订舱、仓储。

(2)货物的监装、监卸，集装箱拼装拆箱。

(3)国际多式联运。

(4)国际快递，私人信函除外。

(5)报关、报检、报验，保险。

(6)缮制有关单证，交付运费，结算、交付杂费。

(7)其他国际货物运输代理业务。

国际货物运输代理企业应当在批准的业务经营范围内，从事经营活动。从事上述有关业务，应依照有关法律、行政法规的规定，须经有关主管机关注册的，还应当向有关主管机关注册。

国际货物运输代理企业之间也可以相互委托办理上述规定的业务。

(三) 货代运输中货物交接的手续

(1)承、托运双方对包装货物要件交件收；对散装货物原则上要磅交磅收；对"门到门"重箱、集装箱及其他施封的货物要凭铅封交接。

(2)托运人应凭约定的装卸手续发货。装货时，双方当事人应在场核对货物品名、规格、数量是否与运单相符，并查看包装是否符合规定标准或要求，承运人确认无误后，应在托运人发货单上签字；发现不符合规定或危及安全运输的不得起运；由于包装轻度破损，短时间修复调换有困难，托运人坚持装车起运的，经双方同意，并做好记录和签名盖章后，方可装运，其后果由托运人负责。

(3)货物运达指定地点后，收货人和承运人应在场交接，收货人查验无误后应在承运人所持的运费结算凭证上签字；如发现货损货差，双方交接人员做好记录并签认，经双方共同查明情况、分清责任的，由收货人在运费凭证上批注清楚；收货人不得因货损、货差拒绝收货。

(4)货物交接时，承托运双方对货物重量和内容如有疑义，均可提出查验和复磅，如有不符，按有关规定处理；查验、复磅所发生的费用，由责任方负担。

(5)承运人对自发出领货通知次日起超过 30 天无人领取的货物，按以下规定处理：

①建立台帐，及时登记，妥善保管，在保管期间不得动用，并认真查找物主。

②经多方查询，超过一个月仍无人领取的货物，按《关于港口、车站无法交付货物的处理办法》办理；但鲜活货物和不易保管的货物，经企业主管部门批准可不受时间限制。

（四）货代散货运费的计算

运费是根据班轮公司指定的运价表计算的。目前，各国船公司所制定的运价表，其格式不完全一样，但基本内容是比较接近的。

船公司的价格表，一般根据商品的不同种类和性质，以及装载和保管的难易，划分为若干个等级。在同一航线内，由于商品的等级不同，船公司收取的基本费率是不同的。因此，商品的等级与运费的高低有很大关系。

另外，运费的计算标准也不尽相同。例如重质货一般按重量吨计收运费，轻泡货按尺码吨计收运费，有些价值高的商品按 FOB 货值的一定百分比计收，有的商品按混合办法计收，例如先按重量吨或尺码吨计收，然后再加若干从价运费，表现在运价表中为：

（1）按重量吨计收，称为重量吨，表内列明"W"，以每公吨（metric ton，M/T）或每长吨（long ton，L/T）、每短吨（short ton，S/T）为计算单位。

（2）按货物体积计收，称为尺码吨，表内列明"M"，一般按 1 立方米或 40 立方英尺为一尺码吨作为计算单位。

（3）按体积或重量，由船方选择而计算，表内列为"W/M"。

（4）按商品的 FOB 价值的一定百分比计收，即货物的离岸价格（FOB）乘以从价费率，称为从价运费（ad valorem），表内列明为 Ad Val 或 A. V.。

（5）按混合标准计收，如 W/M plus A. V. 等，即按重量吨或尺码吨再加从价运费。此外，还有一些商品是按件（per unit）或头（per head）计收。前者如车辆等，后者如活牲畜等。对于大宗商品，如粮食，矿石，煤炭等，因运量较大，货价较低，容易装卸等原因，船公司为了争取货源，可以与货主另行商定运价。

根据运价表计算运费，是一项比较复杂的工作，不仅需要熟悉运价表的基本内容，还需要细心工作。在计算运费时，除按照航线和商品的等级，先按基本费率（basis rate）算出基本运费，然后还要查出各种附加费用的项目，并将需要支出的附加费一一计算在内。

这些附加费用项目较多，例如，因商品的不同、港口不同或其他原因，都可能有附加费，还要随时掌握它的变动情况。

附加费大致有以下几种：

（1）由于商品特点不同而增收的附加费，如超重附加费、超长附加费、洗舱费等。

（2）因港口的不同情况而增收的附加费，如港口附加费、港口拥挤费、选港费、直航附加费等。

（3）因其他原因而临时增加的附加费，如燃油附加费、贬值附加费等。

实际上附加费的名目繁多，远远不止上述这几种。值得注意的是，有些附加费，例如港口拥挤费，占运费的比例很大，与基本运费相比，少则百分之十几，多则达百分之百，甚至两倍以上。因此，在计算运费时，不可忽视对附加费的计算。

（五）货代保险投保时的注意事项

1.如实填写"投保书"，并签名盖章

（1）货代在保险投保时要亲自填写"投保书"，要保书上有关告知事项应如实告知；不隐瞒不遗漏，以确保投保后的权益。

《保险法》第十六条规定：订立保险合同，保险人就保险标的或者被保险人的有关情况提出询问的，投保人应当如实告知。

投保人故意或者因重大过失未履行前款规定的如实告知义务，足以影响保险人决定是否同意承保或者提高保险费率的，保险人有权解除合同。

投保人故意不履行如实告知义务的，保险人对于合同解除前发生的保险事故，不承担赔偿或者给付保险金的责任，并不退还保险费。

投保人因重大过失未履行如实告知义务，对保险事故的发生有严重影响的，保险人对于合同解除前发生的保险事故，不承担赔偿或者给付保险金的责任，但应当退还保险费。

(2)要保书上"投保人(签章)"栏应亲自签名或盖章，并请被保险人于"被保险人(签章)"栏中亲自签名或盖章。

2.索取首期缴费收据

在保险公司未签发保险单前，连同货代保险投保书一起缴付首期保险费时，应向业务员索取保险公司出具的保费暂收收据或保费收据。为确保投保人投保的权益，最好不要收取业务员以个人或任何他人的名义出具的收条。

3.索取保单并认真审查保单内容

填写货代保险投保单并交纳首期保险费后一个月内(特殊情况除外)，投保人将收到正式保险单。收到保险单后，请务必进行认真审核，发现错漏之处，要求业务员及时交保险公司更正。如确认保单无误，请填妥保单回执交业务员带回公司以确保投保人的权益。

4.善用契约撤销权

货代保险保单撤销权是指投保人在收到货代保险投保单之日起10天内，向保险公司申请撤销保险，保险公司将全额退还所收保险费的权利。为确保该项权利的顺利行使，请务必注意：①收到保险单时，一定要填写保单回执，保险公司一般都是以回执日期作为投保人收到保单的日期；②投保人行使契约撤销权，可以不论撤销原因，但必须以书面为意思表示，口头申请无效；③由于契约撤销权影响业务员利益，业务员可能加以阻拦，这时投保人可以直接向保险公司申请。

四、货运代理的种类

1.租船代理(shipping broker)

又称租船经纪人。租船代理是指以船舶为商业活动对象而进行船舶租赁业务的人，其主要业务是在市场上为租船人寻找合适的运输船舶或为船东寻找货运对象，以中间人身份使租船人和船东双方达成租赁交易，从中赚取佣金。因此，根据他所代表的委托人身份的不同又分为租船代理人和船东代理人。

2.船务代理(shipping agent)

船务代理指接受承运人的委托，代办与船舶有关的一切业务的人，主要业务有船舶进出港、货运、供应及其他服务性工作等，又可分为航次代理和长期代理。其中：船方的委托和代理人的接受以每船一次为限，称为航次代理；船方和代理人之间签订有长期代理协议，称为长期代理。

3.货运代理(freight forwarder)

指接受货主的委托，代表货主办理有关货物报关、交接、仓储、调拨、检验、包装、转运、订舱等业务的人，主要有订舱揽货代理、货物装卸代理、货物报关代理、转运代理、理货代理、储存代理、集装箱代理等。

4.咨询代理(consultative agent)

指专门从事咨询工作，按委托人的需要，以提供有关国际贸易运输情况、情报、资料、数据和信息服务而收取一定报酬的人。

以上各类代理之间的业务往往互相交错，如不少船务代理也兼营货运代理，有些货运代理也兼营船务代理等。

第二节　货运代理责任

一、货运代理责任概述

(一)货运代理责任类型

1.基本责任

(1)作为承运人完成货物运输并承担责任(由其签发货运单据，用自己掌握的运输工具，或委托他人完成货物运输，并收取运费)。

(2)作为承运人完成货物运输，不直接承担责任(由他人签发货运单据，使用掌握的运输工具，或租用他人的运输工具，或委托他人完成货物运输，并不直接承担责任)。

(3)根据与委托方订立的协议或合同规定，或根据委托方指示进行业务活动时，货代应以通常的责任完成此项委托，尤其是在授权范围之内。

(4)如实汇报一切重要事项。在委托办理业务中向委托方提供的情况、资料必须真实，如有任何隐瞒或提供的资料不实造成的损失，委托方有权向货运代理人追索并撤销代理合同或协议。

(5)负保密义务。货运代理过程中所得到的资料不得向第三者泄露。同时，也不得将代理权转让给他人。

2.几种特殊责任

(1)对合同的责任。

国际货运代理人应对自己因没有执行合同所造成的货物损失负赔偿责任。

(2)对仓储的责任。

货代在接受货物准备仓储时，应在收到货物后给委托方收据或仓库证明，并在货物仓储期间尽其职责，根据货物的特性和包装，选择不同的储存方式。

(二)责任期限

从接收货物时开始至到达目的地将货物交给收货人为止，或根据指示将货物置于收货人指示的地点业已作为完成并已履行合同中规定的交货义务。

(三)货运代理人的权利

委托方应支付给货运代理人因货物的运送、保管、投保、报关、签证、办理单据等，以及为其提供其他服务而引起的一切费用，同时还应支付由于货运代理人不能控制的原因致使合同无法履行而产生的其他费用。

如货物灭失或损坏系属于保险人承包范围之内，货运代理人赔偿后，从货物所有人那里取得代位求偿权，从其他责任人那里得到补偿或偿还。当货运代理人对货物全部赔偿后，有关货物的所有权便转为货运代理人所有。

（四）除外责任

货运代理人由于下列原因，造成货物的损失，可不承担责任：

（1）委托方的疏忽或过失。

（2）委托方或其他代理人在装卸、仓储或其他作业过程中的过失。

（3）货物本身的自然特性或潜在缺陷。

（4）货物的包装不牢固、标志不清。

（5）货物送达地址不清、不完整、不准确。

（6）货主对货物内容申述不清楚、不完整。

（7）发生不可抗力、自然灾害、意外事故等原因。

但如能证明货物的灭失或损害是由货运代理人过失或疏忽所致，则货运代理人应对该货物的灭失、损害负赔偿责任。

二、货运代理的赔偿责任

（一）货运代理的赔偿原则

国际货运代理协会一般条款规定的赔偿原则由两个方面内容组成：一是赔偿责任原则，二是赔偿责任限制。

1. 赔偿责任原则

收货人在接收货物时发现货物灭失或损害，若能证明该灭失或损害是由货运代理人过失造成的，即可向货运代理人提出索赔，一般情况下，索赔通知的提出不得超过货物运到后的索赔时效，否则，就视为货运代理人已经完成交货义务。

2. 赔偿责任限制

从现有的国际公约看，对承运人赔偿的责任限制，有的采用单一标准的赔偿方法，有的采用双重标准的赔偿方法，因此，对国际货运代理人的赔偿责任也同样是这两种方式。当然，具体的赔偿标准在实际中是会有不同的。

（二）货运代理的法律责任

货运代理有可能因为提单中对签发人的规定不明确而被认定为承运人，对货物的灭失、损害和迟延承担责任。但若货运代理已在提单中毫无疑义地表明了自己的代理身份，那么是否可以免除其对所运输的货物的灭失、损害和迟延的责任，这在很大程度上取决于是否存在承运人对货运代理的这种签单代理权事前授权或者事后追认。

货运代理的这种双重代理的地位在海运中还是相对新生的事务，而这种做法已被国际航空货物运输业所普遍接受。

航空货运代理，作为国际航空运输协会(IATA)的代理，可以以其所选任的承运客户的货物的协会所属的航空公司的名义，向客户签发航空货运单。其所签发的航空货运单将毫无疑义地约束该航空公司。由于整个航空货物运输业已建立起这样一种制度，因此单个航空公司必然承认这种双重代理的做法的法律效力。

而在海运界，由于缺乏统一的国际组织来支持货运代理使用类似的单证，因而单个海运承运人往往不愿意预先给与货运代理签发这种双重代理单证的授权。然而，当受到货方起诉的情况下，海运承运人很可能承认以其名义签发的这种单证。尽管这种事后承认意味着承运人对货方的直接的合同责任，但同时它也意味着承运人可利用运输单证中的条款免责。

第三节　货运代理中的单据效力

货运代理严格来讲，不是一个单纯的法律概念。经过几百年的发展，货运代理已经形成了一个完整的、正当的行业，其独特的法律地位和法律性质已经得到全球运输业以及相关行业的承认。就货物的运输而言，货运代理除了以货主的委托代理人身份办理有关货物的运输手续外，还可能以无船承运人的身份独立承担与货物运输有关的责任。这一商业实践体现在了相关货代业协会的标准合同之中。

一、货代区分标准

(一)运输单据标准

《FIATA 国际货运代理业示范规则》第 7.1 条中关于货运代理作为承运人出现的责任规定如下，货代……当其签发自己的运输单证，或以其他方式明示或默示地表示承担承运人的责任(缔约承运人)。根据 NSAB 标准条款，货代在以下情况下应被认为具备缔约承运人的地位：其以自己的名义签发运输单据；或者其要约进行了某种意思表示，例如，报出自己的运价，而从该种意思表示中可以合理地推断初期以承运人的身份承担责任的意愿。

如果客户与货代就货物的运输达成的协议中，明显体现出货代承担承运人的责任的意思表示时，货代当然是作为承运人无疑。而由于运输单据对运输协议的证明作用，货代以自己的名义签发运输单据(主要是提单)，在承运人一栏中明确地签上自己的名称，在这种情况下，一旦客户接受了这种运输单据，除非其能够提出相反证据，则应认定其与货代(作为承运人)的运输合同关系的存在。但这种运输单据转让后，货代依据这一运输单据向收货人、运输单据持有人承担承运人的责任。

这一标准符合中国相关法规的规定。如《中华人民共和国国际海运条例》第七条第二款就规定：无船承运业务是指无船承运业务经营者以承运人身份接受托运人的货载，签发自己的提单或者其他运输单证，向托运人收取运费，通过国际船舶运输经营者完成国际海上货物运输，承担承运人责任的国际海上运输经营活动。

(二)实际参与运输标准

当根据运输单据无法明确货代在运输合同中的法律地位时，相关标准条款或立法往往通过考查货代对货物运输过程的实际参与程度来确认货代的法律地位。

德国运输法(HGB)规定：货代进行组织集中不同来源的货物以同一运输工具进行运输时应被认定为承运人。

全美报关行和代理协会(NCBFAA)标准条款认可，货代在占有货物的情况下，可以作为承运人、仓储人或包装人，从而对货物承担相应的责任。在其他情况下，货代根据本标准条款只是作为代理人而出现。

FIATA标准规则的第7.1部分中关于货代作为承运人出现的责任规定：当货代运用其自己的运输工具实际从事运输时，货代作为运输合同当事人而承担责任。

(三)固定费用标准

货代收取固定费用，是否被视为承运人地位，各国法律规定有较大区别。

德国运输法的新法令规定：收取固定费用的货代，就其权利义务而言，将被作为承运人对待。

这一标准似乎为中国司法实践所否认。在太仓兴达制罐有限公司诉江苏中远国际货运有限公司太仓分公司、江苏中远国际货运有限公司货损纠纷案中，原告太仓兴达制罐有限公司认为被告"太仓货运"收取了"太仓兴达"的包干费，因此原告与被告之间不再是货运代理的委托关系，而应当是货物运输合同关系，被告应对运输途中的货损负责。原告的这一诉讼主张并未得到一审及二审法院的支持。法官认为，在目前货代市场中，包干费是货代市场竞争的产物。虽然货运代理人预收包干费已经形成惯例，但庭审查明的事实显示，太仓货运向本案航联公司支付的包括运杂费在内的费用已超过其向原告收取的包括包干费在内的费用。由此可见，货运代理人收取的包干费中，剔除代理佣金之外的费用，其性质实际上是代理人事先预收、事后代付的费用。代理人为此亦承担了一定的市场风险。故此，被告向货主预收了包干费，并不因此而改变其货运代理人的地位。

二、货代提单

(一)货代提单的产生

货代作为客户的委托代理人办理货物运输业务，在标准情况下，应当是货代以客户的名义向承运人订舱，承运人以自己的名义签发提单，提单注明以货代的委托人为托运人，由货代将提单转交委托人，作为客户与承运人之间的运输合同的证明。货代作为代理人仅就承运人的选用向客户承担责任，对于货物在运输途中的灭失、损害以及迟延不承担任何责任。但由于在海运市场上，作为承运人的大海运公司的自主揽货能力以及货主自身寻求运输的能力的增强，造成了货代市场竞争的不断加剧。在这种情况下，货代出于自身业务的考虑，为了避免船货之间的直接接触，往往自己在海运提单以外另行签发提单，这种提单被称为货代提单(house B/L)。

(二)货代提单的作用

货代提单(HBL)这一名词，从广义上讲，通常用来形容货代所使用的两种运输单据。一种是货代作为无船承运人所签发的，承担承运人责任的运输单据。这一类型的提单的效用为货代业所广泛接受，一些行业协会的标准提单，如国际货代协会提单(FBL)的广泛使用就证明了这一点。

另一种则是货代作为代理人所签发的,在该类提单中确认了委托人关于货物运输事项的指示,而关于实际从事相关货物运输的承运人的信息,则往往语焉不详。在运输实践中,这一类提单所产生的争议最多,这是因为,这种货代提单不表明货代所选用的实际从事运输的承运人的身份,该提单最多只是提及某一运输的船舶并确认货物已装船。在船舶的支线运输中,其任务只是将货物卸载至某一班轮航线的挂靠港,由作为货代所实际选用的班轮公司继续运输。如果货主不能证明货损发生在该支线运输过程中,该支线船东是不会承担责任的。而在这种情况下,货代会依据这种代理性的货代提单来否认自己的责任。

三、货代法律地位

(一)货代法律地位分析

(1)就承运人而言,货代在签发货代提单之前,已经从承运人那里获得以货代本人为托运人的海运提单。

只要货代在这样做的过程中,具备货主的委托授权并在授权的范围内行事,则可以认定在作为委托人的货主、货代与承运人之间存在隐名代理关系。提单作为运输合同的证明,只是初步证明托运人与承运人之间存在运输合同关系,只要具备充分证据,证明货主与货代之间的委托代理关系,就允许承运人行使选择权,以及货主行使介入权,以使得提单所证明的货物运输关系直接约束作为委托人的货主与承运人。同时,这种认定扩大了承运人追索运费及其他相关费用的对象的范围,从而有利于承运人利益的保护。

(2)就托运人而言,其与签发这种货代提单的货代之间是一种什么样的法律关系,这就需要具体情况具体分析。

首先,应看提单上关于签发人的具体规定,提单上用于确认承运人身份的记载有三处:提单抬头、提单签单章以及提单背面的"承运人识别条款"。对于提单背面的"承运人识别条款",鉴于其有可能使承运人有机会规避最低限度的义务,因而否认其效力是大势所趋,故审判实践中一般根据前两者来认定,且尤以签单章为优先。

其次,货代若要保持代理人的法律地位,必须在货代提单中以确切无疑的语言加以表明,其中最为简单的方法,就是提单上的签单章表明货代只是作为代理签发提单(asagenton-ly)。否则,就只能认为货代提单是由货代以自己名义签发的,应依此提单承担货物运输的责任。唯一的例外就是货代提出相反证据,或委托人承认这种委托代理关系的存在,并且只能约束委托人本身。

根据实际参与运输标准,货代对货物的占有(包括仓储、包装),或是对自己的交通工具(包括车辆、集装箱的)的使用,或是对不同货主的货物的集运,都可能造成将货代人定位为承运人的结果,从而使其承担在上述过程中的货物灭失、损害以及迟延的责任,而不论提单上的规定如何。

(二)货代双重代理

从以上分析不难看出,签发代理型货代提单的货代实际上处于一种双重代理的地位。首先,作为货主的代理安排货物运输,与承运人订立运输合同,获取提单;与此同时,又作为承运人的签单代理,代承运人签发提单。

《跟单信用证统一惯例（500 号）》（以下简称《UCP500》）第三十条关于运输行（"forward-er" 在中国香港地区称为"运输行"，性质相同于国内的货代公司）签发的运输单据的规定如下：除非信用证另有授权，否则银行仅接受运输行出具的具有下列注明的运输单据。

（1）注明作为承运人或多式联运经营人的运输行名称，并由运输行签字或以其他方式证实，其作为承运人或多式联运经营人。

（2）注明承运人或多式联运经营人的名称并由运输行签字或以其他方式证实，其作为承运人或多式联运人的具名代理人或代表。

与上述第一项所描述的情况相反，签发上述第 2 种情况的运输单据的运输行（货代）不是作为承运人而应是货主的代理人出现的。

（三）货代资格获得

《中华人民共和国国际海运条例》第七条规定：经营无船承运业务，应当向国务院交通主管部门（即交通运输部）办理提单登记，并交纳保证金。而以自己的名义向客户签发提单是经营无船承运业务基本要素，由此可见，向国务院交通主管部门（即交通部）办理提单登记就成为经营无船承运业务的先决条件。应该注意的是，从国际航运实务的角度而言，无船承运业务早已包含在货代服务以及多式联运服务之中。

总之，随着经济全球化的发展，货代因其独特的法律性质和法律特征，已为国际运输行业以及相关行业所承认，它在国际贸易运输中的作用也在不断显现。因此，建立健全关于货代业的统一的行政法律和规章体系，是货运代理业务发展的客观要求。

第四节　货代放货原则

在海运中，提单的合法持有人可以是托运人、收货人、银行或提单的受让方，作为货代，向提单的合法持有人发放货物，是其应尽的义务，否则，就会面临极大的风险。一般来说，货代放货主要有以下四种情形需要遵循相应的放货原则和程序。

一、凭正本提单放货原则及程序

在有正本提单的情形下，货代放货的原则和程序如下：

（1）核对提单是否为无船承运人提单（即贷代提单 HBL）；收回无船承运人提单；船公司提单（即正本提单 OBL）交回船公司（代理）来换取提货单。

（2）确认所有的费用已经结清。

（3）提单收货人是凭托运人还是银行的指示，托运人或银行是否已将提单背书给了提货人并且该提货人是否也作了背书。

（4）是否是海运单（sea way bill）。与提单不同的是，海运单不是物权凭证并且收货人无须提供正本文件。货运代理的职责一般仅限于核对提货方的身份并确认提货方就是指定的收货人。但是为谨慎起见，可以要求提货人提供海运单的复印件或货物到达通知。

（5）是否是记名/不可转让提单。如果提单上的收货人为指定名称而不是凭指示，则该提单就是不可转让提单（或称记名提单）。有些国家记名提单和海运单下的交货是一样的，必须有委托人的授权，因为该提单所适用的法律可能不允许无正本提单放货。

（6）检查以下部分：

①日期和提单号是不是和货物清单一致。

②是否已签署。未经签署的提单可能是修改过的副本或伪造的。

③签名是否和档案内保存的授权签名一致。

④提单修改处是否经盖章和授权签字。如对修改部分的真实性有怀疑，可将提单副本传真给装货港代理或委托人要求确认。

⑤背书是否真实，背书人是否有资格。

⑥集装箱号/铅封号号码是否和货物清单一致。

⑦货物描述/包装件数确认。防止把一个集装箱内不同提单下的货物误交给了一个货主。

⑧多份提单下的一批散装货。散装货物易受测量错误或损耗的影响，因此不要为一批散装货物签发标有精确数量的分开提货单（part delivery order）。

⑨托运人/收货人/通知方是否和货物清单一致。

⑩完成以上检查，在签发提货单前，应先在交回的正本提单上用大红色字体标上已完成（accomplished）字样。

【案例一】运输单据效力案

【案情】

中国 A 公司向法国 B 公司以 CIF 术语出口一批货物，合同规定 8 月份装运，B 公司于 8 月 10 日开来不可撤销信用证。此证按《UCP500》规定办理。证内规定：装运期不得晚于 8 月 15 日。此时，中方已来不及办理租船订舱，立即要求 B 公司将装船延至 9 月 15 日。随后 B 公司来电称：同意展延船期，有效期也顺延一个月。A 公司于 9 月 10 日装船，提单签发日为 9 月 10 日，并于 9 月 14 日将全套符合信用证规定的单据交银行办议付。

问：中国 A 公司能否顺利结汇，请叙述理由。

【法理分析】

A 公司不能结汇。

理由：根据《UCP500》规定，不可撤销信用证一经开出，在有效期内，未经受益人及有关当事人的同意，开证行不得片面修改和撤销，只要受益人提供的单据符合信用证规定，开证行必须履行付款义务。

本案中，A 公司提出信用证装运期的延期要求仅得到 B 公司的允诺，并未由银行开出修改通知书，所以 B 公司同意修改是无效的。

二、无正本提单放货

有时代理人可能被指示或要求在没有收到正本提单的情况下交付货物，这种做法的风险相当大，因此需要格外小心。向非持有正本提单的一方交付货物的行为违反了提单合同，提单的合法持有人可以控告船东、无船承运人或错误交付货物的一方。提单的合法持有人可以是托运人、收货人、银行或提单受让方，而且这种故意行为很可能得不到责任保险的保障。

（1）需要对任何无正本提单放货的请求报告上级经理——该人应该签署文件或单据以批准放货。

（2）从正确的委托人处取得书面授权——在没有收到正本提单作为交换前，代理人不得自行作出是否放货的决定；代理人必须每一次都取得委托人的书面授权。此外还必须特别注意确定正确委托人或多个委托人的身份，以便代理人可从其处获得授权性指示。代理可能作为两方的代理，如船东一方和无船承运人一方；无船承运人指示无正本提单放货可能会损害船东的利益，此时船东有权就其损失向其代理索赔。

（3）确定书面授权，并有"无正本提单放货"字样。

（4）取得发货人的书面同意。直接取得或通过委托人取得，以将货物交付给提货方。注意发货人可能仍是货主而正在等待收货人支付货款并换取正本提单。

（5）检查所有要求无正本提单放货的授权或指示的真实性。

（6）确保提单上的通知方接到了通知。若提单并未显示通知方，代理人应向承运人询问此信息。无船承运人可能就是委托人也可能不是。

（7）不要接受提单的传真件或复印件——这并不能证明收货人就已经持有了正本提单。接受来自装货港代理的无正本提单放货的要求——永远向您的委托人要求确认。

三、凭担保函放货

委托人可能会授权货运代理在没有任何证明文件，或者只在有担保函的情况下放货。但取得了担保函并不能解除承运人对货物所有人的责任，它仅仅规定出具该担保函的相关方，在承运人必须赔偿给正本提单持有人时补偿其相应的金额。如果需要接受担保函，代理还有责任确定担保函的措辞和签署都是正确的，以及确定在必要时有银行的加签。另外，需要对任何无正本提单的放货要求报告上级经理——签署文件或单据以批准。

凭担保函放货的基本流程：

（1）基于担保函放货，应先从正确的委托人处取得书面授权。

（2）取得货物所有人的书面授权。

（3）取得委托人就担保函的措辞/时效/金额/保证，如银行加签的明确书面授权。

（4）确保担保函中提及的货物详细资料与提单/货物清单上所载内容一致。

（5）确保担保函能补偿所有因该无单放货而可能受到损害的当事方，包括委托人，可能是航运公司或无船承运人、代理本身、发货港代理以及所有他们的分代理。

担保函不应该仅限于合同下的索赔，还应该包括一般民事法律下的索赔。

（6）将担保函存放在安全的地方。保留一份记录并尽力从收货人处取得正本提单。若在一定期限内，比如一个月内尚未取得提单，则应通知委托人并请求指示，检查担保函的真实性。伪造提单的现象并不罕见，这一点应包括与加签银行确认对方确实就该担保函进行了加签。

（7）不要接受担保函的传真件或复印件。担保函的作用依靠其出具方的诚信。

四、其他防范措施

除了上述货代放货需要遵循的基本流程外，其他防范措施还有：

（1）货物清单（manifest）

有任何修正都要马上更新货物清单，承运人或其代理在装货港出具的货物清单，不管是一般文本还是电子文本的都应时刻更新。

（2）当收到任何关于放货的指示后，立即通知进口业务人员，如由运费预付变更为运费到付，在目的港扣货的指示或者收货人的变更，任何耽搁都可能导致重要指示在货物已被交付以后才到达进口业务人员处。

（3）提货单（delivery orders）

将提货单复印件和相应的提单一起归入航次文档中，最好根据船舶/航次/提单号的顺序对文件进行归档。将文件副本转送至有关码头或仓库，可以发送一份传真或电子邮件告知提货单的具体内容，以帮助完成有关手续，但仓库不应以此来代替正本文件。

（4）晚上和办公室无人时，如午饭时间，空白提货单和已签署的提货单都应锁好。

（5）不要把提货单留在外面供人自行提取。

【案例二】运输单证适用案

【案情】

上海新海进出口公司对美国 A 公司出口一批五金工具 1000 t，采用信用证支付方式。国外来证规定："禁止分批装运，允许转运。"该证注明：按《UCP500》办理。现已知：装期临近，已订妥一艘驶往美国的"前进"号货轮，该船先停靠宁波，后停靠上海。但此时，该批产品在宁波和上海各有 500 t 尚未集中在一起。

如果你是这笔业务的经办人，最好选择何种处理方法。请说明理由。

【法理分析】

应选择在宁波、上海各装 500 t。

因为，根据《UCP500》规定，运输单据表面上注明是使用同一运输工具装运并经同一线路运输，即使运输单据上注明的装运日期或装运港不同，只要运输单据注明是同一目的地，将不视为分批装运。

本案中，上海新海进出口公司如在宁波、上海各装 500 t 于同一船（"前进"号）、同一航次上，提单虽注明不同装运港和不同装运期限，则不视作分批装运，因此，这种做法应认为符合信用证的规定，可以顺利结汇。

第五节 船舶代理

船舶代理（shipping agent）是根据船舶经营人的委托，办理船舶有关营运业务和进出港口手续的工作。船舶代理分国内水运船舶代理和国际海运船舶代理。国内水运船舶代理通常由各港务管理单位办理。国际海运船舶代理有船舶揽货总代理和不负责揽货的船舶代理两种形式。船舶代理单位办理的业务包括组织货物运输，如组织货载等；组织旅客运输；安排货物装卸；为船舶和船员服务，代办各种手续；代办财务有关业务和船舶租赁、买卖等；商办海事处理和海上救助等业务。

船舶代理机构各国设置不一，但业务内容大体相同。有的国家在同一港口有多家代理，有的是专门代理机构，有的则设在轮船公司之内，有的国家代理机构还设有仓库等设施。

一、设立国际船舶代理人的意义

从事国际贸易货物运输的船舶在世界各个港口之间进行营运的过程中，当它停靠于船舶所有人或船舶经营人所在地以外的其他港口时，船舶所有人或船舶经营人将无法亲自照管与船舶有关的营运业务。

解决这一问题的方法可以有两种：一是在有关港口设立船舶所有人或船舶经营人的分支

机构；二是由船舶所有人或船舶经营人委托，在有关港口的专门从事代办船舶营运业务和服务的机构或个人代办船舶在港口的有关业务，即委托船舶代理人代办这些业务。在目前的航运实践中，船舶所有人或船舶经营人由于其财力或精力所限，而无法为自己所拥有或经营的船舶在可能停靠的港口普遍设立分支机构。又由于各国航运政策的不同，使得委托船舶代理人代办有关业务的方法成为普遍被采用的比较经济和有效的方法。

设立在世界海运港口的船舶代理机构或代理人，他们对本港的情况、所在国的法律、规章、习惯等都非常熟悉，并在从事船舶代理业务的实践中积累有丰富的经验。因此，他们经常能比船长更有效地安排和处理船舶在港口的各项业务，更经济地为船舶提供各项服务，从而加快船舶周转、降低运输成本，提高船舶的经营效益。

目前，船舶所有人或船舶经营人大多都对自己拥有或经营的船舶，在抵达的港口采用委托代理人代办船舶在港口各项业务的办法来照管自己的船舶。世界上的各个海运港口也都普遍开设有船舶代理机构或代理行，而且在一个港口又通常开设有多家船舶代理机构从事船舶代理业务工作。

船舶代理属于服务性行业。船舶代理机构或代理行可以接受与船舶营运有关的任何人的委托，业务范围非常广泛，既可以接受船舶所有人或经营人的委托，代办班轮船舶的营运业务和不定期船的营运业务，也可以接受租船人的委托，代办其所委托的有关业务。

二、国际船舶代理人种类

(一)按委托人和代理业务范围不同分类

由于船舶的营运方式不同，而且在不同营运方式下的营运业务中所涉及的当事人又各不相同，各个当事人所委托代办的业务也有所不同。因此，根据委托人和代理业务范围不同，船舶代理人可分为班轮运输代理人和不定期船运输代理人两大类。

1. 班轮运输代理人

（1）班轮运输船舶总代理人。

在班轮运输中，班轮公司在从事班轮运输的船舶停靠的港口委托总代理人。该总代理人的权利与义务通常由班轮代理合同的条款予以确定。代理人通常应为班轮制作船期广告，为班轮公司开展揽货工作，办理订舱、收取运费工作，为班轮船舶制作运输单据、代签提单，管理船务和集装箱工作，代理班轮公司就有关费率及班轮公司营运业务等事宜与政府主管部门和班轮公会进行合作。总之，凡是班轮公司自行办理的业务都可通过授权，由总代理人代办。

（2）订舱代理人。

班轮公司为使自己所经营的班轮运输船舶能在载重和舱容上得到充分利用，力争做到满舱满载，除了在班轮船舶挂靠的港口设立分支机构或委托总代理人外，还会委托订舱代理人以便广泛的争取货源。订舱代理人通常与货主和货运代理人有着广泛和良好的业务联系，因而能为班轮公司创造良好的经营效益，同时能为班轮公司建立起一套有效的货运程序。

2. 不定期船运输代理人

（1）船东代理人。

船东代理人受船东的委托，为船东代办与在港船舶有关的诸如办理清关、安排拖轮、引航员及装卸货物等业务。此时，租约中通常规定船东有权在装卸货港口指派代理人。

（2）船舶经营人代理人。

作为期租承租人的船舶经营人，根据航次租约的规定，有权在装卸货港口指派代理人，该代理人受船舶经营人的委托，为船舶经营人代办与在港船舶有关的业务。

（3）承租人提名代理人。

根据航次租约的规定，承租人有权提名代理人，而船东（或船舶经营人）必须委托由承租人所指定的代理人作为自己所属船舶在港口的代理人，并支付代理费及港口的各种费用。此时，代理人除了要保护委托方（船东或船舶经营人）的利益外，还要对承租人负责。

（4）保护代理人。

在港口的代理人是由承租人提名的情况下，船东或船舶经营人为了保护自己的利益，会在委托了由承租人提名的代理人作为在港船舶的代理人以外，再另外委托一个代理人来监督承租人提名代理人的代理行为，该代理人即为保护代理人，或称为监护代理人。同样，当根据租约的规定，代理人由船东或船舶经营人指派时，承租人就可能在装卸港口指派自己的代理人，以保护承租人的利益。

（5）船务管理代理人。

船务管理代理人为船舶代办诸如补充燃物料、修船、船员服务等业务，而这些代理业务是与船舶装卸货无关的。当船舶经营人为船舶指派了港口代理人后，船东为了办理那些与装卸货无关而仅仅与船务有关的业务时，若船舶经营人代理人没有得到船舶经营人的委托，则不会为船东代办有关船舶管理业务。此时，船东就会委托一个船务管理代理人来代办自己的有关业务。

（6）不定期船总代理人。

总代理人是特别代理人的对称，其代理权范围包括代理事项的全部。不定期船总代理人的业务很广，如代表不定期船船东来安排货源、支付费用、选择、指派再代理人并向再代理人发出有关指示等。当然，承租人有时也会指派总代理人，或在租约中规定由租家指派代理人或提名代理人时，则承租人就有权在一定地理区域选定总代理人。当承租人指派甲代理人，而船舶不停靠甲地时，则可由甲代理人为其委托人选择、指派再代理人，并由再代理人代办与在港船舶有关的业务。委托人授予代理人代理权是建立在对代理人的知识、技术、才能和信誉等信任的基础之上的，而船东或承租人选用总代理人的最大优点在于，委托方和代理人之间有信任感、业务上具有连续性，一旦委托则船舶在所有港口的代理业务都由总代理人办理或由其选择、指派的再代理人即分代理来完成。

（二）按委托时间和委托人主次地位不同分类

按照代理期间的长短划分，船舶代理关系可分为长期代理关系和航次代理关系。船公司可按照船舶到达某一港口的频繁程度来决定与代理人建立长期代理关系或航次代理关系。但是，在我国，由于船舶代理业务长期以来都是独家经营的，因此在同一港口，同一船舶的不同利益方，习惯上会委托同一代理人为自己的利益代办有关业务。也就是说经常出现民法上所说的"双方代理"的情况。虽然从代理的法理上说，这种"双方代理"是无效的，但从我国船舶代理的现实考虑，却不能不承认这种现实的存在。所以，按照代理关系中委托人的主次地位划分，在我国还存在着所谓第二方委托代理的代理关系形式。

1. 长期代理（agency on long term basis）

船公司根据船舶营运的需要，在经常有船前往靠泊的港口为自己选择适当的代理人，通过一次委托长期有效的委托方法，请代理负责照管委托期间内所有到港的、属于委托方或由委托方经营的到港船舶的在港业务，这种代理关系称为长期代理。长期代理不需要按船逐航次委托。长期代理关系一经建立，只要没有发生所规定的可成为终止长期代理关系的事项，代理关系就可以一直继续保持下去。通常可以成为长期代理关系终止的事项主要有：由于政治原因不宜继续保持长期代理关系；由于委托人企业倒闭等财务方面的原因而不能继续保持长期代理关系；或委托人长期无船来港而要求终止长期代理关系；等等。

建立长期代理关系可以简化委托和财务往来结算手续。就班轮运输而言，在固定航线上，船舶经常往返于航线的固定的挂靠港之间，当然以建立代理关系稳定、经营可靠、操作方便的长期代理关系更为合理。这种代理关系的建立，既可以通过签订正式的专门委托代理合同而建立，也可以采用以委托人书面向代理公司或代理人提出委托，经代理公司或代理人接受的方式来建立，而业务实践中以后者更为常见。长期代理往来账目一般定期结算。

2. 航次代理（agency on trip basis）

航次代理是指对不经常来港的船舶，在每次来港前由船公司向代理人逐船逐航次委托，请其办理在港有关事宜形成的代理关系，主要是租船或特殊情况下到港的船舶使用。凡与代理人无长期代理关系的船公司派船来港装卸货物，或因船员急病就医、船舶避难、添加燃料、临时修理等原因专程来港的外国籍船舶，均须逐航次办理委托，建立航次代理关系。航次代理的情况下一般须预先索汇备用金。船舶在港作业或所办事务结束离港，代理关系即告终止。

需要按航次委托代理的船舶，一般有承运 FOB 出口货和 CIF 或 CFR 进口货的国外派船；承运 FOB 进口货和 CIF 或 CFR 出口货的本国承租人租用外籍船舶的航次租船；来港办理交接手续的买船或卖船；办理交船和还船交接手续的定期租船；以及专程来港修理、避难、船员就医，添加燃料、淡水、伙食等项事宜的船舶。

船公司按航次向代理人委托航次代理时，须在船舶抵港前，以书面形式向船舶到达港的代理人提出委托，并在船舶抵港前的一定时间内，将船舶规范、有关的运输合同和货运单证寄交所委托的代理人。代理人接到书面委托，查明船舶国籍，明确船舶来港业务，了解运输合同，审核船舶规范、货运单证等是否齐全，明确费用的分担和费用的结算对象，如认为没有什么问题，经索汇备用金，航次代理关系即告建立。

对于一些经常来港的船舶和业务合作关系较好的船公司所属的船舶，有时在发来的函电中并不一定要强调委托代理的字样（如 attend，husband，act as agent），即可建立航次代理关系。在这种情况下，船公司只需要电告船名、预抵期、来港业务，或来电要求电告所需备用金额，或直接寄来货运单证，代理人即可根据来电要求，向提出委托或要求的船公司索取船、货资料和备用金，即可视为航次代理关系已经建立。

但是，对于首次来港或不经常来港船舶以及业务合作关系的船公司所属船舶，则必须由委托人提出书面委托才能代办委办的事项。如果船公司与代理人事先并无任何联系，虽然船长来电告知船舶预抵日期，甚至是提请代办委办事项，也不能认为是委托。在这种情况下，代理人应尽快与该船所属的船公司联系，取得对委托的确认，索取有关资料和备用金，并明确船舶来港任务，然后才可以认为已经建立航次代理关系。

3. 第二委托方代理

在同一港口，同一船舶的不同利益方就不同的委办事项委托同一代理人时，按照代理关系的主次地位，除直接提出委托，并负责结算港口费用的委托方以外，要求代理人代办同一艘船舶有关业务的其他委托人均称为第二委托方。

在一般情况下，船舶代理的委托方是船方。而第二委托方既可能是船方，也可能是承租人、货主或其他有关方。一艘船舶的代理只有一个委托方，但同时可以有一个或几个第二委托方。委托方和第二委托方的确定，不仅要看由谁委托代理，港口费用由谁负担，而且还要看由谁负责结算。例如，有的航次租船合同规定，代理人由承租人委托，费用也由承租人结算，在这种情况下，承租人就是委托方。如果船舶所有人同时也要求船舶代理人为他办理业务，则船舶所有人就是第二委托方。又如租船合同规定代理人由承租人委托，而费用向船舶所有人结算，在这种情况下，船舶所有人是委托方，如果承租人也明确委托代理人为其办理业务，则承租人是第二委托方。代理人作为第二委托方代理，同样应根据代办的业务向第二委托方索要代理费。

不过，并不是所有委托方之外的其他要求代办事务的委托人都是第二委托方。如果委办的事项非常简单，而且也不需要代理人承担什么责任，比如查询船舶在港动态，或代转信函等，都属于代理人应尽的责任。因此，单纯委办这些事项的委托人就不能作为第二委托方。如果委办事项比较复杂，而且代理人对委办事项的差错、疏漏要承担责任时，要求代办这些事项的委托人都作为第二委托方。比如货主或其他有关方委托办理接受船舶装卸准备就绪通知书(notice of readiness)，要求提供装卸时间事实记录，提供船舶的各种装货单据，提供船长宣载通知等，除委托方外，均为第二委托方。

代理人与委托方以外的有关方建立第二委托方代理关系时，也必须由其提出书面委托。而且，第二委托方在提出委托要求时，也必须提供与委办事项有关的运输合同和其他货运资料，并汇寄备用金。

但是，如果租船人和船东共用一个代理，可能会有一点问题，那就是代理人所代表的不同委托方，有时会产生利益冲突，此时，代理人偏向哪一方，就不是很明确了。因此，在目前一个港口存在多家船舶代理公司的情况下，既然委托方可以有选择的权利，那就完全可以选择不同的代理人。

三、船舶代理的业务范围

《中华人民共和国国际海运条例》第二十五条规定，国际船舶代理经营者接受船舶所有人或者船舶承租人、船舶经营人的委托，可以经营下列业务：

(1)办理船舶进出港口手续，联系安排引航、靠泊和装卸。

(2)代签提单、运输合同，代办接受订舱业务。

(3)办理船舶、集装箱以及货物的报关手续。

(4)承揽货物、组织货载，办理货物、集装箱的托运和中转。

(5)代收运费，代办结算。

(6)组织客源，办理有关海上旅客运输业务。

(7)其他相关业务。

国际船舶代理经营者应当按照国家有关规定代扣代缴其所代理的外国国际船舶运输经营

者的税款。

可见，国际船舶代理业务是一项范围很广的综合性业务，包括所有原应由船公司自行办理的业务和少量应由货主自行办理的与货运有关的业务。各国的船舶代理机构或代理行都有自己的业务章程，但代理的作用和业务范围却大致相同。如《中国外轮代理公司业务章程》规定了船舶代理的20项业务。通常，国际船舶代理业务范围大体可归纳为以下五个方面。

1. 客货运组织工作

（1）客运组织：代办客票、办理旅客上下船手续等。

（2）货运组织：代为揽货、洽订舱位，绘制出口货物积载计划，缮制各种货运单证；签发提单、提货单；办理海上联运货物的中转业务等。

2. 货物装卸工作

有关货物装卸，包括联系安排装卸；办理申请理货及货物监装、监卸、衡量、检验；办理申请验舱、熏舱、洗舱、扫舱；洽办货物理赔工作等。

3. 集装箱管理工作

有关集装箱管理，包括办理集装箱的进出口申报手续，联系安排集装箱的装卸、堆存、清洗、熏蒸、检疫、修理、检验；办理集装箱的交接、签发集装箱交接单证等。

4. 船舶、船员服务工作

包括办理船舶进出口岸的申报手续，主要有船舶出入境海关手续，出入境边防检查手续，出入境检验检疫手续，海事机构申报手续；申请引航以及安排泊位；洽购船用燃料、物料、属具、工具、垫料、淡水、食品；安排提取免税备件，洽办船舶修理、检验、拷铲、油漆，办理船员登陆、签证、调换及遣返手续，转递船员邮件、联系申请海员证书、安排船员就医、游览等。

5. 其他工作

包括洽办海事处理、联系海上救助；代收运费及其他有关款项，提供业务咨询和信息服务；办理支付船舶速遣费及计收滞期费；经办船舶租赁、买卖、交接工作，代签租船和买卖船舶合同，经营、承办其他业务等。

【思考与练习】

一、名词解释

货运代理　租船代理　船务代理　咨询代理　船舶代理　航次代理　第二委托方代理

二、简述题

1. 简述货运代理的主要职能。

2. 简述国际货运代理的发展趋势。

3. 设立国际货物运输代理企业应具备哪些条件？

4. 简述货运代理的基本服务对象。

5. 简述货运代理的基本责任。

6. 代理人在无正本提单放货时需要注意哪些事项。

三、论述题

1. 论述货运代理的职能与作用。

2. 论述设立国际船舶代理人的意义。

思考与练习参考答案

第七章　多式联运法律规范

第一节　多式联运概述

一、多式联运的概念

多式联运是指根据实际运输要求，由两种及其以上的交通工具相互衔接、转运而共同完成的运输过程。多式联运通过实施一次托运、一次计费、一张单证、一次保险，由各运输区段的承运人共同完成货物的全程运输，又被称为复合运输，它将全程运输作为一个完整的单一运输过程来安排，被认为是实行"门到门"运输的有效方式。

多式联运作为一种现代化的、先进的货物运输方式，是随着集装箱运输的发展、国际贸易结构的变化、科学技术的进步以及电子商务的推广而产生和发展的；货主对运输服务的高要求也对它的发展产生了巨大的推动力。多式联运广泛应用于国际货物运输中，称之为国际多式联运。

国际多式联运一般以集装箱为媒介，把海洋运输、铁路运输、公路运输、航空运输和内河运输等传统的单一运输方式有机地结合起来，采用一体化方式综合利用，以完成国际间的运输任务。《联合国国际货物多式联运公约》第一条规定："国际多式联运是指按照多式联运合同，以至少两种不同的运输方式，由多式联运经营人将货物从一国境内接管货物的地点运至另一国境内指定交付货物的地点。"

20世纪60年代末，多式联运始于美国，它一经出现就显示出巨大的生命力，随后，美洲、欧洲及亚洲部分地区纷纷仿效推广。目前在国际货物运输中正日益发挥重要的作用。

我国的《海商法》和《民法典》对多式联运的相关事项都做出了具体的规定。1997年，交通部还曾发布《国际集装箱多式联运管理规则》，专门对集装箱多式联运的有关问题做出了规定。

我国《民法典》第八百三十八条规定："多式联运经营人负责履行或者组织履行多式联运合同，对全程运输享有承运人的权利，承担承运人的义务。"其中，多式联运经营人是指本人或者委托他人以本人名义与托运人订立多式联运合同的人，它对全程运输负责。

二、多式联运的特点

具体来说，多式联运主要有以下几方面特点：

（1）根据多式联运的合同进行操作，运输全程中至少使用两种运输方式，而且是不同运输方式的连续运输。

（2）多式联运的货物主要是集装箱货物，具有集装箱运输的特点。

（3）多式联运是一票到底，实行单一费率的运输，发货人只要订立一份合同，一次性付费，一次保险，通过一张单证即可完成全程运输。

《民法典》第八百四十条规定："多式联运经营人收到托运人交付的货物时，应当签发多式联运单据。"多式联运单据具有合同的效力。缔约承运人的行为对全体承运人均具有法律效力。运费的一次性收取、运输全程化是多式联运的基本特征。

（4）多式联运是不同运输方式的综合组织，其全程运输均由多式联运经营人完成或组织完成，无论涉及几种运输方式，分为几个运输区段，多式联运经营人都要对全程负责。

（5）货物全程运输是通过多式联运经营人与各种运输方式、各区段的实际承运人订立分运（或分包）合同来完成的，各区段承运人对自己承担区段的货物负责。

（6）在起运地接管货物，在最终目的地交付货物及全程运输中各区段的衔接工作，由多式联运经营人的分支机构（或代表）或委托的代理人完成，这些代理人及承担各项业务的第三者对自己承担的业务负责。

（7）多式联运经营人可以在全世界运输网中选择适当的运输路线、运输方式和各区段的实际承运人，以降低运输成本，提高运达速度，实现合理运输。

三、多式联运的分类

多式联运按不同的划分标准，可以分为以下几类：

（1）根据运输对象的不同，多式联运可分为货物联运和旅客联运。

在我国，货物联运比较普遍的是铁水联运（即铁路与水路的联运）；旅客联运比较普遍的是水陆联运（即水路与公路的联运）、公铁联运（即公路与铁路的联运）及公路航空联运。

（2）根据参加联运的运输工具的不同，多式联运可分为铁路公路联运、铁路水路联运、铁路航空联运、水陆联运等形式。

（3）根据组织方式和运营体制的不同，可分为协作式多式联运和衔接式多式联运。

（4）根据多式联运是否具有涉外运输工具，多式联运可分为国内联运和国际联运。

四、开展多式联运的基本条件

根据多式联运公约的规定和现行的多式联运业务特点，开展多式联运应具备以下基本条件：

（1）货物在多式联运过程中，无论使用多少运输方式，作为负责全程运输的多式联运经营人必须与发货人订立多式联运合同。

多式联运经营人根据合同规定，负责完成或组织完成货物的全程运输并一次收取全程运费。因此，多式联运合同是确定多式联运性质及其区别于一般传统联运的依据。

（2）多式联运经营人必须对全程运输负责。

因为多式联运经营人不仅是订立多式联运合同的当事人，也是多式联运单证的签发人。在业务中，多式联运经营人作为总承运人对发货人负有履行合同的义务，并承担自接管货物起到交付货物止的全程运输责任，以及对货物在全程运输中因灭失、损坏或延迟交付所造成的损失负赔偿责任。

一般情况下，多式联运经营人为了履行多式联运合同规定的运输责任，可以将部分或全部运输委托相关区段的承运人(或分承运人)办理,原发货人与分承运人不发生任何关系,而分承运人与多式联运经营人之间是承、托运关系。

(3)如果是国际多式联运,多式联运经营人接管的货物必须是国际间运输的货物,即跨越国境的一种国际间运输方式。

(4)多式联运使用两种或两种以上的不同运输方式,而且必须是不同运输方式下的连续运输。

(5)多式联运的费率为全程单一运费费率。

多式联运费用通常包括运输成本(全程各段运费的总和)、经营管理费用(通讯、制单及劳务手续费等)以及合理利润等。

(6)货物全程运输时,多式联运经营人应签发一份全程多式联运单证。

全程多式联运单证是证明多式联运合同以及证明多式联运经营人已经接管货物并负责按照条款交付货物所签发的一种证据。它是一种物权证书和有价证券。

五、多式联运的业务程序

多式联运的业务程序包括以下几个环节。

1. 接受托运申请,订立多式联运合同

多式联运经营人根据货主提出的托运申请和自己的运输路线等情况,判断是否接受该托运申请。如果能够接受,则双方议定有关事项后,在交给发货人或其代理人的场站收据副本上签章,证明接受托运申请,多式联运合同已经订立并开始执行。

发货人或其代理人根据双方就货物交接方式、时间、地点、付费方式等达成协议,填写场站收据,并把其送至多式联运经营人处编号,多式联运经营人编号后留下货物托运联,将其他联交还给发货人或其代理人。

2. 集装箱的发放、提取及运送

多式联运中使用的集装箱一般应由多式联运经营人提供。这些集装箱来源可能有三个:

一是经营人自己购置使用的集装箱。

二是由公司租用的集装箱,这类箱一般在货物的起运地附近提箱,而在交付货物地点附近还箱。

三是由全程运输中的某一区段承运人提供,这类箱一般需要在多式联运经营人为完成合同运输与该分运人订立分运合同后获得使用权。

如果双方协议由发货人自行装箱,则多式联运经营人应签发提箱单或者租箱公司或区段承运人签发的提箱单交给发货人或其代理人,由他们在规定日期到指定的堆场提箱,并自行将空箱托运到货物装箱地点准备装货。如发货人委托亦可由经营人办理从堆场装箱地点的空箱托运。如是拼箱货或整箱货,但发货人无装箱条件不能自装时,则由多式联运经营人将所用空箱调运至接受货物集装箱货运站,做好装箱准备。

3. 出口报关

若联运从港口开始,则在港口报关;若从内陆地区开始,应在附近的海关办理报关。出口报关事宜一般由发货人或其代理人办理,也可委托多式联运经营人代为办理。报关时应提供场站收据、装箱单、出口许可证等有关单据和文件。

4. 货物装箱及接收货物

若是发货人自行装箱，发货人或其代理人提取空箱后在自己的工厂和仓库组织装箱，装箱工作一般要在报关后进行，并请海关派员到装箱地点监装和办理加封事宜。如需理货，还应请理货人员现场理货，并与之共同制作装箱单。若是发货人不具备装箱条件，可委托多式联运经营人或货运站装箱，发货人应将货物以原来形态运至指定的货运站由其代为装箱。如果是拼箱货物，发货人应负责将货物运至指定的集装箱货运站，由货运站按多式联运经营人的指示装箱。无论装箱工作由谁负责，装箱人均需制作装箱单，并办理海关监装与加封事宜。

对于由货主自装箱的整箱货物，发货人应负责将货物运至双方协议规定的地点，多式联运经营人或其代理人在指定地点接收货物。如果是拼箱货，经营人在指定的货运站接收货物。验收货物后，代表联运经营人接收货物的人，应在场站收据正本上签章并将其交给发货人或其代理人。

5. 订舱及安排货物运送

经营人在合同订立之后，即应制定货物的运输计划，该计划包括货物的运输路线和区段的划分，各区段实际承运人的选择确定及各区段衔接地点的到达、起运时间等内容。这里所说的订舱，泛指多式联运经营人要按照运输计划安排洽定各区段的运输工具，与选定的各实际承运人订立各区段的分运合同。这些合同的订立由经营人本人或委托的代理人办理，也可请前一区段的实际承运人作为代表向后一区段的实际承运人订舱。

6. 办理保险

在发货人方面，应投保货物运输险。该保险由发货人自行办理，或由发货人承担费用、由多式联运经营人代为办理。货物运输保险可以是全程，也可分段投保。在多式联运经营人方面，应投保货物责任险和集装箱保险，由经营人或其代理人向保险公司或以其他形式办理。

7. 签发多式联运提单，组织完成货物的全程运输

多式联运经营人的代表收取货物后，经营人应向发货人签发多式联运提单。在把提单交给发货人前，应注意按双方议定的付费方式及内容、数量向发货人收取全部应付费用。

多式联运经营人有完成或组织完成全程运输的责任和义务。在接收货物后，要组织各区段实际承运人、各派出机构及代表人共同协调工作，完成全程中各区段的运输以及各区段之间的衔接工作，运输过程中所涉及的各种服务性工作和运输单据、文件及有关信息等组织和协调工作。

8. 运输过程中的海关业务

按惯例，国际多式联运的全程运输均应视为国际货物运输。因此该环节工作主要包括货物及集装箱进口国的通关手续，进口国内陆段保税运输手续及结关等内容。如果陆上运输要通过其他国家海关和内陆运输线路时，还应包括这些海关的通关及保税运输手续。

这些涉及海关的手续一般由多式联运经营人的派出机构或代理人办理，也可由各区段的实际承运人作为多式联运经营人的代表办理，由此产生的全部费用应由发货人或收货人负担。

如果货物在目的港交付，则结关应在港口所在地海关进行。如果在内陆地交货，则应在口岸办理保税运输手续，海关加封后方可运往内陆目的地，然后在内陆海关办理结关手续。

9. 货物交付

当货物运至目的地后，由目的地代理通知收货人提货。收货人需凭多式联运提单提货，经营人或其代理人需按合同规定，收取收货人应付的全部费用。收回提单后签发提货单，提货人凭提货单到指定堆场和集装箱货运站提取货物。如果整箱提货，则收货人要负责至掏箱地点的运输，并在货物掏出后将集装箱运回指定的堆场，运输合同终止。

10. 货运事故处理

如果全程运输中发生了货物灭失、损害和运输延误，无论是否能确定发生的区段，发（收）货人均可向多式联运经营人提出索赔。多式联运经营人根据提单条款及双方协议确定责任并做出赔偿。如果已对货物及责任投保，则存在要求保险公司赔偿和向保险公司进一步追索的问题。如果受损人和责任人之间不能取得一致，则需在诉讼时效内通过提起诉讼和仲裁来解决。

六、多式联运的组织方式

多式联运就其组织方式和运营体制来说，大致可分为协作式多式联运和衔接式多式联运两大类。

（一）协作式多式联运

协作式多式联运是指两种或两种以上运输方式的运输企业，按照统一的规章或商定的协议，共同将货物从接管货物的地点运到指定交付货物的地点的运输。

协作式多式联运是目前国内货物联运的基本形式。在协作式多式联运下，参与联运的承运人均可受理托运人的托运申请，接收货物，签署全程运输单据，并负责自己区段的运输生产；后续承运人除负责自己区段的运输生产外，还需要承担运输衔接工作；而最后承运人则需要承担货物交付以及受理收货人的货损货差的索赔。在这种体制下，参与联运的每个承运人均具有双重身份。对外而言，他们是共同承运人，其中一个承运人（或代表所有承运人的联运机构）与发货人订立的运输合同，对其他承运人均有约束力，即视为每个承运人均与货方存在运输合同关系；对内而言，每个承运人不但有义务完成自己区段的实际运输和有关的货运组织工作，还应根据规章或约定协议，承担风险，分配利益。

根据开展联运依据的不同，协作式多式联运可进一步细分为法定（多式）联运和协议（多式）联运两种。

1. 法定（多式）联运

它是指不同运输方式运输企业之间根据国家运输主管部门颁布的规章开展的多式联运。比如我国铁路、水路运输企业之间根据原铁道部、交通部共同颁布的《铁路和水路货物联运规则》[①]开展的水陆联运即属此种联运。在这种联运形式下，有关运输票据、联运范围、联运受理的条件与程序、运输衔接、货物交付、货物索赔程序以及承运之间的费用清算等，均应符合国家颁布的有关规章的规定，并实行计划运输。

这种联运形式无疑有利于保护货方的权利和保证联运生产的顺利进行，但缺点是灵活性较差，适用范围较窄，它不仅在联运方式上仅适用铁路与水路两种运输方式之间的联运，而

---

① 《铁路和水路货物联运规则》已被交通运输部于 2006 年 11 月 24 日废止。

且对联运路线、货物种类、数量及受理地、换装地也做出了限制。此外，由于货方托运前需要报批运输计划，给货方带来了一定的不便。法定(多式)联运通常适用于保证指令性计划物资、重点物资和国防、抢险、救灾等急需物资的调拨，这种联运形式在计划经济体制下使用较为广泛。

2. 协议(多式)联运

它是指运输企业之间根据商定的协议开展的多式联运。比如，不同运输方式的干线运输企业与支线运输或短途运输企业，根据所签署的联运协议开展的多式联运，即属此种联运。

与法定(多式)联运不同，在这种联运形式下，联运采用的运输方式、运输票据、联运范围、联运受理的条件与程序、运输衔接、货物交付、货物索赔程序，以及承运人之间的利益分配与风险承担等，均按联运协议的规定办理。与法定(多式)联运相比，该联运形式反映了市场经济发展的客观要求。

(二)衔接式多式联运

衔接式多式联运是指由一个多式联运企业(multimedia transport operator, MTO, 以下称多式联运经营人)，综合组织两种或两种以上运输方式的运输企业，将货物从接管货物的地点运到指定交付货物的地点的运输。在实践中，多式联运经营人既可能由不拥有任何运输工具的国际货运代理、场站经营人、仓储经营人担任，也可能由从事某一区段的实际承运人担任。但无论如何，他都必须持有国家有关主管部门核准的许可证书，并能独立承担责任。

在衔接式多式联运下，运输组织工作与实际运输生产实现了分离，多式联运经营人负责全程运输组织工作，各区段的实际承运人负责实际运输生产。在这种体制下，多式联运经营人也具有双重身份。对于货方而言，他是全程承运人，与货方订立全程运输合同，向货方收取全程运费及其他费用，并承担承运人的义务；对于各区段实际承运人而言，他是托运人，他与各区段实际承运人订立分运合同，向实际承运人支付运费及其他必要的费用。很明显，这种运输组织与运输生产相互分离的形式，符合分工专业化的原则，由多式联运经营人"一手托两家"，不但方便了货主和实际承运人，也有利于运输的衔接工作，因此，它是联运的主要形式。

在这种多式联运组织体制下，承担各区段货物运输的运输企业的业务与传统分段运输形式下完全相同，各区段的运输衔接工作由 MTO 负责，这与协作式体制下各区段运输企业还要承担运输衔接工作是有很大区别的。

该种多式联运的组织体制，也被称为"运输承运发送制"。目前在国际货物多式联运中主要采用该组织体制。在国内多式联运中采用该体制的也越来越多。随着我国市场经济的发展，这种组织体制将成为国内多式联运的主要组织体制。

七、我国多式联运的有关立法

(一)我国多式联运立法的基本框架

我国《海商法》专门对多式联运合同作了特别的规定。《海商法》第一百零二条至第一百零六条对多式联运合同和多式联运经营人的责任期间及法律地位、定域化损失或损害的赔偿责任，以及非定域化损失或损害的赔偿责任作了概括性规定。

《民法典》亦在第三编第十九章设专节以五个条款(《民法典》第八百三十八条至第八百四十二条)对多式联运经营人的法律地位、多式联运经营人责任、多式运输单据、托运人的赔偿责任、定域化和非定域化的损失或赔偿责任问题作了规定。

上述这些法律规定构成了我国多式联运立法的基本框架。

(二)《海商法》与《民法典》中多式联运规则的关系

我国《海商法》中的多式运输规则是从海商法角度进行的立法。在我国,由于国际货物运输量的85%以上通过海运,包括海运方式在内的国际货物多式运输占有主要地位。特别是东起我国连云港,西至荷兰鹿特丹的第二条欧亚大陆桥的开通,进一步促进了从远东至欧洲的国际集装箱货物多式运输的发展,也进一步推动了我国国际多式联运的快速发展。

《海商法》第一百零二条规定,多式运输合同是指多式运输经营人以两种以上的不同运输方式,其中一种是海上运输方式,负责将货物从接收地运至目的地交付收货人,并收取全程运费的合同。也就是说,我国《海商法》所调整的多式运输合同,是在海上运输模式与其他运输模式整合基础上,多式联运经营人凭以收取运费,负责完成或组织完成国际货物多式运输的合同。

它包括以下组合的全程运输:
①国际海运(包括河、江海直达)—公路运输。
②国际海运(包括河、江海直达)—铁路运输。
③国际海运(包括河、江海直达)—铁路运输—公路运输。
④国际海运(包括河、江海直达)—航空运输。
⑤国际海运—沿海运输。
⑥国际海运—内河运输。
⑦国际海运—沿海运输—内河运输。

而《民法典》中的"多式联运合同"的规定,并未要求多式联运必须包括海上运输阶段,而适用于两种以上不同运输模式组合的、由多式运输经营人将货物从起运地点运输到约定地点,由托运人或者收货人支付运输费用的运输合同。也就是说,《民法典》中多式运输规定调整各种形式的多式运输合同,而《海商法》所调整的多式运输合同仅是《民法典》所调整的多式运输合同的一种类型。因此,可以说《海商法》中的多式运输规则与《民法典》中的多式运输规则是一种特别法与一般法的关系。

根据《民法典》第十一条"其他法律对民事关系有特别规定的,依照其规定",当多式运输合同系包括海上运输模式的多式运输合同时,前者应优先适用。

(三)关于多式运输经营人的法律地位

多式运输经营人是多式联运的组织者,负责履行或者组织履行多式联运合同。《海商法》第一百零二条第二款规定,多式联运经营人是指本人或者委托他人以本人名义与托运人订立多式运输合同的人;第一百零三条规定,多式联运经营人对多式运输货物的责任期间,自接收货物时起至交付货物时止。

《海商法》第一百零四条、《民法典》第八百三十八条至第八百三十九条规定,多式运输经营人负责履行或者组织履行多式运输合同,对全程运输享有承运人的权利,承担承运人的义务。多式联运经营人可以与参加多式联运的各区段承运人就多式联运合同的各区段运输约定相互之间的责任；但是，该约定不影响多式联运经营人对全程运输承担的义务。

综上，多式运输经营人的法律地位可概括为：

(1)多式运输经营人是多式运输合同的主体，对货物的多式运输全程负责。

(2)多式运输经营人行为方式包括负责履行多式运输合同或负责组织履行多式运输合同。

(3)多式运输经营人是有别于承运人的自成一类的运输主体，其与参加多式运输的各区段承运人所订立的运输合同，不同于经营人以其本人或者委托他人以其本人名义与托运人订立的多式运输合同。也就是说，多式运输经营人在前一运输合同关系中是各区段承运人的托运人，在后一运输合同关系中是对全程运输享有承运人权利，承担承运人义务的运输主体。而《海商法》和《民法典》中"关于多式运输合同的特别规定"仅适用于后一运输合同关系，后一运输合同关系中未被该"特别规定"所规定的部分，以及前一运输合同关系，适用《海商法》或《民法典》中的其他规定。

需注意的是，我国《海商法》和《民法典》中多式运输经营人法律地位的规定与国际货物多式运输法律制度是相一致的。

第二节　多式联运合同

一、多式联运合同概念

多式联运合同是指多式联运经营人与托运人签订的，由多式联运经营人以两种或者两种以上不同的运输方式将货物由接管地运至交付地，并收取全程运费的合同。

多式联运合同与一般运输合同相比具有以下特点：

(1)多式联运合同的承运人一般为2人以上。虽然多式联运合同涉及多个承运人，但托运人或旅客只需与多式联运经营人签订运输合同。其他承运人根据多式联运经营人代理自己与托运人或旅客订立的联运合同在自己的运输区段内完成运输任务。

(2)多式联运合同的运输方式为2种以上，例如空运与水运的联合运输等。如果数个承运人用同一方式运输，则为单一方式的联合运输。

(3)旅客或托运人一次性交费并使用同一凭证。旅客或货物由一承运人转至另一承运人时，不须另行交费或办理有关手续。

多式联运的第一承运人在《民法典》上称为多式联运的承运人，亦称为多式联运经营人；其他承运人在《民法典》上称为各区段承运人。

二、多式联运合同的订立

(一)多式联运合同订立的方式

在实践中，多式联运合同的订立主要有两种方式。

1. 托运人与多式联运业务的经营人订立合同

在此情况下，托运人与多式联运业务的经营人订立承揽运输合同，联合经营人为合同的承揽运输人(即多式联运承运人)一方,托运人为合同的另一方。然后,联运经营人与各承运人签订运输协议。在这种情形下,联运经营人以自己的名义与托运人签订运输合同,承担全程运输,而实际上经营人于承揽运输任务后,再将运输任务交由其他承运人完成。但托运人仅与联运经营人直接发生运输合同关系,而与实际承运人并不发生运输合同关系,因此,联运经营人处于一般运输合同的承运人地位,享受相应的权利,承担相应的义务。至于联运承运人与实际承运人之间的关系,则依其相互间的协议而定。

2. 托运人与第一承运人订立运输合同

在此情况下,各个承运人为合同的一方承运人,托运人为另一方当事人。各个承运人虽均为联运合同的当事人,但只有第一承运人代表其他承运人与托运人签订运输合同,其他承运人并不参与订立合同。第一承运人则为联运承运人。

(二)多式联运合同的订立程序

签订多式联运合同的程序与一般合同一样,都要经过要约和承诺两个阶段。所不同的是,多式联运合同的实际承运人是数个不同的具有独立法人资格的运输企业,除了缔约承运人参与订立合同外,其他承运人并不参与合同的订立过程。缔约承运人的行为对全体承运人具有法律的约束力。

多式联运合同的这种法律约束力,来源于多式联运承运人之间的运输协议。为了提高运输效率,方便托运人托运货物,在货物从起运地点运输到目的地的位移过程中,承运人通过运输协议满足托运人的对货物运输的全程要求。托运人不必在各个区段都与承运人签订合同,而只在始运区段与多式联运经营人签订合同,即可完成货物运输的全过程。这是现代运输方式发展的必然要求。

因此,多式联运的经营人(缔约承运人)要充分考虑其他区段承运人的运输能力,与各个实际承运人之间订立在履行多式联运合同过程中相互之间权利和义务关系的运输协议,并与托运人商定具体的运输条件,以保证运输合同的顺利进行。

根据《民法典》第八百三十八条和第八百三十九条,"多式联运经营人负责履行或者组织履行多式联运合同,对全程运输享有承运人的权利,承担承运人的义务","多式联运经营人可以与参加多式联运的各区段承运人就多式联运合同的各区段运输约定相互之间的责任;但是,该约定不影响多式联运经营人对全程运输承担的义务"。

多式联运合同经营人在收到托运人交付运输的货物后,要签发多式联运单据。根据托运人的要求,多式联运单据可以是可转让的,也可以是不可转让的单据。多式联运单据是合同成立的初步证据。

(三)我国多式联运合同订立应注意的事项

在订立多式联运合同的时候,根据我国的有关法律和行政法规的规定,应当注意以下问题。

(1)铁路——水运联运的货物种类和货物数量的限制。

①货物种类。

除易腐货物、动物、植物、灵柩(包括尸骨、尸骨灰和尸体在内)、危险货物(常用化肥氨氰化钙及危险货物运输规则品名表内所规定的农药不在此限)、放射性物品、编排木材(东北经大连、营口两港到上海地区的木排运输不在此限)、超过起运、换装和到达地点起重能力的重大件(具体标准在平衡计划时根据铁路和水路的有关规定及具体设备情况审定)和散装的粮食、油、盐、水泥外,都办理联运;但编排木材和散装的粮食、油、盐,经托运人与铁路、水路协商同意后,也可以在特定路线上办理联运。

②货物数量。

一批货物的重量不满 30 t 或体积不满 60 m^3,按零担办理,但一批重量最少不得少于 20 kg,每件体积最小不得小于 0.01 m^3(一件的重量在 10 kg 以上者除外),每件长度最长不得超过 7 m。

一批货物的重量在 30 t 以上(包括 30 t)或体积在 60 m^3 以上(包括 60 m^3)的,均按整车办理。但由于货物的重量、体积或形态关系,在铁路区段内必须使用单独车辆运输时,其重量或体积虽不满上述规定,也可以按整车办理。

③零担货物按联运办理时,每件最大重量以 2 t 为限,体积以 3 m^3 为限;超过这一限度,在承运前应征得有关换装和到达地点的车站和港口同意后,方可受理。

④对于超出规定联运范围的货物(如运往非联运港口,超出联运范围的货种等),应请发货单位先征得换装车站和港口同意,并取得证明后,再受理代办中转业务,并在托运计划表和运单内注明。

凡规定的办理联运范围以内,起运与换装地点的车站和港口,必须按照水路联运承运,不受理代办中转业务。

(2)托运人在托运货物时,应当按批(从水路起运以装在同一船内为限)向起运站或起运港提出"水陆联运货物运单"一份,运单必须随同货物递送至到达地点,交给收货人。

发站或起运港根据"水陆联运货物运单"填写"水陆联运货物货票"。货票分甲、乙、丙、丁四联,其周转程序如下:

①甲联报起运地铁路局集团公司或航运局财务部门。

②乙联随同货物至第一换装地点,报接运铁路局集团公司或航运局财务部门;但对于在起运地实行一次收费以及中间区段委托到达地代收费用的货物,本联应作为铁路和水路之间的费用清结联,另由换装站或换装港加抄一份报接运的铁路局集团公司或航运局。

③丙联由发站或起运港存查。

④丁联随同货物送交到达地点,由到达站报所管局财务部门或由到达港存查。

如果联运全程包括两个水运区段时(沿海、长江和内河均分别作为一个区段计算),应增加货票两联;三个水运区段时,应增加发票四联。增加的各联均使用空白号码货票,填注原号码。其中交各区段航运局各一联,其余由各换装港留存,均由起运港或第一换装港按照水运内部关于运输收入港航线路计算办法的规定分别递转。

(3)对于整批到达、分批转运的联运货物,换装站(换装作业在站内进行时,下同)或换装港(换装作业在港内进行时,下同)应当按照装妥的每辆货车或每艘船舶填写"水陆联运货物分运货票"。分运货票必须注明原运单号码,原票据应随同第一批分运货物转出。

对于自陆转水分批到达、集中转运的联运货物,换装港可以按照装妥的每艘船舶另行填写"水陆联运货物汇总货票"(格式同水陆联运货票加上"汇总"戳记),原票据应随附于后,一并转出。

对于因退装、漏装、误装需要补送的联运货物,以及自铁路起运经过水路再转铁路的联运货物，在换装最后段铁路时，因车型不同，换装车数多于起运时原装车数时，换装站或换装港应当填写"水陆联运货物补送货票"。补送货票必须注明原运单号码。

分运、汇总和补送的联运货物货票，均使用空白号码货票。分运货票填写一式四联，其周转程序是：甲联由分运站或分运港存查；乙联随同货物递交到达地点，由到站或到达港存查；丙联随同货物递交到达地点，由到站或到达港报所管局财务部门（或业务部门）；丁联由分运站或分运港报所管局财务部门或业务部门。补送货票填写一式三联，其周转程序是：甲联由补送站或补送港存查；乙联随货同行，由到站或到达港存查；丙联由补送站或补送港报所管局业务部门。

具体可分以下情况：

①铁—水—铁联运的货物，最后铁路区段装车数多于第一段铁路原装车数时，对于多出的车数应填写补送货票，注明原货票号码；少于原装车数时，应在加装的货票上注明"加装××号货票××号"，同时在原货票上注明"××货物××吨已加装在××号货票上"，原货票应一并附后，递交到站或到达港。

②对于水—铁—水联运的货物分段收费，又发生分运的情况下，运输票据的周转程序补充如下：

a.水—铁—水，分段收费，铁路区段发生分运，水运区段不分运。

起运港按有关规定填制一套票据。到达第一换装地点后，应由换装港或换装站按照分批转运装妥的每辆货车填制分运货票四联，并在分运票据上填写铁路费用。原货票应随同第一批分运货物递交最后换装站。最后换装站应将每批分运货票上记载的铁路费用加以审核后，汇总计入原货票内，另外应按照《联运费用清算办法》第7条的规定，填写结算清单，一并向最后换装港进行清算。

b.水—铁—水，分段收费，铁路区段发生分运，最后水运区段也发生分运。

起运港和第一换装站、港填制和使用运输票据的方法同上。货物到达最后换装地点，换装港分批转运时，应将原货票留下，另填写分运货票随货同行。铁路区段分运完毕，最后换装站应将每批分运费用审核汇总计入原货票内，连同结算清单向最后换装港进行清算。清算完毕后，换装港应将原货票随同最后一批分运货物递交到达港。

c.分运、补送、汇总货票，由铁路局集团公司和港务局按顺序编排号码；分运、补送货票在使用时应由分运、补送站或补送港在左上角注明"原联运货票（ ）字第×号"之后，按照顺序填写"之一、之二……"字样，以明确分运、补送的批次。

d.零担货物不得分批转运。

（4）多式联运货物按重量承运时，货物的重量包括包装重量。

根据规定，下列货物，只按重量承运，不计件数：

①无包装、不成捆的货物，每票超过100件（木材不论每票据是否超过100件，均按重量（立方米）承运，不计算件数）。

②有包装或成捆而规格不同的货物，每件平均重量不满30 kg；规格相同的货物（每票据有两种规格的，视作规格相同），每件平均重不满10 kg。

（5）下列货物不论规格是否相同，按一票托运时，每件平均重量在10 kg以上，都按重量和件数承运：

①纺织品及其制品类。

②肥皂、蜡烛类。

③卫生、化妆用品及副食杂品类。

④针织品及衣、被、鞋、帽类。

⑤玻璃制品(包括暖水瓶)、搪瓷制品、缝纫机及其配件、收音机及其配件、电灯泡、干电池、钟表、娱乐品、玩具、文具、西药、卷烟。

⑥有色金属块、锭、轮胎、空铁桶。

整车货物的重量,由托运人确定。零担货物除同一标准重量,或在每件货物包装上标明重量,以及提出货物重量清单或其他类似单据能证实货物重量,可按托运人所确定的重量外,其余都由发站或起运港确定重量,向托运人核收过秤费。

对于托运人所确定的重量,必要时,车站和港口可以进行复查,重量超过公差时,复查费用由托运人负担。

在承运过程中应注意:海南橡胶是以烟胶片作为外包装并机压成型,规格相同,单件重均为 50 kg。不属于第 4 条规定的"无包装、不成捆"的货物,在办理水陆联运时,应按重量和件数承运。

托运人托运计费单位为 W/M 的水陆联运货物时,如在水陆联运货物运单内没有填写货物体积或填写的货物体积与实际的体积不符,起运港或换装港应认真丈量,并在运单"承运人确定货物重量"项下注明丈量的货物体积,除按规定核收尺码丈量费外,并按货物的重量吨或体积吨,二者择大计费的规定计算、核收水运区段的运杂费用。由起运港进行丈量的,丈量费由起运港向托运人核收;由换装港进行丈量的,应将丈量费计入货票内,由到达港或到站向收货人补收。

6. 联运货物在换装地点装车或装船,所需要的加固材料和整修包装所需要的材料,应当由托运人准备;如换装站或换装港能够协助准备时,也可以由换装站或换装港代为办理,费用向收货人核收。但大件货物的特种加固材料应一律由托运人自备。

在向收货人核收材料费时,加固和整修包装费用内应包括材料和人工费用。水转陆的货物,在换装地点以敞车代棚车装运,如果必须使用蓬布支架时,由换装站通知托运人或收货人设法自行解决;如换装站能协助准备时,所需费用向收货人核收。

托运人按水陆联运办理的成组自行车,应符合如下包装要求:需用划绳、草片、布条或麻布片等材料将车身缠绕严密、捆扎牢固(车轮不要固定,以便于装卸作业)。起运港或发站应认真进行承运前的检查把关,使货件包装符合上述要求,不合要求的,应请托运人改善后再予受理。换装港、站在交接时,发现未按上述规定进行包装的,应由交货方负责整理,所需材料和人工费用由负责整理的换装港或换装站垫付,向起运港或发站清算。

三、多式联运合同的内容

多式联运合同的内容,即多式联运合同的主要条款。一般情况下,多式联运合同应当具备以下内容:

(1)货物名称。

(2)货物的重量、件数。

(3)包装。

(4)运输标志。

(5)起运站(港)和到达站(港)。

(6)换装站(港)。

(7)托运人、收货人名称及详细地址。

(8)运费、港口费和有关的其他费用及结算方式。

(9)承运日期及到达期限。

(10)经由站名及线名。

(11)货物价值。

(12)双方商定的其他事项。

四、多式联运单据

(一)多式联运单据的功能及性质

多式联运单据，是指证明多式联运合同以及证明多式联运经营人已接管货物并负责按照合同条款交付货物的单据。经常用于国际集装箱多式联运的多式联运单据，是多式联运单据的主要形式。

1. 多式联运单据的功能

多式联运单据与海运提单相似，具有以下三个基本功能：

(1)多式联运单据是多式联运合同已经订立的证明。

多式联运单据的签发，意味着托运人已经与多式联运经营人就多式联运合同的主要内容达成一致意见，确立了合同关系。同时，多式联运单据的签发，也是履行多式联运合同的一种形式和具体表现。多式联运单据的签发，不仅证明了多式联运合同的成立，而且，单据所记载的内容以及背面所载的条款，也是多式联运合同的重要组成部分，对进一步明确多式联运经营人与托运人之间的权利和义务关系，具有十分重要的作用。

(2)多式联运单据是货物的收据。

多式联运单据的签发，表明货物已经交由多式联运经营人保管和控制，经营人对货物的责任期间开始启动。多式联运经营人保证在目的地按照多式联运单据记载的事项，向收货人交付货物。

(3)多式联运单据是提货的凭证。

收货人必须以单据要求提货；多式联运经营人也以此为依据交付货物。如果多式联运单据属于可转让的多式联运提单，则又具有货物所有权凭证的效力。

2. 多式联运单据的性质

多式联运单据具有可转让性。所谓多式联运单据的可转让性，是指多式联运单据可以按照一定的方式和程序进行流通。多式联运单据是否具有可转让性，取决于托运人的意志，但必须在单据上注明。不可转让的联运单据，应当指明具体的收货人，与记名提单相似。多式联运经营人将货物交付给该记名的收货人即为履行了交货义务。

在多式联运单据上，也可以记载按照托运人的指示而交付，多式联运经营人向托运人书面通知所指定的收货人交付货物。按照指示交付货物的多式联运单据，转让必须以背书的方式进行；向持有人交付货物的多式联运单据，则无须背书即可转让。

（二）多式联运单据的内容

多式联运单据一般应当记载以下事项：

（1）货物的种类、包装或者件数、货物的毛重或者以其他方式表示的数量、识别货物的主要标志。如果属于危险品，还应具有危险特性的说明。上述事项由托运人负责提供。

（2）货物的外表状况。

多式联运经营人接管货物时，应当在多式联运单据上记载货物的外在状况。如果多式联运经营人知道或者有合理的理由怀疑多式联运单据上所列货物的种类、主要标志、包数或者件数、重量或者数量等事项，与货物的实际状况不符合的，或者无适当方法进行核对的，多式联运经营人可以在多式联运单据上作出保留，注明不符之处、怀疑的根据或者无适当的核对方法等。没有记载的，视为其已在多式联运单据上注明货物的外表良好。

（3）多式联运经营人的名称与主要营业地。

（4）托运人名称。

（5）收货人的名称。

（6）多式联运经营人接管货物的时间、地点。

（7）交货地点。

（8）交货日期或者期间。

（9）多式联运单据可转让或者不可转让的声明。

（10）多式联运单据签发的时间、地点。

（11）多式联运经营人或其授权人的签字。

（12）每种运输方式的运费、用于支付的货币、运费由收货人支付的声明等。

（13）航线、运输方式和转运地点。

（14）关于多式联运遵守相关公约的规定的声明。

（15）双方商定的其他事项。

多式联运单据上的记载事项，可以少于或者多于上述事项，但必须具备多式联运单据的基本功能。

（三）多式联运单据的证据效力

除非多式联运经营人已经在多式联运单据上作出批注或者保留之外，多式联运单据应当视为该单据所记载的货物已经由多式联运经营人接收的初步证据，即表明多式联运单据上所记载的货物已经交由多式联运经营人接管，并且多式联运经营人所接管的货物的状况与单据上的记载相符合。

在交付货物时，货物必须与多式联运单据上的记载相符合。如果货物与单据上的记载不相符合的，多式联运经营人应当承担违约责任，除非多式联运经营人举出充分的证据证明货物接收时的实际状况。而且，在多式联运单据为可转让的情况下，该单据已经按照法定的程序转让给第三人（例如，根据我国《民法典》的规定，在货物买卖中，出卖人可以交付货物的有关单据来代替交付实物。在多式联运途中的货物，出卖人可以将多式联运单据交付给买受人，就认为已经履行了交货义务），则多式联运单据为最终的证据，多式联运经营人提出的任何相反证据，均不能对抗多式联运单据上的记载。在这种情况下，第三人应当是善意的，即，他正当地信赖多式联运单据上所记载的货物，在受让单据上所记载的货物时，不知道或者不应当知道货物的实际状况。

五、多式联运合同的履行

多式联运合同的履行可以分为三个阶段，在不同的阶段里，多式联运当事人，即多式联运经营人、实际承运人、托运人、收货人的权利和义务是不同的。

(一) 托运和承运阶段当事人的权利与义务

在这一阶段，托运人履行合同的主要内容，就是向多式联运经营人(缔约承运人)提供运输的货物，并支付运输费用。托运人应当按照货物的包装要求对货物进行包装，不符合包装要求的，承运人有权要求其予以改善。托运人不改善或者改善后仍然不符合运输安全要求的，承运人有权拒绝运输。

缔约承运人应当认真检查货物的情况，核对货物是否与多式联运单据填写的内容一致。如果缔约当事人未提出要求，应当视为托运人所交付运输的货物与多式联运的记载一致。

多式联运经营人履行合同的内容，不论是零担还是整车联运，都应当在货物上粘贴标记。托运人按照承运人的要求，应当在每件货物上，涂刷简明标记或符号，并在运单上"托运人标记"栏内注明；同时，在每件货物上标写到达站(港)和收货人名称。遇到无法涂刷和标写的货件，可以使用质量坚固(如木、竹、牛皮纸)的标记，内容如上，拴挂或粘贴在货件上。整列、整舱或整船运输的同一托运人、收货人、同一到达地点的同种货物，可免除标记。

在运输、保管、装卸、搬运过程中需要特别注意的货物，托运人应当按起运地点的规定，制作辅助标记。

由于船舶车辆两种运输工具的性能不同，铁路按整车运输时，装入同一舱内的货物，却可能成为零担。为免于混票，杜绝货差，对于联运整个货物亦应涂刷、拴挂或粘贴简明标记。

(二) 运输阶段当事人的权利与义务

多式联运经营人承运后，多式联运就进入实际的运输阶段。各个阶段的实际承运人应当本着诚实信用的原则，按照多式联运约定的期间和要求，及时、安全地将货物运输至目的地。

每一个实际承运人在交接货物时，都应当认真核对，避免因交接不清而导致运输责任难以分清。不过，各个承运人之间的责任，属于多式联运合同一方当事人之间的内部问题，如果因为任何实际承运人的原因，或者实际承运人之间的争议而导致多式联运合同的不能履行或者不完全履行，多式联运经营人应当对托运人或者收货人承担违约责任，实际承运人之间的任何理由，都不能对抗托运人或者收货人的请求。

根据我国多式联运的有关规定，联运货物的换装作业主要在车站和港口进行，必须优先换装。换装地点的车站和港口必须对原装货物进行复查。复查原则是，换装地点对联运货物的重量，一般不进行复查，原来原转；对货物件数要进行复查，对货物件数的复查规定如下。

1. 换装作业在港口内进行时

(1) 从水路转铁路的联运货物，由换装港在卸船时进行复查，在装妥车辆后由换装港进行施封。车辆到达后，到站应在卸车时进行认真复查；对于在专用铁路或专用线卸车的联运货物，收货人在卸车当时提出有丢失、损坏情况时，应由到站会同收货人进行认真复查。如铅封完整(敞车无异味)、车体完好,而发现货物丢失、损坏时,由到站编制货物运输记录,由换装港负责调查。

(2)从铁路转水路的联运货物,由换装港在卸车时进行认真复查,如发现货物灭失、损坏时,应会同换装站进行复查,并编制商务记录,由责任铁路局集团公司负责调查。

2.换装作业在站内进行时

(1)从水路转铁路的联运货物,由换装港在卸船时进行复查,如发现货物灭失、损坏时,应编制商务记录,由换装港自行负责调查,复查完了后,再交给换装车站。

(2)从铁路转水路的联运货物,由换装站在卸车时进行复查,如发现货物丢失、损坏时,应编制货物运输记录,由换装站自行负责调查,复查完了后,再交给换装港。

3.联运货物在换装交接时应注意问题

(1)凭封印交接的货车,应在运单和货票(包括分运补送)"承运人记载事项"栏内(或"分运、补送站港记载事项"栏内)记明封印号码,凭封印交接。

(2)有货无票,一律不得办理交接,遗失票据一方应负责核查清楚后,再移交给对方;票据不齐,应补制齐全后再办理交接。

(3)以整船发运、分批换装的大宗散装货物,发生溢余时的处理办法:

①发生少量溢余时,应尽可能利用下一批换装车辆,在(《铁路货物装载加固规则》)规定的货车容许增载范围内陆续补发,并在运单内注明。

②发生大量溢余时,除应按上述办法补发外,对积余的数量,由换装港定期列表通知各收货人征求意见;如收货人同意补交铁路区段的运输费用(在装车时缴付,具体付款办法由收货人和换装港商定),可由换装港代办托运手续,另行起票运出;如收货人不同意承担上述费用,则由换装港按照国家《关于处理港口、车站无法交付货物暂行办法规定》处埋。

③溢余部分的水运费用,仍按"原来原转"的精神,不再补收(亏吨亦不退费)。

换装站和换装港每次换装联运货物时,应当填制"水陆联运货物换装清单"。从铁路转水路的联运货物,由换装站提出;从水路转铁路的联运货物,由换装港提出。提出时应连同所有运输票据及所附文件一并交给对方。换装清单的提出日期,应在货票右上角"换装清单顺序号码"后面注明。

当最后阶段的实际承运人收到货物后,应当按照约定及时通知收货人收取货物。

(三)货物交付阶段当事人的权利与义务

最后阶段的实际承运人负有向收货人交付货物的义务;如果货物在运输途中毁损或者灭失,则负有向收货人通知的义务。最后阶段的承运人对托运人未支付或者少支付的运输费用,以及中途发生的应当由托运人负担的费用,有权向收货人要求支付。收货人拒绝支付的,承运人有权留置该运输货物。

六、多式联运合同的变更与解除

(一)多式联运合同的变更

1.变更的条件与程序

托运人变更合同(包括变更到站、到达港、收货人等)的要求,可以由托运人和收货人向到达站或到达港提出。如果运输货物已经运到换装地点但尚未进行换装的，托运人或收货人可以向换装地点提出。

变更到站或收货人应向换装站提出；变更到达港或收货人，应向换装港提出。

联运合同的变更只限一次，而且不得反复变更换装地点或变更一批货物中的一部分。如果变更到达地点后违反货物流向，违反政府限制或违反运输限制的，不得变更。

托运人变更合同的要求，须征得承运人同意才生效。由于承运货物种类不同，对于变更要求的同意生效的程序也各不相同。整车货物变更到站、到达港的，应征得主管铁路局集团公司或航运部门的同意。零担货物的变更只需换装站(港)或到达站(港)同意即可。

2. 承运人变更联运合同

承运人变更多式联运合同的情形主要有两种。一是由于某种特殊情况而变更运输路线。这类情况主要是因自然灾害或重大事故以至运输中断，或换装地点发生严重堵塞必须紧急疏运时，交通运输部或中国铁路集团有限公司可以指示绕道运输。在这种情况下，合同的变更可以不经托运人或收货人的同意。二是由于某些特殊情况，由承运人与托运人或收货人协商一致后，变更联运合同。

3. 变更运输后的费用结算

变更运输后的费用结算，按下列规定办理：

第一，由于托运人或收货人要求变更运输时，应按变更后的实际运输路线办理费用结算。

第二，由于交通运输部或中国铁路集团有限公司指示绕道运输时，对托运人仍按原计划运输路线办理费用结算。

(二) 多式联运合同的解除

多式联运合同的解除是指合同成立后，由于法律规定或合同约定的原因，双方当事人协商一致或一方通知对方，使多式联运合同当事人双方的权利义务关系归于消灭的法律行为。

多式联运合同的解除，主要出现在托运人向发运站和起运港提出取消运输的情况下，必须得到承运人同意后才有效。

七、违反多式联运合同的法律责任

(一) 多式联运经营人的责任

1. 多式联运经营人的损害赔偿责任

多式联运合同的特点就在于其涉及不同的运输方式，因而会涉及不同运输方式的法律和行政法规。在国际货物多式联运中，由于跨越不同的国家和地区，因此也必然涉及不同国家的法律制度。不同运输方式的法律和行政法规之间，不同国家和地区的法律制度之间，在关于承运人的赔偿责任和责任限额的规定上，都会或多或少地存在一些差异，这就是所谓的"法律冲突"。由于多式联运经营人要对多式联运的全程运输负责，由此会产生的问题是，多式联运经营人应当适用哪一区段、哪一运输方式、哪一国家或地区的法律来承担违约的损害赔偿责任以及执行责任的限额。

对这一问题，我国《民法典》第八百四十二条做出了规定："货物的毁损、灭失发生于多式联运的某一运输区段的，多式联运经营人的赔偿责任和责任限额，适用调整该区段运输方式的有关法律规定；货物毁损、灭失发生的区段不能确定的，依照本章的规定承担损害赔偿责任。"按照这一规定，多式联运经营人的损害赔偿责任和责任限额的确定，即适用的"准据法"有两种情况：

（1）发生货物毁损、灭失的区段能够确定的情况下，多式联运经营人的赔偿责任和责任限额适用调整该区段运输方式的法律规定。

例如，一项从重庆市到美国芝加哥的国际多式联运合同，其全程运输包括四个区段：首先是从重庆市到广州的铁路运输；其次是广州到中国香港的公路运输；然后是中国香港到美国洛杉矶的国际海运；最后是洛杉矶到芝加哥的铁路运输。如果能够确定货物的毁损、灭失发生在重庆至广州区段，多式联运经营人的损害赔偿责任及赔偿限额，则按照我国铁路运输的有关法律法规确定；如果确定货物的毁损、灭失发生在广州至中国香港的区段，适用我国的有关公路运输的法律法规，或者中国香港的有关公路运输法规；如果发生在中国香港至洛杉矶的国际海运过程中，则按照中国香港或者美国的海上货物运输的有关法律；如果发生在美国的洛杉矶至芝加哥的铁路运输区段，则适用美国有关铁路运输的法律规定。

这种责任制度，就是目前国际通行的"网状责任制度"。这一责任制度的优点在于使多式联运经营人承担的赔偿责任与发生货物损坏的区段的实际承运人所负的责任相同，不会加重或者减轻多式联运经营人的损害赔偿责任，有利于促进多式联运事业的发展。

（2）发生货物毁损、灭失的区段不能确定的，多式联运经营人的损害赔偿责任和赔偿责任限额的确定，适用《民法典》关于一般货物运输承运人的有关规定。

根据我国《海商法》的规定，如果多式联运之中有一种是海上运输方式，且发生货物毁损、灭失的区段不能确定的，则多式联运经营人的赔偿责任和责任限额的确定，适用《海商法》关于海上货物运输合同的有关规定。

鉴于上述情况，在货物发生毁损、灭失的情况下，首先应当根据上述规则，确定应当适用的法律法规，然后根据所选定的法律法规，解决多式联运经营人的损害赔偿责任的问题。

2. 多式联运经营人的其他责任规定

我国《民法典》第八百三十九条对多式联运经营人的责任进行了规定，即"多式联运经营人可以与参加多式联运的各区段承运人就多式联运合同的各区段运输约定相互之间的责任；但是，该约定不影响多式联运经营人对全程运输承担的义务"。这也是多式联运经营人与各区段实际承运人之间责任的规定。多式联运经营人与各区段的实际承运人的约定，一般是对运输过程中货物的毁损、灭失的赔偿责任的约定，也有关于延迟交付等的责任约定。

在实际生活中，多式联运经营人通常是以托运人的身份与各承运人签订各区段的运输合同的，也就是说，在多式联运经营人与实际承运人之间，多式联运经营人相当于托运人的身份。不过，多式联运经营人与各区段的实际承运人之间的合同，是承运人之间的内部合同，所调整的只是经营人与承运人之间的权利和义务关系。在多式联运合同发生纠纷后，多式联运经营人不能以此来作为自己不承担责任的抗辩理由，仍然由多式联运经营人向托运人或者收货人承担责任。

当然，多式联运经营人承担责任之后，可以依据其与实际承运人之间的合同，解决自己与实际承运人之间在履行多式联运合同中的纠纷。

(二)多式联运托运人的责任

托运人违反多式联运合同,应当按照多式联运合同的约定、我国《民法典》以及有关调整货物运输的法律法规的规定承担责任。关于托运人的责任,在不同的运输方式下有不同的规定,可参照前文对此进行的阐述。

我国《民法典》对于托运人的责任的特殊情况,作出了专门的规定。《民法典》第八百四十一条规定:"因托运人托运货物时的过错造成多式联运经营人损失的,即使托运人已经转让多式联运单据,托运人仍然应当承担损害赔偿责任。"该规定包含了以下含义:

(1)托运人在向多式联运经营人交付所运输的货物时,从法律上视为其已经保证了在多式联运单据中所提供的货物资料是准确无误的。如果存在托运人所托运的货物不当而造成多式联运经营人的损失的,托运人应当承担损害赔偿责任。托运人的这种义务,属于民法典上的默示担保义务。

(2)根据《民法典》的这一规定,托运人的责任属于过错责任,即托运人在主观上存在过错。托运人在托运时的过错,通常是在履行申报义务时的过错,如未能做到申报的准确、真实和完整,或者提供货物的包装不符合运输要求,或者未能办理运输所需要的审批、检验、许可等有关手续,以及在货物中夹带危险品、违禁品等。

(3)赔偿损失的范围,包括多式联运经营人的全部损失。

(4)即使托运人已经将多式联运单据转让给第三人,也应当由托运人承担损害赔偿责任。因为多式联运单据的转让,只是托运人处分了多式联运单据项下的权利,并不意味着多式联运合同的转让,也没有解除与多式联运经营人之间的合同关系。因而,托运人仍然应当由自己向多式联运经营人承担责任。

八、多式联运合同的索赔时效

(一)索赔时效

我国《海商法》没有就多式联运的诉讼时效作出具体的规定,故应适用《海商法》第二百五十七条的规定,时效期间为一年,自承运人交付或应当交付货物之日起计算。

1980年《联合国国际货物多式联运公约》规定的多式联运时效期间为两年,但是,如果在货物交付之日后六个月内,或者如果货物未能交付,在本应交付之日后六个月内,没有提出说明索赔的性质和主要事项的书面索赔通知,则在此期限届满后即失去诉讼时效。时效期间自多式联运经营人交付货物或部分货物之日的次日起算,或者如果货物未交付,则自货物本应交付的最后一日次日起算。

(二)索赔程序

对于联运货物灭失、损坏的赔偿要求,要求人应向到达地点的铁路局集团公司或港务局提出。接到赔偿要求的一方就是赔偿要求的处理局。处理局应负责审查索赔要求的时效,赔偿请求人和必要文件。处理局应从接到要求之日起90日内作出答复。如不属于处理局的责任,处理局应于15日内向发生事故的最后换装的铁路局集团公司或港务局转告,最后换装局应从接到要求文件之日起60日内答复处理局转告要求人。如到期处理局尚未接到答复,应电报催询，从发出催询之日起15日内仍未接到答复，处理局即认为对方已经承认索赔，无论责任属于哪一区段的承运人，赔偿一经确定，即由处理局按确定的赔偿额付给要求人，然后按铁路或水路应负的责任比例清算。如责任不能分清的，按双方所收运费比例分摊。

(三)索赔价格的确定

赔偿价格的确定，原则上是以货物交付或运到期限满期日到达港(站)当地国营企业或供销部门的调拨价格(没有调拨价格按批发价)为标准，水路全程运费照收不退；如到达港(站)当地没有上述价格标准，可按起运地点调拨价(没有调拨价按批发价)和已缴纳税款，另加实际支付的运输费用确定。

第三节　国际货物多式联运

一、多式联运国际公约相关规定

多式联运国际公约与规则是指国际社会为确定多式联运各方当事人的权利义务和责任所制定的公约和规则。为保障和促进多式联运的发展和繁荣，1973年国际商会(ICC)制定了《联合单证统一规则》，后于1975年修订。1980年联合国贸发会在日内瓦通过了《联合国国际货物多式联运公约》，至今尚未生效。

为了能够保证国际社会的普遍认可和参与，联合国贸发会和国际商会于1991年联合制定了《多式联运单证规则》，作为最终实施《联合国国际货物多式联运公约》的过渡，已于1992年公布实施。国际货物多式联运能达到简化货运环节、缩短货物运输时间、减少货差货损、降低运输成本、提高运输组织水平、实现合理运输的目的。1980年5月24日联合国通过的《联合国国际货物多式联运公约》进一步促进了国际多式联运的健康发展，是国际货物运输的发展方向。

这三个公约与我国有关多式联运的法律规定相比较，主要的不同点在于多式联运经营人的责任制度方面的不同。

(一)多式联运经营人的责任制类型

多式联运责任制类型主要有以下四种。

1.责任分担制

在此责任制下，多式联运经营人和各区段经营人在合同中事先划分运输区段。多式联运经营人和各区段承运人都仅对自己完成的运输区段负责，并按各区段所应适用的法律来确定各区段承运人的责任。这种责任制实际上是单一运输方式损害赔偿责任制度的简单叠加，并没有真正发挥多式联运的优越性，不能适应多式联运的要求，故目前很少采用。

2.统一责任制

在这种责任制下，多式联运经营人对全程运输负责，各区段承运人仅对自己完成的运输区段负责。它是不论损害发生在哪一区段，均按照同一责任进行赔偿的一种制度，多式联运经营人和各区段承运人均承担相同的赔偿责任。这种责任有利于货方，但对多式联运经营人来说责任负担较重。目前，世界上对这种责任制的应用并不广泛。

3. 修正后的统一责任制

该责任制也被称为"可变性的统一责任制"，它是由《联合国国际货物多式联运公约》所确立的以统一责任制为基础，以责任限额为例外的一种责任制度。根据这一制度，不管是否能够确定货运事故发生的实际运输区段，都适用该公约的规定。但是，若货运事故发生的区段适用该公约，或强制性国家法律规定的赔偿限额高于该公约规定的赔偿责任限额，则应该按照该公约或国内法的规定限额进行赔偿。很明显，这种责任制度不利于货主而利于多式联运经营人。因《联合国国际货物多式联运公约》尚未生效，所以实践中适用该责任制的情况也较少。

4. 网状责任制

在这种责任制下，由多式联运经营人就全程运输向货主负责，各区段承运人对且仅对自己完成的运输区段负责。无论货物损害发生在哪一个运输区段，托运人或收货人既可以向多式联运经营人索赔，也可以向该区段的区段承运人索赔。但是，各区段适用的责任原则和赔偿方法仍根据调整该区段的法律予以确定。多式联运经营人赔偿后有权就各区段承运人的过失所造成的损失向区段承运人进行追偿。

网状责任制是介于统一责任制和责任分担制之间的一种制度，故又称为混合责任制。目前，国际上大多采用的是网状责任制。

(二)国际公约对多式联运经营人的责任规定

1.《联合国国际货物多式联运公约》的责任规定

该公约实行修正后的统一责任制，即多式联运经营人对全程运输负责，不管是否能够确定货运事故发生的实际运输区段，都适用公约的规定。但是，若货运事故发生的区段适用的国际公约或强制性国家法律规定的赔偿责任限额高于该公约规定的赔偿责任限额，则应该按照该国际公约或国内法的规定限额进行赔偿。

该公约实行推定过失责任制，即如果造成货物灭失、损坏或延迟交付的事故发生在联运责任期间，联运经营人就应负赔偿责任，除非联运经营人能证明其本人、雇佣人或代理人等为避免事故的发生及后果已采取了一切所能采取的措施。

2.《联运单证统一规则》的责任规定

该规则实行网状责任制。如果能够确定灭失、损坏发生的运输区段，多式联运经营人的责任按适用于该区段的强制性国内法或国际公约的规定办理。如不能确定灭失、损坏发生的区段，则按本规则的规定办理。

该规则对多式联运经营人实行推定过失责任制，具体规定类似于《汉堡规则》的承运人推定过失责任制。

3.《多式联运单证规则》的责任规定

该规则实行一种介于网状责任制和统一责任制之间的责任形式。总体上采用推定过失责任原则，但是对于水上运输的区段，实际上仍采用了《海牙—维斯比规则》的不完全过失责任制。该规则规定，多式联运经营人对海上或内河运输中由于下列原因造成的货物灭失或损坏以及延迟交付，不负赔偿责任：

船长、船员、引航员或受雇人在驾驶或管理船舶中的行为、疏忽或过失；火灾(除非由承运人的实际过失或私谋造成)。

(三) 多式联运经营人的赔偿责任限额

各公约在多式联运责任限额方面的规定都不尽相同。

1.《联合国国际货物多式联运公约》的赔偿责任限额

该公约规定，多式联运包括水运的，每包或其他货运单位的最高赔偿额不得超过 920 特别提款权，或者按毛重每公斤不得超过 2.75 特别提款权计算，并以其中较高者为准；如联运中不包括水运，则按毛重每公斤不超过 8.33 特别提款权计算，单位限额不能适用。关于延迟交付的责任限额为所延迟交付的货物应付运费的总额。

如经证明，货物的灭失、损坏或延迟交付系多式联运经营人的故意或者明知可能造成的轻率作为或不作为所引起，多式联运经营人便丧失引用上述责任限制的权利。

2.《联运单证统一规则》的赔偿责任限额

该规则规定，如果能够知道货物损失发生的运输区段，多式联运经营人的责任限额依据该区段适用的国际公约或强制性国内法的规定确定。如果不能确定损失发生的区段，责任限额为毛重每公斤 30 金法郎，如果经联运经营人同意，发货人已就货物申报较高的价值，则不在此限。但是，在任何情况下，赔偿金额都不应超过有权提出索赔的人的实际损失。

3.《多式联运单证规则》的赔偿责任限额

该规则规定，如果能够确定货物损失发生的运输区段，则应适用该区段适用的国际公约或强制性国内法规定的责任限额。当不能确定损失发生的区段时，如果运输方式中包含水运，其责任限额为每件或每单位 666.67 特别提款权或者毛重每公斤 2 特别提款权，并以其中较高者为准；如果不包含水运，责任限额则为每公斤 8.33 特别提款权。如果发货人已对货物价值作出声明的，则应以声明价值为限。

二、国际多式联运业务行为规范

(1) 从事多式联运业务的企业使用的多式联运单据应当符合规定的要求，载明货物名称、种类、件数、重量、尺寸、外表状况、包装形式；集装箱箱号、箱型、数量、封志号；危险货物、冷冻货物等特种货物的特性、注意事项；多式联运经营人名称和主营业所；托运人名称；多式联运单据标明的收货人；接受货物的日期、地点；交付货物的地点和约定的日期；多式联运经营人或其授权人的签字及单据的签发日期、地点；交接方式，运费的交付，约定的运达期限，货物的中转地点等内容，并由多式联运经营人或其代理人报交通运输部、中国铁路集团有限公司登记，在单据右上角注明许可证编号。

(2) 多式联运经营人在使用电子计算机传递运输信息、数据时，其传送代码、报文格式应当符合国内规定的适用国际标准的 EDI 标准，参加多式联运的区段运输承运人应按多式联运经营人的要求提供集装箱的动态信息及有关资料。

(3) 多式联运经营人在接收货物时，应由本人或其授权人签发多式联运单据。多式联运单据上的签字，可以是手签、盖章或双方确认的电子数据。签发一份以上正本多式联运单据时，应当注明正本份数。副本单据应当注明不可转让。

(4) 多式联运经营人签发多式联运单据后，即表明多式联运经营人已收到货物，对货物承担多式联运责任，并按多式联运单据载明的交接方式，办理交接手续。多式联运经营人自接收货物时起至交付货物时止，对货物的安全承担责任。多式联运经营人在接收货物时，已经知道或有合理的根据怀疑托运人陈述或多式联运单据上所列货物内容与实际接收货物的状况不符，但无适当方法进行核对时，有权在多式联运单据上做出保留，注明不符之处，怀疑的根据或无适当核对方法的说明。多式联运经营人未在多式联运单据上对货物或集装箱的外表状况加以批注，应视为其已收到外表状况良好的货物或集装箱。

（5）多式联运经营人签发的多式联运单据，是多式联运经营人已经按照多式联运单据所载状况收到货物的初步证据。多式联运经营人有义务按多式联运单据中收货人的地址，通知收货人货物已抵达目的地。如果货物的灭失、损坏或延迟交付发生在多式联运经营人责任期间内，多式联运经营人应当依法承担赔偿责任。

（6）多式联运经营人可以与有关各方签订协议，具体商定相互之间的责任、权利和义务及有关业务安排等事项，但是不影响多式联运经营人对多式联运人全程运输承担的责任，法律法规另有规定者除外。

三、经营国际多式联运业务的基本条件

国际多式联运是综合运用多种运输方式以完成国际货物运输的一种运输组织形式，多式联运经营人、通达国内外的各种运输方式和进出口货物是构成国际多式联运的三大要素，也是开展国际多式联运必备的条件。而作为经营国际多式联运业务的国际多式联运经营人，在经营该项业务时，除了应具备多式联运所需要的技术能力，对自己所签发的多式联运单据确保其流通性，使其作为有价证券在经济上有令人信服的担保信誉外，还必须具备以下基本条件：

（1）具有开展多式联运的集装箱货运站。

（2）拥有国内外联运网点。

（3）实行单一的多式联运费率。

（4）具有较完善的多式联运组织制度。

四、几种主要的国际多式联运

（一）集装箱运输

1. 集装箱运输概述

实现多种运输方式的联合运输是现代交通运输的发展方向，集装箱运输在这方面具有独特优势。发达国家由于建立和完善了集装箱的综合运输系统，使集装箱运输突破了传统运输方式的"港到港"概念，综合利用各种运输方式的优点，为货主提供"门到门"的优质运输服务，从而使集装箱运输的优势得到了充分的发挥。

集装箱运输涉及面广、环节多、影响大，是一个复杂的运输系统工程。集装箱运输系统包括海运、陆运、空运、港口、货运站以及与集装箱运输有关的海关、商检、船舶代理公司、货运代理公司等单位和部门。如果互相配合不当，就会影响整个运输系统功能的发挥，如果某一环节失误，必将影响全局，甚至导致运输生产停顿和中断。因此，要求搞好整个运输系统各环节、各部门之间的高度协作。

由于集装箱运输在不同运输方式之间换装时，毋需搬运箱内货物而只需换装集装箱，这就提高了换装作业效率，适于不同运输方式之间的联合运输。在换装转运时，海关及有关监

管单位只需加封或验封转关放行，从而提高了运输效率。

此外，由于国际集装箱运输与多式联运是一个资金密集、技术密集及管理要求很高的行业，是一个复杂的运输系统工程，这就要求管理人员、技术人员、业务人员等具有较高的素质，才能胜任工作，才能充分发挥国际集装箱运输的优越性。

2. 集装箱运输的货源组织

（1）集装箱货源。

集装箱的适箱货源，大致可分为12个品类的适箱货，即交电、仪器、小型机械、玻璃陶瓷、工艺品、印刷品及纸张、医药、烟酒食品、日用品、化工品、针纺织品和小五金等，上述品类的杂货，贵重、易碎、怕湿的货物均属于集装箱运输货物。

集装箱货源从运输组织上，可分为整箱货和拼箱货两类。整箱货是指发货人需单独使用一个及其以上集装箱的货物，整箱货是由发货人负责装箱、计数并施封。拼箱货是指将两个以上发货人货物拼装在一个集装箱内的货物，拼箱货的装卸作业由承运人或有关运输代理部门负责。

（2）日常货源组织工作。

做好日常货源的组织工作，对组织合理运输，充分利用现有设备能力，有着十分重要的意义。日常货源组织对货物的品种、数量、流向、时间上都有着一定的要求。对于不同品种的货物要详细了解其尺寸、外形、重量和需要的集装箱类型及数量等；在流向上要提出货物到站、港，以便组织拼装货；在时间上要按照运输作业的需要进行货源的组织工作。总之，日常货源组织工作是一项十分重要而又十分细致的工作，需要产、运、销各部门共同配合完成。

3. 集装箱运输工作组织

集装箱运输组织工作，可以分为发送作业、中转作业和交付作业三部分，以铁路集装箱运输组织工作为例：

（1）发送作业。

它是指在发站装运之前的各项货运作业，包括集装箱承运前的组织工作和承运后至装运前的作业。具体包括，要向货主明确使用集装箱运输的条件及有关规定，如必须在指定的集装箱办理站，按站内规定的承运日期办理；办理站受理、审核、装箱等。

（2）中转作业。

集装箱运输除了由发站至到站的形式外，还有一部分集装箱需要经过中转才能至到站。中转站的任务是负责将到达中转的集装箱迅速按去向、到站重新配装继续发往到站。

（3）交付作业。

它是指装运集装箱的货车到货场后，需要办理卸车和向货主办理交付手续等工作，具体包括卸车作业、交付作业，铁路货运员根据车站的卸车计划及时安排货位，核对运单、货票、装载清单与集装箱箱号、印封号是否一致，需要逐箱检查，卸车；完毕后填写到达记录；最后，由货运室负责通知收货人。门到门的集装箱由铁路货运员与收货人代理共同核对箱号，检查箱体封印，确认无误后，填发门到门运输作业单，并在作业单上签收。

4. 集装箱联运形式

集装箱运输是现代运输发展的必然产物，集装箱运输的发展又必须进行集装箱的联运，单独靠一种运输方式开展集装箱运输已经不能充分发挥集装箱运输的优越性，达不到预期的效果。因此，组织铁路、水运、公路多种运输的集装箱联运，已成为现代化运输的必然产物。当今集装箱运输被称为海陆空的立体运输，且已由国内联运发展到国际联运，由在一个国家内的不同运输方式中进行，发展到几个国家甚至洲际范围内进行。集装箱联运就是通过各种运输方式相互配合，共同努力而完成运输的全过程的一种运输组织形式。

5. 集装箱运输的责任划分

在集装箱运输中，托运人的责任是不同于传统海运方面的。一般来说，拼箱货托运人的责任与传统海运相同，而整箱货托运人的责任不同于传统海运的责任。具体来看，集装箱运输托运人责任包括：

(1)托运人应保证所报货运资料的正确和完整。

(2)承运人有权核对箱内所装货物，因核对而发生的费用，由托运人承担。

(3)海关或其他权力机关开箱检查，其费用和由此发生的货损货差，由托运人承担。

(4)如集装箱货不满，或是垫衬不良、积载不当，或是装了不适于集装箱运输的货物，因此而引起的货损、货差，概由托运人负责。

(5)如使用了托运人自有的不适航的集装箱，所引起的货损事故应由托运人负责；若使用承运人集装箱及设备，其间造成了第三者财产或生命的损害，应由托运人负责赔偿。

责任限制(limits of liability)是集装箱运输中发生货损货差，承运人应承担的最高赔偿额。拼箱货的责任限制与传统运输相同。整箱货的赔偿参照国际上的一些判例：如果提单上没有列明箱内所装货物的件数，每箱作为一个理赔计算单位；如提单上列明箱内载货件数的，仍按件数计算；如果货物的损坏和灭失不属海运过程，而是在内陆运输中发生的，则按陆上运输最高赔偿额办理；如集装箱是由托运人所有或提供的，遇有灭失或损坏，且其责任确属承运人应承担的责任，亦应视作一个理赔计算单位。

6. 集装箱运输的交接方式

集装箱运输中，整箱货和拼箱货在船货双方之间的交接方式有以下几种：

(1)门到门(door to door)：由托运人负责装载的集装箱，在其货仓或工厂仓库交承运人验收后，由承运人负责全程运输，直到收货人的货仓或工厂仓库交箱为止。这种全程连续运输，称为"门到门"运输。

(2)门到场(door to CY)：由发货人货仓或工厂仓库至目的地或卸箱港的集装箱装卸区堆场。

(3)门到站(door to CFS)：由发货人货仓或工厂仓库至目的地或卸箱港的集装箱货运站。

(4)场到门(CY to door)：由起运地或装箱港的集装箱装卸区堆场至收货人的货仓或工厂仓库。

(5)场到场(CY to CY)：由起运地或装箱港的集装箱装卸区堆场至目的地或卸箱港的集装箱装卸区堆场。

(6)场到站(CY to CFS)：由起运地或装箱港的集装箱装卸区堆场至目的地或卸箱港的集装箱货运站。

(7)站到门(CFS to door)：由起运地或装箱港的集装箱货运站至收货人的货仓或工厂仓库。

(8)站到场(CFS to CY)：由起运地或装箱港的集装箱货运站至目的地或卸箱港的集装箱装卸区堆场。

(9)站到站(CFS to CFS)：由起运地或装箱港的集装箱货运站至目的地或卸箱港的集装箱货运站。

此外，集装箱出口货运特有的单证是设备交接单。

7. 集装箱运输出口程序

(1)订舱。发货人根据贸易合同或信用证条款的规定，在货物托运前一定时间内填好集装箱货物托运单，委托其代理或直接向船公司申请订舱。

(2)接受托运申请。船公司或代理公司根据自己的运力、航线等具体情况，考虑发货人的要求，决定接受与否，若接受申请就着手编制订舱清单，然后分送集装箱堆场，集装箱堆场据以安排空箱及办理货运交接。

(3)发放空箱。通常整箱货货运的空箱由发货人到集装箱码头堆场领取，有的货主有自备箱；拼箱货货运的空箱由集装箱货运站负责领取。

(4)拼箱货装箱。发货人将不足一整箱的货物交至货运站，由货运站根据订舱清单和场站收据负责装箱，然后由装箱人编制集装箱装箱单。

(5)整箱货交接。由发货人自行负责装箱，并将已加海关封志的整箱货运到集装箱堆场。集装箱堆场根据订舱清单，核对场站收据及装箱单验收货物。

(6)集装箱的交接签证。集装箱堆场或集装箱货运站在验收货物和集装箱箱子后，即在场站收据上签字，并将签署后的场站收据(D/R)交还给发货人。

(二)OCP，MLB 和 IPI 运输方式

1. OCP 运输方式

OCP(overland common point)即内陆公共点运输，其含义是指使用两种运输方式，将卸至美国西海岸港口的货物通过铁路运抵美国内陆公共点。

OCP 是一种特殊的国际运输方式，它虽然由海运、陆运两种运输形式来完成，但它并不是也不属于国际多式联运。国际多式联运是由一个承运人负责的自始至终的全程运输；而 OCP 运输中的海运、陆运段分别由两个承运人签发单据，运输与责任风险也是分段负责。因此，它并不符合国际多式联运的含义，它是一种国际多式的联营运输。

OCP 运输只适用于美国或加拿大内陆区域。所以，货物的最终目的地必须属于 OCP 地区范围，签订贸易合同时应在运输条款中予以明确，同时也要明确是集装箱运输。OCP 运输必须经由美国西海岸港口中转。

OCP 是一种成熟的国际航运惯例。美国 OCP 运输条款规定，凡是经过美国西海岸指定港口转往内陆地区的货物，如果按照该条款运输，可以享受内陆地区运输的优惠运费率，即陆路公共点运费率(OCP rate)，比当地运费率(local rate)低 3%～5%，同时可享有比直达美国东海岸港口约低 3.5 美元/尺码吨的海运费，内陆转运费、码头费、装卸费等已包含其中。因此，采用 OCP 运输，对进出口双方都有利。

从远东至美国内陆公共点的集装箱货物运输在使用 OCP 运输方式时应注意下列几点：

(1)OCP 运输下的集装箱货物，卖方(发货人)承担的责任、费用终止于美国西海岸港口。货物卸船后，由收货人委托中转商持正本提单向船公司提货，并负责运抵收货人指定地点。

(2)收货人在收到货物单证 10 天内，必须申请进口保税运输，以保证将货物最终运抵交货地。如不按时提出申请，货物即转至保税仓库，从而产生各项费用。避免这些费用支出的做法是收货人或其代理人委托铁路代办运输至内陆公共点的保税申请手续。

（3）OCP 运输的集装箱货物，在买卖合同和信用证栏内应加注（OCP 运输）字样，签发提单时，其签发要求与买卖合同、信用证要求相符。

例如，以 CFR/CIF 美国西海岸港口作为价格条款，为方便制单结汇，信用证也要作出如下相应规定：

"自____（装运港）至____（美国西部港口）OCP（内陆地点）"，对应英文名称为"Shipment from ____ to ____ OCP ____"。

在实际的信用证业务中，有的信用证明确规定 OCP 条款，要求提单注明 OCP×××，但在有的信用证中并没有明确规定，而提单中却常常标注 OCP×××，议付银行也不会以单证不一致为由拒付。

（4）采用 OCP 运输的集装箱货物，在单据中必须注明 OCP 字样。如使用某些船公司美国航线专用提单时，因该提单栏内只有卸货港、最终交货地两栏内容，在国内港口装船运往美国使用 OCP 运输方式，而签发某些船公司专用提单时，目的港一栏内应注明"××港 OCP"。

以卸装港是美国西雅图（Seattle）、最终目的地是底特律（Detroit）为例，提单中卸货港栏填制 Seattle OCP，目的地栏填制 OCP Detroit，货物品名、唛头及货物包装上也应注明 Seattle OCP Detroit，在提单中间空白处也要加打 OCP Detroit，以便在装卸、转运时识别。

（5）凡运往内陆公共点的集装箱货物，应在卸船 45 天内由收货人向铁路提供证明，如陆上运输单证、转运单、海关转口申请单等。如未在规定时间内提供上述单证或证明，货主将失去铁路优惠运价。

（6）OCP 运输不是真正的多式联运，尽管全程运输使用海陆两种运输方式，但海、陆运输区段各自签单，运费各自计收，运输责任各自划分，因此不具备多式联运使用一张单证、统一责任的特点。

如采用 OCP 方式，即使货物的最终目的地分散在美国内陆区域的几个地方，只要把所有货物品名并列在一份提单上，且在最终目的地处注明 OCP 陆路公共点，承运人将合并计算含装卸、仓储、码头及内陆转运在内的海运部门安排货物的内陆转运工作，收货人可在指定目的地提货，大大方便收货人。

全面而正确地理解 OCP，无论是对进出口商拓展贸易还是对承运人合理安排运输都不无裨益。

2. MLB 运输方式

MLB（mini land bridge）即小陆桥运输，是通过海、陆运输方式将集装箱货物先运至日本港口，再转运至美国西海岸港口，卸船后交由铁路运抵美国东部港口或加勒比海港口区域以及相反方向的运输。MLB 运输从运输组织方式上看与大陆桥运输并无大的区别，只是其运送货物的目的地为沿海港口，本质上是海陆联运，即利用陆上铁路作为桥梁将美国西海岸和东海岸以及墨西哥湾连接起来的运输方式，所以称为小陆桥运输，其比大陆桥运输少了一段海上运输。以美国海陆公司和总统轮船公司为例，其实际的运输形态是日本各港口—奥克兰、圣佩德罗—美国铁路休斯顿、佳洱维斯顿—欧洲等。

MLB 运输能避免绕道运输、节省运输费用，缩短运输时间，还可享受铁路集装箱直达列车的优惠运价，但也存在铁路运费偏高、运输时间得不到保证（特别是冬季）、往返集装箱货源不平衡,造成大量集装箱在东海岸积压等问题。

目前,北美小陆桥运送的主要是日本经北美太平洋沿岸到大西洋沿岸和墨西哥湾地区港口的集装箱货物,也承运从欧洲到美国西海岸及海湾地区各港的大西洋航线的转运货物。北美小陆桥在缩短运输距离、节省运输时间上效果显著。以日本—美东航线为例,从大阪至纽约全程水运(经巴拿马运河)航线距离 9700 n mile(注:n mile 为海里),运输时间 21～24 天;而采用 MBL 运输,运输距离仅 7400 n mile,运输时间 16 天,可节省一周左右的时间。

我国出运到美国的集装箱货物,在使用 MLB 运输时可先将货物运至日本港口,再转运美国西海岸卸船后,交铁路运抵美国东部海岸或加勒比海区域。

对我国出口商、运输经营人来说,使用 MLB 运输条款应注意以下问题:

(1)MLB 运输是完整的多式联运,由运输经营人签发全程联运提单,并收取全程运费,对全程运输承担责任。

(2)MLB 运输下的集装箱货物,其提单应分别注明卸船港,××港;交货地,××交货地。

(3)MLB 运输下成交的货物,卖方(发货人)承担的责任、费用终止于最终交货地。

(4)MLB 运输下的集装箱货物,应根据运输经营人在美注册的运输成本收取运费,原则上无任何形式的运费回扣,除非运输经营人与货主之间订有服务合同,即在一定时间内提供一定货运量后,货主可享有较低运价。

(5)在按服务合同收取运费而货物托运人是无船承运人时,MLB 运输的集装箱货物应出具两套提单,一套是无船承运人签发给货主的 HOUSE—B/L,另一套则是船公司签发给无船承运人的 MEMO—B/L。前者给货主用于结汇,后者供无船承运人在美国的代理凭其向船公司提货。

【案例一】我方以 CIF 条件出口至美国一批货物,卸货港为美国西雅图,最终目的地芝加哥。西雅图港在美国西海岸,芝加哥属于美国内陆地区城市。为了享受运费优待,本案可采用 MLB 运输条款和 OCP 运输条款,但货物必须用集装箱装载,必须注明卸货点为美国西海岸港口,目的地必须是美国落基山脉以东地区某个公共点(common points)。对于 OCP 而言,沿铁路线各站都有公共点。

3. IPI 运输方式

IPI(inter point intermodal)即内陆公共点多式联运。MLB 运输下的集装箱货物,其抵达区域是美国东海岸和加勒比海区域,而 IPI 运输方式则将集装箱货物运抵内陆主要城市,两者的运输方式、运输途径、运输经营人责任和风险完全相同。但与 OCP 运输相比,IPI 是完整的多式联运,而 OCP 运输则不是完整的多式联运。

使用 IPI 集装箱多式联运方式时应注意如下问题:

(1)在 IPI 运输方式下其提单应写明卸船港,××港;交货地,××交货地。

(2)运输经营人对货物承担的责任从接受货物时起至交付货物时止,即对全程运输负责。

(3)IPI 运输方式下的集装箱货物,在到岸价的情况下,卖方(发货人)承担的责任、费用终止于最终交货地。

(4)IPI 运输尽管使用两种不同的运输方式,但使用同一张货运提单并收取全程运费。

正确使用 IPI 运输条款是开展 IPI 运输的基础,否则会产生不必要的海上货物运输合同纠纷。以下举例说明。

【案例二】海上货物运输合同纠纷

【案情】

原告：青岛××进出口有限公司

被告：××集装箱运输股份有限公司

原告诉称：原告与美国 AIG, LLC 公司签订进口卫生纸切边合同，美国 AIG, LLC 公司向被告订舱出运货物，货物到目的港后，原告提货时发现货物与合同约定不符，实为化纤废料。

原告根据买卖合同的约定，向中国银行青岛分行申请开立了以美国 AIG, LLC 为受益人、有效期为 2004 年 10 月 12 日的不可撤销 90 日信用证。根据信用证条款规定，最后的装船期为 10 月 5 日。10 月 28 日原告才被告知货物运抵天津港。原告怀疑被告倒签提单。庭审中原告将诉因变更为被告预借提单。原告认为，被告预借提单的行为给发货人美国 AIG, LLC 公司提供了发出与合同不符货物的机会。由于被告协助发货人伪造装船提单日期，使发货人恶意换货的欺诈行为得逞，使原告蒙受重大经济损失，因此提起诉讼。

被告在庭审中答辩称：被告签发的 539551 号正本提单是多式联运提单符合多式联运提单在接受货物后签发提单的特点；提单约定的运输方式为 IPI CY-CY，且由托运人装箱点数施封，原告收到与提单记载不符的货物，实为托运人的欺诈行为，与承运人无关；被告忠实履行了运输义务，原告所称的预借提单没有法律依据。

法院在查明事实基础上促成本案当事人达成调解协议如下：

(1)原告确认原告为本案所涉货物(现在天津新港，未报关)的收货人。

(2)原告承认在货物的进口和赎单等环节均有过错。

(3)被告承认在承运过程中违反了中国交通部《关于加强承运进口废物管理的规定》第 3 条第 1 款第(2)项和第 4 条。

(4)被告考虑到原、被告双方的过错，同意支付人民币 40 万元给原告作为原告货款和履行本协议第 5 条、第 6 条约定义务的全部费用，该费用在签订本协议后 7 日内支付人民币 10 万元，余款在原告履行完毕本协议第 6 条约定义务后 7 个工作日内一次性付清。

(5)原告负责处理包括但不限于货物的退运、转运或罚没事宜并承担由此产生的全部后果。原告保证本人或任何第三人在处理货物退运、转运或罚没时不给被告产生或带来法律上的任何不良或消极的影响。

(6)原告承诺在本协议签订之日起 10 日内将所占用被告的 10 个集装箱无条件交付被告。如原告不能在上述期间交付被告集装箱，则原告由此承担自 2005 年 2 月 28 日后产生的滞箱费用。滞箱费用按被告最新公布的滞箱费用标准加倍收取，在此之前的滞箱费用免除。

(7)原告承担本案全部保全、诉讼费用。

【法理分析】

本案是一起海上集装箱运输合同纠纷，原告是以承运人倒签提单提起的诉讼，在案件审理中又将起诉理由更改为承运人预借提单。在本案中承运人是否存在预借提单的行为？如果预借提单事实存在，与原告损失是否存在因果关系？被告认为其所签发的提单是多式联运提单，因为它是在芝加哥接受的货物，而且提单上明确写明 IPI CY-CY，所谓 IPI 是指内陆公共点运输，因此被告不存在预借提单的行为。但是承运人在内陆公共点已接受货物，其责任期间就已开始，在 IPI 后面又强调交接方式 CY-CY，相互矛盾。"新秦皇岛"轮 10 月 2 日抵洛杉矶锚地，10 月 6 日开始装货，被告在 10 月 5 日才在芝加哥接受货物，有违常理，因为有理由相信被告如此签发提单是为了规避承担由于倒签提单可能产生的风险。但就本案而言，不管是预借提单还是倒签提单，都没有证据证明被告参与欺诈行为。又由于承运人与原告进口的货物是我国不允许进口的废物，他们之间不存在因果关系。但是承运人违反了中国交通部《关于加强承运进口废物管理的规定》第 3 条第 1 款第(2)项和第 4 条的规定；正是由于没有中国北美商检的检验证明，才导致废料运至我国港口，作为与托运人直接交接货物的承运人对此有不可推卸的责任。

【思考与练习】

一、名词解释

多式联运经营人　协作式多式联运　衔接式多式联运　多式联运合同　多式联运单据责任分担制　统一责任制　网状责任制　集装箱运输　OCP 运输方式　MLB 运输方式　IPI 运输方式

二、简述题

1. 简述多式联运的概念及其特点。
2. 开展多式联运应具备哪些基本条件？
3. 简述多式联运的业务程序。
4. 简要回答多式联运合同的概念及特点。
5. 试述多式联运单据的主要功能。
6. 经营国际多式联运应具备哪些基本条件？
7. 简述多式联运经营人的损害赔偿责任规定。

三、论述题

简述多式运输经营人的法律地位。

思考与练习参考答案

第八章　国际运输公约概述

第一节　国际铁路运输公约

一、国际铁路运输概述

(一)国际铁路运输涵义

所谓国际铁路运输,是指将旅客、行李或货物从一国境内运送到另一国境内,由旅客或托运人支付运输费用。在我国,国际铁路运输又可称为涉外铁路运输,包括国际铁路旅客运输和国际铁路货物运输。

国内运输与国际运输的区别就在于始发站、经停站、到达站三地是否都在境内。三地均在一国境内的运输,不管当事人是否为外国人均称为国内运输,受国内法调整;三地不在同一国境内的,不管当事人是否为中国人,均称为国际运输,视情形分别适用中国法律、外国法律、国际条约或国际惯例。根据《铁路货物运输国际公约》第一条第二款的规定:发站和到站在同一国家领土内,仅通过另一国家的领土运输货物,在下列情况下不认为是国际铁路货物运输:

(1)当所运货物通过在其他国境内的线路,由货物发运国某一铁路独家经营时。

(2)即使所运货物通过其他国境内的线路,并非由货物发运国某一铁路独家经营,如有关国家或铁路已达成协议,规定此项运输不视为国际运输时。

铁路运输是国际贸易运输中的主要运输方式之一。国际铁路运输是在国际贸易中仅次于海运的一种主要运输方式。其最大的优势是运量较大,速度较快,运输风险明显小于海洋运输,能常年保持准点运营等。

国际铁路运输按参加运输方式的多少,可分为国家或地区之间铁路的单式运输和国际铁路与公路、水路、航空运输方式之间的多式联运。

(二)国际铁路运输的方式

根据《铁路法》第三十条的有关规定,国家铁路、地方铁路参加国际联运,必须经国务院批准。未经国务院批准,境内铁路不得从事国际运输。

我国的国际铁路运输大致上分为两种,一种是国际铁路联运,第二种是对港澳地区的铁路运输。

1. 国际铁路联运

国际铁路联运，发货人由始发站托运，使用一份铁路运单，铁路方面便根据运单将货物运往终点站交给收货人。在由一国铁路向另一国铁路移交货物时，不需收、发货人参加，欧亚各国按国际条约承担国际铁路联运的义务。

我国通往欧洲的国际铁路联运线有两条：一条是利用俄罗斯的西伯利亚大陆桥贯通中东、欧洲各国；另一条是由江苏连云港经新疆与哈萨克斯坦铁路连接，贯通俄罗斯、波兰、德国至荷兰的鹿特丹。后者称为新亚欧大陆桥，运程比海运缩短9000公里，比经由西伯利亚大陆桥缩短3000公里，进一步推动了我国与欧亚各国的经贸往来，也促进了我国沿线地区的经济发展。

2. 对港澳地区的铁路运输

对港澳地区的铁路运输按国内运输办理，但又不同于一般的国内运输。货物由内地装车至深圳中转和中国香港卸车交货，为两票联运，由外运公司签发"货物承运收据"。京九铁路和沪港直达通车后，内地至中国香港的运输更为快捷。由于中国香港特别行政区系自由港，开放货物在内地和中国香港间进出，需办理进出口报关手续。

对澳门地区的铁路运输，是先将货物运抵广州南站再转船运至澳门。

(三) 国际铁路运输组织

国际间的铁路合作组织主要有三个，即总部设在伯尔尼的由国家作为成员国的国际铁路货物运输中央局，总部设在华沙的东欧国家铁路合作组织以及总部设立在巴黎的民间性质的国际铁路联盟。这些组织的主要任务是发展和协调国际铁路营运，共同解决运输中存在的经济、技术、商务及法律等方面的问题，以及判定和修改有关国际公约。我国在1976年6月加入国际铁路联盟。

二、国际铁路货物运输公约

铁路在各国的综合运输网中具有极为重要的地位和作用。由于一国铁路处于该国的领土主权范围，而国际铁路货物运输又必须出入有关国家的国境，为了能合法、安全地出入境运输，必须要在尊重国家主权的前提下要求各国通力合作。目前有关国际铁路货运的国际公约主要有两个：

(1)《关于铁路货物运输的国际公约》(CIM，以下简称《国际货约》)。1890年，欧洲各国外交代表在瑞士首都伯尔尼举行会议，制定了《国际铁路货物运送规则》，即《伯尔尼公约》。后屡经修改，称之为《关于铁路货物运输的国际公约》，至今仍在实施。目前生效的是1970年外交代表大会通过并于1975年1月1日生效的公约文本。

(2)《国际铁路货物联运协定》(CMCC，以下简称《国际货协》)。这是1951年原社会主义国家在华沙签定的，目前生效的是1974年7月1日修订和补充的新条文。我国于1953年参加了这个协定。在《国际货协》成员国中，由于有些国家也参加了《国际货约》，从而为沟通国际间的铁路货物运输提供了更为有利的条件，使参加《国际货协》的国家的进出口货物，通过铁路转运到《国际货约》的成员国。《国际货协》并没有因苏联东欧剧变而废除，至今仍有效。参加该协定的国家，除了我国外，还有阿尔巴尼亚、保加利亚、匈牙利、越南、朝鲜、蒙古、波兰、罗马尼亚、捷克、斯洛伐克、德国(原东德)，原南斯拉夫独立的各国、俄罗斯及独联体其他国家等。我国是《国际货协》的成员国，经由铁路运输的进出口货物，一般按照《国际货协》的有关规定进行。

由于我国铁路货物运输主要以《国际货协》为法律依据。因此，特结合《国际货协》的规定，着重介绍国际铁路货物运输的主要法律问题。

(一)运单的订立

运单是国际铁路货物运输中的运输单证。运单中承运人一方为铁路，包括发站和到站；托运人一方为发货人，包括收货人。从法律上讲，运单是承运人与托运人之间运输合同的凭证。托运人在托运货物时，应按规定的格式填写承运人事先用固定的格式印刷好的运单及其副本，并交付规定的费用，然后由铁路发站加盖戳记。运单在加盖戳记后即成为双方缔结运输合同的凭证，发站方所在国成为合同成立地所在国，戳记日期即合同成立的日期。运单从始发站至终点站全程附送，最后交给收货人，因此，运单又是铁路承担货物的凭证。运单还是一种有价证券，发货人可以凭货物买卖合同和运单的副本向外汇银行议付货款，铁路也可凭运单在终点到站向收货人核收运费。但是，运单不同于海运提单，不能转让。

按照《国际货协》的规定，发货人在填写运单时，对运单中所载明或声明的事项的正确性负责，对于因记载或声明的事项不正确、不确切或不完备以及漏填所发生的一切损失，均由发货人负责。

铁路有权检查发货人在运单中所记载的事项是否正确无误，但这种检查只限于在海关或其他规章有规定的情况下，以及为保证途中行车安全和货物完整时才得以进行。与此同时，发货人还必须在运单上附上货物运输全程中为履行海关和其他规章所需要的添附文件，如果发货人不附上这些添附文件，发站可以拒绝承运货物。对于因没有添附文件或文件不正确、不齐全所产生的一切后果，也由发货人承担。

(二)运送费用的计算和支付

国际铁路货物运输是通过国际联运来完成的，货物要经过两个或两个以上国家的铁路，由一国铁路向另一国铁路移交货物。因此，承运人不是一个国家而是几个国家的铁路。这就决定了它运送费用的计算和支付不同于其他运输方式。《国际货协》第十三条和第十五条，对成员国之间的国际铁路货物运输的运送费用的计算和支付等问题作了具体规定。

1. 发送路的费用

发送路是指发站国境内所属的一段铁路，其运送费用按发送国的国内铁路货物运价计算，由始发站向发货人核收。

2. 到达路的费用

到达路是指到达国境内所属的一段铁路，其运送费用按到达国的国内铁路货物运价计算，由到达站向收货人核收。如果发站和到站是两个相邻的国家，而这个国家的铁路间定有直通运价规程时，则按运输合同订立当天有效的直通运价规程计算。

3. 过境路的费用

《国际货协》规定，当货物需要途经第三国时，对于过境铁路的运输费用，应按运输合同订立当天有效的国际货协统一运价规程的规定计算。可以由发货人支付一个或几个过境铁路的运送费用，而其余铁路的运送费用由收货人支付。如果发货人未支付任何一个过境铁路的运费时，由到站向收货人核收全部过境铁路运费。但是，如果各过境铁路的运送费用必须由发货人支付，则不许将这项运费转由收货人支付。如果收货人拒绝领取货物，则货物的一切运费及罚款应由发货人支付。为了保证铁路按时核收运费，铁路对货物拥有留置权。

(三) 运输合同的变更

根据《国际货协》第十九条的规定，发货人和收货人都有权对运输合同作必要的更改。

1. 发货人对运输合同的变更

主要包括以下方式：

(1) 在发站将货物领回。

(2) 变更到达站。

(3) 变更收货人。

(4) 将货物运还发站。

2. 收货人对运输合同可作下列变更

(1) 在到达国范围内变更货物的到达站。

(2) 变更收货人。

但是，无论是发货人还是收货人，都只能各自变更一次运输合同，且在变更运输合同时，不准将一批货物分开办理。

3. 铁路在下列情况下，有权拒绝变更运输合同或延缓执行这种变更

(1) 应执行变更运输合同的铁路车站，接到申请书或发站或到站的电报通知后无法执行时。

(2) 违反铁路营运管理时。

(3) 与参与运送的铁路所属国家现行法令和规章有抵触时。

(4) 在变更到站的情况下，货物的价值不能抵偿运到新指定的到达站的一切费用时，但能立即交付或能保证支付这项变更费用者除外。

铁路有权对要求变更运输合同者按有关规定核收各项运杂费用。

(四) 货物的交付与拒收

及时地交付货物是承运人(铁路)的一项基本义务。在货物运抵到达站时，收货人首先应付清运单所载的一切应付的运送费用，然后及时地收受货物，这是收货人的一项基本义务。但是，在一定条件下，收货人有权拒收货物。按照《国际货协》的规定，收货人只有在货物因损坏或腐败而使质量发生变化，以致部分货物或全部货物不能按原用途使用时，才可以拒收货物。如果运单中所载货物只是部分短少时，收货人不能拒收货物，仍应支付全部货款，然后再按照赔偿请求手续，收回承运人未交付的那部分货物的货款。

按照《国际货协》规定，如果在货物运到期限满后三十日内，承运人铁路未将货物交付给收货人或未提请收货人处理，收货人无须提出证据，即可认为货物已灭失而有权请求承运人铁路负责赔偿，并退回收货人已经支付的运费。如果货物在运到期限届满四个月内运抵到达站时，到达站应及时通知收货人。收货人应领取货物，并将运费以及铁路所付的货物灭失赔偿费退还给承运人铁路。但是，对于承运人铁路逾期交货以及货物的毁损和部分灭失，收货人仍保留向承运人铁路请求赔偿的权利。如收货人无理拒付运费，铁路对所承运的货物有留

置权。

(五)铁路的责任及其免除

《国际货协》对于铁路的责任作了明确规定:按运单承运货物的铁路各方相互间负连带责任。凡按《国际货协》运单承运货物的铁路,应负责完成货物的全程运输,即从承运货物时起,直到在到达站交付货物时为止。每一继续运送的铁路,自接收附有运单的货物时起,即视作参加这项运输合同,并承担责任。对于货物运到逾期,以及因货物全部或部分灭失或毁损所发生的损失,由铁路承担责任。由于承运人相互间负连带责任,发生损失时,托运人可要求任何有关的铁路方赔偿全部损失,有关铁路方不得互相推诿。

为了避免由于不可抗力或托运人的过错等原因,使货物受损而由铁路承担责任的不合理情况,《国际货协》第二十二条规定了铁路的免责事项,由于下列原因而发生的货损,铁路不负赔偿责任:

(1)由于铁路不能预防和不能消除的情况。

(2)由于货物的特殊自然性质,以致引起自燃、损坏、生锈、内部腐坏和类似的后果。

(3)由于发货人或收货人的过失或由于其要求,而不能归咎于铁路。

(4)由于发货人或收货人装车或卸车的原因所造成。

(5)由于发送路规章许可,使用敞车类货车运送货物。

(6)由于发货人或收货人的货物押运人未采取保证货物完整的必要措施。

(7)由于容器或包装的缺陷,在承运货物时无法从其外表发现。

(8)由于发货人用不正确、不确切或不完全的名称托运违禁品。

(9)由于发货人在托运应按特定条件承运的货物时,使用不正确、不确切或不完全的名称,或未遵守《国际货协》的规定。

(10)由于标准范围内的货物自然减量,以及由于运送过程中水分减少或货物的其他自然性质,以致货物减量超过标准。

此外,《国际货协》对于铁路未能按时运到货物也规定了两项免责条款:

(1)发生雪(沙)害、水灾、崩塌和其他自然灾害,按有关铁路机关的指示,期限在15日以内。

(2)发生其他致使行车中断或限制的情况,以政府规定的时间为准。

(六)铁路对货物损失的赔偿额

根据《国际货协》第二十二条的规定,铁路对货物赔偿损失的金额,在任何情况下,都不得超过货物全部灭失时的款额。除这一原则性规定以外,《国际货协》对于下列各种具体情况,分别确定了不同的赔偿额计算方式:

第一,货物发生全部或部分损失时,铁路应按外国售货者在账单上所开列的价格,计算货物的赔偿金额;如果发货人对货物的价格另有声明时,则铁路应按声明的价格计算货物的赔偿金额。

第二,对于未声明价格的家庭用品,如发生全部或部分灭失时,按铁路规定的最高限额赔偿。

第三,货物遭受损坏时,铁路只赔偿相当于货物价格减损金额的款额,对于其他损失则不予赔偿。

第四，货物运到逾期而使收货人受损时，铁路以所收的运费为基础，根据逾期期限的长短，向收货人支付规定的逾期罚款。具体为：如果逾期不超过总运到期限 1/10 时，铁路支付相当于运费 6% 的罚款；如果逾期超过总运到期限 4/10 时，铁路则应支付相当于运费 30% 的罚款。

(七) 赔偿请求与诉讼时效

托运人对于货物运到逾期，以及因货物全部或部分灭失或毁损所发生的损失，有权根据运输合同向承运人铁路提出赔偿请求。《国际货协》规定，发货人和收货人必须首先提出要求，并附有相应的根据并注明款额，以书面形式由发货人向发送路提出，或由收货人向到达路提出。当货物全部灭失时，由发货人提出赔偿请求，并须同时提出运单副本；或由收货人提出，同时须提出运单副本或运单。

当货物只是部分灭失、毁损或腐坏时，由发货人或收货人提出，同时还须提出运单和铁路在到站交给收货人的商务记录。当货物运到逾期时，由收货人提出，同时须提出运单。当多收运送费用时，由发货人按已交付的款额提出，同时还须提出运单副本或发送路国内规章规定的其他文件；或由收货人按其所应付的运费提出，同时须提出运单。

铁路从收到赔偿请求之日起，必须在 180 日内审查该项要求并作出答复。只有在铁路拒绝或部分拒绝赔偿请求而使托运人的请求得不到满足，或在 180 日内未作出答复时，托运人才可以向受理赔偿请求的铁路所属国家有管辖权的法院提起诉讼。

根据运送合同向铁路提出的赔偿请求和诉讼，以及铁路对发货人或收货人关于支付运送费用、罚款和赔偿损失的要求和诉讼，应在 9 个月期间内提出；但对于货物运到逾期的赔偿请求和诉讼，应在 2 个月期间内提出。按照《国际货协》规定，发货人或收货人向铁路提出赔偿请求时，时效期间即行终止。从收到铁路拒绝赔偿通知或自规定的 180 日期限届满之日起，时效重新开始计算。

三、国际铁路旅客运输公约简介

适用于国际铁路旅客联运的国际公约是《国际旅客联运协定》(以下简称《国际客协》)。该协定是原社会主义国家签订的，于 1951 年 11 月 1 日开始生效，1987 年 7 月经过修改。我国是缔约国，在苏联东欧剧变后，它仍适用于我国同这些国家之间的铁路旅客联运。根据《国际客协》第一、二条规定，它不仅适用于国际铁路旅客、行李和包裹的直通联运，也适用于国际铁路和海路之间的旅客、行李多式联运。它不适用于下列情况下的旅客、行李和包裹运送：

(1) 发、到站都在同一国内。

(2) 发、到站都在同一国内，只是利用发送国的列车过境另一国家运送。

(3) 两国车站间，用发送国或到达国铁路列车过境第三国运送。

(4) 两相邻国车站间，全程都用某一国铁路的列车且按该国国内规章办理的运送。

(5) 仅由海路从一个港口向另一个港口运送。

在国际铁路旅客联运中，除了法定的免责情况，如不可抗力等造成的损失外，承运人对行李或包裹逾期运到，以及从承运时起到交付的整个期间，由于行李或包裹灭失或损坏所发生的损失应当负责赔偿。但《国际客协》并未对旅客人身伤亡的赔偿作出具体规定。

第二节 国际公路货物运输公约

国际公路货物运输，是指装货地(或始发地)和交货地(或目的地)位于不同的国家或地区的公路货物运输。它主要适用于一国与周边国家(陆地相联)的公路运输，而且这些国家政府之间有公路运输的协议或文件，各有关承运人正是根据政府间协议从事国际公路货物运输的。为了解国际公路货物运输的法律知识，本节对有关国际公路货物运输的国际公约作简要介绍。

一、《国际公路货物运输合同公约》概述

(一)公约简介

为了统一公路运输所使用的单证和承运人的责任，联合国所属欧洲经济委员会负责草拟了《国际公路货物运输合同公约》，简称 CMR，又称《日内瓦公约》，于 1956 年 5 月 19 日在日内瓦欧洲 17 个国家参加的会议上一致通过签订，并于 1961 年 7 月 2 日起生效。该公约共十二章五十一条，就适用范围、承运人责任、合同的签订与履行、索赔和诉讼以及连续承运人履行合同等，都做了较为详细的规定。

此外，为了有利于开展集装箱联合运输，使集装箱能原封不动地通过经由国，联合国所属欧洲经济委员会成员国之间于 1956 年缔结了关于集装箱的关税协定。参加该协定的签字国，有欧洲 21 个国家和欧洲以外的 7 个国家。协定的宗旨是相互间允许集装箱免税过境，在这个协定的基础上，根据欧洲经济委员会倡议，还缔结了《国际公路车辆运输协定》(Transport International Routier，TIR)，根据规则规定，对集装箱的公路运输承运人，如持有 TIR 手册，则允许由发运地到达目的地，在海关签封下，中途可不受检查、不支付关税、也可不提供押金。

这种 TIR 手册是由有关国家政府批准的运输团体发行，这些团体大都是参加国际公路联合会的成员，它们必须保证监督其所属运输企业遵守海关法规和其他规则。协定的正式名称是《根据 TIR 手册进行国际货物运输的有关关税决定》。该协定有欧洲 23 个国家参加，并从 1960 年开始实施。

从某种意义上说，尽管上述公约或协定具有地区性限制，但仍不失为当前国际公路运输的重要公约和协定，并对今后国际公路运输的发展具有一定的影响。

2016 年 7 月 26 日，中国已签署《国际公路车辆运输协定》(TIR)，为建设通往欧洲的快速"新丝绸之路"迈出重要一步。2019 年 6 月 25 日起，海关总署决定在全国范围实施《国际公路车辆运输协定》。协定实施后，从预订货物的发货仓库，到运输至目的地仓库，整个过程从装货、施封，到拆封、卸货，沿途海关原则上不查验、不开箱，可大幅节省通关时间和运输成本。

(二)关于国际公路货物运输合同

根据《日内瓦公约》，国际公路货物运输合同以发货单(即货运单)为凭证，但是，发货单

的短缺、差错或丢失，既不影响运输合同的成立，也不影响其效力。发货单的内容同国内货物运输中的货运单的内容差不多，主要包括：

（1）制定发货单的日期、地点。

（2）发货人的姓名、地址。

（3）承运和送达的地点、日期。

（4）收货人的姓名、地址。

（5）常用的表示货物特征的标记和包装的式样，以及运送危险品时公认的标志。

（6）目的地点的数目，它们的特殊记号和号码。

（7）货物的重量、数量。

（8）运输费用。

（9）履行海关等手续必备的文件和其他有关文件。

（10）其他，如必要时可列入承运人代收货款的总额、保价运输中声明的货物价值、有关货物运输保险的规定、商定的运输期限等各方认为必须规定的内容。

根据《日内瓦公约》，发货单正本一式三份，由发货人和承运人签字，第一份发货单交给发货人，第二份随货物交给收货人，第三份留给承运人。当货物装上不同汽车时，或者货物不同、分批运输时，承运人和发货人都有权要求制定相应数目的发货单。

（三）关于各方当事人的权利义务

根据《日内瓦公约》规定，承运人在承运货物时应当对货物的外表状态和包装、货物地点数目和货物标记、号码进行检查，发现它们与发货单记载的内容不同时，应在发货单上填写有理由的补充说明，这种说明是发货人承担责任或减免承运人责任的凭据。如果发货单上没有承运人的这种说明，则视为货物及其包装在承运人接收货物时处于完好状态，并且，货物地点的数目及货物标记和号码，都是与发货单记载相符的。这种情况意味着发货人已完好地将货物交付给承运人，对以后运输中发生的相关损失不负责任；但是，对于明显的或者承运人清楚的货物损失，承运人在收货时没有作出相应说明的，在发货人故意造成货物、设备损失或损坏，或者包装破损引起的其他损失的情况下，发货人仍负有责任。

另外，根据该公约第十一条规定，承运人没有义务检查发货人为履行海关等手续所提交的有关文件的准确性与完整性，发货人对承运人因这些文件短缺而遭受的损失负赔偿责任。当然，因承运人自己造成文件短缺的原因的除外。

（四）关于承运人的违约赔偿责任

根据《日内瓦公约》有关规定，国际公路货运承运人在下列情况下负违约赔偿责任：

（1）承运人对运货、交货期间发生的货物全部或部分损失，或过期交货负有责任。承运人不能以他用来运货的运输工具的缺陷为理由、以汽车出租者或其代理人的过失为理由推卸自己的责任。

（2）如果在合同规定的运输期限届满后30日内（合同没有规定的，自承运人接收货物的60日内）仍未将货物运到、交付收货人，收货人可以认为货物已丢失，承运人应按货物丢失赔偿。

（3）运输合同（发货单）订有承运人代发货人向收货人追收货款内容的，如果货物交给收货人后,承运人没有追收到应该代为追收的货款,承运人必须支付给发货人全部赔偿,并根据自己的权利对收货人起诉,要求不超过完好货物的代收货款总额的赔偿。

(五)关于承运人的免责条件

《日内瓦公约》规定,在下列情况下,承运人对货物损失或过期交货不负责任:

(1)经承运人证明,如果货物的丢失、损失、迟到发生是由发货人、收货人的错误引起的,而不是承运人的错误造成的,或者是因为货物本身的某种缺陷,或者是承运人无法回避的、无法预先消除的客观情况造成的,那么承运人的责任则被解除。

(2)对下列原因造成的货物损失或损坏,承运人不负责任:

①使用敞开着的或没有覆盖的交通工具,如果这种方法是在发货单专门规定和预先说明的。

②没有包装或包装破损,货物本身的性质易变质引起的损害,没有包装和包装的不完备。

③由发货人、或收货人、或者发货人的和收货人的代表进行的搬运货物、装货、卸货。

④某些货物自然本性易损,决定它们部分的或全部的损坏,其中包括易损裂、生锈、突然腐烂、干燥损耗、漏失、寄生虫、虫蛀等损害。

⑤商标标志、货物位置号码不全和不完备,不合要求。

⑥运输活动物。

(3)如果运输的是危险货物,发货人应当向承运人说明危险货物的特点及应采取的预防措施;发货人没有说明的,或者虽有说明、但承运人仍不能了解到危险货物的特点的,承运人有权在任何时候、任何地点卸货,对销毁货物或消除货物的危险性而带来的损失不负赔偿责任。

当然,如果货物损失或过期交货是上述免责的原因和承运人过错共同造成的,承运人应在其不可免责的范围内承担责任。

另外,《日内瓦公约》对国际公路货物运输中,有关当事人变更或解除运输的规定,因同国内公路货运合同的变更或解除相似,这部分内容这里从略。

二、《联合国国际货物多式联运公约》概述

《联合国国际货物多式联运公约》是1980年5月24日在日内瓦举行的联合国国际联运会议第二次会议上,经与会的84个贸发会议成员国一致通过的。《联合国国际货物多式联运公约》全文共40条和一个附件。该公约在结构上分为总则、单据、联运人的赔偿责任、发货人的赔偿责任、索赔和诉讼、补充规定、海关事项和最后条款等8个部分。

根据《联合国国际货物多式联运公约》(以下简称《公约》)规定,国际多式联运是指按照多式联运合同,以至少两种不同的运输方式(即公路、铁路、航空、水路运输方式中两个以上),由多式联运经营人将货物从一国境内接管货物的地点运至另一国境内指定交付货物的地点。为履行单一方式运输合同而进行的该合同所规定的货物接送业务,不应视为国际多式联运。

（一）多式联运合同当事人法律地位

多式联运合同的双方当事人分别为多式联运经营人和发货人。根据《公约》第一条的规定，多式联运经营人是以"本人"的身份同发货人签订多式联运合同的当事人，他不是发货人的代理人或代表，也不是参与多式联运的承运人的代理人或代表。多式联运经营人负有履行整个联运合同的责任，并以"本人"的身份对联运的全过程负责。因此，在发货人将货物交由多式联运经营人收管后，不论货物在运输过程中的哪个运输阶段发生灭失或损坏，联运人均须以"本人"的身份直接赔偿责任。

（二）多式联运合同和多式联运单据

按照《公约》的有关规定，多式联运合同是指多式联运人凭以收取运费、负责完成或组织完成国际多式联运的合同。多式联运单据是指证明多式联运合同以及证明多式联运人接管货物并负责按照合同条款交付货物的单据。根据《公约》第五条的规定，多式联运经营人在接管货物时，应签发多式联运单据。

根据《公约》第八条规定，多式联运单据应当载明下列事项：

（1）货物品类、识别货物所必需的主要标志（如属危险货物，其危险特性的明确声明）、包数或件数、货物的毛重或以其他方式表示的数量等，所有这些事项均由发货人提供。

（2）货物外表状况。

（3）多式联运经营人的名称和主要营业所。

（4）发货人名称。

（5）如经发货人指定收货人，收货人的名称。

（6）多式联运经营人接管货物的地点和日期。

（7）交货地点。

（8）如经双方明确协议，在交付地点交货的日期或期间。

（9）表示该多式联运单据为可转让或不可转让的声明。

（10）多式联运单据的签发地点和日期。

（11）多式联运经营人或经其授权的人的签字。

（12）如经双方明确协议，每种运输方式的运费，或者应由收货人支付的运费（包括用以支付的货币），或者关于运费由收货人支付的其他说明。

（13）如在签发多式联运单据时已经确知，预期经过的路线、运输方式或转运地点。

（14）关于违背该公约而使发货人或收货人受到损害的任何规定一律无效的声明。

（15）如不违背签发多式联运单据所在国的法律，双方同意列入多式联运单据的任何其他事项。

多式联运单据缺少上述所指事项的一项或数项，并不影响该单据作为多式联运单据的法律性质，但该单据必须符合联运单据的要求。

在托运货物时，多式联运经营人（即总承运人）接管货物后应向发货人签发联运单据（即运单）。多式联运单据的签发，并不排除于必要时按照适用的国际公约或国家法律签发同国际多式联运所涉及的运输或其他服务有关的其他单据，但签发此种其他单据不得影响多式联运单据的法律性质。

国际货物多式联运单据，根据《公约》第六、七条规定，按照在单据"收货人"一栏内是否填明收货人的名字，可分为记名单据(向某个特定的人交付货物)、不记名单据(向持票人交付货物，而不管该持票人是何人)和提示单据(凭指示或某人指示交付货物)。记名单据不可转让，不记名单据无须背书即可转让，指示单据须经背书(或记名背书或空白背书)。另外，如果签发任何副本单据，每份副本应注明"不可转让副本"字样，不得转让(只有正本单据方可转让给他人)。

有关国际货物多式联运单据的分类、转让问题，可参考《海商法》对提单这方面的规定，它们的原理是相同的。

(三)多式联运当事人赔偿责任

1.多式联运经营人的赔偿责任

《公约》的第三部分是关于多式联运经营人赔偿责任的规定。多式联运经营人对多式联运单据项下货物的责任期间，是从其接管该货物之时起至交付货物时为止。公约对多式联运经营人的赔偿责任采取了"推定过失原则"，即除非多式联运经营人能证明他和他的受雇人或代理人为避免损害事故的发生及其后果已经采取了一切所能合理要求的措施，否则就推定多式联运经营人对事故的发生是有过失的，因而应对货物在其掌管期间所发生的灭失、损坏或延迟交货，负赔偿责任。

2.发货人的赔偿责任

《公约》的第四部分是关于发货人赔偿责任的规定。如果多式联运经营人遭受的损失是由于发货人的过失或疏忽，或者他的受雇人或代理人在其受雇范围内行事时的过失或疏忽造成的，发货人对这种损失应负赔偿责任。如果损失是由于发货人的受雇人或代理人本身的过失或疏忽所造成的，该受雇人或代理人对这种损失应负赔偿责任。

(四)索赔与诉讼

《公约》的第五部分是关于索赔和诉讼的规定。此部分内容由灭失、损坏或延迟交货的通知、诉讼时效、管辖和仲裁等四个方面构成。

第三节　国际航空运输公约

一、国际航空领域的三大公约概述

在国际航空运输领域，长期以来主要有三个国际公约，分别调整着不同国家之间的有关航空货物运输方面的法律问题。

(一)1929年《华沙公约》

该公约的全称是《关于统一国际航空运输某些规则的公约》，由于该公约1929年在华沙签字，故简称为1929年《华沙公约》。《华沙公约》规定了以航空运输承运人为一方和以旅客和货物托运人、收货人为另一方的权利、义务关系。该公约共五章四十一条，是国际航空运输领域最基本的公约。该公约自1933年2月13日起生效，我国于1958年正式加入该公约。

（二）1955 年《海牙议定书》

《海牙议定书》全称是《修改 1929 年 10 月 12 日在华沙签订的统一国际航空运输某些规则的公约的议定书》，又称《华沙公约修订本》。该议定书于 1955 年在海牙签订，全文共三章二十七条，就责任限制、运输单证的项目、航行过失免责及索赔期限等二十多个条款对《华沙公约》进行了比较重大的修改，使之能更好地适应国际航空运输发展的要求。该议定书于 1963 年 8 月 1 日起生效。我国于 1975 年加入该议定书。

（三）1961 年《瓜达拉哈拉公约》

该公约的全称是《统一非订约承运人所办国际航空运输某些规则以补充华沙公约的公约》，1961 年 9 月 18 日签订于墨西哥的瓜达拉哈拉，简称《瓜达拉哈拉公约》。鉴于《华沙公约》无关于非运输合同承运人所办国际航空运输的专门规定，《瓜达拉哈拉公约》缔结的目的就在于使《华沙公约》中有关承运人的各项规定适用于非运输合同承运人，即实际承运人。根据《瓜达拉哈拉公约》的解释，所谓实际承运人是指订约承运人以外，根据订约承运人授权办理全部或部分运输的人。该公约自 1964 年 5 月 1 日起生效，我国至今尚未加入该公约。

上述三个公约虽然是各自独立的，但后两个公约只是对《华沙公约》的规则进行某些修改和补充。《华沙公约》的核心内容以及《海牙议定书》《瓜达拉哈拉公约》的有关修改主要体现在以下三方面。

1. 航空运输承运人的责任与豁免

在国际航空货物运输中，承运人的主要责任是按时将货物安全地运送到目的地。按照《华沙公约》的规定，对于已登记的货物在航空运输期间遭受的损失、遗失或毁灭，承运人都应负责赔偿。公约所指的"空运期间"是指承运人保管货物的整个期间，包括货物在航空站内、航空器上或在航空站外降落的任何地点。这一期间不包括在航空站外的任何陆运、海运和河运，但如果这种运输是为了履行空运的合同，为了装货、交货或转运，除了有相反的证据以外，任何损失应该被认为是在航空运输期间发生的事故的结果，承运人对此也应负责。

《华沙公约》对于空运承运人的责任豁免问题也作了规定。承运人在下列三种情况下，可以要求免除其对货物损害或灭失的责任：

（1）承运人如果证明自己和他的代理人为了避免损失的发生，已经采取了一切必要的措施，或不可能采取这种措施。

（2）在运输货物时，如果承运人证明损失的发生是由驾驶上、航空器上的操作上或领航上的过失，而在其他一切方面承运人和他的代理人已经采取了一切必要的措施以避免损失。

（3）如果承运人证明损失的发生是由于受害人的过失所引起或助成，法院可以按照法规规定，免除或减轻承运人的责任。

上述第（2）项免责事项在 1955 年制定《海牙议定书》时被删除。

2. 航空运输承运人的责任限制

航空运输承运人的责任限制，是指在国际航空货物运输中承运人对承运货物的灭失、损害或迟延交货而引起的损失进行赔偿的最高限额。对于空运承运人的责任限制问题，《华沙公约》作了明确规定，在运输已登记的行李和货物时，承运人对行李或货物的责任以每公斤250 法郎为限，除非托运人在交付货物时曾特别声明行李或货物运到后的价值，并缴纳必要的附加费。在这种情况下，承运人所负的责任不超过声明的金额，除非承运人证明托运人声明的金额高于行李或货物运到后的实际价值。该公约规定的金额可以折合成任何国家的货币取其整数。公约还规定，企图免除承运人的责任，或定出一个低于公约所规定的责任限制的条款，都不发生效力，但契约仍受公约规定的约束，并不因此而失效。

《海牙议定书》对《华沙公约》中有关承运人的责任限制的规定作了补充规定：如果经证明造成损失系出于承运人、其受雇人或代理人蓄意造成损失或明知可能造成损失而漠不关心的行为或不行为，则不能适用《华沙公约》有关责任限制的规定。

《瓜达拉哈拉公约》规定，实际承运人和缔约承运人及其受雇人和代理人在雇用代理范围内行事的，对实际承运人所办运输的赔偿总额不应超过根据该公约可能判定缔约承运人或实际承运人赔偿的最高数额，但上述任何人不应承担超过对他适用的限额。

3. 索赔与诉讼时效

《华沙公约》规定，当货物遭受损坏时，收货人应在收到货物之日起 7 日内，以书面形式向承运人提出异议；如货物迟延交付，则收货人应在货物交由其支配之日起 14 日内提出异议。《海牙议定书》延长了收货人向承运人提出异议的期限，即将 7 日延长至 14 日，将对延期交货提出异议的期限从 14 日延长为 21 日。在上述期限内，如收货人未提出异议，则不能起诉承运人。

航空货运合同的诉讼时效为 2 年，从货物到达之日或应该到达之日，或从运输终止之日起算，逾期不起诉，被视为自动丧失追诉权。《华沙公约》还规定，如果运输合同由几个连续的承运人来履行的话，如果货物发生灭失、损害，或迟延交货等情况，托运人有权对第一承运人以及发生货损那一段的实际承运人提起诉讼；收货人有权对最后承运人和实际承运人提出诉讼。第一承运人、实际承运人和最后承运人分别对托运人和收货人承担连带责任。

有关赔偿的诉讼，可由原告选择在下列任何一个法院起诉：

(1) 承运人住所地。

(2) 承运人管理处所在地。

(3) 签订合同的机构所在地。

(4) 目的地。

诉讼程序按受理法院的法律办理。公约允许当事人在公约规定的范围内订立有关货物运输的仲裁条款，但仲裁必须在公约所规定的法院管辖的地区内进行。

二、《统一国际航空运输某些规则的公约》

(一)《统一国际航空运输某些规则的公约》概述

1.《统一国际航空运输某些规则的公约》的产生

随着世界航空业的发展，华沙体系中的一些规定已不能适应现代国际航空运输的需要。1995 年 9 月召开的国际民航组织大会第 31 届会议要求加快"华沙体系"现代化的进程。1997 年 5 月，国际民航组织法律委员会第 30 次会议讨论通过了公约草案。1999 年 5 月 10 日，"航空法国际会议"外交大会在蒙特利尔召开，121 个国际民航组织成员国、1 个非成员国、11 个国际组织的代表参加了会议，大会于 5 月 28 日通过了《统一国际航空运输某些规则的公约》(*Convention for the Unification of Certain Rules for International Carriage by Air*)，简称《1999

年蒙特利尔公约》(以下简称《公约》)。《公约》以统一国际航空运输规则和国际航空运输承运人责任为主要内容,是在对"华沙体系"下的各项公约和议定书规定的国际航空运输规则和承运人责任制度进行重大修改的基础上形成的。

该《公约》于 2003 年 11 月 4 日生效。2005 年 5 月 28 日经第十届全国人大常委会第 14 次会议批准,并于 2005 年 7 月 1 日对我国生效。

2.《公约》的主要目标与内容

随着航运事业的蓬勃发展,国际社会自 20 世纪 20 年代起就致力于制订国际公约,以促进、规范这个新兴产业的发展,并先后订立了 1929 年《华沙公约》、1955 年《海牙议定书》、1961 年《瓜达拉哈拉公约》、1971 年《危地马拉协定书》以及 1975 年 4 个《蒙特利尔附加议定书》。上述以 1929 年《华沙公约》为基础的 8 个法律文件共同组成了"华沙体系",它们在相当长的一段时期内,构成了航空国际私法的主体。

但是,由于在"华沙体系"下,8 个法律文件并存,各个文件之间的规则多有冲突,且各自缔约国亦有相同;加之"华沙体系"构建于航空运输业的萌芽期,为扶植这个稚嫩产业的发展,国际社会将立法重点置于对承运人(航空公司)的保护上,而在很大程度上忽视了消费者的利益。因此,在 21 世纪的今天,支离破碎的"华沙体系"已捉襟见肘,越来越无法适应国际航运业空前发达的新形势。在此背景下,整合、完善原有的法律规则,实现"华沙体系"的现代化与一体化,确保消费者的利益,以实现国际航空运输的有序、健康发展以及旅客、行李和货物通畅流通,就构成了《1999 年蒙特利尔公约》的主要目标。

(二)《公约》的主要内容

为达到上述目标,在保留、巩固"华沙体系"基本结构的前提下,《公约》对其作出了重大修正,从而构建出一个统一的、符合国际航运发展新形势的法律体系。概言之,《公约》的主要内容包括以下几个方面。

1. 适用范围

《1999 年蒙特利尔公约》适用于所有以航空器运送人员、行李或者货物而收取报酬的国际运输。对于一国国内航运中发生的损害赔偿,因不是国际运输,公约不予调整,只能依据该国国内法的规定进行赔偿。

2. 承运人对旅客伤亡承担的赔偿责任制度与限额

《1999 年蒙特利尔公约》最大的亮点与特色是通过建立双梯度责任制度提高赔偿金额。所谓"双梯度(two-tier)"责任制度,是指将承运人对旅客伤亡承担的赔偿责任分为两级。每位旅客提出的在 10 万特别提款权以下的人身伤亡赔偿为第一梯度。该梯度施行"严格责任制",不论承运人有无过错,均不能免除或限制其责任,除非承运人证明伤亡是由旅客本人的原因造成的;每位旅客在 10 万特别提款权以上的索赔部分为第二梯度,适用"过错推定责任制",即如果承运人不能证明自己没有过错或者伤亡系由第三人的过错造成,则推定其有过错,必须承担赔偿责任。由于第二梯度的赔偿数额没有上限,从这个意义上说,公约确立的是一种无限额赔偿的责任制度,这是对"华沙体系"限额责任制度的一大突破。

需要指出,由于公约以"恢复性赔偿原则"为基础,所以,并非一发生损害,承运人就当然地承担 10 万特别提款权的赔偿责任。旅客能得到多少赔偿,取决于其举证证明的实际损失。

3. 承运人对延误、行李和货物损害承担的赔偿责任与限额

《1999 年蒙特利尔公约》另一个亮点是具体规定了对旅客延误的赔偿限额：4150 特别提款权。这里的 4150 特别提款权是最高限额，即旅客的实际损失如果小于该限额，按实际损失赔偿；如果大于该限额，超出的部分不予赔偿。

在行李赔偿方面，公约规定在运输中造成行李毁损、遗失、损害和延误的，承运人的赔偿责任以每位旅客 1000 特别提款权为限。在货物运输中，承运人对货物毁损、遗失、损害或延误的责任限额为每公斤 17 特别提款权。

4. 承运人对旅客造成伤害承担赔偿责任的范围

在"航空法国际会议"上，关于旅客并未遭受到身体伤害时，可否主张精神损害而起诉要求获得赔偿的问题，各国发生了激烈交锋。最终，《公约》规定，精神伤害不能作为一个独立的可赔偿诉由；可赔偿的精神伤害仅限于与身体伤害相关联的，或者对旅客产生持久、明显的严重情感伤害的范围内。

5. 司法管辖权

《1999 年蒙特利尔公约》最为重要的创新之处是对"华沙体系"规定的 4 种管辖权进行了扩展，创设了"第 5 管辖权"。在"华沙体系"下，损害赔偿诉讼必须在一个当事国的领土内，由原告选择，向承运人住所地、主要营业地或者订立合同的营业地的法院，或者向目的地点的法院提起。

在公约的谈判过程中，美国为扩大本国法院管辖权，极力主张建立"第 5 管辖权"，即在上述 4 种管辖权外，原告还可以选择在其主要和永久居所所在国的法院提起诉讼。公约最终虽采纳了美国的建议，但在其他国家，尤其是以中国为代表的广大发展中国家的大力争取下，对"第 5 管辖权"作出了严格限制。这主要表现在：第一，"主要且永久居所"系指事故发生时旅客的那一个固定和永久的居住地；第二，只有因旅客死亡或者伤害而产生的损失，才能在其主要且永久居所所在国的法院起诉；第三，在确定旅客固定和永久的居住地时，其国籍不得作为决定性的因素。由此可见，准确的说，公约确立的是有限的"第 5 管辖权"。

6. 先行给付与强制保险制度

在国际航空运输实践中，航空事故发生后，旅客往往在经济上处于窘迫境地。为此，《1999 年蒙特利尔公约》规定，承运人在其国内法有规定的情况下，应当不迟延地向索赔人先行付款，以满足其经济方面的需求。此外，为确保承运人承担其赔偿责任，公约还设立了强制保险制度，即规定当事国应当要求承运人就其在本公约中的责任进行充分保险。

7. 电子客票合法化

近年来，随着高新技术在航空运输中的应用和推广，电子客票大量出现。为弥补电子客票出现后法律上的空白，公约创设"运输凭证"的法律概念，从而使电子客票合法化。这不仅便利了旅客，也使航空运输业与高新技术产业保持了同步发展。

(三) 公约对我国民航业的影响

1. 有助于我国国际航空运输与国际接轨，提高我国航空公司的国际竞争力

公约对华沙体系的规则进行了重大修改，为适应航空运输的发展需要，对运输凭证进行了简易化和现代化改革，大幅度提高了承运人对旅客伤亡的赔偿责任限额。如果我国继续沿用《华沙公约》和《海牙议定书》的运输凭证制度和赔偿责任制度，那么我国航空公司的运输

规则方面就会落后于世界上的主要航空公司，从而削弱我国航空公司的国际竞争力，也不利于我国航空公司与外国航空公司进行代码共享和加入国际航空联盟等战略性合作的开展。

2. 有助于保护航空运输消费者的利益

运输凭证制度的简化，有利于消费者更便利地使用航空运输服务；双梯度责任制度使得消费者的权益得到更有效、更大范围的保护；在发生航空器事故时，先行给付部分款项，有利于解决受害人及其家属的紧急经济困难；对承运人保险的要求，则使航空运输消费者的权益能够得到有效的保障。

3. 批准《公约》不会对航空公司的生产经营带来重大不利影响

实际上，早在1995、1996年，国际航协就通过了《国际航空运输协会关于旅客责任的承运人间协议》(IIA) 和《关于实施国际航空运输协会承运人间协议的措施的协议》(MIA)。这两份协议要求参加的航空公司放弃《华沙公约》中有关责任限制的保护，旅客可以援引其住所地法获得赔偿；对于100000特别提款权以下的索赔，实行严格责任制度。

我国的国航、东航、南航已分别加入了IIA和MIA，所以，实际上我国主要航空公司在国际航空运输中已经基本采纳了公约规定的最核心的旅客责任制度。

4. 批准公约有可能会增加航空运输企业的保险费用，但影响有限

赔偿限额提高后，保险公司有可能会增加保险费，但保险费用提高的空间有限。事实上，保险费率的高低更多地取决于航空运输企业的安全记录。

(四) 关于《公约》在中国香港、澳门的适用及保留问题

《公约》第五十六条规定："一国有两个或者多个领土单位，在各领土单位内对于本公约处理的事项适用不同的法律制度的，该国可以在签署、批准、接受、核准或者加入时，声明本公约适用于该国所有领土单位或者只适用于其中一个或者多个领土单位，该国也可随时提交另一份声明以修改此项声明。"

2004年1月，外交部驻澳门公署通过外交部转来的中国澳门特别行政区行政长官何厚铧先生的信函，希望我国在批准《公约》后，能适用于中国澳门特别行政区。

2004年3月，外交部征求中国香港特别行政区政府对于《公约》适用问题的意见。2004年5月，外交部驻港公署转来中国香港特别行政区政府的意见，称特区政府原则上同意《1999年蒙特利尔公约》适用于中国香港，但现阶段不能确定完成立法工作的具体时间，因此建议中央政府在批准该公约时，向有关方面表明，《公约》暂不适用于中国香港特区。因此，全国人大常委会关于批准《统一国际航空运输某些规则的公约》的决定中声明如下：在中华人民共和国政府另行通知前，公约暂不适用于中华人民共和国香港特别行政区。

第四节　国际海上货物运输公约

在国际海上货物运输中，提单是最重要的单证，在履行提单的权利与义务方面，主要的法律问题集中在海上货物运输的承担者——承运人的责任方面。从20世纪20年代到现在，承运人的责任制度发生过并正在发生着重大的变化。而这些发展变化主要是通过三个有关提单的国际公约反映出来的。这三个公约就是1924年的《海牙规则》、1968年的《维斯比规则》和1978年的《汉堡规则》。

一、《海牙规则》主要内容

《海牙规则》(*Hague Rules*)的全称是《统一提单的若干法律规定的国际公约》(*International al Convention for theUnification of Certain Rules of Law Relating to Bills of Lading*),该规则在国际法协会协助下于 1921 年在海牙草拟,以后又经过伦敦、布鲁塞尔几次外交会议的修改,最后于 1924 年 8 月 25 日由 26 个国家在比利时的布鲁塞尔签署,1931 年 6 月 2 日正式生效。

《海牙规则》共有十六条。其中,第一条至第十条是实质性条款,第十一条至第十六条是程序性条款,主要是有关公约的批准、加入和修改的程序性条款。其所确立的原则已成为各国有关海运提单的立法与实践的基本原则。欧美许多国家都加入了这个公约。有的国家仿效英国的做法,通过国内立法使之国内法化;有的国家根据这一公约的基本精神,另行制定相应的国内法;还有些国家虽然没有加入这一公约,但他们的一些船公司的提单条款也采用了这一公约的精神。所以,这一公约是海上货物运输中有关提单的最重要的和目前仍普遍被采用的国际公约。

我国虽然没有加入该公约,但却把它作为制定我国《海商法》的重要参考依据;我国不少船公司的提单条款也采纳了这一公约的精神。所以,《海牙规则》堪称现今海上货物运输方面最重要的国际公约。

《海牙规则》的实质性条款的主要包括以下内容。

(一)承运人的基本义务

根据《海牙规则》规定,承运人的基本义务主要有两项。

1. 提供适航的船舶,即要求承运人在开航前或开航时必须谨慎从事,克尽职责

其主要要求是:

①使船舶适合于航行。

②适当地配备船员、设备和供应船舶。

③使货舱、冷藏舱和该船其他载货处能适宜和安全地收受、运送和保管货物。

按照《海牙规则》规定,承运人对船舶适航性的责任,仅限于要求他能克尽职责、谨慎处理,以使船舶能够适航,而不是要求承运人保证船舶绝对适航。如果船舶不适航是承运人经过谨慎处理后仍不能发现的潜在缺陷造成的,承运人不负责任。与此同时,该规则要求的只是承运人在开船前或开船时谨慎处理保证船舶适航,而不是整个航运过程中始终保持适航。在后一种情况下,除非承运人由于玩忽而没有及时采取补救措施,否则,承运人不负任何责任。

2. 适当和谨慎地装载、搬运、配载、运送、保管、照料和卸下所承运的货物

这是承运人在货物从装载到卸下这整个过程中的责任。在这一过程中承运人的责任期限通常采用"钩至钩"的原则,在这一过程中,只要承运人谨慎处理、克尽职责,即使发生不适航的情况而造成损失,承运人也不负责任。

此外,《海牙规则》还规定,承运人或船长或承运人的代理人在收受货物后,经托运人的请求,应向托运人签发提单。这也是承运人的一项基本义务。

（二）承运人的责任期间

所谓承运人的责任期间，是指承运人对货物运送负责的期间。根据《海牙规则》第一条第五款的规定，承运人对货物的责任期间，自货物装上船时起至卸下船时止。所谓"装上船时起至卸下船时止"可分两种情况：一是使用船上吊杆装卸货物时，装货时货物挂上船舶吊杆的吊钩时起，至卸货时货物脱离吊钩时为止，即"钩对钩"期间；二是使用岸上起重机装卸，则以货物越过船舷为限，即"舷至舷"期间承运人应对货物负责。

至于货物装船以前，即承运人在码头仓库接管货物至装上船这一段期间，以及货物卸船后到向收货人交付货物这一段时间。按《海牙规则》第七条规定，可由承运人与托运人就承运人在上述两段发生的货物灭失或损坏所应承担的责任和义务订立任何协议、规定、条件、保留或免责条款。

（三）承运人的免责范围

所谓承运人的免责条件，是指承运人对于在其责任期限内发生的货物损失或灭失，免除其赔偿的责任的条件。这是对承运人责任范围的限制和例外。在通常情况下，承运人总是千方百计地扩大责任免除的范围，以缩小其责任范围。

《海牙规则》对于承运人的责任，适用不完全过失责任。《海牙规则》第四条第二款列举了17项免责条款，主要包括两类：一是过失责任原则，二是无过失责任原则。这17项免责条款的具体内容包括：

（1）船长、船员、引航员或承运人的雇佣人员，在航行或管理船舶中的过失、疏忽或不履行义务。

（2）火灾，但由于承运人的实际过失或私谋所引起的除外。

（3）海上或其他通航水域的灾难、危险和意外事故。

（4）天灾。

（5）战争行为。

（6）公敌行为。

（7）君主、当权者或人民的逮捕或管制或依法扣押。

（8）检疫限制。

（9）托运人或货主或其代理人或代表的行为或不行为。

（10）不论由于任何原因所引起的局部或全面罢工、关闭工厂、停工或限制工作。

（11）暴动或骚乱。

（12）救助或企图救助海上人命或财产。

（13）由于货物的固有缺点、性质或缺陷引起的体积或重量亏损，或任何其他灭失或损失。

（14）包装不善。

（15）唛头不清或不当。

（16）虽克尽职责亦不能发现的潜在缺陷。

（17）非由于承运人的实际过错或私谋，或者承运人的代理人，或雇佣人员的过失或疏忽所引起的其他任何原因。但是要求引用这条免责条款的人负举证责任，证明有关的灭失或损失既非由于承运人的实际过失或私谋，亦非承运人的代理人或雇佣人员的过失或疏忽所致。

从《海牙规则》上述的规定来看，最能体现《海牙规则》的特点的就是第(1)项，即由于船长、船员、引航员或者承运人的其他雇佣人在引航、管理船舶的过程中的过失行为而引起的货物的损坏或者灭失，承运人可以免除责任。凡是承运人无法控制或无法合理预见的情况使货物受到损失的，即无过失免责条款，如火灾、海上或者其他通航水域的灾难、危险或者意外事故、天灾、战争行为等，均可以免除承运人责任。显然，这些规定对承运人是十分有利的。

中国远洋运输公司提单对于承运人责任免除也列举了17项内容，这些内容与《海牙规则》确立的有关承运人责任免除的原则基本相同。

(四)承运人的责任限制

承运人的责任限制，是指承运人对每件货物或每一计费单位的货物的损害或灭失进行赔偿的最高限额。《海牙规则》规定，承运人对每件货物或每一计费单位的货物的损害或灭失，最高赔偿额为100英镑。如果托运人托运的货物的价值超过100英镑，承运人最多只能赔偿100英镑。

(五)索赔与诉讼时效

《海牙规则》规定，托运人或收货人在提货时如发现货物灭失或损害，应当立即向承运人提出索赔通知。如果货损不显著，则需在提货后3日之内提出索赔通知，否则，这种提货就构成了承运人已按提单的规定交付货物的初步证据。如果收货人未按期将货损的情况通知承运人，收货人并不因此丧失索赔权，但必须承担举证责任。

有关货物灭失或损害的诉讼时效为一年，从货物交付之日或应交付之日起算。如果逾期不提起诉讼，承运人可以免除其对于货物灭失或损害所负的一切责任。

二、《维斯比规则》主要内容

《维斯比规则》(Visby Rules)是《关于修改统一提单若干法律规定的国际公约协定书》(Protocol to Amend the International Convention for the Unification of Certain Rules Of Law Relating to Bills of lading)的简称。由于《海牙规则》对承运人照顾过多，有利于航运业发达的国家，而对航运业发展较慢的第三世界国家明显不利，因此，不少国家纷纷要求对《海牙规则》进行修改。1968年，一些海运国家在国际海事委员会的协助下，在比利时的布鲁塞尔召开了外交会议，签订了修改《海牙规则》的议定书，该议定书称为《1968年布鲁塞尔议定书》。由于该议定书是在维斯比完成准备工作的，所以称为《维斯比规则》，该规则于1968年6月23日在布鲁塞尔外交会议上通过，自1977年6月23日生效。截至2006年，参加该规则的国家共有30个，其中包括英、法、德、荷、西、挪、瑞典、瑞士、意、日等主要航运国家。《维斯比规则》是对《海牙规则》的修改和补充，故常与《海牙规则》一起，称为《海牙-维斯比规则》。

《维斯比规则》共十七条，对《海牙规则》作了有限的修改。其主要内容如下。

(一)提高了承运人的赔偿限额

《海牙规则》规定承运人对每件或每单位的货物损失的赔偿限额为100英镑，而《维斯比规则》将承运人赔偿限额的计算货币改为具有一定含金量的金法郎。根据该公约第二条规定，凡未申报价值的货物，其灭失或者损坏的最高赔偿限额为每件或每计算单位10000金法郎，或毛重每公斤 30 金法郎，按两者之中较高者计算。采用的金法郎仍以金本位为基础，目的在于防止日后法郎纸币的贬值，一个金法郎是含金纯度为 900/1000 的黄金 65.5 毫克的单位。一旦法郎贬值，仍以上述的黄金含量为计算基础。在《维斯比规则》通过时，10000 金法郎大约等于 431 英镑。可见，《维斯比规则》提高了承运人的责任限额。

这一规定不但提高了赔偿限额，而且创造了一项新的双重限额制度，不但维护了货主的利益，而且这种制度也为以后《汉堡规则》和我国《海商法》所接受。

公约还规定，如经证实，损害是由于承运人的故意造成的，或者明知可能产生损害而不顾后果从而作出的行为或者不作为造成的，承运人丧失赔偿限额利益。

(二)扩大了承运人享受的责任限制的范围

根据《维斯比规则》第三条规定，凡是承运人可以享受的免责权利和责任限制，承运人的雇员和代理人也可以享受。

(三)延长了诉讼时效

《海牙规则》规定诉讼时效为一年，从交付货物之日起计算。《维斯比规则》则规定，诉讼提出后，如经当事人双方同意，该期限可以延长。同时，在一年的诉讼时效期间届满后，还可以由法院给予当事人不少于三个月的宽展期，以保证承运人赔偿收货人后向第三人追偿的权利。

(四)新增了"集装箱条款"

《维斯比规则》第二条第三款对集装箱运输中的赔偿作了规定，明确了计算集装箱或托盘货物最高赔偿责任的数量单位。如果货物是用集装箱、托盘或类似运输工具集装时，提单中所载明的、装在这种运输工具中的包数或单位数，即应作为该规则所规定的计算责任限制的数量单位。如果在提单中没有载明，则一个集装箱或一个托盘应视为一件货物。

(五)扩大了《海牙规则》的适用范围

《海牙规则》第十条规定"适用于在任何缔约国所发的一切提单"。《维斯比规则》第五条则将其修改为：公约适用于有关两个不同国家的港口之间货物运输的每一提单，如果提单在一个缔约国签发或者从一个缔约国的港口起运。该规则还规定，如果提单规定适用本规则，就该受本规则约束，而不论承运人、托运人、收货人或任何其他有关人员的国籍如何。

三、《汉堡规则》主要内容

《汉堡规则》(*Hamburg Rules*)是《联合国海上货物运输公约》(*United Nations Convention on the Carriage of Goods by Sea*, 1978)的简称。鉴于《维斯比规则》并未对《海牙规则》作出实质性修改，为了彻底纠正运输关系中承运人与货主权利、义务失衡的倾向，1968 年 3 月联合国贸易和发展会议决定设立国际航运立法工作组，该工作组经过了多年的努力，终于在 1976 年联合国国际贸易法委员会会议上提出了《海上货物运输公约草案》。该草案经过几次修改和补充，于 1978 年 3 月 6 日至 31 日在德国汉堡举行由联合国主持的由 78 国代表参加的海上货物运输大会讨论通过，于 1992 年 11 月 1 日生效。截至 1996 年 10 月，共有成员国 25 个，其中绝大数为发展中国家，而占全球外贸船舶吨位数 90% 的国家都未承认该规则。

《汉堡规则》全文共分七章三十四条和一个共同谅解条款。在《汉堡规则》的制定中，除保留了《海牙-维斯比规则》对《海牙规则》修改的内容外，对《海牙规则》进行了根本性的修改，是一个较为完备的国际海上货物运输公约，明显地扩大了承运人的责任。其主要内容如下。

(一)承运人的责任原则

《海牙规则》规定承运人的责任基础是不完全过失责任制，它一方面规定承运人必须对自己的过失负责，另一方面又规定了承运人对航行过失及管船过失的免责条款。而《汉堡规则》确定了推定过失与举证责任相结合的完全过失责任制。规定凡是在承运人掌管货物期间发生货损，除非承运人能证明承运人已为避免事故的发生及其后果采取了一切可能的措施，否则便推定损失系由承运人的过失所造成，承运人应承担赔偿责任。很明显，《汉堡规则》较《海牙规则》扩大了承运人的责任。

(二)承运人的责任期间

《汉堡规则》第四条第一款规定："承运人对货物的责任期间包括在装货港、在运输途中以及在卸货港，货物在承运人掌管的全部期间。"即承运人的责任期间从承运人接管货物时起到交付货物时止。与《海牙规则》的"钩至钩"或"舷至舷"相比，其责任期间扩展到"港到港"。解决了货物从交货到装船和从卸船到收货人提货这两段没有人负责的空间，明显地延长了承运人的责任期间。

(三)承运人赔偿责任限额

《汉堡规则》第六条第一款规定："承运人对货物灭失或损坏的赔偿，以每件或其他装运单位的灭失或损坏相当于 835 特别提款权或毛重每公斤 2.5 特别提款权的金额为限，两者之中以其较高者为准。"

从上述规定可以看出，《汉堡规则》的赔偿不但高于《海牙规则》，也高于《海牙-维斯比规则》的规定，较之《海牙-维斯比规则》的规定提高了 25%。

(四)对迟延交付货物的责任

迟延交付货物的责任在《海牙规则》和《维斯比规则》中都没有规定，《汉堡规则》第五条第二款则规定："如果货物未能在明确议定的时间内，或虽无此项议定，但未能在考虑到实际情况对一个勤勉的承运人所能合理要求时间内，在海上运输合同所规定的卸货港交货，即为迟延交付。"对此，承运人应对因迟延交付货物所造成的损失承担赔偿责任。而且在第三款还进一步规定，如果货物在第二款规定的交货时间满后连续六十日内仍未能交付，有权对货物灭失提出索赔的人可以认为货物已经灭失。《汉堡规则》第六条第一款还规定："承运人对迟延交付的赔偿责任，以相当于迟延交付货物应支付运费的 2.5 倍的数额为限，但不得超过海上货物运输合同规定的应付运费总额。"

(五)承运人和实际承运人的赔偿责任

《汉堡规则》中增加了实际承运人的概念。当承运人将全部或部分货物委托给实际承运人办理时，承运人仍需按公约规定对全部运输负责。如果因实际承运人及其雇用人或代理人的疏忽或过失造成的货物损害，承运人和实际承运人均需负责的话，则在其应负责的范围内，承担连带责任。这种连带责任托运人既可向实际承运人索赔，也可向承运人索赔，并且不因此妨碍承运人和实际承运人之间的追偿权利。

(六) 托运人的责任

《汉堡规则》第十二条规定："托运人对承运人或实际承运人所遭受的损失或船舶遭受的损坏不负赔偿责任。除非这种损失或损坏是由于托运人、托运人的雇用人或代理人的过失或疏忽所造成的。"这意味着托运人的责任也是过失责任。但需指出的是托运人的责任与承运人的责任不同之处在于承运人的责任中举证由承运人负责，而托运人的责任中，托运人不负举证责任，这是因为货物在承运人掌管之下，所以也同样需要承运人负举证责任。《汉堡规则》这一规定，被我国《海商法》所接受。

(七) 保函的法律地位

《海牙规则》和《维斯比规则》没有关于保函的规定，而《汉堡规则》第十七条对保函的法律效力作出了明确的规定，托运人为了换取清洁提单，可以向承运人出具承担赔偿责任的保函，该保函在承、托运人之间有效，对包括受让人、收货人在内的第三方一概无效。但是，如果承运人有意欺诈，对托运人也属无效，而且承运人也不再享受责任限制的权利。

(八) 索赔通知及诉讼时效

《海牙规则》要求索赔通知必须由收货人在收到货物之前或收到货物当时提交。如果货物损失不明显，则这种通知限于收货后三日内提交。《汉堡规则》延长了上述通知时间，规定收货人可在收到货物后的第一个工作日将货物索赔通知送交承运人或其代理人，当货物灭失或损害不明显时，收货人可在收到货物后的十五日内送交通知。同时还规定，对货物迟延交付造成损失的，收货人应在收货后的六十日内提交书面通知。

关于诉讼时效，《汉堡规则》第二十条第一款和第四款分别规定："按照本公约有关运输货物的任何诉讼，如果在两年内没有提出司法或仲裁程序，即失去时效。""被要求赔偿的人，可以在时效期限内任何时间，向索赔人提出书面声明，延长时效期限。该期限还可以用另一次或多次声明再度延长。"可见，《汉堡规则》与《海牙规则》和《维斯比规则》的有关规定相比，索赔和诉讼时效期间既作了延长，又体现了其更为灵活的特点。

(九) 管辖权和仲裁的规定

《海牙规则》《维斯比规则》均无管辖权的规定，只是在提单背面条款上订有由船公司所在地法院管辖的规定，这一规定显然对托运人、收货人极为不利。《汉堡规则》第二十一条规定，原告可在下列法院选择其一提起诉讼：

①被告的主要营业所所在地，无主要营业所时，则为其通常住所所在地。
②合同订立地，但合同顺是通过被告在该地的营业所、分支或代理机构订立。
③装货港或卸货港。
④海上运输合同规定的其他地点。

除此之外，海上货物运输合同当事人一方向另一方提出索赔之后，双方就诉讼地点达成的协议仍有效，协议中规定的法院对争议具有管辖权。

《汉堡规则》第二十二条规定，争议双方可达成书面仲裁协议，由索赔人决定在下列地点之一提起：

①被告的主要营业所所在地，如无主要营业所，则为通常住所所在地。

②合同订立地，而合同是通过被告在该地的营业所、分支或代理机构订立。

③装货港或卸货港。

此外，双方也可在仲裁协议中规定仲裁地点。仲裁员或仲裁庭应按该规则的规定来处理争议。

(十) 规则的适用范围

该规则适用于两个不同国家之间的所有海上货物运输合同，并且海上货物运输合同中规定的装货港或卸货港位于其一缔约国之内，或备选的卸货港之一为实际卸货港并位于某一缔约国内；或者提单或作为海上货物运输合同证明的其他单证在某缔约国签发；或者提单或作为海上货物运输合同证明的其他单证规定，合同受该规则各项规定或者使其生效的任何国家立法的管辖。

同《海牙规则》一样，《汉堡规则》不适用于租船合同，但如提单根据租船合同签发，并调整出租人与承租人以外的提单持有人之间的关系，则适用该规则的规定。

【思考与练习】

一、名词解释

国际铁路运输　国际公路运输　国际多式联运

二、简述题

1.《国际货协》规定的铁路免责事项有哪些？

2.《国际货协》如何规定铁路对货物赔偿损失的计算？

3.《日内瓦公约》对国际公路货运承运人的违约赔偿责任是如何规定的？

4. 简述我国批准加入《1999 年蒙特利尔公约》对我国民航业的影响。

5.《维斯比规则》对《海牙规则》作了哪些方面的修改？

6.《汉堡规则》对《海牙规则》作出了哪些实质性修改？

思考与练习参考答案

参考文献

[1] 中华人民共和国民法典[M].北京：中国法制出版社，2020

[2] 交通运输部运输司.道路运输政策法规文件汇编[M].北京：人民交通出版社，2014

[3] 郑国华.交通运输法概论[M].长沙：中南大学出版社，2011

[4] 郑国华.交通运输法教程[M].2版.北京：中国铁道出版社，2006

[5] 曾宪培.道路交通法规[M].3版.北京：机械工业出版社，2018

[6] 张永杰、陈海咏.交通运输法规[M].4版.北京：人民交通出版社，2021

[7] 张晓永.交通运输法[M].北京：清华大学出版社，2008

[8] 侯作前，乔宝杰.运输合同实务指南[M].北京：知识产权出版社，2003

[9] 侯作前，乔宝杰.运输合同案例评析[M].北京：知识产权出版社，2003

[10] 胡美芬.物流相关法规与国际公约[M].成都：四川人民出版社，2008

[11] 陈京亮，王珺，尚尔斌.铁路货物保价运输[M].2版.北京：中国铁道出版社，1996

图书在版编目（CIP）数据

交通运输法概论／郑国华主编. —2版.—长沙：
中南大学出版社，2022.5

ISBN 978-7-5487-4833-5

Ⅰ. ①交… Ⅱ. ①郑… Ⅲ. ①交通运输管理—法规—
基本知识—中国 Ⅳ. ①D922.14

中国版本图书馆 CIP 数据核字（2022）第 029508 号

交通运输法概论
JIAOTONG YUNSHUFA GAILUN

郑国华　主编

□出 版 人	吴湘华
□责任编辑	刘　辉
□封面设计	殷　健
□责任印制	唐　曦
□出版发行	中南大学出版社
	社址：长沙市麓山南路　　　　邮编：410083
	发行科电话：0731-88876770　　传真：0731-88710482
□印　　装	湖南省众鑫印务有限公司

□开　　本　787 mm×1092 mm 1/16　□印张 17.25　□字数 440 千字
□互联网+图书 二维码内容　字数 40 千字
□版　　次　2022 年 5 月第 1 版　　□印次 2022 年 5 月第 1 次印刷
□书　　号　ISBN 978-7-5487-4833-5
□定　　价　54.00 元